普通高校"十二五"规划教材
工商管理系列

市场营销学

Marketing

邵喜武 王秀英 梁 彦 编著

清华大学出版社
北 京

内 容 简 介

本教材是根据高等学校市场营销学课程教学基本要求编写而成的。为了进一步发展和完善市场营销的基本理论，更好地指导我国的市场营销管理实践活动，本书编写中力求做到体系结构合理；学科发展的前沿理论与传统理论有机结合；以案例引导教学内容，强化技术的应用性。对课程内容和课程体系进行了精心选取和排，体现了应用型本科人才培养的特点。希望能够为您呈现一本内容全面、举证丰富、具有创新意识的新教材版本。

本书封面贴有清华大学出版社防伪标签，无标签者不得销售。

版权所有，侵权必究。举报：010-62782989，beiqinquan@tup.tsinghua.edu.cn。

图书在版编目(CIP)数据

市场营销学/邵喜武，王秀英，梁彦编著.—北京：清华大学出版社，2012.9(2025.8重印)

(普通高校"十二五"规划教材·工商管理系列)

ISBN 978-7-302-29967-7

Ⅰ.①市… Ⅱ.①邵…②王…③梁… Ⅲ.①市场营销学一高等学校一教材 Ⅳ.①F713.50

中国版本图书馆 CIP 数据核字(2012)第 204991 号

责任编辑：陆浥晨
封面设计：李伯骥
责任校对：宋玉莲
责任印制：沈　露

出版发行：清华大学出版社
　　　　网　　　址：https://www.tup.com.cn, https://www.wqxuetang.com
　　　　地　　　址：北京清华大学学研大厦 A 座　　　　　　邮　　编：100084
　　　　社 总 机：010-83470000　　　　　　　　　　　　　邮　　购：010-62786544
　　　　投稿与读者服务：010-62776969，c-service@tup.tsinghua.edu.cn
　　　　质量反馈：010-62772015，zhiliang@tup.tsinghua.edu.cn
　　　　课件下载：https://www.tup.com.cn, 010-62770175-4506
印 装 者：三河市君旺印务有限公司
经　　销：全国新华书店
开　　本：185mm×230mm　　　　印　张：27.5　　　　字　数：576 千字
版　　次：2012 年 9 月第 1 版　　　　　　　　　　　　印　次：2025 年 8 月第 8 次印刷
定　　价：69.00 元

产品编号：048044-03

市场营销学编委会

前　言

　　市场营销学是一门建立在经济科学、行为科学和现代管理理论基础之上的应用学科。进入 21 世纪以来，世界经济形势在飞速变化，市场竞争异常激烈，对市场营销理论与实务都提出了更高的要求。为了进一步发展和完善市场营销的基本理论，更好地指导我国的市场营销管理实践活动，满足全国高等院校对市场营销学课程教学和营销业界人士自学参考的需要，我们组织编写了这本《市场营销学》。

　　本书编写力求做到体系结构合理；学科发展的前沿理论与传统理论有机结合；以案例引导教学内容，强化技术的应用性。希望能够为您呈现一本内容全面、举证丰富、具有创新意识的新教材版本。

　　本书由吉林农业大学、吉林农业科技学院、内蒙古农业大学、吉林财经大学、长春中医药大学、长春市农业科学院等院校及科研单位联合编写。分工如下：前言、第二章由邵喜武（吉林农业大学）编写；第一、三、四章由王秀英（吉林农业科技学院）编写；第五、六、七章由梁彦（吉林农业科技学院）编写；第八、九章由张国锋（吉林农业科技学院）编写；第十、十一章由张伟（吉林农业科技学院）编写；第十二章由靳敏平（吉林农业科技学院）编写；第十三章由李余先（吉林农业科技学院）编写；王敏（吉林农业大学）参与了第一章部分内容的编写；宋宇鹏、王永江、李敏（吉林农业科技学院）参与了第三、六、八章部分内容的编写；刘乃安（吉林财经大学）、高永杰（内蒙古农业大学）、杨凯（长春市农业科学院）、吴兴全（长春中医药大学）参与了第十、十二、十三章部分内容的编写。全书由吉林农业大学邵喜武副教授统稿。

　　本书内容全面、系统，针对性、指导性、可操作性强，可作为普通高等院校市场营销、工商管理等专业课程的教材，也可供高职高专与成人高校师生阅读参考。

　　由于写作时间较紧，加之编者的知识有限，书中的疏漏和错误在所难免，恳请专家和读者批评指正。

编　者

2012 年 6 月

教 学 建 议

课程性质

市场营销学是一门建立在经济科学、行为科学和现代管理理论基础上的应用科学,是经济管理类各专业的专业基础课,是市场营销、工商管理等专业的专业骨干课。

课程目标

通过学习,使学生在准确掌握该学科基本概念、基本原理和基本方法(包括国内外市场营销理论与实践的最新发展)的基础上,紧密联系实际,学会分析案例,解决实际问题,把学科的理论学习融入对社会经济活动实践的研究和认识之中,并将科学的学习和解决问题的基本方法融会贯通,切实提高提出问题、分析问题和解决问题的能力,培养学生的创新理念,为学生其他学科的学习和实现创业教育奠定坚实的基础,并逐步完成从学生到职业人士的过渡。

基本要求

要求学生牢固树立以市场为中心的思想,培养发散性思维和严密的逻辑思维习惯,掌握用理论解决实际问题的能力。

课程内容安排

教 学 内 容	学 习 要 点	课时安排	
		管理类专业 (本科)	非管理专业 (本科)
第一章 导论	市场营销学的产生与发展 市场营销学的传播与应用 市场与市场营销 市场营销学的意义、研究内容与方法	4	4
第二章 市场营销管理哲学	市场营销管理及其哲学 传统营销理念 现代营销理念 战略营销理念	4	2

续表

教学内容	学习要点	课时安排	
		管理类专业（本科）	非管理专业（本科）
第三章 市场营销环境	市场营销环境概述 微观市场营销环境 宏观市场营销环境 市场营销环境分析与营销对策	4	4
第四章 市场分析	市场分析概述 消费者市场及购买行为分析 组织市场及购买行为分析	6	2
第五章 市场营销调研与 预测	市场信息与市场营销信息系统 市场营销调研 市场营销预测	4	2
第六章 目标市场营销战略	市场细分战略 目标市场选择战略 市场定位战略	4	4
第七章 产品战略	产品与产品组合 产品生命周期原理 品牌策略 包装策略	6	4
第八章 定价策略	影响定价的主要因素 企业定价的一般方法 定价的基本策略 竞争中的价格调整	6	4
第九章 分销渠道策略	分销渠道概述 中间商的作用及类型 分销渠道设计与管理	6	4
第十章 促销策略	促销及促销组合 人员推销 广告 公共关系 营业推广	6	4
第十一章 市场营销计划、 组织与控制	市场营销计划 市场营销组织 市场营销控制	6	2

续表

教 学 内 容	学 习 要 点	课时安排	
		管理类专业（本科）	非管理专业（本科）
第十二章　国际市场营销	国际市场营销概述 国际市场营销环境 国际目标市场选择和进入 国际市场营销组合策略	4	2
第十三章　市场营销新进展	服务营销 绿色营销 网络营销 整合营销	4	2
课时总计		48～72	36～48

备注：本课程学时分配情况只供参考，各校也可根据自身教学实践与特点，选择自己的课程设置。未列入的讲授范围，可安排学生课外延伸阅读学习。

目 录

第一章

导　论

学习目标

1. 熟悉市场营销学的产生发展及研究方法；
2. 掌握市场和市场营销的相关概念及市场营销学的研究内容；
3. 了解市场营销学的传播与应用及市场营销学的研究意义。

引导案例

变化世界中的市场营销

家用仓储公司是一家以提供自己动手家居改善为特色的大型连锁店，它在市场营销方面有突出的表现。其原因是，家用仓储公司不仅仅是顾客驱动型的公司，它对顾客已达到了痴迷的程度。用公司共同创立人兼总裁伯尼·马库斯的话来说，就是："我们所有的职员都明白什么是'圣杯'，它不仅指赢利，而是指义无反顾、满怀热情地去关怀顾客。"

乍一看，家用仓储商店像个巨大的洞穴，并不怎么起眼。水泥地面，透风仓库似的内部结构，整个店堂给人的感觉就像一个飞机库。但就是在这儿，你恰恰能找到你想要的东西，且价格十分公道。家用仓储商店经营的商品种类多达 35 000 多种，各种与家居改善有关的产品应有尽有，而且价格比当地五金店的要便宜 20%～30%。

然而，家用仓储商店提供的还不仅仅是物美价廉的货品。或许在家用仓储购物的最佳享受是其优质的顾客服务。伯尼·马库斯和其合伙人阿瑟·布兰克建立公司的唯一使命是帮助顾客解决家居改善问题。他们的目标："选择那些笨手笨脚的、除了拧灯泡以外就缺乏自信心的持家人，把他（她）们改造成装修先生和装修女士。"要完成这一任务，需要的可不只是简单地向顾客兜售商品，然后赚他们的钱。公司的主要目标是建立起持久的顾客关系。

伯尼和阿瑟懂得使顾客满意的重要性。他们算出，一位满意的顾客按"顾客购物生命价值"来算，可值 2.5 万多美元（每次光顾商店花 38 美元，乘以每年 30 次来商店的次数，再乘以约 22 年的逛商店的年数）。而要使顾客满意，就只有靠训练有素、热情主动的职员

1

一贯地对其提供良好的价值和优质的服务。阿瑟说："我们方案中最重要的一部分,就在于本店职员和顾客之间的关怀程度。"因此,在家用仓储商店中,关怀顾客始于关怀职员。

家用仓储公司以高薪招揽最优秀的售货人员,然后对他们进行全面培训。全体职员都要参加常设性"产品知识"班的学习,以便获得将来解决顾客问题的实际经验。为创造顾客价值和满意,公司把职员当作合伙人来对待。所有专职职员至少有7%的年度薪金以公司股票的形式发放,从而使公司职员在顾客服务业务中具有主人翁的感觉。每一位职员都穿一条鲜艳的橘黄色围裙,上面写着:"您好,我是×××,家用仓储公司的股东。让我来帮您吧。"

伯尼和阿瑟在顾客服务方面已成为保护顾客利益运动的积极参与者。例如,每年有4个星期天,清早6点30分,两人都穿上他们自己的橘黄色围裙,通过闭路电视向全国70 000名职员现场直播"与伯尼和阿瑟共进早餐"节目——一种很好的老式鼓动性福音布道会般的电视广播。据称,伯尼通常会用以下问答来激励他的门徒:"'要想有个饭碗去哪里?'职员们回答道:'西尔斯……洛伊斯……建筑者广场。''要想开创事业去哪里?''家用仓储!'喊声震耳欲聋。有时,当热情高涨至发烧程度时,马库斯会一把抓住招架不住的布兰克,在其脸上'啧'地大吻一口,并激动地大呼:'阿瑟,我爱你!'"

家用仓储公司并不采用某些零售商采用的高压销售技巧。相反,公司鼓励销售人员与顾客建立长期的关系,即不管花多少时间,都要一次又一次地耐心解释,直到解决顾客的问题为止。公司支付给职员可靠的薪水,以便他们能够在顾客身上花费必要的时间,而不必担心销售的事。伯尼·马库斯宣称:"我嘴里含着金苹果死去的那一天,正是我们开始支付佣金的日子。"事实上,对职员的训练是要求他们帮助顾客,比预计的少花钱,而不是怂恿顾客多花钱。伯尼说:"我很爱听到顾客说他们原本打算花150美元,而我们的人告诉他们怎样运作就只需花四或五美元。"

关怀顾客已使家用仓储公司成为当今最成功的零售商之一。从1978年成立至今,在不到20年的时间里,该公司已迅速成长为美国最大的自己动手家居改善连锁店。在过去10年里销售额以平均每年40%的速率增加,收入增长速度达46%。1996年,《财富》杂志将该公司列名为美国最受推崇的零售商。事实上,最近人们忧虑的是家用仓储的某些商店的顾客太多了。一些分店每平方英尺的销售额惊人地高达600美元(而沃马特连锁店仅为250美元,凯马特连锁店为150美元)。这已造成了许多问题,如:通道阻塞、库存不足、销售人员太少、结账要排长队等。尽管许多零售商很欢迎这类问题,但是伯尼和阿瑟却感到极大的不安,因此他们迅速采取了补救行动。他们知道,持续的成功取决于对顾客满意的不懈追求。伯尼会告诉你:"对待每一位顾客都应该像对待自己的父母、兄弟和姐妹一样。"而你当然不愿意让你的母亲排队。

资料来源:菲利普·科特勒等著.俞利君译.市场营销导论.北京:华夏出版社,2000.

什么是市场营销?其实你早已熟知,它就在你周围。你会从琳琅满目的货架上看到市场营销,你会从充斥整个电视屏幕、杂志和邮箱的广告中看到市场营销。在家庭里、学校里、工作单位、娱乐场所——无论你在做什么,你几乎都处在市场营销的包围之中。但市场营销远非消费者的眼睛所看到的内容。今天,它不仅已成为企业在快速变化、激烈竞争的市场中谋求生存与发展的管理利器,而且也是"我们这一代人的一种核心思维方式",极大地"激发了律师、医生、管理人员、博物馆馆长、政治官员以及经济发展专家的丰富想象力"。在这一切的背后,是一个庞大的人员网,以及为获得你的注意和钞票而进行的大量活动。本章将向您更为全面、规范地介绍市场营销的产生、发展、传播、基本概念等相关知识。

第一节　市场营销学的产生与发展

市场营销学是由英文"Marketing"一词翻译而来的,它是随着社会生产力的发展,在市场经济条件下产生和发展起来的一门学科,是建立在经济科学、管理科学、行为科学和现代科学技术基础之上的应用科学,是对企业营销活动实践经验的提炼和总结,在经济和社会的各个领域都得到了广泛应用。

一、市场营销学的产生

人类的市场经营活动从市场出现就开始了。但市场营销学作为一门独立的学科,于19世纪末20世纪初创建于美国,后流传到欧洲、日本和其他国家,并在实践中不断完善和发展。它的形成阶段大约在1900年到1930年。它是美国社会制度由自由资本主义向垄断资本主义过渡时期的产物,美国社会经济的变化催生了市场营销理论的产生。

随着工业革命的产生,美国资本主义迅速成长。1860—1900年的40年间,美国人口由3140万增加到9190万;城市人口占美国人口的比例由21%增加到40%,到1920年增至51%;1859年人均收入为134美元,1889年增长到185美元,到1894年增至285美元,表明20世纪初美国的市场规模较之19世纪60年代翻了一番多。市场规模的急剧扩大为大规模生产提供了机会,同时也带来了新的竞争因素。

市场规模的扩大极大地刺激了生产厂商的扩张欲望;科学技术的进步使得大规模生产成为可能,政府通过免费提供工厂场地、税收优惠政策等各种方式推动社会由农业经济向工业经济转化,由家庭作坊向大规模工厂转化。到19世纪末20世纪初,世界主要资本主义国家先后完成了工业革命,垄断组织加快了资本的积聚和集中,使生产规模迅速扩大。到1913年10月,福特汽车公司全部实行流水作业,每生产一辆汽车的工时由5年前的12小时降至2小时,每天出产汽车1 000多辆。生产迅速发展的同时供求关系也开始逐步变化,卖方市场开始向买方市场转化,迫使企业日益关心产品销售,研究如何更有效地应付竞争,并在实践中不断探索市场营销的规律。市场营销活动日益成为影响企业效益的重要因素。

市场规模的扩大、商品的迅速丰富、需求的多样化等因素改变了原有的商品流通体系和商品价值构成,中间商体系开始形成,出现了与第一流生产企业并驾齐驱的大型百货商店、邮购商店和连锁商店等。同时,生产企业内的销售队伍也开始迅速膨胀,并日益成为与生产线管理同等重要的组织构成。中间商的介入、产品市场由本地市场向全国乃至国际市场的扩张,产生了供应商与消费者之间的信用等一系列问题,迫切要求企业必须对这些新生因素进行有效地管理。

新的商品价值形成学说以及对中间商、营销组织等新增价值的管理问题开始引起重视,忽视中间商和企业内非直接创造价值活动的古典经济学遇到了空前的挑战;泰勒、马克斯·韦伯等知名管理学家主要关注企业内的组织与效率,以提高劳动生产率为主要目标的"科学管理"理论、方法应运而生;科学技术的发展使企业内部计划与组织变得更为严整,有可能运用科学的调查研究方法预测市场变化趋势,制定有效的生产计划和销售计划,控制和调节市场销售量。在这种客观需要与可能条件的大背景下,市场营销学作为一门站在企业角度,研究企业如何在市场条件下提供有效供给,并能在企业、中间商、消费者之间建立有效沟通,以提高企业效益的学科呼之欲出。

19 世纪末,美国学者已经发表和出版了一些论著,分别论述产品分销、推销、广告、定价、产品设计和实体分配等专题。20 世纪初,阿奇·肖(Arch W. Shaw)、爱德华·琼斯(Edward D. Jones)、拉尔夫·斯塔尔·巴特勒(Ralph Starr Butler)、詹姆斯·哈格蒂(James E. Hagerty)等一些学者,将上述专题综合起来,许多相关的论文不断地被发表出版。1902—1905 年,密歇根、加州、伊利诺伊和俄亥俄等大学相继开设了市场营销课程。1912 年美国哈佛大学赫杰特齐(J. E. Hagertg)编著了第一本以"Marketing"命名的教科书,从此市场营销学从经济学中分离出来,此举被视为市场营销学作为一门独立学科的里程碑,但它的内容仅限于推销术和广告术。而后,弗莱德·克拉克(Fred E. Clark)于1918—1920 年年初编写了《市场营销原理》讲义,被多所大学用做教材并于 1922 年出版;L. S. 邓肯也于 1920 年出版了《市场营销问题与方法》。市场营销学作为一门独立的经营管理学科诞生了。

二、市场营销学的发展

市场营销学的发展遵循现实需要与科学研究双向互动向前的规律。一方面紧贴企业实践中出现的新情况、新问题;另一方面不断从其他学科汲取养分、丰富和完善学科体系与方法,反过来指导企业实践,使市场营销学始终处在不断更新发展之中。

1929—1933 年的经济大危机,震撼了整个资本主义世界。生产严重过剩,产品销售困难,已直接威胁到许多企业的生存。从 20 世纪 30 年代开始,主要西方国家市场明显呈现供过于求。这时,企业界广泛关心的首要问题已经不是扩大生产和降低成本,而是如何把产品销售出去。为了争夺市场、解决产品销售问题,企业家开始重视市场调查,提出了"创造需求"的口号,致力于扩大销路,并在实践中积累了丰富的资料和经验。与此同时,市场营销学科研究大规模展开。一些著名大学的教授将市场营销研究深入到多个方面,调查和运用了大量实际资料,形成了许多新的原理。如弗莱德·克拉克和韦尔法在其1932年出版的《农产品市场营销》中,将农产品市场营销系统划分为集中(收购)、平衡(调节供求)和分散(化整为零销售)3个相互关联的过程,详细研究了营销者在其中执行的7种市场营销职能:集中、储存、融资、承担风险、标准化、销售和运输。拉尔夫·亚历山大(Ralph S. Alexander)等学者在1940年出版的《市场营销》一书中,强调市场营销的商品化职能包含适应顾客需要的过程,销售是"帮助或说服潜在顾客购买商品或服务的过程"。

1937年,美国全国市场营销学和广告学教师协会及美国市场营销学会合并组成美国市场营销协会。该协会在美国设立几十个分会,从事市场营销研究和营销人才的培训工作,出版市场营销专刊和市场营销调研专刊,对市场营销学的发展起了重要作用。到第二次世界大战结束,市场营销学得到了长足发展,并在企业经营实践中获得广泛应用。但在这一阶段,营销研究主要集中在销售推广方面,应用范围基本上仍局限于商品流通领域。

第二次世界大战后,市场营销学从概念到内容逐渐发生了深刻的变化。战后的和平条件和科技进步促进了生产力的高度发展。社会产品数量剧增,花色品种日新月异。垄断资本的竞争加剧,产销矛盾更为尖锐。西方国家政府先后推行所谓高工资、高福利、高消费以及缩短工作时间的政策,这在一定程度上刺激了需求,但并未引起实际购买的直线上升。消费者需求和欲望在更高层次上发生变化,对社会供给提出了更高的要求,传统的市场营销学已经不能适应要求。许多市场营销学者经过潜心研究,提出了一系列新的观念,将"潜在需求"纳入市场概念,即把过去对市场"是卖方与买方之间的产品或劳务的交换"的旧观念,发展成为"市场是卖方促使买方实现其现实的和潜在的需求的任何活动"。将凡是为了保证通过交换实现消费者需求(包括现实需求与潜在需求)而进行的一切活动都纳入了市场营销学的研究范围,将市场由生产过程的终点置于生产过程的起点。企业必须根据市场需求来组织生产及其他企业活动,确立以消费者为中心而不是以生产者为中心的观念问题。

"二战"后的六十多年来,市场营销学逐步建立起以"满足需求"、"顾客满意"为核心内容的框架和体系,不仅在工商企业,而且在事业单位和行政机构也得到了广泛运用。市场营销学术界每隔几年创立的新理念,推动了市场营销学从策略到战略、从顾客到社会、从外部到内部、从一国到全球的全面系统的发展和深化。

概括地说,市场营销学发展史主要是沿着营销理念的深化,营销对象内涵外延的扩大和理论基础的不断丰厚三条脉络演进发展的。

（一）营销理念不断深化、全面

营销理念，就是营销的指导思想或哲学，是市场营销学所要研究揭示的最重要的内容。市场营销理念的演变过程，历经了生产理念、产品理念、推销理念、市场营销理念和战略营销理念等阶段历程。每一个新理念的提出都是对前一个理念的扬弃，它使营销理念不断深化和全面，而且日益表现出企业应对顾客、社会和环境所承担的责任的关注。

（二）营销对象内涵、外延的不断扩大

第一，早期的市场营销理论主要用于研究和指导企业行为。现在已作为一种强有力的理论被推广应用到医院、学校、社会福利等非营利性机构及争取国外援助、旅游开发、农业开发等政府项目中来。

第二，关于市场及其市场中各种行为主体的研究取得了突飞猛进的重大进展。市场细分概念与方法的提出极大地推动了市场营销学的发展。市场已不再是以前的均质市场，而是具有明显差异的多样化市场，并以此为基础来具体分析每个细分市场各种行为主体的动机、需要和行为方式，从而更有针对性地指导营销实践。

第三，服务、创意及 Know-How 等无形产品已纳入产品概念之中，而且逐渐成为较有形产品更具价值、更有意义且更为重要的产品，深刻反映了社会发展、产业升级等当今世界经济生活中的重要主题。

第四，市场营销学日益成为一门实用的管理科学。"市场营销组合"、"产品生命周期"、"波士顿业务组合法"、"顾客满意度测评"、"价值链分析法"、"营销审计"、"直接营销"、"交互营销"等概念和具体的管理方法层出不穷，营销实践者可以从众多"工具箱"中汲取恰当的工具。特别是战略营销理念的提出，使营销理论提升到一个新高度，使得市场营销由事务性管理开始步入战略性管理的新阶段，极大地提高了市场营销管理职能的地位和作用。

（三）市场营销学理论基础不断丰厚

菲利普·科特勒在 1987 年 5 月"美国市场营销协会成立 50 周年暨世界市场营销学大会"报告中指出："市场营销学的父亲是经济学，母亲是行为科学；数学乃市场营销学的祖父，哲学乃市场营销学的祖母。"说明了市场营销学深厚的理论根基。另外它还从系统科学、管理科学（广义的管理学）、传播学，甚至军事学等远亲中汲取营养。

近年来，随着互联网的发展及信息技术的普及与应用，世界范围的生产方式、生活方式发生了前所未有的改变，后工业化社会到来的种种迹象表明，以信息科学为代表的一大批学科群正在崛起，并已渗透到市场营销学中，这些新观念、新方法、新理论必将滋养现代市场营销学并将其推向一个崭新阶段。

第二节　市场营销学的传播与应用

市场营销学作为一门应用型学科，顺应市场经济中企业竞争发展的需要，并有理论研究和实践经验所滋养，很快便在世界范围内得以传播和广泛应用。

世界范围企业的实践表明，市场营销在不同的时空条件下，引起不同行业的重视；无论营利性领域还是非营利性领域都对市场营销产生了极大的兴趣，先是制造业和商业，而后是服务业，现在又渗透到非营利性组织及政府机构；先从发达国家等地理领域传播到发展中国家以及世界各地。

一、市场营销学在日本的传播与应用

日本被认为是世界上第一流的市场营销者。20世纪30年代，美国的市场营销学思想开始传入日本。50年代，日本经济开始复苏，消费品需求急剧扩大，大批企业涌入消费品生产领域，竞争加剧，企业界人士对市场营销学兴趣倍增。1957年日本营销协会成立。60年代以后，市场调研、产品开发、质量改进、广告促销、市场营销组织建设、销售渠道控制等市场营销理论被普遍推广应用，极大提高了日本企业的市场营销竞争力。本国狭小的市场及资源的严重匮乏，迫使日本奉行"贸易立国"的方针，抓住70年代石油危机的机遇，以低成本、节能型的汽车为先锋，带动一大批彩电、冰箱等家庭消费品开始大举挺进美国和欧洲市场，并取得了绝对的竞争优势。80年代，"顾客至上"、"质量第一"、"成本控制"、"全球观念"等思想的提出与成功实践，为市场营销理论的发展起到了重要的推波助澜的作用。80年代以后，在世界范围内形成了向日本学习的风潮，市场营销学发源地美国市场营销专家都惊呼："市场营销在日本。"

市场营销学在日本的传播与应用造就了一批诸如索尼、松下、丰田、铃木、雅马哈等市场营销楷模，它们的实践使包括市场营销理论在内的企业管理理论在80年代产生了一次质的飞跃。

二、市场营销学在英法等国的传播与应用

英国、法国在20世纪60年代以后陆续增开了市场营销学课程。根据市场需要组织生产经营活动，已经成为西方企业界的基本指导思想。重视市场调研与预测，建立高效的市场信息系统，并根据市场发展变化趋势，制定、调整企业的市场营销策略，已成为企业，特别是大中型企业经营活动的基本模式。德国的奔驰、瑞典的沃尔沃、瑞士的雀巢、美国的微软等都是应用市场营销理论并为市场营销理论的发展做出贡献的世界领先级企业。

三、市场营销学在中国的传播与应用

市场营销学在我国传播较早。丁馨伯先生译编的《市场学》教材于 1933 年由复旦大学出版。新中国成立前,我国不少留学生都攻读过 Marketing 课程,有的留美学者还参加了美国市场营销协会(A.M.A.)的研讨活动。但在半封建半殖民地的政治经济条件下,市场经济十分落后,市场营销学的传播与应用受到严重阻碍。新中国成立后,由于外部封锁和国内高度集中的计划经济体制及我国高等院校课程设置长期照搬苏联模式等原因,致使我国对市场营销学的研究与应用搁浅了 30 年,1978 年以后重新引进、推广和应用,概括为五个发展阶段。

(一) 引进阶段

通过对国外市场营销学著作、杂志和国外学者讲课的内容进行翻译介绍,选派学者、专家到国外访问、考察、学习,邀请外国专家和学者来国内讲学等方式,系统介绍和引进了国外市场营销理论。1979 年,外贸部和少数大专院校开始聘请外籍教师来华讲授市场营销学。1980 年,中美两国政府合作举办成立中国工业科技管理大连培训中心,系统引进美国企业管理理论、培训我国大中型企业厂长经理及部分重点大学骨干教师,并将市场营销学作为一门核心课程,多次聘请美国著名的大学教授系统讲授市场营销学和国际市场学。与此同时,外贸部与设在日内瓦的国际贸易中心(ITC)合作,邀请美国、加拿大、联邦德国和法国的专家来华在北京举办市场营销学培训班。1980 年以后,由国家经委牵头与国外合作举办的北京培训中心(与欧共体合作)、成都培训中心(与加拿大合作)、天津培训中心(与日本合作)、上海培训中心(与联邦德国合作)等陆续在全国各主要城市举办,并对西方发达国家企业管理理论多方位吸收和综合比较借鉴,为市场营销学在中国的传播起到了播撒种子的作用。

(二) 传播阶段

1980 年以后,吴凤山、洪宝华、郭军元、邝鸿、汤正如、许绍李、厉以京等编著(或合编)的各种市场营销学教材相继出版。其后,上百种版本的市场营销学教材也陆续面世,累计发行量逾百万册,对推动市场营销学的教学和扩大市场营销学在我国的传播起到了重要的作用。

20 世纪 80 年代初期,我国就有少数大专院校陆续开设市场营销学课程,不少学校还建立了市场营销学专业。在高等院校、企业、政府和社会各界的共同努力下,各级各类市场营销学研究学会纷纷成立。1984 年 1 月"中国高等院校市场学研究会"成立,1991 年"中国市场学会"成立。"两会"的成立标志着市场营销学在中国的研究与传播已经进入了全面联合普及推广的新阶段。

（三）应用阶段

我国市场营销学推广应用始终是同经济体制改革、企业制度改革和经济发展相互联系、相互伴生的。

1978年十一届三中全会到1992年十四大期间，社会主义经济能不能运用市场机制、在多大程度上可以应用市场机制的问题始终没有从根本上解决，政策在计划与市场之间徘徊，使企业（特别是国有大中型企业）在应用市场营销学方面一直处在左右摇摆之中。1980年后，国家调整了轻、重工业和积累与消费的比例，压缩了基本建设投资规模，放缓了重工业的发展速度，并改变对企业全部下达指令性计划和对产品统购包销的做法，迫使企业不得不面向市场，自己承揽生产任务和销售产品。但直到90年代以后，国家才明确提出把企业推向市场，使企业成为独立商品生产者，市场营销学才真正走向全面应用的阶段。

虽然中央已确立企业独立商品生产者的地位，但由于内外环境的错综复杂及国有大中型企业长期受政府指令性影响，要从根本上转变其经营观念更是难上加难，企业经营很大程度上仍然听命于政府的指令，市场导向并不能在企业中深入落实。在此期间，多数企业应用市场营销原理时，都偏重于分销渠道、促销、市场细分和市场营销调研部分。

（四）拓展阶段

1992年中央针对前一阶段出现的投资过热和严重的通货膨胀等问题，开始"治理整顿"。经济增长在几年内由最高时期（1992年）的18％，拉回到1997年的10.8％。国内市场总量出现了严重的供过于求，很大一部分企业开工不足。直到这一时期，企业才真正认识到市场的重要性，对市场营销学的认识也开始由一般性的方法、策略的认识上升到营销战略的高度重视，全面应用市场营销学理论才真正成为企业自发的内在需要。全国各地的市场营销学学术团体，改变了过去只有学术界、教育界人士参加的状况，开始吸收企业界人士。研究重点也由过去的单纯教学研究，改为结合企业的市场营销实践进行研究。学者们已不满足于仅仅对市场营销一般原理的教学研究，而对其各分支学科的研究日益深入，并取得了一定的研究成果。市场营销理论的国际研讨活动的进一步发展，极大地开阔了学者们的眼界。1992年春，邓小平南方讲话以后，学者们还对市场经济体制的市场营销管理、中国市场营销的现状与未来、跨世纪中国市场营销面临的挑战、机遇与对策等重大理论课题展开了研究，这也有力地扩展了市场营销学的研究领域。

（五）国际化阶段

1995年6月，由中国人民大学、加拿大麦吉尔大学和康克迪亚大学联合举办的第五届市场营销与社会发展国际会议在北京召开。中国高等院校市场学研究会等学术组织作为协办单位,为会议的召开作出了重要的贡献。来自 46 个国家和地区的 135 名外国学者和 142 名国内学者出席了会议。25 名国内学者的论文被收入《第五届市场营销与社会发展国际会议论文集》(英文版),6 名中国学者的论文荣获国际优秀论文奖。从此,中国市场营销学者开始全方位、大团队地登上国际舞台,与国际学术界、企业界的合作进一步加强。

第三节　市场与市场营销

市场是社会分工和商品交换的必然产物。列宁指出:"哪里有社会分工和商品生产,哪里就有市场。"研究市场营销学,首先就要了解市场和市场营销及相关的概念。

一、需要、欲望与需求

需要、欲望与需求概念中都含有"想得到"的基本意思。三者又有一定的区别,并且是进行市场营销活动必须加以区分的内容。

(一)需要与欲望

需要(need)与欲望(want)都是用以指示心理状态的概念。它们是作为行为科学范畴的概念而被引入到市场营销学中来的。

1. 需要与欲望概念

需要是指人们因为某种欠缺没有得到满足时的心理感受状态,是人对某种目标的渴求和欲望;欲望是为满足或部分满足某种基本需要而想得到具体满足物的愿望,是不足之感和求足之愿的统一,二者缺一不可,它是个人受不同文化及社会环境影响表现出来的对需要的特定追求。人类的需要和欲望是市场营销活动的出发点。人们需要食物,从而产生购买面包的欲望;姑娘需要尊重,从而产生购买化妆品和漂亮衣裳的欲望;管理者有对权力的高度需要,从而有获得晋升的欲望等等。

2. 需要与欲望的关系

(1) 需要是抽象的概念,存在于人类生理过程和所处的社会环境中,是人的心理活动的重要动力;欲望是具体的概念,是同具体的"东西"相联系。

(2) 需要是大类的概念,美国著名心理学家马斯洛将其概括为生理的需要、安全的需要、社交的需要、尊重的需要和自我实现的需要,即著名的马斯洛需要层次论;欲望是丰富的,它与无数的产品相联系。

(3) 需要是相对稳定的,在相当长的时间里人们会有一种或少数几种主要的需要;欲望则是多变的,会经常在多种产品之间选择。

(4) 需要是人类与生俱来的,不能由市场营销者创造,也很少受市场营销者的影响;

欲望则会受到广告、推销和相关群体的较大影响。市场营销者不能创造需要,但可以引导欲望,并通过创造、开发及销售特定的产品和服务来满足欲望。

(5) 对个人而言,需要和欲望是产生行为的原动力。行为学家认为,人们感受到的最匮乏的需要,一般就是产生其行为的根本原因。因此,研究人的需要与欲望,并设法通过恰当的产品满足这种需要和欲望,对市场营销至关重要。

3. 组织需要与欲望

当需要和欲望的概念用于企业或其他组织形式的市场主体时,就带有一种集合的含义,它表示组织整体的或占主导的需要与欲望,与个人需要的内容有所不同。企业有获利的需要,有低价购进原材料以降低成本的欲望;医院有提高医疗水平增进社会福利的需要,有引进新型 CT 的欲望;大学有提高教学科研水平的需要,有招聘英才的欲望等等。组织需要与欲望的形成,主要受到组织环境、组织文化和组织主要领导人的影响。研究组织需要与欲望,同样也是市场营销的起点,但要从更广泛的角度着手。有关组织需要与欲望学习,在后面的"市场分析"中进一步展开。

(二) 需求

需求(demand)是指在一定的价格水平下,人们有能力购买并愿意购买某种产品的欲望,它是经济学概念。有欲望而没有购买力或者反之,则称为没有需求,但现在没有需求,并不等于将来没有需求。在市场营销中,我们把暂时没有购买力或购买欲望不强的情况,称之为潜在需求。随着购买力和购买欲望的提高,潜在需求会逐渐转变为(有效)需求。在我国,彩电等家用电器就是由于购买力不足而由潜在需求转变为有效需求的典型例子。对市场营销者而言,估计眼下的需求固然重要,但更重要的是能发现潜在需求,并能创造性地将其开发,使之成为有效需求。企业可以通过各种营销手段来影响需求,并根据对市场需求的调研,决定是否进入某一产品或服务市场。

二、标的(或产品)

尽管现代营销学中产品概念的外延已扩大到包括有形产品(传统意义上的产品)、服务等无形产品,以及智力性的创意等,但较之今天的市场营销现实,市场交换的内容远远不止这些,所以我们需要更为抽象的概念,提高市场营销者的想象力和创造力,更能反映当今市场营销理论应用领域与范围日益扩大的现实需要。

(一) 标的的概念

我们把具有交换价值并能满足交换双方需要与欲望的所有"东西"都称为市场营销的"标的"(或"产品")。

（二）标的的种类

（1）传统意义上的有形产品，如彩电、汽车、手机、电脑等都是标的。

（2）与有形产品相伴出售的服务也是标的。它是社会进步和市场营销的大趋势，是提高顾客价值，维系顾客和提高竞争力的不可或缺的手段；它可以提高顾客价值，吸引顾客购买，同时市场营销者也要为之付出成本；服务也并非是内容越多越好，关键要看顾客对价值的判断（顾客价值中详细阐述）；有形产品的价值较之伴随的服务价值的比例正在发展并迅速的改变。但这种服务常常被视为有形产品的"副产品"，市场营销者常将其视为消费者权益保护和竞争压力下不得不为之的累赘，服务态度不端正，管理上存在许多误区。

（3）纯粹的服务也是标的。动物园、博物馆、旅游区的服务等都是标的。

（4）知识、智慧、创造力也是标的。近年来，以知识为基础的服务正以火山爆发之势涌出，其经济价值大有超过传统产品和服务价值的势头。以美国微软公司为例，与其说微软的产品是写进软件的光盘，不如确切说是以光盘为载体的知识、智慧和创造力。光盘仅值几元钱，而光盘中的内容却可能价值连城。现今，发达国家有形产品的制造业创造的价值仅占 GNP 的 20％左右，而以信息和知识为主体的智力产业创造的价值占 GNP 的 40％以上。这一趋势是我们学习市场营销学必须加以高度关注的。

（5）一个富有想象力和市场价值的创意，尽管并没有转化为实际的产品或服务，而只是一种"半成品"，它也是一种标的。据报载，我国有几个"点子大王"，有的以产品创意为主，有的以经营创意擅长，都在市场经济中大展其才，大行其道，迅速致富。

（6）商誉、Know-How、管理体系，以及由它们综合而成的特许经营权也是标的。麦当劳、肯德基、希尔顿、假日酒店等公司都以出售特许经营权为其重要的收入来源。

（7）企业（公司）整体或其中一部分在一定情况下也是标的。作为整体的公司的上市，表面上是推销公司的股票（资产），实际上是向公众兜售公司的获利能力；"抓大放小"实际是将小企业出售；风起云涌的资产重组、收购、兼并，都是以企业（公司）作为标的；而大连冰山集团这些年的成功经验之一则是把企业一部分部分地分块与国外公司合资。

（8）货币也是标的。银行吸纳存款再贷出去以获利差。

三、市场

市场是商品经济的范畴，是一种以商品交换为内容的经济联系，是商品经济中社会分工的表现。在社会产品属于不同所有者的情况下，生产劳动的社会分工使他们各自的产品变为商品，出现了商品的供与求，产生了相互交换作为商品的劳动产品的市场。市场营销的产品只有通过市场才能体现其价值；顾客为得到较大的顾客价值而满意，市场营销者为其劳动成果得到较好的回报而满意。商品经济的不断发展变化,赋予了市场概念的不同含义。

(一)市场的概念

1. 场所论

市场是商品交换的场所。这是最早、也是最传统的市场概念,是一个时间上、地理上和空间上的概念,强调的是商品交换的场所和地点。我国古代有关"日中为市,致天下之民,聚天下之货,交易而退,各得其所"的记载(《易·系辞下》),就是对这种在一定时间和地点进行商品交易的市场的描述。随着通信、传真、计算机及网络等现代科学技术的发展和应用,赋予了市场场所论的现代意义。

2. 关系论

市场是商品交换关系的总和。这是从揭示经济实质角度提出的市场概念,是商品内在矛盾的表现,是供求关系,是通过交换反映出来的人与人之间的关系,是从事商品生产和交换的生产者、经营者及商品的消费者之间错综复杂的交换关系的总和。

3. 需求论

市场是所有具有特定的需要与欲望、并且愿意和能够以交换来满足此需要与欲望的所有现实与潜在顾客的集合。这是从卖方角度理解市场。市场营销学产生于买方市场,它是站在卖方的角度研究如何适应并满足买方的需求,以达到自己的经营目标,这正是市场营销学要研究的市场。

(二)市场三要素

由市场营销学的市场定义可知,市场包含三个基本要素,即顾客、购买动机和购买力。

用简单的公式概括为:市场 = 顾客 + 购买力 + 购买动机

顾客是构成市场的最基本条件,它最终是同人(或人口)相联系的,即使是核电站、宇宙飞船,最终也是同人(或人口)相联系的,是为人类服务的。因此在市场营销过程中,非常注重关于人口统计方面的研究,人口数量关系着市场规模和市场容量。购买动机支配着人的购买行为,是购买力得以实现的必不可少的条件,人只有对某种产品产生欲望,才有可能购买和消费,所以购买欲望也是市场的重要因素。但如果没有购买(或支付)能力,也不能形成交换,所以有意义的市场中也要包含购买力,它是构成现实市场的物质基础。由此可见,市场的三个构成要素是相互联系、相互制约、缺一不可的,是三个要素的统一。

(三)市场营销学的市场概念的特点

(1)以交换概念为核心,是交换概念的延伸。此点是以经济学中的市场概念为基础的。

（2）需要、欲望与需求是前提条件。这一点较之经济学的概念更为具体和深化。

（3）站在市场营销者的角度来考察市场。站在市场营销角度，卖方构成行业，同行业的卖方是竞争者。买方构成市场。

（4）具有强烈的顾客导向性，既注重现实的，也关注潜在的。外延较经济学的市场概念有所缩小。

（5）认为市场是一个"集合"，它含有市场可以细分为多个"子集合"的潜在之义。我们将会了解，市场细分对市场营销极为重要的意义。

小链接

市场在哪里？

英国的一家制鞋企业派一位销售人员到非洲一个小岛上考察市场，一星期后，销售员发回电报："岛上居民从来没有穿鞋的习惯，此地没有市场。"

该公司决定派一名较有经验的销售员再次到岛上进行仔细调查。一星期后，销售员发回电报说："岛上居民很多，但从来没有穿鞋的习惯，如果我们能教会他们穿鞋，这里将是一个巨大的市场。"

为进一步弄清情况，该公司决定派他们最有经验的销售员第三次到岛上进行详细调查。此销售员拜访了岛上至高无上的首长及许多普通百姓后，发回电报说："这里的居民虽然没有穿鞋的习惯，但他们有脚疾，且很多人都渴望根除脚疾，建议公司加大'穿鞋有益'的宣传力度，让岛上居民了解穿鞋可以避免很多意外伤害，更有利于治疗脚疾；他们的脚普遍比一般同龄人的脚大，建议公司针对这一实际情况重新设计适合岛上居民的鞋子；他们没有钱，但岛上盛产香蕉，岛上居民愿意用 20～30 公斤香蕉换取 1 双公司专门为他们生产的鞋子，数量约 10 万双左右，并且首长决定给予公司专卖权，建议公司应毫不迟疑地抓住这个市场。"

资料来源：徐彤宝，王光娟.市场营销学.吉林：吉林大学出版社，2009.

（四）市场主体 —— 市场营销者与顾客

1. 市场主体

即在市场上从事交换活动的各类组织与个人。它是相对于作为市场客体的产品而言的。市场主体既包括自然人，也包括以一定组织形式出现的法人。既包括营利性机构，也包括政府和其他非营利性机构。它们都参加市场交换，或是以某种方式向社会提供产品和服务，或是购买或消费某些商品、劳务。

企业是市场中最重要的市场主体。它既是市场上资本、土地、劳动力、技术、原材料、信息等生产要素的生产者和提供者，又是购买者和使用者。离开企业与企业、企业与其他市场主体之间的生产和交换活动,市场就成了无源之水、无本之木。因此,市场营销学研究的行为主体最主要的是企业。早期的市场营销学就是站在企业角度研究企业如何利用市场规律进行经营决策。随着市场营销学的发展和社会对市场营销学认识的提高,市场营销学的应用已逐渐渗透到医院、大学、科研机构等非营利性机构,并有进一步普及应用的趋势。本书中,我们仍然以企业作为主要着眼点,但其原理对其他市场主体的市场营销同样适用。

2. 市场营销者与潜在顾客

通常人们认为,市场营销者就是卖方。但在现代市场营销学中,我们将寻求交换较为积极的一方视为市场营销者,而将另一方称之为潜在顾客或目标顾客;亦即市场营销者可以是卖方,也可以是买方。

一般的情况是,在买方市场情况下,卖方要做更多的市场营销活动,因此卖方常是市场营销者。但在卖方市场情况下,买方就需要更多的市场营销活动,此时买方就成为市场营销者。这种情况在高级人才市场中表现得较为突出,用人单位(买方)必须大量发布招聘启事,甚至要聘请"猎头公司"为其招贤纳士。即使是在买方市场情况下,由于市场信息不充分,买方有时也会比卖方更积极。例如,在近几年企业产权重组中,一方面是大量的中小企业在拍卖,另一方面是有能力要吸纳资产的企业到处寻找合适的收购对象。工程招标也是买方首先展开营销活动的。当买卖双方都表现积极时,可称双方均为市场营销者,这种情况称做相互市场营销。

目前各种市场营销学书籍和文章中,顾客、消费者、客户和用户经常混用,对此加以区别具有学术意义。顾客是一个总称;消费者是指购买商品用于个人和家庭消费的顾客;客户和用户则主要指那些购买商品的生产企业、中间商、大学等社会组织。

四、市场营销

市场营销是本学科最基本、最重要的概念,它是企业最基本、最独特的功能,是企业的首要核心。国内外学者对市场营销的定义有上百种。美国学者基恩·凯洛斯曾将各种市场营销定义分为三类:一是将市场营销看做一种为消费者服务的理论;二是强调市场营销是对社会现象的一种认识;三是认为市场营销是通过销售渠道把生产企业同市场联系起来的过程。本书采用著名营销学家菲利普·科特勒教授的定义:市场营销就是市场主体(特别是企业)通过创造或提供有价值的产品,并通过市场同其他市场主体进行交换,从而满足双方需要的社会的和管理的过程。掌握市场营销概念应注意以下几点。

(1)市场营销是一种创造性行为。有些人将营销分为响应营销和创造营销。响应营销是寻求已存在的需求并满足;创造营销是发现和解决顾客没有提出,但会积极响应的问题。如海尔公司就是走在需求前面"引导顾客"开展创造营销的一个公司。

> **小链接**
>
> ### 市场营销创造需求
>
> 一位海尔的客户突发奇想:"洗衣机既然能洗衣服,为什么不能洗地瓜呢?"于是就用洗衣机洗起地瓜。没想到地瓜还真的洗干净了,但是洗衣机却不转圈了,因为洗衣机的下水道太细,泥土把下水道堵死了。海尔的一位维修人员把洗衣机修好后,回到办事处把此事当作笑话讲,办事处主任却因此受到启发,"为什么不能开发既能洗衣服,又能洗地瓜的洗衣机?"他把这一想法及时向总部汇报。本部经过研究,及时开发出"海尔大地瓜洗衣机",马上形成抢购热潮,从此,"大地瓜洗衣机"的故事传开来,成为"自己做个蛋糕自己吃"、"创造需求、引导消费"等理念的最好注脚。海尔根据这样的思路,开发出了"小小神童洗衣机"、"彩电冰箱",适应西部开发的"沙漠型空调器",适应恶劣环境的"耐热"、"耐冷"空调器,适应水资源紧缺的"节水型洗衣机"等等。
>
> 资料来源:徐彤宝,王光娟.市场营销学.吉林:吉林大学出版社,2009.

(2) 市场营销的最终目标是"满足交换双方的需要与欲望"。

(3) "交换"是市场营销的核心。

(4) 场营销是一种自愿的交换行为。交换过程是一个主动、积极寻找机会,满足双方需要与欲望的社会过程和管理过程。

(5) 市场营销是一种社会的和管理的过程。市场营销是一种社会过程,指市场营销者(包括其内部员工)、顾客和公众的行为都要受到社会状况(如经济、政治、科技、文化等)的影响或制约。社会存在决定其需要、欲望及其行为方式。市场营销者必须结合市场的社会背景制定市场营销战略,并采取适应其社会发展的市场营销行为。

市场营销是一种管理过程,旨在强调创造顾客价值等一系列市场营销活动必须要加以管理,以提高其"效率"和"效能"。按彼得·德鲁克的观点,效率指的是"正确地做事"(doing thing srightly),它是一个数量概念;效能指的是"做正确的事"(doing the right things),它是具有方向性的矢量概念,对市场营销者而言,不仅要研究交换的效率问题,更要研究交换的效能问题。前者是规范性的、日常性的和操作性的管理,后者是战略性的、策略性的管理,它们共同构成了市场营销管理的内容体系。

(6) 交换过程能否顺利进行,取决于营销者创造的产品和价值满足顾客需要的程度以及对交换过程的管理水平。

(7) 市场营销是企业参与社会的纽带。市场营销是连接企业和社会的桥梁,只有满足社会利益的同时满足顾客的利益,企业才能长久不衰地取得成功。

总之,市场不仅是企业生产和销售的终点,还是企业生产和销售的出发点。为满足顾客需求,生产前企业必须进行市场调查,把握顾客的购买欲望和支付能力,结合本企业的特点和优势,确定产品方向和企业经营目标,以此组织产品的开发和生产,确定产品的商标、品牌、包装,并组织试销,制定价格,通过某种形式的销售渠道和销售促进,将产品转移到顾客手中,而后开展售后服务,帮助顾客从产品中获取最大效用,收集、听取顾客的反馈意见和建议,作为进一步市场调查、改进和创新产品的参考,如此不断循环,不断发展。

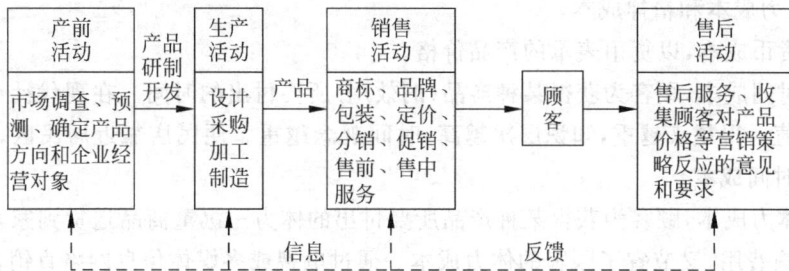

图 1-1　现代市场营销活动示意图

五、顾客效用、成本与价值

(一) 顾客效用

效用(utility)是顾客对能满足其需要与欲望的某种产品的有效性的主观的综合评价。它来自于人的主观评价,某产品是否具有效用及效用大小取决于人的主观感受。同一产品,对不同消费者的效用不同;同一消费者,在不同状态下对同一产品的主观感受不同,效用也不同。

小张是一家公司的高级职员,月薪 7 000 多元,居住地与工作地点有七八公里,最近他一直在考虑上下班的交通工具问题。他可以选择自行车、公共汽车、小巴、出租车或自己开车。但他也在考虑方便性、快捷性、舒适性和安全性。他制定了一个表格以判断哪种交通工具能给他带来最大的效用。最后,小王认为乘出租汽车的效用最大,如表 1-1 所示。

表 1-1　小张对各种交通工具效用的评价表

交通工具	评价因素 方便性	快捷性	舒适性	安全性	综合评价
自行车	5	1	1	1	8
公共汽车	2	3	2	5	12
小巴	2	3	3	4	12
出租车	5	5	5	4	19
自己开车	3	5	5	2	15

（二）顾客成本

顾客成本(cost)指顾客为获得某种效用而必需的支出。人总是希望获得效用最大的产品,但常常效用越大,成本越高。顾客成本包括为获得某种产品要付出的货币成本、时间成本、体力成本和精神成本。

(1) 货币成本,以货币表示的产品价格。

(2) 时间成本,顾客为获得某种产品(的效用)所要付出的时间。在现代社会中,人们对时间价值看得越来越重,知识层次越高,时间观念越重。便民店靠近居民区,就是要减少顾客的时间成本。

(3) 体力成本,顾客为获得某种产品所要付出的体力。沉重商品送货到家,既节省了顾客的运输费用,又节省了顾客的体力成本。通过电视或多媒体信息网络直销,时间成本和体力成本都可以节省,这种形式的直销在西方发达国家已呈迅速增长之势。

(4) 精神成本,顾客为购买、消费或使用某种产品而在精神上的付出。这是一个新概念,随着消费者权益保护运动在世界范围的普及,涉及消费者精神成本的许多内容已被用法律形式确定。有的厂商生产的产品本来是面向国内销售的,却偏偏一个中文不印,倒是印满了而且是错误百出的洋文,使消费者不得其解,望"洋"兴叹,增加了消费者的精神成本。国内前几年连续发生了数起火锅瓦斯炉爆炸事件,消费者受到严重的身体伤害和精神伤害,较之吃一顿火锅百十元钱,消费者为此付出的精神成本是千百倍的。工业原料、生产设备、技术服务等同样存在顾客精神成本。据报载,一家纺织厂的厂长利令智昏,以高价购进劣质棉花从中大吃回扣导致企业破产,致使数千员工下岗待业,造成的精神成本是巨大的。

（三）顾客价值

人们在选择产品时,既要考虑产品的效用,又要将其效用同为获得此效用所要支付的成本相比较,最后做出选择决策。顾客价值(value)是顾客效用与顾客成本的比较。小张在评价各种交通工具时,乘出租车的总效用是方便性、快捷性、舒适性和安全性各效用之和等于19,他的成本应当包括出租车费(货币成本)、等车时间(时间成本)、消耗的体力(体力成本)和等车时的心情(精神成本)。

对于彩电、冰箱之类的产品,产品功能和产品质量是顾客效用的主要方面。

六、交换、交易与关系

人们可以通过自产自销、强制取得、乞讨和交换四种方式满足其需要和欲望。市场营销产生于交换,交换是市场营销的核心概念。有需要和欲望并能评定某个产品的价值,这只是市场营销活动的序幕,只有通过交换,市场营销活动才真正发生。

（一）交换

交换是指通过提供某种产品作为回报而与他人换取所需要的产品的行为。交换是一个过程，它需要五个条件。

（1）至少要有交换双方。

（2）每一方都有对方所需要的有价值的产品。

（3）每一方都具有沟通信息和传送交换物的能力。

（4）每一方都可以自由地接受或拒绝对方的交换条件。

（5）每一方都认为同对方的交换是合适或称心的。

存在上述条件，交换就有可能。至于是否真会发生，则取决于双方是否能够达成一项交换协议。如果要把一个企业的产品销到非洲去，恐怕连上面的第一条都难以满足。因此，交换并非易事。交换的第五个条件是非常重要的。它是现代市场营销的一种境界，即通过创造性的市场营销，使交换双方能够双赢。以这样的观点看，当年"杨志卖刀"即使能卖出去，也不是现在这种意义上的交换。因为杨志是被迫无奈，忍痛割爱，才变卖祖传宝刀，他哪里有"合适"或"称心"可言？

（二）交易

交易是交换的基本组成单位，是交换双方之间的价值交换。在交换过程中，如果双方达成一项协议，我们就称之为发生了交易。一项交易至少要涉及两件以上有价值的产品（包括货币），双方同意的条件、时间和地点，以及其必需的法律条款等内容。交易通常有两种方式，一是货币交易，二是非货币交易，包括以物易物、以服务易服务的交易等。

七、顾客满意、顾客忠诚、关系与关系营销

市场营销活动，是市场营销者与顾客的双向互动过程。从行为科学的角度，我们可以把这种互动过程看做是一种行为激励过程，如图 1-2 所示。

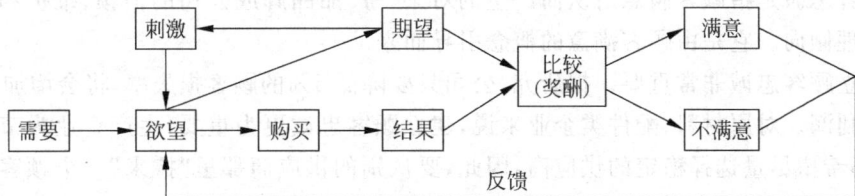

图 1-2　激励过程的市场营销过程

所谓激励，就是人们向某一目标行动的倾向。激励的源头是未满足的需要。例如，身体饥渴时人就产生对水的需要；从而产生喝可口可乐、露露或果茶的欲望；至于到底购买什么饮料，他一面会受到过去经验的影响，还在很大程度上要受到广告、同伴和环境刺

激的影响；在此基础上，他做出购买决策并购买；喝完以后，他还会把实际结果和购买前的期望加以比较，如果效果同期望的一样或更高，就会满意或很满意，从而对所买的饮料生产企业产生信任与感激，会继续购买或向他人推荐；反之，则不满意，心存芥蒂或向他人抱怨，不再继续购买该饮料而转去买别的饮料。

（一）顾客满意

顾客满意是一种心理感受状况，是顾客对某一产品在满足他需要与欲望方面实际的与期望的程度的比较与评价。"比较"就是比较得到的价值与期望的价值的差别。满意、不满意是顾客价值比较的结果。满足程度是实际效果与期望效果比值的函数。实际效果大于期望，很满意；实际效果等于期望，满意；实际效果小于期望，不满意。满意感在很大程度上取决于期望。期望之中既包含有顾客以往的经验，相关群体的影响，又很大程度上取决于市场营销者的刺激，如广告等各种信息和市场营销者的承诺。

行为学中，关于满意与激励的关系问题已有大量的研究，比较一致的观点认为，满意并不一定具有激励作用。在很多情况下，当你问一个单位的员工："你的单位怎么样"时，他会回答："挺好的。"当你回头去访问这位员工的同事和领导时，他们可能会告诉你"那位同志工作并不努力。"与满意感相联系，真正的激励因素是奖酬（如成就感、受尊重、奖金、晋升等）。在市场营销中就是顾客价值。当从单向考察时，满意与不满意是一次交易的结果，它并不影响顾客的再购买行为。但当我们把市场营销看做是由多次重复交易构成的封闭的连续过程时，满意与不满意就成为重要的激励因素。

目前，世界上不少公司已把顾客满意作为营销管理体系的核心，像全面质量管理（TQC）一样，建立"全面顾客满意"（total customer satisfaction，TCS）体系，包括顾客满意度监测系统、顾客抱怨与建议系统、顾客满意保证系统等部分。

（二）顾客忠诚

顾客忠诚是指顾客满意后从而产生的对某一产品品牌或公司的信赖、维护和希望重购的心理倾向。它是由顾客满意的概念引导而来。

建立顾客忠诚非常重要。据研究，公司只要降低5％的顾客损失率，将会增加25％～85％的利润。对原材料、配件类企业来说，建立顾客忠诚更为重要，生产企业为节省交易成本，都希望尽量选择稳定的供应商，因此，要从别的供应商那里"撬来"一个顾客非常困难。有过营销经验的人都很清楚，开发一个顾客要比维护一个顾客多花几倍甚至更多的精力和费用。

（三）关系与关系营销

关系营销是交换过程中形成的社会的和经济的联系，是营销者与有价值的顾客、分销商、零售商、供应商以及广告代理、科研机构等建立、保持并加强长期的合作关系,通过互利交换及共同履行诺言,是各方实现各自目的的营销方式。与顾客建立长期合作关系是关系营销的核心内容。关系营销可以节约交易的时间和成本,其营销宗旨从追求每一次交易利润最大化转向与顾客和其他关联方共同长期利益最大化,即实现"双赢"或"多赢"。

中国市场营销活动中最重视"关系"。中国人重交往、重感情,甚至把市场营销也看做是一种感情交往方式。中国人常说:"我有个朋友,……","买卖不成仁义在"也含有很强的"关系"意义。但中国人的"关系"之中也含有一定消极成分,甚至与市场经济原则背道而驰,如权钱交易、灰色交易等,这是我们不应提倡的。

八、质量与全面质量管理

质量对产品或服务的效能有直接影响,它与顾客价值和满意密切相关。

(一)质量

狭义质量可定义为"无瑕疵",但是,绝大多数以顾客为中心的企业是根据顾客满意来定义质量的。例如,在全美率先采用全面质量管理的摩托罗拉公司负责产品质量的副总裁说:"质量必须有利于顾客……我们对瑕疵的定义是'如果顾客不喜欢该产品,则该产品就是有瑕疵'。"美国质量管理协会把质量定义为与一种产品或服务满足顾客需要的能力有关的各种特色和特征的总和。

以顾客为中心的质量定义说明质量以顾客需要为开始,以顾客满意为结束。当今全面质量行动的基本宗旨已变成使顾客完全满意。

(二)全面质量管理

全面质量管理是指企业全体人员专心地不断改进产品、服务和业务流程质量的一种手段。20世纪80年代,全面质量管理风靡各大公司的董事会。从大型企业,直到一些较小的企业,都采用了全面质量管理,并极大地提高了企业的市场份额和利润。

然而,许多企业只采用了全面质量管理的说法,却并没有采纳其实质内容,或仅纠缠于全面质量管理的一些有限的定义、原理,而忽视了从更广泛的范围去注意顾客价值和满意。导致许多在80年代开始的全面质量管理行动都失败了,造成了对全面质量管理的攻击。

但若将全面质量管理应用于创造顾客满意领域内,仍不失为获取成功的必要条件。对绝大多数成功企业来说,顾客驱动型质量已成为做生意的一种方法。绝大多数顾客不再愿意忍受很差或一般的质量,提高产品和服务质量应是企业最优先考虑的任务。现在许多企业采用的是"质量回报"的观点,所设计的质量方案必须能够产生可衡量的效果,确保自己提供的质量正是顾客所想要的质量,此质量就会以销售额和利润增长的形式产生收益回报。

以质量为中心企业的营销人员有两个主要职责,一是他们必须参加有关战略的制定工作,这些战略将有助于企业通过全优的质量来赢得竞争,他们必须担当顾客的监察人或保护人,在产品或服务有误时,奋力为顾客申诉;二是营销人员必须提供市场营销质量,必须以较高的标准来执行营销调研、销售培训、广告、顾客服务及其他的各个营销步骤。

小链接

追求全面质量营销战略

日本人很早就留意于有关通过全面质量管理来获胜的训诫。他们对质量的追求获得了很好的回报。全世界的消费者全都蜂拥购买高质量的日本产品,令许多美国和欧洲企业不得不扮演拼命追赶的角色。日本是第一个颁发全国质量奖的国家。该奖以一位美国统计学家的名字来命名,称为戴明奖,因为这位统计学家把质量的重要性教给了战后的日本。

20 世纪 80 年代中期,美国设立了马尔科姆·鲍特里奇国家质量奖,该奖鼓励美国企业实行质量管理。为了不在质量角逐中被抛到后面,欧洲在 1993 年设立了欧洲质量奖。欧洲还开始实行了一个称为 ISO 9000 的质量系列标准。马尔科姆·鲍特里奇奖和其他质量奖评判的是质量无形方面的内容,如顾客满意、质量不断改进等,而 ISO 9000 则是一组被广泛承认的质量文件准则。截至 1994 年,已有 74 个国家正式承认 ISO 9000 为质量体系的国际标准。现在,这些国家中的许多顾客都要求卖方有 ISO 证书。为了获得 ISO 9000 证书,卖方每隔六个月就必须由一位在国际标准化组织注册的审计员进行一次审计。

资料来源:菲利普·科特勒,等著,俞利君,译.市场营销导论.北京:华夏出版社,2000.

因此,全面质量已真正成为全球关注的焦点。全面质量起源的观点为:

(1) 质量要从顾客的角度来衡量。质量始于顾客的需要,终于顾客的理解。正如摩托罗拉的质量副总裁所说的:"美丽要从观看者的角度来看。如果产品不符合用户的需要,那么对用户来说,该产品的缺陷就大到如同该产品不符合设计一样。"因此,当今质量运动的基本目标已变成"完全顾客满意。"

(2) 质量不仅要反映在企业的产品上,而且要反映在企业的每一个行为上。通用电气公司的利奥纳德·A.摩根说:"我们并不仅仅关注产品的质量,而且还关注广告、服务、产品说明、交货和售后服务的质量。"

(3) 质量需要全体职员同心协力。要实现质量目标就必须使企业中的每个职员都献身于它,激励和培训他们去实现质量。成功的企业会扫除部门之间的障碍。它们的职员齐心协力地完成核心业务流程并创造出理想的成果。职员的工作除了使外部顾客满意外,还使内部顾客同样感到满意。

(4)质量要求高质量的合作伙伴。质量驱动型的企业必须选择那些自身营销系统也能实现质量的合作伙伴,必须找到高质量的供应商和销售商并与之结成联盟。

(5)质量方案不能够挽救劣质产品。庞迪艾克·菲尔诺公司制定了一个质量方案,但是由于该车没有一个性能发动机来支撑其性能设想,所以该质量方案没能够救活该车。一个质量运动并不能够补救产品缺陷。

(6)质量是可以得到改进的。最优秀的企业都相信"要靠每一个人去不断地改进每一件事"。改进质量的最好方法是,根据"同业最优"竞争对手或其他行业中的最佳表现者测出自己的位置,然后努力地追上或超过它们。

(7)质量改进有时需要数量上的飞跃。尽管企业应该努力地进行持续性的质量改进,但有时必须要实现数量上的质量改进。小的改进常可以通过努力工作来实现,但要想获得较大的改进,就必须有新的解决办法和更精明的工作方式。例如,惠普公司的约翰·杨不是只要求减少10%的缺陷,而是要求减少十倍,并且还真的实现了。

(8)质量并不导致成本上升。改进质量要求学会如何"一次性做好"。质量并不是检查出来的,而是融于设计中的。一次性做好可以减少补救、修理和重新设计的成本。摩托罗拉声称其质量意识已帮助公司在过去六年中节约了30亿美元的生产成本。

(9)质量是必须的,但可能还不够。为满足需求不断增长的消费者的需要,改进企业的质量是绝对必要的。但较高的质量并不能保证获胜,特别是当所有的竞争对手都将其质量提高到大致同一水平时。例如,新加坡航空公司享有世界最佳航空公司的声誉。但是,最近其竞争对手通过缩小与新加坡航空公司服务质量上的差距,已吸引了较大市场份额的乘客。

至此,我们对贯穿本书的基础概念已有了初步的了解,在以后各章节中,我们将反复使用这些概念,并将由这些概念引申出新的概念。

第四节　市场营销学的意义、研究内容与方法

市场营销学是一门综合性的企业管理科学,其宗旨是建设市场经济体制,发展市场经济。研究企业的市场营销活动及运行规律,以顾客需求为出发点组织整体活动,适应和满足顾客的需要和欲望,生产和经营顾客所需的产品和劳务,通过交换将产品和劳务转移到顾客手中,从而获取利润。探讨在生产领域、流通领域和消费领域内运用一整套开发原理、方法、策略,不断拓展市场的全部营销活动以及相应的科学管理。

一、研究市场营销学的意义

（一）迎接21世纪的营销挑战

经济全球化、信息科技产业等高科技的崛起、金融危机和全球企业并购之风的兴起，预示着未来的营销从观念、规划到方式都将发生深刻变化。新的环境要求经营者洞察消费者的知识及其学习过程，并在买主的学习过程中发挥作用。一些学者将这些变化方向归纳为"学习"型营销。经营者不仅要向顾客学习，建立学习型组织，而且要对顾客"半教半学"。这种新的营销观念认为，营销活动的规则正在伴随购买者不断的"学习"过程而演变，演变在一定程度上取决于营销者教给购买者的学习内容。善于学习、创新和运用新知识的组织将是最大的赢家。

小链接

21世纪市场营销十大新趋势

随着市场竞争的加剧和世界经济一体化进程的加快，21世纪市场营销出现了许多新的发展趋势。

1. **快速营销**

高度发达的信息时代社会最重要的就是速度，速度已成为企业营销成败的关键。拿破仑曾说过："我所以能赢得战争的胜利，是因为每次总比对手早到目的地5分钟"这句话在新时代仍然适用。波士顿咨询顾问公司副总裁伊斯凡认为："总有一天，速度要超过成本和质量，成为涵盖企业全体的首要经营目标。"世界著名大公司都在"提高速度"上不懈努力以提高其市场竞争力，海尔的发展就是最好的例证。和著名跨国大公司相比，资金、技术、规模，海尔都没有优势，海尔CEO张瑞敏中肯而独到的分析道出了海尔的优势所在和成功之道——快速营销。

2. **体验营销**

体验就是企业以服务为舞台，以商品为道具，以消费者为中心，创造能够使消费者参与，真正刺激其感觉、心灵和大脑，并且进一步融进其生活的体验，才能真正俘获他们的心智，得到支持和认可，与其建立起长期持续发展的关系。当今时代，越来越多的消费者渴望得到体验，而企业未来的竞争战略将越来越多地依靠创造、精心设计及销售体验。因特尔公司总裁葛洛夫（Andrew Grove）曾指出："我们的产业不仅是制造与销售个人电脑，更重要的是传送信息和形象生动的交互式体验。"

3. **诚信营销**

诚信是市场经济的黄金规则，是市场经济的内在要求，是现代文明的基石和标志，也是营销的前提和基本原则。现代营销目标不再局限于选择市场、推销适销对路的产品,而更注重于维护消费者的利益,搞好服务,从而塑造良好的企业和产品形象,以达到吸引消费者和扩大市场的目的。企业一旦用诚信吸引了消费者,他们就会间接成为企业的二次推销者,从而使产品的美誉度提高,带动市场占有率的提高。因此,企业经营者为了消费者和社会的长远利益,也为了企业自身的生存和发展,实施诚信营销是一种明智选择。

4. 创新营销

创新是知识经济时代的灵魂,知识经济时代为企业创新提供了极好的外部环境。创新作为企业营销的基本战略,主要包括:观念创新、组织创新(包括企业的组织形式、管理体制、机构设置、规章制度等,是营销创新战略的保证)、技术创新(企业营销创新的核心)、产品创新、市场创新。

5. 合作营销

合作营销是指制造商与经销商合作,为了共同提高其收益而联合向消费者开展营销活动,有效地克服了制造商和经销商各行其是,各自为政的弊端。其本质是制造商和经销商在营销思想上的整合,共同面向市场,寻找调动消费者购买积极性的因素,达到刺激消费者购买的目的。

6. 绿色营销

绿色营销是指企业以环境保护战略作为其经营理念,以绿色文化作为其价值观,以消费者的绿色消费为中心和出发点,力求满足消费者绿色消费需求的一种战略。据有关资料表明,国外的绿色食品一般可提价40%~100%。

7. 知识营销

知识营销是指以产品的科技创新和创新产品的科普宣传为突破口,从而培育和创造市场的崭新的市场营销行为。上海交大昂立公司1998年开展了"送你一把健康金钥匙"科普活动,进入社区举办科普讲座,广泛地向市民赠送生物科学书籍,并通过媒体举办科普知识竞赛,这些活动不夹杂产品的促销,其间并不要求参加者购买他们的产品,但效果是任何形式的产品营销望尘莫及的,通过提高市民的科学健康理念,引发人们对生物科技产品的需求,创造了广阔的市场空间。

8. 服务营销

许多企业的实践经验表明,现在越来越多的企业深刻地认识到服务营销的重要性,未来企业竞争的一个很重要方面就在于服务竞争。服务营销战略内容:一是从顾客的需求出发,开发令顾客满意的产品,企业要加强市场调查研究,确定顾客的需要;二是为顾客提供满意的服务,增强客户的忠诚度。为了吸引顾客,企业必须通过提供服务的方式,给产品增加额外的"价值";三是企业对员工进行"顾客导向服务"教育,使"顾客第一"的观念深入人心,形成浓厚的顾客导向氛围;四是和顾客保持经常的联系等。日本企业成功的秘诀就是树立了顾客导向观念,实施服务营销战略。

9. 网络营销

网络营销是指企业利用现代信息网络资源而展开的一种营销活动。网络营销的优点:一是减少中间环节,不受时空限制;二是图文并茂,展示商品的原型;三是网络储存和传递信息的数量和准确度,都远远超过其他媒体;四是针对市场条件迅速调整,适应市场需求变化,及时更新产品和调整价格;五是降低成本,使企业具有低成本的竞争优势;六是建立了关系,它能使企业将产品说明、顾客意见、广告、公共关系、顾客服务等各种营销活动整合在一起,进行一对一的双向互动沟通,真正达到营销组合所追求的综合效果。

10. 全球营销

全球营销是指企业在开展营销活动时,将世界市场视为一个整体,统一规划与协调,以便获得全球性竞争优势的一种营销方式。党的十六大明确提出:实施"走出去"战略是对外开放新阶段的重大举措。因此,我们要适应经济全球化和加入世贸组织的新形势,在更大范围、更广领域和更高层次上参与国际经济技术合作和竞争,充分利用国际国内两个市场,优化资源配置,拓宽发展空间,更新经营理念,改进营销方式,提高管理水平,增强企业竞争力。

资料来源:林祖华.市场营销十大新趋势.商业时代,2004(17).

(二)促进经济增长

宏观经济的稳定、健康和持续发展,已经成为各国(地区)关心的话题。经济成长决定于多方要素,市场营销占据重要地位。战后许多国家经济成长经验表明,市场营销观念的转变和贯彻是经济成长的一个重要原因。彼得·德鲁克在分析西方国家的营销问题时指出:"将营销作为企业的中心功能",这种观念上的改变是欧洲在 1950 年以后快速复原的主要原因之一……20 世纪 50 年代以后,日本经济上的成功,主要归功于其接受营销为企业首要功能的观念。而美国,自 1900 年以来,其经济革命主要是营销革命。这种营销革命对经济的影响不亚于 20 世纪任何技术上的革命。——彼得·德鲁克.管理实践.中译本.上海.上海译文出版社,1999,42 页。

回顾我国改革开放三十多年来的经济成长过程,不难看到市场营销对经济发展的重要作用。可以预言,随着我国社会主义市场经济体制的构建和完善,这种作用还将进一步加强。

（三）促进企业成长

企业是现代经济的细胞。企业的效益和成长是国民经济发展的基础。市场营销学对经济成长的贡献,主要表现在其解决企业成长与发展中的基本问题上。

（1）价值交换是企业生存和发展的基础。市场营销学以满足需要为目标,引导企业树立正确的营销观念,面向市场组织生产过程和流通过程,不断从根本上解决企业成长中的关键问题。

（2）市场营销学为企业成长提供了战略管理原则,将企业成长视为与变化的环境保持长期适应关系的过程。企业必须不断了解变化的环境,预测发展趋势,不断创新产品及营销策略,避免营销短视风险,不断在更高层次上满足需要,从而实现自身成长。

（3）市场营销学为企业成长提供了一整套竞争策略,指引企业创造竞争优势。在战略与策略层面,市场营销学十分重视研究企业以满足需求为中心,形成自己的经营特色,以保证处于不败之地。

（4）市场营销学为企业成长提供了系统的策略方案。企业可以通过市场营销战略和营销组合策略决策及系统实施达到其成长目标。

（5）市场营销学也为企业成长提供了组织管理和营销计划的执行与控制方法。

二、市场营销学的研究内容

市场营销学的研究内容概况为市场营销原理和市场营销实务,包括以下几方面。

（1）市场营销观念,以满足顾客需求为中心的市场营销观念是市场营销学的核心思想和理论基础,它贯穿市场营销学的始终。

（2）市场调查与预测,是企业认识、了解市场发展变化的主要手段,为企业制订计划和营销策略、确定经营目标提供重要依据。

（3）市场环境分析,分析市场因素对企业的影响,使企业意识到市场的威胁和识别出市场机会,以便采取相应的措施和战略,达到既定的经营目标。

（4）市场分析,对影响顾客需求和购买行为发生的因素进行分析,从而有针对性的制定市场营销策略。

（5）市场细分和目标市场选择,主要包括市场细分的依据、原则,选择目标市场和市场定位的方法和策略。

（6）市场营销策略,包括产品(product)、价格(price)、分销渠道(place)、促销(promotion)策略,是企业可以控制的四个营销手段,是市场营销学的四大支柱,详细内容在以后章节分别阐述。

（7）国际市场营销,包括国际市场营销概述,国际市场环境分析,选择与进入目标国际市场方式,国际市场营销策略和战略联盟。

（8）营销的新发展包括服务营销、绿色营销、网络营销和整合营销的内涵与发展，以及四种营销新发展的具体策略实施。

（9）市场营销计划、组织与控制，包括计划的制订以及内容的书写，组织的类型与演变，市场营销计划的控制与审计。

三、市场营销学的研究方法

（一）传统研究法

1. 产品研究法

针对不同类型产品的特征，分门别类研究的方法。优点是可以根据产品特点，详细分析、研究不同产品在市场营销中遇到的特殊问题，针对性强、具体实用。缺点是有许多共同的方面不可避免地造成重复。其研究结果形成了各大类产品的市场营销学，如医药市场营销学等。这种方法常被一些专业学院采用。

2. 机构研究法

机构研究法是研究流通过程中的各个层次和各种类型的营销机构的市场营销问题，其研究结果形成了批发学、零售学等。

3. 职能研究法

职能研究法是研究市场营销的各类职能以及在执行这些职能中所遇到的问题及解决方法。此方法在西方学术界颇为流行。

（二）历史研究法

历史研究法是从发展变化过程来分析阐述市场营销问题的一种研究方法。如分析市场营销的含义及其变化、工商企业 100 多年来营销管理哲学的演变过程、零售机构的生命周期现象等，并从中找出其发展变化的原因和规律性。市场营销学者一般都重视研究对象的历史演变过程，但不把它作为唯一的研究方法。

（三）管理研究法

管理研究法又称决策研究法，是从管理决策角度研究市场营销问题，它广泛采用了现代决策论的相关理论，将市场营销决策与管理问题具体化、科学化，对营销学科的发展和企业营销管理水平的提高具有重要作用，是战后西方营销学者和企业界采用较多的一种研究方法。此法将企业营销决策分为目标市场和营销组合两大部分，研究企业根据"不可控变数（市场环境因素的要求）"，结合企业"可控因素（自身资源条件）"，进行合理的目标市场决策和市场营销组合决策。

（四）系统研究法

系统研究法是将现代系统理论与方法运用于市场营销学的一种研究方法,管理导向的营销研究常采用这种方法。它将企业看做是社会大系统中的一个子系统,将企业中的各个部门看做是企业中相互影响、相互作用的各个子系统。因此,一个真正面向市场的企业,必须对整个系统进行协调和"整合",使企业"外部系统"和企业"内部系统"步调一致、密切配合,达到系统优化,产生"增效作用",提高经济效益。

本章小结

市场是社会分工和商品交换的必然产物,是所有具有特定的需要与欲望、并且愿意和能够以交换来满足此需要与欲望的所有现实与潜在顾客的集合;市场营销就是市场主体(特别是企业)通过创造或提供有价值的产品,并通过市场同其他市场主体进行交换,从而满足双方需要的社会的和管理的过程。它们是本学科最基本、最重要的两个概念。市场营销是企业最基本、最独特的功能,是企业的首要核心。

市场营销学是随着社会生产力的发展,在市场经济条件下产生和发展起来的一门学科。人类的市场经营活动从市场出现就开始了,但作为一门独立的学科,19 世纪末 20 世纪初创建于美国,后流传到欧洲、日本和其他国家。

市场营销学是建立在经济科学、管理科学、行为科学和现代科学技术基础之上的应用科学,是对企业营销活动实践经验的提炼和总结。作为一门综合性的企业管理科学,其宗旨是建设市场经济体制,发展市场经济;研究企业的市场营销活动及运行规律,以顾客需求为出发点组织整体活动,适应和满足顾客的需要和欲望,生产和经营顾客所需的产品和劳务,通过交换将产品和劳务转移到顾客手中,从而获取利润;探讨在生产领域、流通领域和消费领域内运用一整套开发原理、方法、策略,不断拓展市场的全部营销活动以及相应的科学管理。

世界范围企业的实践表明,市场营销在不同的时空条件下,引起不同行业的重视;无论营利性领域还是非营利性领域都对市场营销产生了极大的兴趣,先是制造业和商业,而后是服务业,现在又渗透到非营利性组织及政府机构;先从发达国家等地理领域传播到发展中国家以及世界各地。它的发展同其他事物一样遵循现实需要与科学研究双向互动向前的规律。

思考与讨论

1. 请结合所学知识,谈谈市场营销学的产生与发展过程。
2. 举例说明需要与欲望的相互关系?

3. 试述市场的概念和特点及市场营销的含义和理解要点？

4. 简要说明市场营销的主要研究方法？

5. 《经营者》杂志 2006(2)中"2005 中国最具价值商业思想"栏目有下列一段文字：德鲁克指出"顾客决定着企业是什么"。中国的优秀企业在建立可持续、能自我创新的组织能力中实践着德鲁克方式(而使自身迅速成长)：华为以"为客户服务是存在的唯一理由"、海尔为满足农民的需求而生产适于洗蔬菜的洗衣机、联想造出了普通家庭买得起的电脑、格兰仕以高质低价让微波炉走进了千家万户。请说明营销的核心理论是如何指导企业创造奇迹的？

案例分析训练

宝洁在中国遭遇挑战

宝洁一向被中国日化企业看做是教师爷。不用说规模上的优势(宝洁公司 2000 年全球销售额为 390 亿美元，同年中国日化行业销售额最大的纳爱斯公司也只有 25 亿元人民币)，单说宝洁公司 1988 年进入中国后的一系列做法，就值得中国本土公司学上一阵子了。它首先在中国推行了多品牌战略，当时人们都看不懂：为什么一个公司还要弄那么多品牌呢，不是自己与自己作战吗？可人家就是有办法把十多个品牌都弄上了市场份额排行榜的前几名。后来，中国公司才搞明白：这是用细分市场策略，针对每个不同的消费群体采用不同品牌占领市场；大学生们开始也弄不明白，宝洁那套招聘测试题到底想考什么？到后来才清楚，宝洁不看学生在校考试成绩，它要找到的是具有良好团队精神、沟通能力和专业素质的人。像这样的东西还多着呢。宝洁的深度分销计划、渠道培养、物流配送等，这些宝洁视为传统的东西，却使它能把中国市场的大把份额笑吟吟地随手揣进自己的腰包：洗发水的 60%；香皂的 36%；洗衣粉的 14%；还有牙刷、牙膏、护肤品等市场的不小份额。

不过，近几年宝洁的日子可有些难过。围绕着它的已经不完全是仰视的眼光了："蓝月亮"与宝洁打官司，宝洁被控侵权；宝洁的卫生巾"护舒宝"发生了霉变事件；洗衣粉市场出现大规模价格战，宝洁被迫应战；被宝洁冷冻多年的国产品牌纷纷复出。

奇强的试探

最早的挑战来自奇强。在很多地方，人们只知道奇强洗衣粉的牌子而不知道南风化工——生产奇强的厂家。在中国北方，如果你坐火车旅行，会在不经意间发现很多地方有奇强的广告，比如在一段段老旧的砖墙上，一个个乡镇企业的烟囱上。这是南风化工下乡的战果：从 1995 年把产品定位在农村以来，它们已经在农村刷了 60 万平方米的墙了。

招数当然不止刷墙这一下子。奇强招聘了 3 000 人的销售队伍,在凡是通火车的地方都建起了办事处。这些土生土长的销售员用的办法也是土里土气的:他们在北方组织了大量的小舞狮队,在南方组织了锣鼓队,把战场摆到了宝洁看不上眼的中国农村市场。

南风化工对于农村这个低端市场的信心来自于其独特的优势。南风地处偏僻的山西运城,但是这地方有一个谁也抢不走的资源:背靠一个大盐湖,在洗衣粉的生产原料方面得天独厚,南风化工正是由原来的盐化局转型而成的。依靠这个优势,南风化工在宝洁把中国日化企业挤得度日艰难的 20 世纪 90 年代初,先后兼并了西安、安庆、贵州和内蒙的多家日化厂,扩大了产能。通过瞄准刚刚发端的农村市场,南风以强大攻势迅速站住脚跟,坐稳了全国洗衣粉市场老大的位置。

如果仅此而已,南风与宝洁可能也会相安无事,毕竟两者的市场定位是十分不同的。但这不可能。到 1997 年和 1999 年,南风在北京和上海分别发动了进城战役。他们在北京送出了 30 万只奇强风车,在上海推出了价格低 30% 的加酶加香洗衣粉,让城里人都知道了奇强这个全国销量第一的品牌。

丝宝试水

丝宝在很多消费者的眼里似乎是一个日本公司。它一直沿用的洗发水"丽花丝宝"品牌和和服少女的广告也似乎在有意无意地加强这方面的印象。实际上,位于武汉的丝宝集团是一个合资企业,外资部分主要来自中国香港。但是,丝宝集团的主要成功并不是它具有长期历史的"丽花丝宝",却是在"舒蕾"这个品牌上。与南风面临的形势不同,丝宝集团从一开始就必须与宝洁正面相遇,因为洗发水的主要消费地是在城市,而这一领域是宝洁重兵所陈之地。也许是作为一种策略,丝宝并没有像一般的品牌推广一样从高端的广告做起,它们选择了地面战,从卖场做起。

在长春一家数得着的大型商场里,舒蕾的促销带有"人民战争"特色:商场的四周,舒蕾的旗子挂了 40 多面,商场前广场的上方有四条舒蕾横幅,商场主楼墙体上的巨幅广告达到了 240 平方米。走进商场的主通道上,丝宝用舒蕾洗发水堆了一个 1 米多高的小塔,周围是从二楼垂下的 50 多面舒蕾广告旗。长春的同行们都说,这一天,这个商场是红色的舒蕾世界。

不仅如此,丝宝在卖场上的工夫下得可谓是到了家。在大中城市的很多商场里,舒蕾洗发水总是占据着最好的位置:与顾客身高差不多的那一层货架,一眼看到的就是舒蕾。如果营业员向顾客推荐,也多半会劝你"试试舒蕾"。不过,舒蕾的质量也确实没话说,回头客不少。舒蕾在 2000 年坐上了宝洁重兵设防的洗发水市场的第二把交椅。

有意思的事还在后面,正当媒体关注舒蕾的崛起并开始报道的时候,宝洁发起了"风暴行动",在丝宝集团的根据地中南和华南地区用促销和优惠来争夺市场份额。虽然最后达成协议,在市场份额上双方妥协,但是丝宝通过舒蕾与宝洁的短兵相接,底气足了很多。

从 2000 年下半年起,宝洁推出了洗发水"润妍",而丝宝则推出了"风影"。值得关注的是,这一回丝宝在广告的力度上一点也不亚于宝洁,他们请来天王谢霆锋做广告形象。业内人士的评价是,丝宝具备了在单一产品上与宝洁正面开战的条件。

纳爱斯冲锋

如果说奇强和丝宝在争夺宝洁的市场份额上都采取了避其锋芒的策略,那么 1999 年杀入市场的纳爱斯采取的策略则要咄咄逼人得多。

纳爱斯全面起步是从 1999 年开始的。1998 年,一直在"雕牌"洗衣皂上做文章,做到肥皂行业龙头地位的纳爱斯开始了它的产品线扩张,把目光转向了洗衣粉。纳爱斯公司的作风确实如其商标"雕牌"一样狠。在洗衣粉上他们出手豪赌,一下子就投入上亿元建成投产了国内最大的 12 万吨洗衣粉生产单塔,而国内其他最大的单塔生产能力只有 6 万吨。形成生产能力后又大规模地在全国投放广告,目标直指城市低端的市民阶层。哪怕是偶尔看电视的人,大概也会记得它那句很煽情的"妈妈,我能替您干活了"的广告词。同时,他们还把价格一封到底,以低价格迅速打开市场。仅一年时间,纳爱斯洗衣粉从零一下子冲到了龙头地位。2000 年年底的统计表明,纳爱斯在洗衣粉市场无论是销售额还是产量都排上了第一,硬把刚在这个位置上坐了一年的奇强也挤了下去。使老总庄启传最得意的是,纳爱斯不仅自己的生产能力饱和,还有了必须外联加工的订单,成都的宝洁工厂和徐州的汉高工厂都成了纳爱斯的 OEM 厂,开始为中国厂商打工了。

对于日化行业的巨头们来说,纳爱斯的另一个"可怕"之处在于它的进取心。刚刚在洗衣粉市场上大获胜利的纳爱斯几乎是在胜局初定之时,又把一只手伸向了牙膏市场。在 2001 年,"雕牌"牙膏又出笼了。

利华出手

同为跨国公司的联合利华也坐不住了。20 世纪 90 年代初在中国日化市场纵横捭阖的外资厂商主要有四家:宝洁、联合利华、德国汉高、日本花王。起初,占主导地位的宝洁和利华心照不宣地达成默契:在价格上,无论是洗衣粉还是洗发水,利华属下的"奥妙"和"夏士莲"与宝洁属下的"汰渍"和"飘柔"价位基本趋同;在地盘上,利华立足于华东市场,宝洁立足于华南市场。双方对对方的根据地一般都不会有大的动作。但是,面对中国厂商频频的进攻,利华在 1999 年年初出手,一下子把"奥妙"的价格下调到 3.5 元,并放弃了原来分割市场的默契,在华南也掀起了销售推广的热潮。价格战在中国的百试不爽又一次被验证了。利华降价迅速抢到了宝洁原来在洗衣粉上第三的位置,在上海市场的占有率甚至达到了空前的 37%。更为有意思的是,正在宝洁这个原来被人视为本土化最成功的外资公司出现独资倾向时,联合利华却一再向中国示好:不断地向新闻界放风,利华将申请在中国上市;不断向国内很多公司发出合作邀请,最新的传闻是利华有意与上市公司南风化工合作。

联合利华的这种动作意图不得而知，但是外资企业在中国上市的难度他们应该不会不知道，如果把这个大动作看做是公关策略，倒是一种合情合理的解释。从利华最近修改对收购的中华牙膏的宣传，到对中国公益事业的更多帮助，我们完全可以看到利华正在中国市场形象上与宝洁进行争夺。

在中国这个有魅力的市场上，竞争在迅速加剧。就日化行业来说，宝洁这样的跨国公司在前十年中建立起来的巨大市场份额正在成为所有想在这个市场里有所作为的公司的争夺对象。在熟悉了跨国公司的市场操作以后，宝洁会发现，除了现在已经日渐式微的假货以外，它还得面对大量中国公司蚂蚁啃骨头式的正面进攻。对于本地公司在产品细分市场上的逐项较量，它显得有些疲于招架。

资料来源：段西军.围攻宝洁.南风窗.2001.30.

请在熟悉以上资料基础上，分析说明你能否从硝烟弥漫的中国日化市场竞争中看到营销？能否感受到学习和运用营销知识以及营销创新的迫切性？

第二章

市场营销管理哲学

学习目标

1. 熟悉市场需求的情况及市场营销管理的步骤；
2. 掌握市场营销管理概念及各种市场营销理念及之间的根本区别；
3. 了解各种市场营销理念的产生背景。

引导案例

美国皮尔斯堡面粉公司营销观念的变迁

美国皮尔斯堡面粉公司成立于 1869 年。在 20 世纪 20 年代以前，由于人们生活水平比较低，面粉公司认为不需要做大量宣传，只需要保证面粉质量、降低生产成本和价格就可以。因此，公司提出："本公司旨在制造面粉"的口号。

1930 年左右，资本主义市场发生了变化，社会产品数量不断增加，花色品种不断增多，出现了相对的产品过剩，企业之间竞争加剧。皮尔斯堡公司发现，在推销公司产品的中间商中有的已开始从其他的厂家进货，销量也随之不断减少。公司为了扭转这种局面，第一次在公司内部成立商情调研部门，并选派了大量的推销人员，同时将口号更改为"本公司旨在推销面粉"。

然而，各种强有力的推销方式并未满足顾客经常变化的新需求，由此迫使皮尔斯堡面粉公司必须从满足消费者的心理及实际需要出发，对消费者进行分析研究。在 1950 年前后，皮尔斯堡面粉公司经过市场调查，了解到家庭妇女采购食品时，日益要求多种多样的半成品或成品，如各式饼干、点心、面包等。针对市场需求的变化，皮尔斯堡公司开始生产和推销各种成品或半成品的食品，使销售量得到了迅速上升。

1958 年，他们又成立了销售公司，着眼于长期占领市场，着重研究以后 3 年到 30 年的销售趋势，不断设计和生产新产品，培训新的销售人员。

资料来源：www.worlduc.com

市场营销管理哲学是企业进行经营决策、组织和开展市场营销活动的指导思想，是企业界根据经济形势和特定的营销环境条件形成的一种具有普遍意义的工商哲学,是商品经济发展史上一种全新的经营哲学,对企业市场营销实践产生深远影响,对企业经营成败具有决定性意义。它围绕企业以什么为中心,如何正确处理社会、顾客和企业三者关系等核心问题开展市场营销活动。市场营销管理哲学不是一成不变的,它是商品经济发展到一定阶段的产物,是随着生产力和科学技术的不断发展而相应发展演变的。

第一节　市场营销管理及其哲学

一、市场营销管理

(一)市场营销管理概念

市场营销管理是指企业为实现其目标,创造、建立并保持与目标市场之间的互利交换和关系,而对设计方案进行的分析、计划、执行和控制过程。它的基本任务就是通过营销调研、计划、执行和控制来管理目标市场的需求水平、时机和性质,以实现企业目标。为了保证营销管理任务的实现,营销管理者必须对目标市场、市场定位、产品开发、定价、分销、信息沟通与促销做出系统决策。

市场营销管理的实质是需求管理。在现实生活中,企业市场营销管理的任务随目标市场需求水平、时间和性质不同而有所不同。营销者通常需要应付各种不同的需求状况,调整相应的营销管理任务。常见的需求情况如下。

1. 负需求——改变市场营销

负需求是指绝大多数顾客对某种产品感到厌恶,甚至愿意出钱回避它的一种需求状况。市场营销管理的任务是分析顾客不喜欢这些产品的原因,针对目标市场的需求通过重新设计产品、合理调整价格、加大沟通和促销力度及改变顾客对某些产品或服务的信念等策略,变负需求为正需求的改变市场营销。近年来许多老年人为预防各种老年疾病不敢吃甜点心和肥肉,有些顾客害怕冒险而不敢乘飞机,有些害怕化纤纺织品有毒物质损害身体而不敢购买化纤服装等都属于负需求。

小链接

如何改变负需求?

欧美人对动物内脏很反感,不喜欢吃动物内脏。专家找来 40 个家庭主妇,将他们分为两个小组。专家告诉第一小组的 20 个人,运用传统的方式怎样把动物的内脏做成菜,怎样做才好吃。而他们则和第二小组的 20 个家庭主妇围坐在一块座谈,在聊天中告诉她们动物内脏富含哪些矿物质,对人体有哪些好处,并赠送了相应的菜谱。一个月后,第一小组只有 3‰ 的家庭妇女开始食用动物内脏,第二小组有 30‰ 的妇女食用动物内脏。

　　资料来源: http://baike.baidu.com/view/2145789.htm

2. 无需求——刺激市场营销

　　无需求是指目标市场对产品毫无兴趣或漠不关心的一种需求状况。通常顾客会对陌生的新产品或平时不熟悉的产品、与传统习惯相抵触的产品、无价值的废旧物资或在特定环境下无价值的产品没有需求。这种情况下,市场营销管理的任务是刺激市场营销,即通过各种营销措施,激发顾客的兴趣和欲望。如开发废旧物资的新用途,改变目标市场营销环境——创造需求,加大促销力度、扩大销售网点——引导、刺激需求等方法,使产品所能提供的利益与顾客的自然需要及兴趣联系起来,变无需求为有需求。

3. 潜伏需求——开发市场营销

　　潜伏需求是指相当一部分消费者对某种物品有强烈的需求,而现有产品或服务又无法使之满足的一种需求状况,如消费者对无害香烟、节能汽车、高植物蛋白低胆固醇安全保健食品及疑难杂症特效药品的需求等。针对这种情况,市场营销管理任务是利用市场营销调研和预测,准确地衡量潜在市场需求,开发有效新产品满足顾客的潜在需求,变潜伏需求为现实需求的开发市场营销。

4. 下降需求——重振市场营销

　　下降需求是指市场对一个或几个产品的需求呈下降趋势状的一种需求。针对这种情况,市场营销者要分析需求衰退的原因,通过开辟新的目标市场,扭转需求下降的格局;通过改变产品的特色、改进包装、利用更有效的沟通促销等手段重新刺激需求,扭转需求下降的状态,变下降需求为正常需求的重振市场营销。北京一家酒店每年都推出圣诞晚宴,由于年年如此,客人的兴趣淡了,顾客一年比一年少,后来酒店的一位主管提议开发新的销售热点。在 2 月 14 日推出情人节情人套餐,同时赠送情人礼品,以及召开情人节晚会等创新产品并在报纸上大肆宣传,结果营业额大大超过了圣诞晚宴。

5. 不规则需求——协调市场需求

　　不规则需求是指市场对某些产品或服务的需求在不同季节、不同日期,甚至一天的不同时段呈现很大波动的一种需求状况,旅游宾馆、公园、公共汽车等服务需求都属于不规则需求。针对不规则需求,市场营销管理的任务是通过灵活定价、加大促销力度及其他手段刺激消费者改变需求的时间模式,使产品或服务的市场供给和需求在时间上协调统一,变不同步需求为同步需求、不规则需求为均衡需求的协调市场营销。

6. 充分需求——维持市场营销

充分需求是指某种物品或服务的目前需求水平和时间与企业预期的需求水平和时间协调一致的需求状况，是企业最理想的一种需求状况。市场营销者应加强市场调研，掌握动态市场顾客消费喜好变化趋势及市场竞争者的发展情况，通过调整和优化营销组合策略，准确把握顾客的满意度，防治和抵抗竞争对手抢夺市场；鼓励销售人员加大沟通宣传力度，保持市场优势，并尽可能长时间地维持这种状态。

7. 过度需求——满足与限制性市场营销

过度需求是指某种产品或服务的市场需求超过了企业所能供给或所愿供给水平的需求状况，即产品供不应求。过度需求可能是因暂时性缺货、产品价格太低或产品长期过分受欢迎所致，知名度高的名优产品及处于销售高峰期的时尚产品都属于过度需求。针对过度需求，市场营销管理的任务是满足与限制性市场营销。限制性市场营销是限制过度的需求，并非否定产品或服务本身，导致杜绝需求，相反是降低需求，使之达到正常水平。企业可通过加强生产，增加产品供应数量，满足需求；利用提供替代产品或相应的同类产品，转移需求，缓解供需矛盾；提高产品价格、减少服务、限量购买及限制赢利较少或服务需要不大的市场的需求水平等手段，暂时或永久减少需求，但宏观上要避免通货膨胀的发生，微观上不能让顾客感到不满，要保持顾客与企业的忠诚关系。

8. 有害需求——抵制性市场营销

有害需求是指市场对某些有害物品或服务的需求。诸如对烟、酒、毒品、黄色书刊等精神、环境污染产品及伪、劣产品的需求，严重危害消费者、企业及社会利益。针对有害需求，宏观上要加强德育教育，树立正确的人生观、价值观，放弃对有害产品或服务的爱好和需求；利用媒体大力宣传有害产品或服务的严重危害性；运用法律手段禁止生产和销售有害产品或服务、强行查收销毁有害产品。企业应改进技术、加强监督管理，提高产品质量和生产经营者的责任感，杜绝伪劣产品的生产经营；提高产品价格，减少消费者购买有害产品或服务的机会。

顾客是需求的载体，因此，市场营销管理实际上也是对顾客关系的管理。建立和维系与顾客的互惠关系，是市场营销管理的基本目标。随着市场环境的变化，越来越多的企业已将营销管理的焦点由注重新顾客的开发管理、争夺更高的市场占有率转移到与有价值的老顾客建立长期互惠关系、追求更高的顾客占有率。

（二）市场营销管理步骤

科学的市场营销管理必须有一套与之相匹配的科学的管理程序，它是企业有计划、有步骤地开始市场营销活动的保障。

1. 分析市场机会

市场机会是指市场尚未满足的需求,即市场的"空白点"。它不等于企业机会。企业机会是指对本企业的营销活动具有吸引力,利用它可以获取竞争优势和差别利益的环境机会。市场需求是瞬息万变的,任何企业都不能依赖现有的产品和市场永远生存发展下去。客观上,市场机会只是企业的一种环境机会,它能否成为企业机会,要看企业战略规划所确定的目标范围是否与市场机会一致,企业各方面资源是否具备能够较竞争者获得更大的差别利益的优势。

(1) 寻找市场营销机会,可利用"产品——市场"两个因素进行分析,具体途径如下。

① 市场渗透是在不改变现有产品的基础上,而挖掘现有市场潜力的一种方法,即通过一定的手段增加现有市场顾客的购买量。诸如根据市场需求情况适当调整价格、加大沟通宣传力度、扩展销售渠道等手段,达到增加消费者购买数量的目的。

② 市场开发是一种以现有产品去争取新的消费者、开拓新的细分市场的方法。

③ 产品开发是企业向现有市场的顾客提供新产品或改进新产品,为消费者带来更多利益、满足消费者新的需要的一种方法。

小链接

海尔集团新产品开发

广州百佳超市的门前摆放着一台展示的海尔冷藏柜和一台微波炉。营业员从展示柜取出冷藏的肉串在微波炉里烤热出售,不过有时烤得多了,放在外面凉得很快,百佳超市的营业员不经意地说了一句"如果展示柜能保温就好了。"这个看似有些过分的要求,却立即引起了海尔冷冻设备有限公司回访人员的注意。冷藏柜怎么能够加热呢? 海尔人的观点是,只要顾客有需求,就应该研究解决这个问题。经过公司科研人员一个月的努力,上面两层可加热,能保温达 30℃～50℃,下面两层可冷藏,温度达 0℃～10℃的双温展示柜便诞生了。运抵广州及其他城市的新型双温展示柜,很快便销售一空。

资料来源:何利良.市场营销.北京:中国农业出版社,2002.

---

④ 多种经营,当企业所属行业缺乏有利的营销机会或其他行业更有吸引力,企业可结合自身的资源优势,向本行业以外发展,实行跨行业多种经营。

(2) 评价市场营销机会,评价市场营销机会目的在于结合企业的目标和资源情况,从发现的众多市场营销机会中确定企业机会。对于特定企业既有竞争优势又有较大赢利可能性的经营内容和领域,即是该企业的机会。

小链接

荷兰壳牌公司对市场营销机会评价

与市场机会相对而言的是市场威胁，只有准确预测潜在的市场威胁，才能抓住真正的市场机会。荷兰壳牌公司以重视战略规划著称。其战略规划的特点是：①高度参与，即不是由高层的专家孤立地提出没有弹性的10年计划，而主要是为各经营单位提出课题；②采用脚本法，提出或然课题，该公司20世纪70年代成功地预测了因OPEC的出现而导致的原油价格上涨和80年代由于OPEC石油供应配额协议的破裂而导致的原油价格下跌。

20世纪80年代初，每桶原油价格在30美元左右，该产品的成本是每桶11美元，因此多数石油公司是赢利的。对未来的分析：一般看好到90年代将上涨到每桶50美元。

壳牌公司分析一系列未来脚本。其中之一是：OPEC石油供应配额协议破裂，石油充斥市场，每桶降至15美元。1984年，公司对各下属公司提出的课题是，如果这一情况发生，我们该怎么办？

壳牌公司根据自己认定的或然情况，围绕核心业务实施了以下降低成本的变革：①采用领先的开采技术；②大量投资于提炼设备，该设备具有成本效率；③取消低利润的服务站。其他石油公司未改善核心业务的效率，而是实施多样化。到1996年1月壳牌公司完成上述变革时，原油价格为27美元/桶。但与此同时，OPEC生产配额协议失败，北海和阿拉斯加的需求下降。2月1日，17美元/桶；4月，10美元/桶。

由于及早预见到了市场潜在威胁，并采取了相应行动，1988年，壳牌公司的资产净收益率为8.4%，而该产业主要公司的平均收益率仅为3.8%。相对于竞争对手，壳牌公司成功地避免了一场危机。

资料来源：何利良.市场营销.北京：中国农业出版社，2002.

2. 选择目标市场

选择目标市场一般的程序和步骤如下。

（1）预测需求量。企业选择市场机会时，必须对其现有和未来的市场容量做出客观分析和预测，包括现有市场和其他同类产品的销量及企业产品可达到的销售量；未来市场增长量及与经济发展、收入水平和人口等宏观因素密切关联的因素以及分析这些因素的动态变化、对需求的影响程度等，以确定市场是否具有发展前途，为企业的进一步决策奠定基础。

（2）市场细分。消费者需求具有明显的差异性，将整体市场细分成不同需求的顾客群，确保每一个细分市场都是由具有类似需求和行为特征的顾客组成，对企业一定的营销刺激会做出类同的反应。

（3）确定市场目标。在市场细分基础上,结合企业的营销能力,选择一个或几个细分市场作为服务对象,被选择的细分市场即为目标市场。

（4）市场定位。根据竞争者现有产品特征及在市场中所处的位置,针对顾客对该种产品某种属性的重视程度,塑造一种在消费者心目中树立一个明确的、区别于其他竞争者产品的、符合消费者需要的产品,以确定企业产品的特色和市场位置。

3. 确定市场营销组合

市场营销组合是为了满足目标市场需求,企业对产品、价格、渠道和促销等其可控的市场营销要素合理搭配与优化组合,它体现了现代市场营销观念指导下的整体营销思想。随着市场竞争、顾客需求特点和外界环境的变化,需要对营销组合及时纠正、调整,使其保持竞争力,并对外界环境具有充分的适应力和灵敏的应变能力。

小链接

顶新集团市场营销组合策略

20世纪90年代初进入中国内地市场的顶新集团,自在天津经济技术开发区投资建厂,生产"康师傅"品牌方便面以来,一直以高品质、高价格的形象而闻名,并占据了全国各大城市的方便面市场。在集团不断发展的情况下,为了进一步扩大市场占有率,增强市场竞争力,顶新集团决定开发生活水平较低的中小城市市场及农村市场。为此,经过一番市场调查研究,顶新集团采取了以下市场营销组合策略。

产品策略:在继续保持产品高质量的前提下,为了不影响"康师傅"这一高档品牌形象,集团决定所推出的低档方便面不再沿用"康师傅"这一品牌,而是推出一种全新品牌,并命名"福满多",同时在包装方面不再沿用原系列包装,而采用新的包装系列,并且包装上也不出现"康师傅"字样的康师傅卡通形象。

价格策略:为争取低档方便面市场,价格相对于同档次的竞争品牌要有优势,每包价格一定低于1元,定在0.7～0.9元左右。

渠道策略:方便面是消费者经常购买的便利食品,保证货源是一个品牌成功的最基本需求。因此大量补货是最重要的,顶新集团仍利用以往的渠道网络。使方便面遍布各个商场、超市、食品店,保证货源充分,使消费者能方便地买到顶新的产品。

促销策略:"福满多"上市之前,集团请广告公司精心制作了一则广告,并在集团内部请广大员工观看,提出意见,不断改进。经过多次修改后,这则体现了价廉物美、福气满堂的广告陆续在各大电视台播放,使"福气多多,满意多多"这句广告语深入人心,同时也提升了广大消费者对新品牌"福满多"的认识,扩大了销售。

资料来源:何利良.市场营销.北京:中国农业出版社,2002.

4. 市场营销活动管理

市场营销活动的实际操作与运行都离不开营销管理系统的支持。营销管理系统主要有：

（1）营销管理信息系统，它是计划、组织和控制系统的基础，企业不能及时、准确地掌握有关的市场信息，就不可能制订正确的计划，更谈不上计划的执行与控制。

（2）市场营销计划系统，现代营销管理，既要制订长期的战略计划，决定企业的发展方向和目标，又要有较为具体的市场营销计划，确保战略计划目标的实施。

（3）市场营销组织系统，计划制订之后，需要有一个强有力的营销组织来执行市场营销计划。

（4）市场营销控制系统，在营销计划实施过程中，可能会出现很多始料未及的问题。因此，需要一个控制系统来保障市场营销目标的实现。

市场营销管理的四个系统是相互联系、相互制约的，它们构成了完整的市场营销管理体系。

二、市场营销管理哲学

众所周知，人类行为的背后都隐含着指导其行为的哲学，如价值观、道德和态度等，最根本的是世界观。企业也一样，每个企业的战略、策略，甚至是每一个具体的决策和行动都在一定程度上反映出这个企业的哲学观念，它可能是企业主要领导哲学观念向企业折射的结果，也可能是企业在多年经营中逐渐沉淀下来的文化的一部分。无论什么样的企业，某一阶段一定存在某种占主导地位的经营哲学。我们将指导或影响市场营销管理的经营哲学称为市场营销管理哲学。

市场营销管理哲学又称市场营销理念（或观念），是企业在其营销管理过程中制定营销方案、组织和从事市场营销及管理活动，处理企业、顾客和社会三者利益方面的指导思想和行为准则，是对于市场的根本态度和看法，它是一种观念、一种态度或一种企业思维方式。市场营销观念如同人的思想、观念一样，是企业的指导思想，支配着企业的市场营销管理。确立正确的营销管理哲学，对企业经营成败具有决定性意义。

市场营销管理哲学的核心是正确处理企业、顾客和社会三者之间的利益关系。在许多情况下，这些利益是相互矛盾，相互制约的。企业必须在全面分析市场环境的基础上，正确处理三者关系，确定自己的原则和基本取向，并指导营销实践，才能有效地实现企业目标，保证企业的成功。

随着生产和交换日益向纵深发展，社会、经济与市场环境的变迁以及企业经营经验的积累，都使企业的营销管理哲学发生了深刻变化。这种变化的基本轨迹是由企业利益导向转变为顾客利益导向，再发展到社会利益导向。

随着社会进步、市场变化和市场营销理论的发展,市场营销理念主要经历了传统营销理念、现代营销理念和战略营销理念三个演变过程。

第二节　传统营销理念

传统营销理念又称为旧的市场营销理念,是 19 世纪末 20 世纪初到 20 世纪 50 年代历史阶段中占主导地位的市场营销理念,是以企业为中心,以企业利益为根本取向和最高目标来处理营销问题的理念。它包括生产理念、产品理念和推销理念。

一、生产理念

生产理念是 20 世纪初期美国企业普遍奉行的一种最古老的营销理念,它同美国当时的生产力水平相适应。当时,美国正处于工业化初期,市场需求旺盛,整个社会产品供应能力相对不足,营销渠道和体系也不发达。消费者生活水平较低,能否获得某种产品较之获得什么样的产品更为重要。因此,企业的一切经营活动都以生产为中心,奉行"生产什么就卖什么"的口号。以生产理念指导营销管理活动的企业,称为生产导向企业,其管理的重点是集中一切力量提高生产效率,增加产量,降低成本,扩大市场,而不必过多关注市场需求差异。企业一切经济活动的着眼点都是产品,基本营销策略是向市场投放生产数量多、物美价廉的单一商品而取得优势,并不研究产品的销售促进。

除此之外,某种具有良好市场前景的产品,其技术含量和生产成本很高,必须通过提高生产率、降低成本来扩大市场,也会导致企业奉行生产观念。如福特汽车公司 1914 年开始生产的 T 型汽车,就是在福特的"生产导向"经营哲学(使 T 型汽车生产效率趋于完善,降低成本,使更多人买得起)指导下创造奇迹的。亨利·福特曾傲慢地宣称:"不管顾客需要什么颜色的汽车,我只有一种黑色的。"到 1921 年,福特 T 型车(一种 4 缸,20 马力的低价汽车)在美国汽车市场上的占有率高达 56%。

我国改革开放初期,由于消费品严重短缺,供不应求,很多企业(包括主管经济的政府官员)曾一度以生产理念为圭臬,大上项目,拼命生产。仅电冰箱全国就引进了近百条生产线,光是阿里斯顿生产线就有 9 条,但仍是供不应求。目前,我国有些行业产品供不应求,仍然以生产理念指导企业经营。

生产理念是一种重生产、轻市场的"以产定销"的营销理念,卖方处于有利的主导性地位。在物资紧缺的年代也许能"创造辉煌",但随着科学技术的进步和社会生产力的发展、供求形势的变化,市场产品供应紧缺逐步得到缓解,生产观念赖以依存的条件发生了变化,企业仍继续奉行生产观念,就会造成产品大量积压、资金周转困难等问题,使企业陷入困境。

小链接

中国医药行业经历的"生产观念"

　　中国计划经济时代,医药行业一直奉行生产理念。当时医药生产和流通完全分开,药厂根据指令计划生产药品,医药公司负责流通调拨,中国医药总公司和中国药材总公司在全国按省、地、县分设一级、二级、三级站,将药品层层调拨到医院,然后由医生通过处方将药品用于病人。在当时医药短缺的情况下,医院院长和药剂科主任围着医药公司经理转,希望能得到充足的供应。药厂在这种体制下根本不用考虑销售问题,厂长考虑的主要问题就是如何降低成本和增加产量。这种观念一直持续到 20 世纪 90 年代,直到经济体制改革的深入、医药行业的发展和国际医药巨头纷纷进入中国,中国医药企业的营销观念才有所发展。

　　资料来源:侯胜田.医药市场营销学.北京:中国医药科技出版社,2009.

二、产品理念

　　产品理念产生于 20 世纪 30 年代以前,晚于生产理念,但与生产理念长期并存的一种市场理念。产品理念是一种以产品为核心的营销理念,这种理念假设,顾客喜欢高质量、多功能和有特色的产品,认为只要产品好就会顾客盈门,而不太关注市场是否欢迎。因此,企业管理的中心是致力于生产优质产品,并不断精益求精。企业往往过分夸大产品的作用,在设计产品时只依赖工程技术人员,忽视市场需求的研究和其他营销手段的配合,只是从提高产品质量的途径扩大销量获取利润。

　　产品理念和生产理念都是从生产者角度出发,以生产为中心,把市场看做是生产过程的终点,忽视了市场的多样性和动态性。两种理念都过分重视产品,而忽视消费者和市场的存在,最终将导致"营销近视症"。产品理念较生产理念多了一层竞争色彩,考虑到消费者对产品质量的要求,但从根本上讲,它仍是生产观念的一种形式。产品观念指导下的企业,虽然创造了高质量的产品,却往往找不到销路,因为他们不清楚市场为什么对其产品不感兴趣。产品观念认为,既然消费者购买力有限,那么消费者希望购买到的有限产品中每一件都是高质量的产品,质量好坏是影响消费者购买的决定性因素,企业应该努力生产和追求质量好、性能强的产品。结果由于过分迷恋追求产品的高质量,忽视消费者的实际需求,从而在市场营销中导致失败。由此可见,只注重产品质量和功能是不够的,企业必须以消费者和用户的需求作为推动企业活动的轴心,加强市场营销调研与预测,了解顾客需求和欲望,并据此制订有效的营销计划,在满足市场需求中获取利润。

　　目前,我国也有很多企业不同程度的奉行产品理念,抱着"皇帝的女儿不愁嫁"、"酒香不怕巷子深"的思想,提出了"企业竞争就是质量竞争"、"质量是企业的生命线"等口号,在很大程度上推动了国产产品的升级换代、缩小了与国外同类产品的差距,一些企业也取得了较好的经济效益。但要注意,质量和功能不应是营销者头脑中的质量与功能,而应当是顾客头脑中的质量与功能。

小链接

企业的高质量与顾客需求

一家保险柜生产企业,在科研人员和全体职工的共同努力下,终于开发生产出一种新材料——高强度保险柜。在产品展销会上,销售经理热情地拉住一位顾客的手,向他滔滔不绝地介绍:"这种保险柜实在太棒了,最大的特点是结实。你把它从五楼扔下去,肯定摔不坏。"那位顾客也很幽默,说:"我想它一定很结实,可是我从来没有想到过要把保险柜从楼上扔下去。"说完,莞尔一笑,转身向另一个保险柜展台走去。问题出在哪呢?就在于企业追求产品的高质量以至于忽视(或"超过")了顾客的真正需要。

资料来源:李弘,董大海.市场营销学.大连:大连理工大学出版社,2009.

三、推销理念

推销理念是生产理念的发展和延续,是卖方市场向买方市场转化过程中形成的一种市场营销理念。推销理念盛行于 20 世纪 30~40 年代。当时西方一些发达国家先后完成了工业革命,科技进步、科学管理推动生产力空前发展,商品生产规模日益扩大,产量迅速增加,商品过剩,整个社会已经由卖方市场逐渐过渡成买方市场,卖主之间竞争日趋激烈,特别是 1929 年世界经济大危机后,大批产品供过于求,堆积如山的货物卖不出去,许多工商企业纷纷倒闭,市场购买力更是急剧下降,市场极度萧条。销售积压产品成为企业求得生存和发展的首要任务。推销术受到企业的特别重视,推销理念也就成为主要的营销指导思想。

推销理念认为:消费者通常有一种购买惰性或抗衡心理,企业若不大力刺激消费者的兴趣,消费者就不会或很少购买他的产品,只有通过强有力的推销、刺激、诱导,才能使顾客产生和实现购买行为。被哄骗购买某产品的顾客会喜欢该产品,或者,如果他们不喜欢该产品,他们也有可能会忘记自己的失望,以后会再次购买。

奉行推销理念的企业强调他们的产品是被"卖出去的",而不是"被买去的",它注重的是做成买卖,而不是与顾客建立长期的可获利关系。其表现是:"我们卖什么,消费者就买什么"。其经营重点是产品销售,而不是产品生产。经营策略是通过大量销售获得利润,主要方法是加强广告宣传与推销,千方百计地使顾客对企业的产品有所了解和发生兴趣。推销理念适用于企业生产能力过大、流通商的商品库存有"逾量货物"及顾客对产品缺乏认识等情况。

推销工作只是市场营销中的一部分,正如菲利普·科特勒所言:"推销只不过是营销冰山上的顶峰。推销要变得有效,必须以其他营销功能为前提。"著名管理学家彼得·德鲁克也指出:"可以设想,某些推销工作总是需要的。然而,营销的目的就是要使推销成为多余。"营销的目的在于深刻地认识和了解顾客,从而使产品或服务完全适合顾客的需要而形成产品自我销售。在我国,很多企业试图通过强化推销将生产理念时期大批量"质差库存"产品及产品理念时期"质优且不适销对路"产品销售出去,但并没有从根本上解决问题。近年来企业效益普遍下滑,特别是国有大中型企业连续多年大面积亏损,除国家经济政策和企业资金短缺等因素外,没有采用正确的营销理念是一个重要原因。

从生产理念到推销理念的转变,从本质上提高了销售在企业营销管理中的地位,但推销理念仍然没有跳出"以产定销"的传统理念。

表 2-1 三种传统营销理念的对比

营销理念	主要观点	营销重点	营销任务	营销目标	适用条件
生产理念	消费者喜欢能买到的商品	产品生产	提高效率,降低成本	通过增加产量、降低成本获取利润	产品供不应求及技术含量和生产成本较高的产品
产品理念	消费者喜欢高质量、多功能和有特色的产品	产品改进	提高产品质量增加产品功能	通过提高产品质量、增加产品功能获取利润	产品供求趋于平衡
推销理念	消费者需求具有惰性或抗衡心理	产品销售	加大产品宣传力度增强对消费者的刺激	通过大量销售获得利润	产品供过于求

第三节 现代营销理念

现代营销理念又称为新的市场营销理念,是 20 世纪 50 年代以后提出的以顾客需要为中心,以市场需求为导向和最高目标来处理营销问题的理念。它包括市场营销理念和社会营销理念。

一、市场营销理念

市场营销理念是市场营销学进入成熟阶段的产物和标志,是企业营销管理思想史上一次巨大的突破,是由美国通用电气公司的约翰·麦克金特结合企业实践于 1957 年提出来的。

第二次世界大战后,随着第三次科学技术革命的兴起,西方各国企业更加重视研究和开发,大量军工企业转向民品生产,使新产品竞相上市,社会产品供应量迅速增加,市场竞争进一步激化。同时,西方各国政府相继推行高福利、高工资、高消费政策,社会经济环境也出现快速变化。消费者有较多的可支配收入和闲暇时间,对生活质量的要求提高,消费需要变得更加多样化,购买选择更为精明,要求也更为苛刻。这种形势迫使企业改变了以卖方为中心的思维方式,将重心转向认真研究消费需求,正确选择为之服务的目标市场,以满足目标顾客的需要,即从以企业为中心转变到以消费者(顾客)为中心。

早期的市场营销理念认为,成功经营的关键在于发现和识别顾客的需要,并通过提供恰当的产品来满足顾客的需要。即顾客需要什么,我们就生产什么。菲利普·科特勒将其概括为:"实现企业目标的关键,在于确定目标市场的需要与欲望,并能比竞争者更有效率和效能地满足顾客的需要与欲望。"市场营销理念依据"消费者主权论",以消费者的需求作为推动企业市场营销活动的轴心,加强市场营销调研和预测,了解消费者的需求和欲望,在满足市场需求及得到顾客的关注和顾客价值中获利。美国比恩公司为鼓舞员工确立市场营销理念,在每个办公室都张贴了这样的警示:"顾客是什么? 顾客是公司最重要的人。顾客并不依靠我们,而我们却依赖于顾客。顾客不是我们工作中的麻烦,而是我们工作的目的。我们提供服务不是帮顾客的忙,而是顾客为我们提供了服务机会。我们不能同顾客争论,因为没有任何人能赢得同顾客的争论。顾客把需要带给我们,我们的工作就是满足顾客的需要,以便使双方获利。"

市场营销理念较之传统的营销理念是一次质的飞跃。在思想认识上,将过去"一切从企业出发"的旧理念,转变为"一切从顾客出发"的新理念,将企业"由内向外"的思维逻辑转向"由外向内",思考问题的出发点由"企业自身"转向"目标市场";它要求企业贯彻"顾客至上"的原则,将营销管理重心由企业"产品"转向发现和了解"外部顾客需要";协调企业活动,将企业目标达成方式由"扩大销售量来获得利润"转向"通过满足顾客需要来获得利润";企业在决定其生产、经营时,强调协调营销,要在市场调研的基础上,根据市场需求及企业本身的条件选择目标市场,并通过产品(product)、定价(price)、促销(promotion)和分销渠道(place)组合(简称"4P"组合)来满足目标市场的需要;对企业内部,要建立顾客导向和顾客满意的企业文化,使各部门管理者和员工都能自觉地以顾客导向理念为行动方针;同时,要在企业内建立以顾客导向为核心,以市场营销为统领,人事、生产、财务、研究与开发等职能为辅助的企业经营管理新机制、新体制,如图 2-1 所示。

目标市场、整体营销、顾客满意和赢利率是市场营销理念的四个主要支柱,它是从选定的市场出发,通过整体营销活动,实现顾客需求的满足和满意,并以此提高赢利率。市场营销理念与推销理念有着本质的区别,如表 2-2 所示。

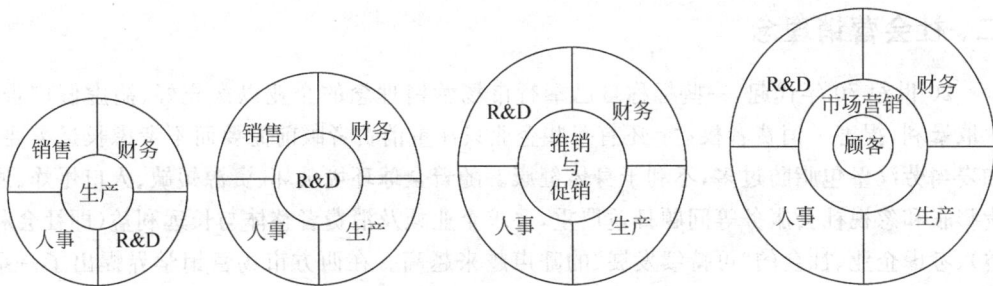

图 2-1　奉行不同营销理念所对应的管理体制

表 2-2　市场营销理念与推销理念的比较

营销理念	出发点	中　心	手　段	目　的
推销理念	企业	现存产品	推销和促销活动	通过增加销售获取利润
市场营销理念	目标市场	顾客需要	协调市场营销活动	通过顾客满意获取利润

市场营销理念的确立,标志着企业在营销理念上发生了根本的、转折性的变革,由传统的封闭式的生产管理型企业,转变为现代开放式的经营开拓型企业,树立并全面贯彻市场营销理念,建立真正面向市场的企业,是企业在现代市场条件下成功经营的关键。

小链接

海尔的"人单合一"模式

中国家电巨头海尔 2005 年实现全球营业额 1 039 亿元,其中出口和海外生产销售达 28 亿美元。这一年,海尔为满足市场需求开发新产品 450 个,平均每天 1.82 个;与 200 多家国际化品牌联合研发;有 17 家国际合作工厂为海尔订单生产产品;吸引 74 家国际供应商到海尔工业园区周边建厂;多家全球著名专业服务商和呼叫中心为海尔品牌提供物流和售后服务。2006 年,海尔启动了其全球化品牌战略。该战略的基本模式是"人单合一"。海尔 CEO 张瑞敏认为,"人单合一"就是要使每一个人都面对市场,直接从市场获取订单,工厂按其订单制造并发货,每一张订单都有人为它负责,达到人与市场的高度融合。海尔为每个人提供创造世界级品牌的舞台和空间,期望每个人都成为世界名牌员工。

成功的企业通常都会有一个好的理念,并为贯彻这一理念而做出一系列的决策和管理。海尔的新产品研发、生产和供销服务链合作,乃至"人单合一"模式的推出,其内核都是为了强化企业与客户(市场)的关系,即实现其以顾客为中心的营销管理理念或哲学。

资料来源:吴健安.市场营销学.北京:高等教育出版社,2007.

二、社会营销理念

20 世纪 70 年代起，一些标称自己奉行市场营销理念的企业以次充好、搞虚假广告、牟取暴利，损害了消费者权益；还有一些企业只注重消费者眼前需要而不考虑长远需要，如麦当劳汉堡包脂肪过多，不利于身体健康。随着全球环境破坏、资源短缺、人口爆炸、通货膨胀和忽视社会服务等问题日益严重，要求企业顾及消费者整体与长远利益（即社会利益）、考虑企业、社会的"可持续发展"的呼声越来越高。在西方市场营销学界提出了一系列新的理念，如"人道营销"（the human concept）、"明智消费营销"（the intelligent consumption concept）、"生态强制营销"（ecological imperative concept）、"宏观营销"（macromarketing concept）等。这些理念认为企业生产经营不仅要考虑消费者需要，而且要考虑消费者和整个社会的长远利益，它们可统称为社会营销理念（societal marketing concept）。

市场营销理念认为满足个人需求、谋求消费者利益必须符合企业的利润目标，当两者发生冲突时，保障企业的利润要放在第一位，这经常会与社会公众的利益发生矛盾，企业的营销努力可能不自觉地造成社会的损失。社会营销理念认为，企业应该确定目标市场的需要、欲望和利益，然后向顾客提供超值的产品和服务，一方面要满足消费者的需求和欲望；另一方面要符合消费者的利益和社会公众的长期利益，以求得企业利益、消费者利益和社会公众利益三者平衡与协调。

社会营销理念是对市场营销理念的补充与修正，是市场营销理念的扩展。社会营销理念以消费者为中心，采取积极的措施，供给消费者更多、更快、更准确的信息，改进广告与包装，增进产品的安全感和减少环境污染，增进并保护消费者的利益；社会营销理念视企业为一个整体，全部资源统一运用，更有效地满足消费者的需要；社会营销理念求得顾客的真正满意，视利润为顾客满意的一种报酬，视企业的满意利润为顾客满意的副产品，不是把利润摆在首位，这些都要求将市场营销理念指导下企业先决定利润目标，然后寻求可行的方法来达到利润目标的决策程序改为先考虑消费者与社会的利益，寻求有效地满足与增进消费者利益的方法，然后再考虑利润目标的社会营销理念指导下的决策程序。这种决策程序的改变，并没有否定利益目标及其价值，只是将消费者利益置于企业利润目标之上。如图 2-2 所示。

在社会营销理念指导下，许多企业不仅提出了"用户至上"、"消费者是上帝"，而且还提出了"维护和增进社会公益，推动人类进步是本公司的职责"等口号，从而使企业成为"群众利益的共同体"，获得广大消费者的信任和支持。

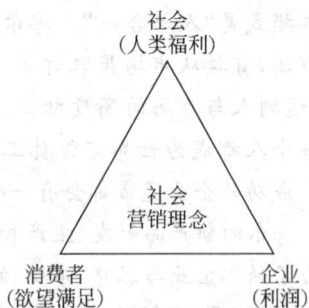

图 2-2　社会营销理念的三种基本考虑

小链接

日本三菱公司对问题汽车的处理

2000年8月29日,日本三菱公司向中国的汽车用户发出紧急通知,决定按日本汽车行业的召回检修制度,对向中国市场出售的575辆可能存在问题的汽车召回检测及修理。

该通知宣称,三菱汽车在投入市场之前就经过了各种条件下的试验,并得到政府部门的审查和批准,尽管如此,仍会在使用时出现问题。因此本着对客户负责的精神,三菱公司决定在中国采取与日本同样的措施,将中国消费者通过合法进口渠道购买的3种"三菱"整车中的部分特定车辆约575辆,实行召回检修。

三菱公司所谓在中国采取与日本同样的措施,缘起于此前不久的8月22日,三菱公司在受到日本运输省和警方的检控发生危机后,决定在日本召回9万辆问题车。

日本运输省发布的调查表明,三菱公司对其用户采取了极不负责任的态度,向日本政府和消费者隐瞒漏报该公司生产的汽车存在的17类问题,秘密回收和无偿修理各类汽车约62万辆,隐瞒因汽车质量问题发生的交通事故。三菱公司还承认自1977年起向政府掩盖顾客投诉超过20年。在三菱公司后来给日本运输省的一份有关三菱有缺陷汽车的报告中发现:约有15万辆1995年9月至1999年3月间生产的轿车存在严重质量问题。日本的一家报纸也报道说,曾有70多人写信称他们的三菱汽车上用于上紧曲柄轴滑轮的螺栓不是坏了就是松动了。此类问题也同样出现在中国用户身上。8月27日,日本警方搜查了三菱汽车公司总部、两家工厂以及两名职工的住宅,共没收三菱汽车公司的文件1007份,包括三菱职员讨论召回有缺陷汽车的会议记录、召回汽车记录的电脑磁盘和顾客的投诉资料。危机出现后,三菱召回约9万辆问题车。

资料来源:何利良.市场营销.北京:中国农业出版社,2002.

第四节　战略营销理念

营销理念在近百年的历史演进中经历了两次较大的飞跃。第一次是产生于20世纪50代的"现代市场营销理念",其思考问题的出发点由过去的"以企业为中心"转向"以顾客为中心"和公众利益。它顺应了社会进步,也使企业经营思想上升到一个新的高度。第二次飞跃产生于20世纪七八十年代后迅速普及应用的"战略营销理念",它较之"现代市场营销理念",思考问题的层次更高,考虑的问题更全面、更系统,理论体系更丰富、更完善。

一、战略营销理念产生的社会背景

20 世纪 50 年代至 60 年代,是西方经济的一个"黄金时期",经济高速增长。企业经营的重点是发现创业性机会和扩张,企业领导主要忙于投资,经营周期的重点是年度计划,多奉行分散性、多样化策略。

进入 20 世纪 70 年代,情况急转直下,石油危机、成本上升、日本等新竞争者的加入以及资本风险的影响,西方企业发现他们面临着一种全新的,甚至是凄风苦雨的环境。紧缩、集中控制资源,在有限的范围内经营。配置优先次序以保持资本,适者生存成为当时的主导原则。战略管理的时代从美国企业拉开序幕。在此背景下,战略的思想也逐步渗透到市场营销中来,并逐步成为市场营销活动的指导思想。

二、战略营销理念的含义及其基本特征

战略营销理念就是用战略管理的思想和方法对市场营销活动进行管理。强调企业要在选定的市场环境中,通过战略管理创造竞争优势,向包括顾客在内的所有参与者提供最大的利益。其基本特征如下。

1. 方向性

方向性即效能,是指选择向什么方向进行市场营销。为此,就要把握宏观环境的变化规律,掌握顾客的需求变化,从而确定本企业的经营方向和目标。它包含了市场营销理念的思想,并把市场营销理念放到一个更加广泛的社会背景之中。

2. 长期性

战略是目前对未来的决策。战略营销就是不仅能发现、满足顾客当前的需求,且能发现顾客的潜在需求,并加以开发,使其成为企业长期的宝藏。只注重顾客的现实需求,片面理解顾客导向,就有可能成为市场的尾巴,紧跟顾客需要而疲于奔命。只有对顾客长期需要有准确把握,企业才能有安身立命之本。

3. 竞争性

竞争是战略的本质,也是当前商业市场的现实。迈克尔·波特在《竞争战略》中提出:"竞争是企业成败的核心。"过多的企业去追逐过少的顾客,且产品的差别化程度逐步缩小是目前的现实。在此情况下,仅提顾客导向、满足顾客需要就显得过于软弱,而必须比竞争者更有持久竞争力地满足顾客的需要。

4. 创造性

战略是高瞻远瞩、胸怀胆略、聪明睿智的创造,而不是模仿。战略营销的创造性贯穿于市场营销分析、规划、执行、激励和控制的全过程,只有创造才能形成与众不同的差别,或是功能齐全,或是成本低廉,或是独辟蹊径。只有这样,才能直面对手而成功,或是避开对手而生存。

创造也包括"有所为有所不为",有所为是集中资源在目标市场形成优势,有所不为是防止战线过长,顾此失彼。在很多情况下,"放弃"就是"获得"。战略营销,不仅要学会扩张,还要学会放弃。

5. 协同性

战略营销是一个体系,是系统。它要求市场营销所涉及的各项职能、各项目标、各项政策、各项活动等必须要具有高度的各项创造内在统一性。只有协同,才能消除抵触、消除浪费,顾客价值的分散的活动形成紧密链环,才能使系统效益最大化。

6. 参与者共赢

战略营销将市场营销的目的从企业获利扩展到使所有参与者获得利益。参与者包括所有关心企业活动的个体与组织,如企业的员工、管理者、银行、顾客,企业所在的社区、公众、政府等,当然也包括企业的股东(stockholder)。利润是对企业绩效的回报,但较之今天的市场,员工们一致地认为对产品更新与质量的追求是必不可少的。只有通过他们才能够向顾客和其他参与者传达利益。

市场营销与战略营销的对比如表2-3所示。

表 2-3　市场营销与战略营销的对比

差　异	市 场 营 销	战 略 营 销
时间构架	与给定的财务年度相关的短期、日常决策	具有长期指向性的决策
组织行为	注重分散的业务单位的利益	企业纵横向不同部分之间的协同
领导风格	领导有反应性的理念	领导有前瞻性的理念
决策过程	自下而上	自上而下
机会把握	只注重搜寻某一个机会	不断地寻求新的机会
环境关系	环境具有相当恒定性,偶尔波动	环境具有动态性,不断变化
工作要求	具有成熟、经验和控制导向	具有高度的创造性和创新性
工作任务	寻求需强调的业务	解决指定业务的经营问题

市场营销理念近百年的历史演进中各种理念提出的动因都是由于市场营销环境的变化。这种变化向营销者提出新的实践问题,需要新的理论予以概括和回答,各种理念也就应时而生,这是马克思主义历史唯物主义的观点的具体体现。

传统营销理念、现代营销理念和战略营销理念在出发点、重点、实现途径与手段以及目的含义上都有所不同,后一个理念都是对前一个理念的扬弃或包容,如表2-4所示。

表 2-4　三个阶段营销理念的对比

营销理念	出发点	中心和重点	途径与手段	目　　的
传统营销理念	企　业	产　品	推　销	通过扩大销售额获得利润
现代营销理念	目标市场	顾客需要	营销组合	通过顾客满意获得利润
战略营销理念	环　境	竞争优势	战略管理	使所有参与者获得利益

本章小结

人类行为的背后都隐含着指导其行为的哲学。企业也一样，每个企业的战略、策略，甚至是每一个具体的决策和行动都在一定程度上反映出这个企业的哲学观念。无论什么样的企业，某一阶段一定存在某种占主导地位的经营哲学。我们将指导或影响市场营销管理的经营哲学称为市场营销管理哲学，它如同人的思想、观念一样，是企业的指导思想，支配着企业的市场营销管理。

市场营销管理是指企业为实现其目标，创造、建立并保持与目标市场之间的互利交换和关系，而对设计方案进行的分析、计划、执行和控制过程。市场营销管理哲学是企业在其营销管理过程中制定营销方案、组织和从事市场营销及管理活动，处理企业、顾客和社会三者利益方面的指导思想和行为准则，是对于市场的根本态度和看法，它是一种观念、一种态度或一种企业思维方式。其基本任务是通过营销调研、计划、执行和控制来管理目标市场的需求水平、时机和性质，以实现企业目标。

随着生产和交换日益向纵深发展，社会、经济与市场环境的变迁以及企业经营经验的积累，都使企业的营销管理哲学发生了深刻变化。这种变化的基本轨迹是由企业利益导向转变为顾客利益导向，再发展到社会利益导向，主要经历了传统营销理念、现代营销理念和战略营销理念三个演变过程。

传统营销理念是 19 世纪末 20 世纪初到 20 世纪 50 年代历史阶段中占主导地位的市场营销理念，是以企业为中心，以企业利益为根本取向和最高目标来处理营销问题的理念，包括生产理念、产品理念和推销理念；现代营销理念是 20 世纪 50 年代以后提出的以顾客需要为中心，以市场需求为导向和最高目标来处理营销问题的理念，包括市场营销理念和社会营销理念；战略营销理念较之"现代市场营销理念"，思考问题的层次更高，考虑的问题更全面、更系统，理论体系更丰富、更完善，它产生于 20 世纪 70 年代以后。

思考与讨论

1. 简述市场营销管理理念的演变及其背景？
2. 举例说明传统营销理念与现代营销理念的本质区别？
3. 结合生活实际，论述战略营销的基本特征。

案例分析训练

金六福:"福文化"营销

随着 2006 年春节到来,金六福又开始了新一轮的营销大战。

1998—2000 年,金六福给人的品牌体验更多的是个人的福运,其传播口号主要是"好日子,离不开金六福"和"喝金六福酒,运气就是这么好"。2001—2002 年,金六福通过赞助世界杯国足出线、中国申奥,将这种体验提升到民族的福、国家的福——"中国人的福酒"。2004 年以后,搭车雅典奥运,它又将福文化推向国际,让人们体验"世界的福"。短短几年,金六福的"福文化"不断提升和积淀。

金六福换广告的速度惊人,发展速度也惊人。1998 年才诞生的金六福,尽管本身并不生产一滴酒,却只用了短短 3 年就在高度竞争的白酒市场做到了 1991 年新锐白酒第一的规模。2003 年金六福销售达 18 亿元,2004 年突破 20 亿元。目前,金六福已进入中国白酒市场前五强,其品牌价值高达 28.8 亿元,被中国食品工业协会评为"跨世纪中国著名白酒品牌"。

金六福运用"国有喜事金六福,家有喜享金六福,中秋团圆金六福,春节回家金六福"系列广告,以中华民族的传统与感情为诉求,拉近与消费者的距离。金六福善用事件营销,不断挖掘重大社会事件中的民众情感寄托,做活品牌关联。大到民族感情,小到家庭团圆喜庆,都被它用心地凝聚在"福"字上,强化着金六福的核心价值定位。从一声稚嫩的"好日子,离不开金六福"拉开其情感营销序幕,到 2001 年体育营销展现中国社会"福满乾坤春满门",金六福以"顺情"和"煽情"赢得顾客,赢得市场。

金六福擅长的是渠道和营销,生产并不是它的强项。白酒产业的特殊性,决定了其经营者不能仅靠实力就可以速成。它要求有深厚的技术积累、适宜的气候条件和一定数量的老窖池等,这些都是金六福所不具备的。金六福通过"借力",即与中国白酒名牌五粮液合作生产来解决这个难题。五粮液的生产优势给了金六福拓展市场的充分自信。更重要的是,摆脱了繁杂的生产管理,金六福可以集中精力于营销网络布局、推广和营销团队建设,打造市场竞争优势。

传统的市场细分是划分不同的消费者群,企业以不同的品牌面对不同的顾客。金六福以星级概念打破了这一传统,在统一的金六福品牌下将酒划分为五个星级。从一星到五星,销价从十多元到数百元,覆盖了不同的细分市场,而它们打造的是同一个品牌。从 2002 年起,金六福还在其 2 000 多家经销商中遴选永久合作伙伴,组建"金六福营销联盟",用长期利益纽带与经销网络、客户构建战略伙伴关系。看来,金六福营销奇迹的创造并不偶然。

资料来源:2005 中国最佳营销案例.载经营者.2006(2).

请结合材料,谈谈金六福的营销管理哲学,并结合所学知识说明金六福营销奇迹的创造是否纯属偶然。

第 三 章

市场营销环境

学习目标

1. 熟悉市场营销环境有关概念及市场环境威胁和市场机会的分析方法；
2. 掌握影响企业市场营销活动的环境因素；
3. 了解市场营销环境的分类、环境因素的特征及市场营销环境与营销活动的关系。

引导案例

摩托车的发展历程

哈雷·戴维森摩托车公司（Harlay Davidson Inc.）始建于 1903 年。第一次世界大战期间，由于军方对哈雷摩托车的大量采购，到 1918 年它已成为世界上最大的摩托车厂商。然而，世道沧桑，20 世纪 60 年代以后，哈雷受到了来自日本企业的强烈挑战，到 20 世纪 80 年代初已岌岌可危，不得不求助政府的关税保护。

一、摩托车市场与行业的产生

19 世纪 60 年代，一位德国发明家将蒸汽发动机用于自行车的驱动，产生了摩托车雏形。直到以汽油为动力的发动机出现后，第一辆摩托车才真正诞生。由于实用，在全世界飞速发展。到 1913 年，英国的摩托车拥有量已达 18 万辆，而美国的年产量则已达到 7 万辆的水平。

两次世界大战期间，摩托车以其适用性闻名于世。1918 年第一个冲入德国的美国士兵就是骑着哈雷摩托车。第二次世界大战后，虽然有许多小公司利用大公司战时将产品输往国外战场形成的国内缝隙发展起来。但到 50 年代，这些小公司逐渐消失，仅剩下几家实力雄厚、威名远扬的大公司。

20 世纪 50 年代是世界摩托车业平静、稳定的 10 年，英国的 Norton，BSA，Triumph，Enfield 以及美国的哈雷公司都享有极高的声誉。德国的宝马（BMW）和意大利的 Moto-Guzzi，Benalii，Ducati 也是优秀的摩托车生产商。这一阶段，摩托车业主要还是作为小汽车的替代品，尤其流行于年轻人组成的飙车帮和追逐他们的警察中。摩托车制造商似乎满足于这个相对狭窄的市场,这使得那一时代的销售水平很平稳。

1955年,美国的摩托车销量是5万辆,到1965年销量增长了10倍,1975年销售水平达到100万辆,而且这一数字保持了3年。

二、摩托车市场与行业的发展

日本摩托车厂商是推动摩托车市场发展的主要力量。1959年日本摩托车厂商开始把产品打入国际市场,到1966年就控制了85%的美国市场。

日本厂商打入世界摩托车市场的主要原因是创造性地开发出小型摩托车市场,而且根源在于人们文化观念的转变。

20世纪50年代以前,摩托车仅仅用于军事用途和热心于摩托车赛的一种交通工具。到了60年代,还没有人预见到摩托车作为一种娱乐工具或汽车拥有者的另一种交通工具的前景。50年代销量还受到摩托车形象的深刻影响。1954年马龙·白兰度主演的《疯狂的人》中,飙车帮骑着哈雷摩托车在一片尖叫声中冲进小镇的情景,在人们的心中留下了难以驱散的烙印。事实上,哈雷公司在一段时间内也以自己的产品受到飙车帮的青睐而引以为自豪。

50年代欧洲和美国自以为是,春风得意,它们讥笑那些研究开发小排气量摩托车的日本人,称他们是"小黄种人"。而日本人则总是谦逊地垂下眼帘说:"我们正在学习。"可谁也没有料到,10年以后,就是这些"小黄种人"将英国人赶出摩托车市场。

本田是日本最大的摩托车出口厂商,1959年它开始把市场转向美国。尽管本田刚刚迈入国际市场,但国内销售量却居世界首位。由于规模的优势,使得美国和欧洲的企业无法与它抗衡。它在美国市场上成功地开展了以"你在本田车上遇见最文雅的人"为主题的促销活动,将骑小型车的形象与骑大型车的形象区分开来。然而令人不可思议的是,哈雷公司和西欧的厂商从一开始竟忽视了日本人的挑战。哈雷公司对此甚至表示欢迎。哈雷公司认为,随着驾驶技术的提高,轻型摩托车购买者很快会转向购买大型车。

然而情况与哈雷等大型车厂商估计的相反,实力天平严重东倾,给英、美摩托车沉重打击。1955年到1970年间,哈雷在美国的市场份额由70%跌到5%,英国的Triumph公司到70年代中期由于债台高筑而破产。到1984年,日本的本田、雅马哈、川崎和五十铃四家厂商已控制了95%的美国市场。

自20世纪60年代至70年代初,摩托车市场持续猛长。1955年,美国市场摩托车销量5万辆,1965年达到50万辆,到1973年再猛增到150万辆,销量达到顶峰,其后开始下降,但基本上保持在100万辆左右。

三、摩托车消费者的情况

20世纪60年代的新买主们是本田成功营销开发出来的,70年代能源危机中的买主则是抱着试试看的态度寻找一种便宜的交通工具。在摩托车市场发展过程中,消费者的情况也有很大变化,受过良好教育的、高收入的、18岁以下的青少年和妇女更多地开始加入到摩托车的市场之中(表 3-1、表 3-2),市场构成发生了很大的变化。

表 3-1　摩托车拥有者资料:职业、收入

拥有者职业	占百分比(%)		年家庭收入 (美元)	占百分比(%)	
	1985 年	1980 年		1985 年	1980 年
普通工人	22.2	20.7	1 万以下	11.9	9.1
熟练工人	16.4	23.3	1 万~1.49 万	9.4	13.0
专业技术人员	15.8	18.8	1.5 万~1.9 万	12.5	13.9
管理者或小业主	7.4	8.6	2 万~2.4 万	8.2	12.9
职业销售员	7.0	9.3	2.5 万~3.49 万	16.4	12.5
服务工作人员	5.8	7.1	3.5 万~4.99 万	13.1	6.9
农场主	5.6	4.6	5 万以上	6.4	2.4
军人	1.1	1.9	未说明者	22.1	30.8
其他	9.1	1.0			
未说明者	9.6	5.7	平均数	$22500	$17500

表 3-2　摩托车拥有者资料:性别、婚姻、学历、年龄

性　别	占百分比(%)		婚姻状况	占百分比(%)	
	1985 年	1980 年		1985 年	1980 年
男	89.8	92.1	单身	48.7	51.7
女	10.2	7.9	已婚	48.7	44.3
			未说明者	2.6	4.0
年龄(岁)	占百分比(%)		学历	占百分比(%)	
	1985 年	1980 年		1985 年	1980 年
男 18 岁以下	16.2	24.6	小学	8.6	13.5
18~24	20.0	24.3	高中在读生	13.8	18.9
25~29	19.7	14.2	高中毕业	37.7	34.6
30~34	12.3	10.2	大学生	21.9	17.6
35~39	10.2	8.8	大学毕业	11.4	9.2
40~49	12.3	9.4	研究生	4.4	3.1
50 岁以上	7.1	5.7	未说明者	2.2	3.1
未说明者	2.2	2.8			
平均年龄	29.6	26.9			

四、美国市场:贸易保护主义

日本企业的巨大成功,使美国人愤怒不已。他们认为日本人是在低价倾销。例如,1977 年由于汇率等原因,美国与日本同等车型相比,平均价格要高出 500~1 000 美元。

这一年,哈雷公司向美国政府提出申请,要求政府提高关税,抵制日本摩托车进入美国市场,但政府未予批准。

1983 年,在哈雷公司的再次请求下,美国政府制定了一个关税条款:大幅度提高从日本进口的 700cc(指尾汽排放量)以上的重型车的关税,关税条款有效期为 5 年。

实际上,这个关税条款只是在一定程度上保护了哈雷公司在大型车的市场,对小型车并没有增加关税。所以,在此后的几年里美国的小型车市场有了较大的增长。本田和川崎由于预料到美国政府将会提高关税,他们都在美国建立了生产设施,这使他们平安地度过了 1983 年开始的难关。而雅马哈和五十铃则在关税期间损失了大型车市场的一部分收益。

资料来源:李弘,董大海.市场营销学.大连:大连理工大学出版社,2009.

市场营销环境影响着企业的生产经营活动,企业虽不能从根本上去控制环境的变化,但可以积极主动地预测、发现和分析环境变化的趋势及其运动特点,以寻求营销机会,避免环境威胁,这样才能成为市场上的常胜将军。

企业开展营销活动既要受到自身条件的制约,也要受到外部条件的制约,关注并研究企业营销环境的变化,把握环境变化的趋势,识别由于环境变动而造成的机会和威胁,是营销人员的主要职责之一。环境既是企业不可控制或难以控制的因素,又是企业不可超越的因素。企业必须根据环境的实际情况与发展趋势,相应制定并不断调整营销策略,自觉地利用市场机会,防范可能出现的威胁,扬长避短,确保企业在竞争中立于不败之地。

第一节　市场营销环境概述

任何企业都如同生物有机体一样,总是生存于一定的环境之中,企业的营销活动不可能脱离周围环境而孤立存在。企业营销活动要以环境为依据,主动地去适应环境,同时又要在了解、掌握环境状况及其发展趋势的基础上,透过营销努力去影响外部环境,使环境有利于企业的生存和发展,有利于提高企业营销活动的有效性。因此,重视研究市场营销环境及其变化,是企业营销活动的最基本课题。

一、市场营销环境概念

市场营销环境是指与企业营销活动有潜在关系的所有内外部不可控制或难以控制的力量和相关因素的集合,亦即企业赖以生存的内外部社会条件。

二、市场营销环境分类

市场营销环境的内容比较广泛,可以依据不同标准进行划分。

(一)依据对企业营销活动影响紧密程度划分

1. 微观环境

微观环境与企业紧密相连,是企业营销活动的参与者,直接影响和制约企业的营销能力,与企业具有或多或少的经济联系,也称直接营销环境或作业环境,包括企业本身、市场营销渠道企业、顾客、竞争者以及社会公众。

2. 宏观环境

宏观环境指影响微观环境的一系列巨大社会力量,一般以微观环境为媒介去影响和制约企业的营销活动,故又称间接营销环境,在特定场合,也可直接影响企业的营销活动。宏观环境主要包括人口、经济、政治、法律、科学技术、社会文化及自然生态等因素。

微观环境和宏观环境之间并非并列关系,而是主从关系。微观营销环境受制于宏观营销环境。宏观环境因素和微观环境因素共同构成多因素、多层次、多变的企业市场营销环境的综合体。

图 3-1　企业市场营销环境

(二)依据对企业营销活动利弊影响划分

(1)不利环境,是指对企业市场营销不利的各项因素的总和,是形成威胁的环境。

(2)有利环境,是指对企业市场营销有利的各项因素的总和,是带来机会的环境。

(三)依据对企业营销活动影响时间长短划分

(1)长期环境,对企业营销活动影响持续时间较长或相当长。

（2）短期环境，对企业市场营销活动影响比较短暂。

三、市场营销环境特征

1. 客观性

环境作为企业外在的不以营销者意志为转移的因素，对企业营销活动的影响具有强制性和不可控性的特点。一般说来，企业无法摆脱和控制营销环境，特别是宏观环境，企业难以按自身的要求和意愿随意改变。如企业不能改变人口因素、政治法律因素、社会文化因素等。但是，企业可以主动适应环境的变化和要求，制定并不断调整市场营销策略。企业与环境的关系，符合事物发展与环境变化之间"适者生存，不适者淘汰"的规律。善于适应环境变化的企业，就能生存和发展，否则，就难免被淘汰。

2. 差异性

不同的国家或地区之间，宏观环境存在着广泛的差异；不同的企业之间，微观环境也千差万别。正因营销环境的差异，企业为适应不同的环境及其变化，必须采用各具特点和针对性的营销策略。环境的差异性还表现为同一环境的变化对不同企业的影响不同。例如，中国加入世界贸易组织，意味着大多数中国企业进入国际市场，进行"国际性较量"，而这一经济环境的变化，对不同行业所造成的冲击并不相同。企业应根据环境变化的趋势和行业的特点，采取相应的营销策略。

3. 多变性

市场营销环境是一个动态系统。构成营销环境的诸因素都受众多因素的影响，每一环境因素都随着社会经济的发展而不断变化。20 世纪 60 年代，中国处于短缺经济状态，短缺几乎成为社会经济的常态。改革开放 20 年后，中国已遭遇"过剩"经济，不论这种"过剩"的性质如何，仅就卖方市场向买方市场转变而言，市场营销环境已发生了重大变化。营销环境的变化，既会给企业提供机会，也会给企业带来威胁，虽然企业难以准确无误地预见未来环境的变化，但可以通过设立预警系统（warning system），追踪不断变化的环境，及时调整营销策略。

4. 相关性

营销环境是一个复杂系统，诸因素之间相互影响、相互制约，对企业营销活动发挥综合作用。某一因素的变化会带动其他因素的相互变化，形成新的营销环境。竞争者是企业重要的微观环境因素之一，而宏观环境中的政治法律因素或经济政策的变动，均能影响一个行业竞争者加入的多少，从而形成不同的竞争格局。市场需求不仅受消费者收入水平、爱好以及社会文化等方面因素的影响，政治法律因素的变化也会对其产生决定性的影响。各个环境因素之间有时存在矛盾，如某些地方消费者有购买家电的需求，但当地电力供应不正常，这无疑是扩展家电市场的制约因素。

5. 不可控性

宏观环境因素不以企业意志转移而转移,不是哪一个或哪几个企业、组织所能控制的。

四、市场营销活动与营销环境

(一)市场营销环境通过其内容的不断扩大及其自身各因素的不断变化,对企业营销活动发生影响

1. 市场营销环境的内容随着市场经济的发展而不断变化

20世纪初,西方企业仅将销售市场作为营销环境;30年代后,将政府、工会、竞争者等与企业有利害关系者也看做环境因素;进入60年代,又把自然生态、科学技术、社会文化等作为重要的环境因素;90年代以来,随着政府对经济干预力度的加强,愈加重视对政治、法律环境的研究。国外营销学者将环境因素由内向外扩展的现象称为"外界环境化"。

2. 环境因素经常处于不断变化之中

环境的变化既有环境因素主次地位的互换、矛盾关系的协调,又有可控程度及是否可控的变化。随着我国社会主义市场经济体制的建立与完善,市场营销宏观环境的变化也将日益显著。

(二)市场营销环境是企业营销活动的制约因素,营销活动依赖于环境因素才得以正常进行

主要表现在以下几方面。

(1)营销管理者虽可控制企业的大部分营销活动,但必须注意环境对营销决策的影响,不得超越环境的限制。

(2)营销管理者虽能分析、认识营销环境提供的机会,但无法控制所有有利因素的变化,更无法有效地控制竞争对手。

(3)由于营销决策与环境之间的关系复杂多变,营销管理者无法直接把握企业营销决策实施的最终结果。

(4)企业营销活动所需的各种资源,需要在环境允许的条件下取得,企业生产与经营的各种产品,也需要获得消费者或用户的认可与接纳。

(三)企业营销活动必须与其所处的外部环境相适应,并非只能被动地接受环境的影响,营销管理者应采取积极、主动的态度能动地去适应营销环境

1. 对于宏观环境

企业可采用不同的方式增强适应环境的能力,避免来自环境的威胁,有效地把握市场

机会。在一定条件下，也可运用自身的资源，积极影响和改变环境因素，创造更有利于企业营销活动的空间。菲利普·科特勒的"大市场营销"理论认为，企业为成功地进入特定的市场，在策略上应协调地使用经济的、心理的、政治的和公共关系的手段，以博得外国或地方各有关方面的合作与支持。消除壁垒很高的封闭型或保护型市场的存在，为企业从事营销活动创造一个宽松的外部环境。

2. 对于微观环境

事实上，直接影响企业营销能力的各种参与者都是企业的利益共同体。按市场营销的"双赢"原则，企业营销活动的成功，应为顾客、供应商和营销中间商带来利益，并造福于社会公众。即使是竞争者，也应互相学习、互相促进，在竞争中，有时也会采取联合行动，甚至成为合作者。

第二节　微观市场营销环境

企业营销部门的工作是通过创造顾客价值和满意来吸引顾客并建立与顾客的联系。但是，仅靠营销部门自己的力量是望尘莫及的。它们的成功依赖于企业微观环境中的其他因素——本公司的其他部门、供应商、市场中介、顾客、竞争对手和各种公众因素。这些因素构成了公司的价值传递系统。

一、企业内部环境

企业处于市场营销指挥的中心位置，不仅要分析外部环境，还要分析自身机构设置是否符合市场营销的要求、市场营销的功能是否发挥正常等内部条件或内部营销环境。

企业市场营销管理部门不是孤立的，在制订营销计划时，营销部门要兼顾企业的其他部门，并与之密切合作，如最高管理层、财务、研究与开发、采购、生产、会计等部门，如图 3-2 所示。所有这些相互关联的部门构成了企业的内部环境。

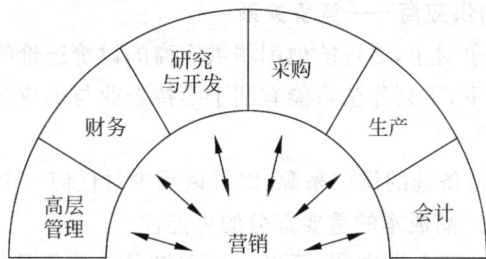

图 3-2　企业内部环境

高层管理部门制定企业的使命、目标、总战略和政策。营销部门依据高层管理部门的规划来作决策,而营销计划必须经最高管理层的同意方可实施;财务部门负责寻找和使用实施营销计划所需的资金;研究与开发部门研制安全而吸引消费者的产品;采购部门负责供给原材料;生产部门生产品质与数量都合格的产品;会计部门核算收入与成本,以便管理部门了解是否实现了预期目标。这些部门都对营销部门的计划和行动产生影响。用营销概念来说,就是所有这些部门都必须"想顾客所想",并协调一致地提供优质的顾客价值和满意。

目前,我国很多企业存在机构设置不突出,营销功能、决策机制不合理等问题,使得市场营销活动未能很好的开展。因此,企业必须认识其营销能力与外部环境相适应的重要性,使内部优势和劣势与外部机会和威胁相平衡。创造良好的企业内部环境,是取得营销成功的组织保障和必要条件。

二、营销渠道企业

(一)供应商

供应商是向企业及其竞争者提供生产经营所需资源的企业或个人,是企业整个顾客"价值传递系统"中的重要一环。他们能提供公司生产产品及提供服务所需的资源(原材料、零配件、设备、能源、劳务、资金及其他用品)。

供应商的变化对营销有重要的、实质性的影响,短期内会影响销售,长期内会影响顾客的满意程度。供应商所供应原材料数量和质量直接影响产品的数量和质量;所提供的资源价格会直接影响产品成本、价格和利润;对企业供货的稳定性和及时性,是企业营销活动顺利进行的前提。营销部门必须关注供应能力,应尽可能与供应商保持良好、密切的联系,及时了解供货商的变化与动态,确保货源供应连续、及时。营销部门还必须关注企业主要原料的价格趋势,供应成本上升将使企业产品价格上升,从而影响企业的销售额。

一般来说,依据与供应商的对抗程度,可将供应商分为两类:

1. 作为竞争对手的供应商——竞争关系

是把供应商作为竞争对手,尽可能地削弱供应商的讨价还价的能力,以获得更大的收益。在这种思想的指导下,下列作法可能有利于维持企业与供应商的关系,保证原材料的有效供应。

(1)寻找和开发其他备选的供应来源,以尽量减少对任何一个供应商的过分依赖,降低其原料成为企业单位产品成本的重要部分的可能性。

(2)如果企业只有一两个供应商,可以通过积极寻找替代品供应商而减弱供应商与企业讨价还价的能力。

(3)向供应商表明企业有能力实现后向一体化,即企业有潜力成为供应商的竞争者,而不仅仅是一般的顾客。如果企业有自我生产的经验，则有助于了解供应商的制造过程和原料成本方面的信息，从而使企业处于有利的讨价还价地位。

（4）选择一些相对较小的供应商，使企业的购买成为其收入的一个重要部分，增加供应商对企业的依赖性。

2. 作为合作伙伴的供应商——共生关系

企业把供应商作为竞争对手来考虑，往往引起一些消极的后果，为了获得原材料或者其他物料的稳定供应，维持质量的一致性，保持与供应商长期而灵活的关系，企业最好把供应商作为自己的伙伴，并在此基础上考虑自己的营销活动。这种合作模式在西欧普遍被企业采用。它的主要特点是企业在管理供应商过程中更多的采用谈判，而不是讨价还价，力图维持与供应商长期和互利的关系。为实现上述目标，可以考虑以下几个方案：

（1）与供应商签署长期合同，而不是采用间断式的购买方式从供应商那里获得原材料。这对稳定将来的供应关系有很大的作用，它所带来的优势是使供应商拒绝向竞争者提供货物，有助于企业更好地对库存、运输、供货的数量、组合以及供应商的地位进行规划，这也正是战略思维要考虑的问题。

（2）说服供应商积极地接近顾客，尤其是当企业处于下游生产过程。帮助供应商了解顾客可能是有益的，它有助于供应商更有效地为企业服务。

（3）分担供应商的风险。企业可以与供应商协作改进原料制造工艺和质量，降低供应商的成本；特殊情况下，向供应商投资以促进其对新技术的采用和生产能力的扩大；必要情况下，也可以与供应商联合或组成合资企业，通过共同研究和开发进入新的市场。

虽然上述两种模式对于帮助我们认识不同的供应商是有益的，但实际上可能没有一家供应商的行为完全与其中某一种模式相吻合。但无论对于哪种类型的供应商，营销管理人员都应该对他们进行理智性的分析，为此应了解以下内容：

① 备选供应品的来源、组合、适用性以及确定可接受替代品供应商的可能性。

② 了解企业所购买物品在供应商收入中所占的比重，它是企业对供应商是否重要的一种度量。

③ 供应商对企业目前所在行业的兴趣、能力和成为竞争对手的可能性。

④ 供应商与竞争对手协议项目及条件。

可见，只有在全面了解和深入分析供应商的基础上，企业才能做出适当的购买决策。

（二）营销中介

营销中介是协助企业将其产品推广、销售和分配给最终消费者的企业或个人。营销中介包括中间商、货物储运机构、营销服务机构和金融中介。

1. 中间商

中间商在企业营销活动中非常重要，包括批发商和零售商，帮助企业找到顾客并直接与顾客交易,实现产品推广和分销,从而完成产品从生产者向消费者的转移。

2. 货物储运机构

货物储运机构协助企业从原产地到目的地的过程中存储和移送货物,实现产品实体分配,调节生产与消费之间的矛盾,弥合产销时空上的背离,提供产品的时间效用和空间效用。在此过程中,企业必须综合考虑成本、运输方式、速度及安全性等因素,从而决定运输和存储货物的最佳方式。在我国,可能更多地采用中间商和货物储运公司相结合的方式,即中间商除分配产品外,还负责储存和运输。

3. 营销服务机构

营销服务机构包括市场调查公司、广告公司、传媒机构和营销咨询公司,它们协助企业正确地选择目标市场和促销产品。企业在选择营销服务机构时必须考虑其可信度、质量、服务及价格等因素。目前我国专门的市场调研和营销咨询公司数量有限,大多数情况下,企业都是自己进行调研或与大学和管理咨询公司合作开展市场调研等工作。

4. 金融中介

金融中介包括银行、信贷公司、保险公司及其他机构,负责为交易提供金融支持或提供风险保险。大多数企业和客户都需要借助金融中介来融通资金,与金融机构建立良好的合作关系尤为重要。

同供应商一样,营销中介也是企业整个价值传递系统中的重要组成部分,是市场营销不可或缺的中间环节。企业应在动态变化中与营销中介建立起相对稳定的协作关系,以提高企业的营销能力。

三、顾客

顾客指企业的目标市场,即企业服务的对象,是企业营销活动的出发点和归宿。企业的一切营销活动都应以满足顾客的需要为中心。因此,顾客是企业最重要的环境因素。顾客可以是个人、家庭,也可以是组织机构和政府部门。为便于深入研究各类市场的特点,按顾客需求和购买目的不同,将市场分为如图 3-3 所示的六种类型。

(1) 消费者市场,由个人或家庭组成,为满足自身消费而购买商品和服务的市场。

(2) 生产者市场,为赚取利润或其他目的而购买商品和服务,用于生产其他产品和服务的市场。

(3) 中间商市场,为赚取利润而购买商品和服务,用来转售的市场。

(4) 政府市场,由政府机构构成,购买产品和服

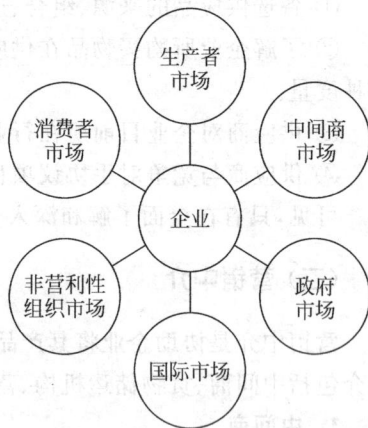

图 3-3　市场类型

务用以服务公众或困难、灾难等的救济。

（5）国际市场，由其他国家的购买者构成，包括消费者、生产者、中间商和政府等。

（6）非营利性组织市场，从组织属性角度定义，是指不以营利为目的、主要开展各种志愿公益性或互益性活动的非政府的社会组织。

企业要对上述各类市场顾客的需求特点和购买行为进行分析，以不同的方式提供相应的产品和服务，满足他们不断变化的需求，从而影响企业营销决策的制定和服务能力的形成。

四、竞争者

一般来说，为某一顾客群体服务的企业不止一个，它们都会面对形形色色的竞争对手。亦即企业不能独占市场，企业营销系统是在一群竞争对手的包围和制约下从事自己的营销活动的。营销学的观点认为："一个企业要想获得成功，那就必须比竞争对手做得更好，让顾客更满意"。因此，营销部门不仅要考虑目标顾客的需要，而且要在消费者心里留下比竞争对手更有优势的印象，以赢得战略上的优势。

世界上根本不存在对所有企业都适用的战无不胜的营销战略，每个企业都应考虑与竞争对手相比，自己独特的企业规模与市场定位，因此，企业必须加强对竞争者的研究，了解对本企业形成威胁的主要竞争对手及其策略，双方力量对比如何，做到知己知彼、扬长避短，才能在顾客心目中强有力地确定其所提供产品的地位。

在竞争性的市场上，除来自本行业的竞争外，还有来自替代品生产者、潜在加入者、原材料供应者和购买者等多种力量的竞争。从消费需求的角度将竞争者可以分为以下几种类型，如图 3-4 所示。

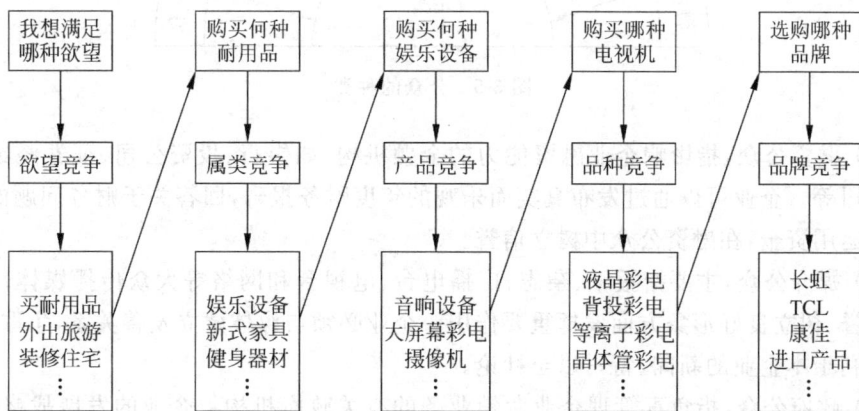

图 3-4　各竞争方式之间的关系

（1）欲望竞争者，指提供不同产品以满足不同消费欲望的竞争者，即不同需求、不同产品之间的竞争。如在一定购买力水平下，有些消费者为改善生活选择添置家庭耐用消费品，有些消费者则选择外出旅游等，这就产生了许多不同的欲望，但考虑时间和财力等因素，消费者只能选择力所能及的项目，作为这一时期的欲望目标。

（2）属类竞争者，指满足同一消费欲望，提供不同产品的竞争者，即相同需求、不同产品之间的竞争，它是消费者在决定需要的类型之后出现的次一级竞争，也称平行竞争。

（3）产品竞争者，指满足同一消费欲望的同类产品不同产品形式之间的竞争者。

（4）品种竞争者，指满足同一消费欲望的同类产品同种产品形式不同产品规格、型号、款式之间的竞争者。

（5）品牌竞争者，指满足同一消费欲望的同类产品同种产品形式相同产品规格、型号、款式不同生产厂家之间的竞争者。

五、公众

公众是指对企业实现营销目标的能力有实际或潜在利害关系和影响力的团体或个人。一般情况，企业所面临的公众主要有如图 3-5 所示的几种类型。

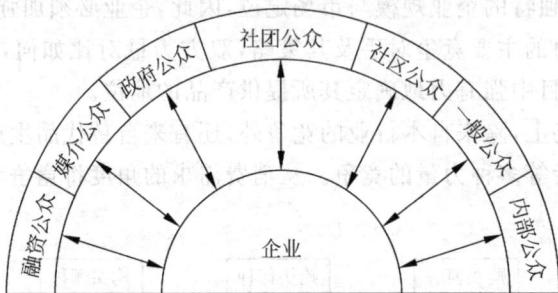

图 3-5　公众的种类

（1）融资公众，指影响企业融资能力的金融机构，如银行、投资公司、证券经纪公司、保险公司等。企业可以通过发布真实而乐观的年度财务报告，回答关于财务问题的询问，稳健地运用资金，在融资公众中树立信誉。

（2）媒介公众，主要指报纸、杂志、广播电台、电视台和网络等大众传播媒体，在建立企业信誉、树立良好形象方面发挥重要作用。企业必须与媒体建立友善关系，争取更多更好的有利于本企业的新闻、特写以至社论。

（3）政府公众，指负责管理企业营销业务的有关政府机构。企业的发展战略与营销计划必须和政府的发展计划、产业政策、法律法规保持一致，注意咨询有关产品安全卫生、广告真实性等法律问题，倡导同业者遵纪守法，向有关部门反映行业的实情，争取有利于产业发展的立法。

（4）社团公众，包括保护消费者权益组织、环保组织及其他群众团体等。企业营销活动关系到社会各方面的切身利益，必须密切注意来自社团公众的批评和意见。

（5）社区公众，指企业所在地邻近的居民和社区组织。企业必须重视保持与当地公众的良好关系，积极支持社区的重大活动，为社区的发展贡献力量，争取社区公众理解和支持企业的营销活动。

（6）一般公众，指上述各种公众之外的社会公众。一般公众虽未有组织地对企业采取行动，但企业形象会影响他们的惠顾。

（7）内部公众，企业的员工，包括高层管理人员和一般职工，都属于内部公众。企业的营销计划需要全体职工的充分理解、支持和具体执行。企业应经常向员工通报有关情况，介绍企业发展计划，发动员工献计献策，关心职工福利，奖励有功人员，增强内部凝聚力。员工的责任感和满意度必然传播并影响外部公众，从而有利于塑造良好的企业形象。

以上这些公众，都会对企业营销活动有直接或间接的影响。企业所面对的广大公众的态度，会协助或妨碍企业营销活动的正常开展。因此，企业在制订针对目标顾客的营销计划的同时，也应制订针对其主要公众因素的营销计划，考虑到与之有关的公众的利益。所有的企业都必须采取积极措施，树立良好的企业形象，力求保持和主要公众之间的良好关系。

第三节　宏观市场营销环境

宏观市场营销环境是指对企业营销活动提供机会或造成威胁的主要社会力量，是企业的外部环境，主要包括以下几种，如图 3-6。

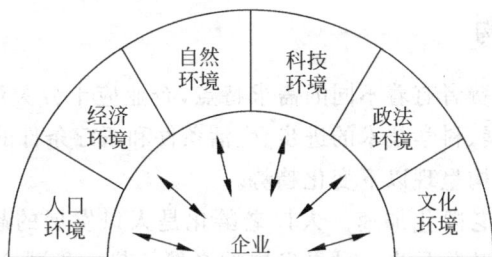

图 3-6　宏观环境因素

虽然宏观营销环境有一定的独立性，但营销者必须关注各宏观环境因素的相互作用。如人口爆炸式的增长（人口环境）导致了资源匮乏和环境污染（自然环境），致使消费者要求法律保护（政治与法律环境），政府的限制刺激了新技术和产品的研发（科技环境），消费者若能负担得起(经济因素)新的高科技产品,将改变人们的观念和行为(社会与文化环境)。

企业及其他参与者就是在这样一个大的宏观环境中运作的。一般来说,宏观营销环境是不可控因素,但企业可通过对环境的监测来调整市场营销策略。

一、人口环境

人口是构成市场的第一要素。市场是由有购买欲望同时又有支付能力的人构成的,人口的多少直接影响市场的潜在容量。从影响消费需求的角度,对人口因素可做如下分析:

(一) 人口总量

人口数量是影响生活资料需求、基本教育需求的一个决定性因素,是衡量一个国家或地区市场潜在容量的重要因素。2005年1月6日,中国内地(不包括香港特区、澳门特区和台湾地区)迎来13亿人口日,超过欧洲和北美洲人口的总和。随着社会主义市场经济的发展,人民收入不断提高,中国已被视为世界最大的潜在市场。

目前,世界人口环境正发生明显的变化,主要趋势如下。

(1) 全球人口持续增长。人口数量迅速增长是人口发展的趋势之一。1999年10月12日全球总人口已达到60亿,以后每年约增加1亿,2005年已达到65亿,目前世界人口近70亿。《2010年世界人口状况报告》预测,到2050年,世界人口将超过90亿,人口增长首先意味着人民生活必需品的需求增加。

(2) 美国等发达国家人口出生率下降,发展中国家出生率上升。90%的新增人口在发展中国家,使得这些国家人均所得的增加以及需求层次的升级受到影响。

(二) 人口年龄结构

不同年龄层次的消费者有着不同的需求特点,企业应十分关注消费者的年龄结构变化,随着社会经济的发展、科学技术的进步、生活条件和医疗条件的改善,人口的平均寿命大大延长。人口年龄结构呈现以下变化趋势。

(1) 许多国家人口老龄化加速。人口老龄化是人口发展的趋势之二。人类寿命延长,死亡率下降,人口老龄化是当今世界发展的必然趋势。我国2004年人口统计数据表明,65岁以上人口占总人口的比重为8.5%,比1990年增加了3.01%,15~64岁人口负担老年系数为11.9%,比1990年增加了3.55%。2011年我国65岁及以上人口占总人口的9.1%。2011年8月24日,全国人大常委会执法检查组关于检查《中华人民共和国老年人权益保障法》实施情况的报告显示,2010年大约5个劳动年龄人口负担1个老人,到2020年约3个劳动年龄人口负担1个老人,到2030年约2.5个劳动年龄人口负担1个老人,如表 3-3 所示。由此可见,在职职工与退休人员比例逐渐下降,社会扶养压力增大。随着老年人口的绝对数和相对数的增加,银发市场日渐形成并迅速扩大。

表 3-3　2001—2050 年全国人口老龄化程度预测

年　份	65 岁以上人口数(亿)	人口老龄化程度(%)
2001	0.91	7.09
2005	1.01	7.61
2010	1.13	8.23
2015	1.35	9.53
2020	1.72	11.82
2030	2.42	16.32
2040	3.24	21.83
2050	3.36	23.32

（2）出生率下降引起市场需求变化。我国人口出生率下降,出生婴儿数和学龄前儿童减少,给儿童食品、童装、玩具等生产经营者带来威胁,但同时也使年轻夫妇有更多的闲暇时间用于旅游、娱乐和在外用餐。

值得注意的是,计划生育的成功实施,使得“独生子女市场”已逐步形成,满足和引导这种市场需求,将会给许多企业提供发展的机遇。

（三）人口地理分布

居住在不同地区的人群,由于地理环境、气候条件、自然资源、风俗习惯的不同,消费需求和购买行为都存在较大差异。我国人口分布呈现以下趋势。

（1）城市化进程加快,2011 年,城镇人口比重达到 51.27%,城镇人口比乡村人口多3 423 万人。

（2）人口流动速度加快,我国人口流动主要表现为农村富余人口向城市转移;城市居民向周边转移;西部地区人口向北部及东南沿海地区转移。2011 年全国流动人口达2.30 亿。

人口的城市化和区域性转移会引起社会消费结构的变化。我国乡镇城市化的趋势日益加快,使农村市场需求发生了很大的变化。

（四）家庭结构

家庭是社会的细胞,也是商品采购和消费的基本单位。一个市场拥有家庭单位和家庭平均成员的多少以及家庭组成状况等,对市场消费需求的潜量和需求结构都有十分重要的影响。

（1）家庭小型化,家庭小型化是人口发展趋势之三。随着计划生育、晚婚、晚育的倡导和实施,职业妇女的增多,单亲家庭和独身者的涌现,使我国家庭趋于小型化发展,对消费需求产生了较大的影响。

（2）家庭生命周期,是指一个以家长为代表的家庭生活的全过程,按年龄、婚姻、子女等状况,可划分为 7 个阶段。

① 未婚期,年轻的单身者。

② 新婚期,年轻夫妻,没有孩子。

③ 满巢期一,年轻夫妻,有六岁以下的幼童。

④ 满巢期二,年轻夫妻,有六岁和六岁以上儿童。

⑤ 满巢期三,年纪较大的夫妻,有已能自立的子女。

⑥ 空巢期,身边没有孩子的老年夫妻。

⑦ 孤独期,单身老人独居。

（五）人口性别

人口性别不同,需要不同,购买习惯和购买行为也存在较大的差异。一般来说,在一个国家或地区,男、女人口总数相差并不大。但在一个较小的地区,如矿区、林区、较大的工地,往往是男性占较大比重,而在某些女职工占极大比重的行业集中区,则女性人口又较多。由于女性多操持家务,大多数日用消费品由女性采购,因此不仅妇女用品可设专业商店销售,很多家庭用品和儿童用品也都纳入妇女市场。

另外,民族结构、受教育程度等都对消费者需求和购买行为产生很大的影响。所有这些变化产生的影响,使市场从一个大众市场转变为具有年龄、性别、分布、生活方式、民族背景、受教育程度等差别特征的更加分散的微观市场,而每个微观市场都有其强烈而明显的爱好和消费特点。企业必须与它们进行差别化的相互沟通,放弃"消费需求无差别"的营销理念和方法,依据各个微观市场的不同需求,有针对性地设计产品和制订营销计划,才能更好地把握市场机会。

二、经济环境

经济环境一般是指影响企业市场营销方式与规模及消费者购买力与消费方式的经济因素。一定购买力水平是市场形成并影响其规模大小的决定因素,它直接影响企业营销活动。

（一）消费者收入水平与支出模式和消费结构的变化

1. 消费者收入水平的变化

市场消费需求是指人们有支付能力的需求,仅仅有消费欲望,并不能创造市场。消费者的支付能力来自消费者的收入,但消费者并非将全部收入都用来购买商品或劳务,因此,购买力只是收入的一部分。研究收入对消费需求的影响,常从以下几方面着手。

(1) 人均国内生产总值,一般是指价值形态的人均 GDP。它是一个国家或地区所有常住单位在一定时期内(如一年),按人口平均所生产的全部货物和服务的价值,超过同期投入的全部非固定资产货物和服务价值的差额。国内生产总值(GDP)是衡量国家经济状况的最佳指标,它可反映一个国家的经济表现、国力与财富及全国市场的总容量、总规模。人均 GDP 是衡量经济发展状况的指标,从总体上影响和决定了消费结构与水平,是重要的宏观经济指标之一,是人们了解和把握一个国家或地区的宏观经济运行状况的有效工具。我国 2011 年的 GDP 总额为 471 564 亿元,按 2011 年 12 月 30 日人民币对美元汇率中间价报 6.300 9 计算,约折合为 74 841 亿美元,居世界第 2 位,人均 GDP 为 4 382 美元,居世界第 93 位,虽比 2005 年的 1 700 美元有了较大幅度增长,但在国际比较中仍属于中等水平。2006—2011 年我国国内生产总值及其增长速度如图 3-7 所示。

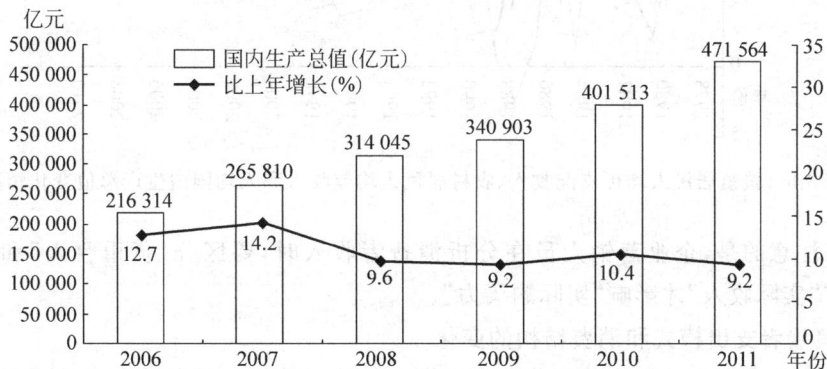

图 3-7　2006—2011 年国内生产总值及其增长速度

(2) 个人收入,指城乡居民从各种来源所得到的收入总和,包括工资、租金收入、股利股息及社会福利等。个人收入反映了一个国家个人的实际购买力水平,预测未来消费者对于商品、服务等需求的变化及评估经济情况好坏的一个有效指标。各地区居民收入总额可用以衡量当地消费市场的容量,人均收入多少反映了购买力水平的高低。2011 年我国城镇居民人均总收入 23 979 元,比上年增加 2 701 元;全国农村居民人均纯收入 6 977 元,比上年增加 1 058 元。

(3) 个人可支配收入,从个人收入中减除缴纳税收和其他经常性转移支出后,所余下的实际收入,即能够用以作为个人消费或储蓄的数额。2011 年全国城镇人均可支配收入 21 810 元。

(4) 可任意支配收入,在个人可支配收入中,有相当一部分要用来维持个人或家庭的生活以及支付必不可少的费用。只有在可支配收入中减去这部分维持生活的必需支出,才是个人可任意支配收入,它是影响消费需求变化的最活跃因素,也是企业开展营销活动时要考虑的主要因素。这部分收入一般用于购买高档耐用消费品、旅游、储蓄等,是影响非生活必需品和劳务销售的主要因素。我国城镇居民人均可支配收入、农村居民人均纯收入和人均国内生产总值变化如图 3-8 所示。

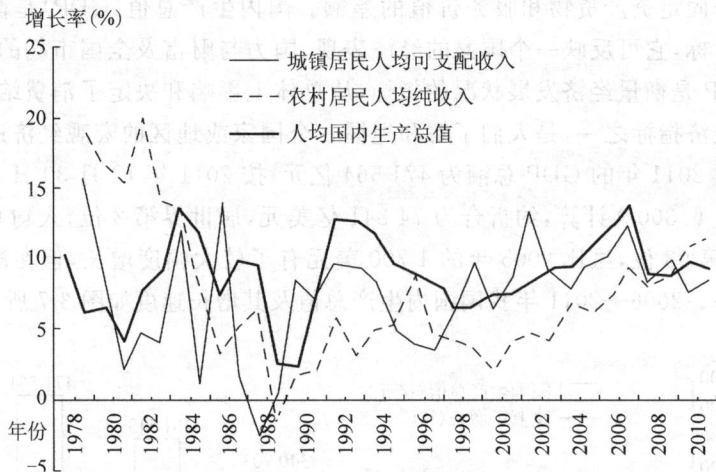

图 3-8　城镇居民人均可支配收入、农村居民人均纯收入和人均国内生产总值变化情况

　　值得注意的是,企业营销人员在分析消费者收入时,要区分"货币收入"和"实际收入",只有"实际收入"才影响"实际购买力"。

2. 消费者支出模式和消费结构的变化

　　收入在很大程度上影响着消费者支出模式与消费结构。随着消费者收入的变化,消费者支出模式会发生相应变化,继而导致一个国家或地区的消费结构也发生变化。西方学者常用恩格尔系数反映这种变化。

　　1853—1880 年间,德国统计学家恩斯特·恩格尔(Ernst Engel)曾对比利时不同收入水平的家庭进行调查,并于 1895 年发表了《比利时人家庭的日常支出:过去和现在》一文,分析收入增加影响消费支出构成的状况,指出收入的分配对应收入阶层收入的一定比率,此比率依照收入的增加而变化。在将支出项目按食物、衣服、房租、燃料、教育、卫生、娱乐等费用分类后,发现收入增加时各项支出比率的变化情况为:食物支出所占比率趋向减少,教育、卫生与休闲支出比率迅速上升。换言之,一个家庭收入越少,其支出中用于购买食物的比例越大。这便是恩格尔定律。食物支出占个人总消费支出的比例,称为恩格尔系数。一般认为,恩格尔系数越大,生活水平越低,反之,恩格尔系数越小,生活水平越高。

　　研究表明,消费者支出模式与消费结构不仅与消费者收入有关,而且还受家庭生命周期所处的阶段、家庭所在地址及消费品生产与供应状况、城市化水平、商品化水平、劳务社会化水平和食物价格指数与消费品价格指数变动是否一致的影响。随着中国近几年推进住房、医疗、教育等改革的深入,消费者在这些方面的支出增加,影响了恩格尔系数的变化,致使人们的消费模式和消费结构都发生了明显的变化。统计数据表明,城镇居民1995年恩格尔系数为49.9%,2006年为35.8%,11年下降了14.1个百分点;同期农村居民家庭的恩格尔系数则由58.6%下降到43%,下降了15.6个百分点,如表3-4所示。

表3-4　2001—2010年中国恩格尔系数走势　　　　%

类别＼年份	2001	2002	2003	2004	2005	2006	2007	2008	2009	2010
农村	47.70	46.20	45.60	47.20	45.50	43.0	43.10	47.47	43.0	
城镇	38.20	37.70	37.10	37.70	36.70	35.80	36.30	33.70	37.0	40.0

注:联合国粮农组织划分标准,恩格尔系数≥60%贫困;50%～59%温饱;40%～49%小康;30%～39%富裕;＜30%最富裕。

3. 消费者储蓄与信贷情况的变化

(1) 储蓄,是指城乡居民将可任意支配收入的一部分储存待用的行为,直接制约企业产品销售规模大小。企业应关注消费者储蓄的增减变化,了解消费者储蓄的不同目的,以便科学地预测市场需求规模、消费模式、消费内容及消费发展方向的变动,制定不同的营销策略,为消费者提供有效的产品和服务及捕捉新的市场机会。

储蓄的形式可以是银行存款、购买债券或手持现金。较高储蓄率会推迟现实的消费支出,加大潜在的购买力。我国人均收入水平虽不高,但储蓄率相当高,从银行储蓄存款余额的增长趋势看,国内市场潜量规模甚大,如表3-5所示。

表3-5　居民年终储蓄存款余额表

年份	城乡居民年终储蓄存款余额(亿元)	平均每人储蓄存款余额(元)
1990	7 034.2	615.24
1995	29 662.3	2 448.98
2000	64 332.4	5 082.23
2005	141 051.0	10 605.00
2006	161 587.0	12 292.85

(2) 信贷,指金融或商业机构向有一定支付能力的消费者融通资金的行为,其主要形式有短期赊销、分期付款、消费贷款、信用卡信贷等。消费信贷使消费者可用贷款先取得商品使用权,再按约定期限归还贷款。消费信贷的规模与期限在一定程度上影响着某一时限内现实购买力的大小及提供信贷的商品的销售量。如购买住宅、汽车及其他昂贵消费品,消费信贷可提前实现这些商品的销售。消费信贷还是一种经济杠杆,它可以调节积累与消费、供给与需求的矛盾。我国现阶段教育、住宅建设及一些商家的信用卡消费逐步兴起。

（二）经济发展状况

企业的市场营销活动要受到一个国家或地区经济发展状况的制约,在经济全球化的条件下,国际经济形势也是企业营销活动的重要影响因素。

1. 经济发展阶段

经济发展阶段的高低,直接影响企业市场营销活动。经济发展阶段高的国家和地区,着重投资于较大的、精密、自动化程度高、性能好的生产设备,在重视产品基本功能的同时,比较强调款式、性能及特色;大量进行广告宣传及营业推广活动,非价格竞争较占优势;分销途径复杂且广泛,制造商、批发商与零售商的职能逐渐独立,连锁商店的网点增加。美国学者罗斯托(W. W. Rostow)的经济成长阶段理论,把世界各国经济发展归纳为传统经济社会、经济起飞前的准备阶段、经济起飞阶段、迈向经济成熟阶段和大量消费阶段五个阶段。凡属前三个阶段的国家称为发展中国家,处于后两个阶段的国家称为发达国家。

2. 经济形势

就国际经济形势来说,1997 年 7 月发生在中国周边国家和地区的金融风暴,席卷东南亚各国、东进我国港台地区,北上韩国,以至撼动世界第二经济强国日本。这场金融危机影响到全世界,也给中国经济带来若干负面影响。由于我国金融市场尚未完全开放,人民币不能自由买卖,外汇储备丰富,短期外债较少,加之政府采取了有效的扩大内需的措施,因而保持了人民币币值的稳定,使亚洲国家的货币免于新一轮的竞相贬值,对世界金融体系的稳定以及东南亚国家早日走出困境,做出了积极的贡献。

进入 21 世纪,经济全球化不断深入,已成为影响一国内部和国与国关系的重要因素。2004 年世界经济增长 5％,是近 30 年发展最好的一年。2005 年以来,世界经济继续保持增长态势,预计 2005 年和 2006 年世界经济增长率将达 4.3％。经济全球化使国与国之间的联系越来越紧密,相互依存度增加,同时,经济全球化也加剧了发展不平衡,一些国家内部的贫富差距、发达国家与发展中国家经济鸿沟进一步扩大。欧美等发达国家贫困人口增加,失业率上升,社会、政治矛盾发展;一部分发展中国家被边缘化,国际竞争力越来越弱,影响国内稳定。中国、印度等一些发展中大国继续保持了较快的发展态势,因此发展中国家作为一个整体,经济增速仍高于发达国家。在全球化的背景下,国际间经济摩擦增多,国际贸易保护主义抬头,全球性、跨国性的问题较为突出,国与国之间竞争加剧。

就国内经济形势讲,我国 1979—2004 年的 26 年间,GDP 年均增长 9.6％,人均 GDP 年均增长 8％。经济的高速发展极大地增强了中国的综合国力,显著地改善了人民生活。同时,国内经济生活中还存在一些困难和问题,如经济发展不平衡、贫富差距扩大、产业结构不尽合理、就业问题压力很大等等。

所有这些国际、国内经济形势,国家、地区乃至全球的经济繁荣与萧条,对企业市场营销都有重要的影响。此外,国际或国内经济形势都是复杂多变的,机遇与挑战并存,企业必须认真研究,力求正确认识与判断,并相应制订营销战略和计划。

（三）城市化程度

城市化程度用城市化率指标来度量,即城镇人口占总人口(包括农业与非农业)的百分比,是一个国家或地区经济活动的重要特征之一,是影响营销的环境因素之一。我国改革开放以来城市化程度如表 3-6 所示。城市居民一般受教育较多,思想较开放,容易接受新生事物,因此,企业在开展营销活动时要充分注意到城乡消费行为的差异性,并相应的调整营销战略。

表 3-6　改革开放以来中国城市化程度

年　　份	1980	1985	1990	1995	2000	2005	2010	2011
城市化率(%)	19.39	23.71	26.41	29.04	36.22	42.99	47.50	51.30

三、自然环境

自然资源是指自然界提供给人类各种形式的物质财富,如矿质资源、森林资源、土地资源、水力资源等,是营销者需要的,同时也受到营销活动的影响。

自然环境的恶化是企业和公众所面临的一个主要问题。目前,已经有越来越多的人关注工业污染、生态系统的失衡以及自然资源的浪费等问题,各国政府加强了环境保护方面的立法和执法。1992 年 6 月,由 100 多个国家政府首脑出席的联合国环境发展大会通过了包括《21 世纪议程》在内的一系列重要文件,提出下一世纪人类社会应该走可持续发展的道路。1994 年 3 月 25 日我国国务院常务会议讨论通过了《中国 21 世纪议程》,作为中国 21 世纪推行可持续发展战略的国家政策和行动方案,其核心是以经济、科技、社会、人口、资源、环境的协调发展为目的,在保证经济高速增长的前提下,实现资源的综合和持续利用、不断改善环境质量。

环境问题已逐渐引起世界各国的重视,但全球环境仍在恶化,如全球气温升高、臭氧层破坏、水资源污染、噪音污染、海洋赤潮、酸雨、生物多样化锐减、水土流失和荒漠化等问题愈演愈烈。干旱使非洲几千万人置于危急之中;因饮用水污染和营养不良,每年全球约有 6 000 万人死于腹泻等疾病。在此背景下,20 世纪 90 年代以来国际学术界提出的可持续发展的新理论逐渐被世界各国所采纳,并促使绿色产业、绿色消费、绿色市场营销的蓬勃发展。

人类只有一个地球,自然环境的破坏往往是不可弥补的。由此可见,要想实现战略发展,就要贯彻实施绿色市场营销理念,努力将经济效益与环境效益结合起来,保持人与环境的和谐发展,不断改善人类的生存环境。

四、政治法律环境

政治法律环境是由法律、政府机构和在社会上对各种组织及个人有影响和制约的压力集团构成的,是影响企业营销的重要的宏观环境因素、政治因素调节着企业营销活动的方向,法律因素则为企业规定营销活动行为准则。政治与法律相互联系,共同对企业的市场营销活动发挥影响和作用。

(一)政治环境

政治环境是指企业市场营销活动的外部政治形势和状况及国家方针政策的变化对市场营销活动带来的或可能带来的影响。

(1)企业对国际政治环境进行分析,了解"政治权力"与"政治冲突"对企业营销活动的影响。政治权力对于市场营销的影响,往往表现为由政府机构通过采取某种措施约束外来企业或其产品,如进口限制、外汇控制、劳工限制、绿色壁垒等等。政治冲突是指国际上的重大事件与突发性事件,这类事件在以和平与发展为主流的时代从未绝迹,对企业市场营销工作的影响或大或小,有时带来机会,有时带来威胁。

(2)国内安定团结的政治局面不仅有利于经济发展和人民货币收入的增加,而且影响群众的心理预期,导致市场需求的变化。

(3)党和政府的方针、政策规定了国民经济的发展方向和速度,也直接关系到社会购买力的提高和市场消费需求的增长变化。

小链接

脱销的胰岛素

20世纪80年代末期,由于宏观管理失控,大批进口胰岛素,使国内生产受阻,积压大量库存。于是国家下文件规定1990年不准进口胰岛素。政府颁布之后,杭州肉联厂生化制药分厂对胰岛素市场进行了全面分析,认为严峻威胁中潜伏着良好的市场机会:①胰岛素的有效期为两年,1987年、1988年进口的产品最迟用到1990年4月份。②国内各厂家1989年起均不打算生产胰岛素。③胰岛素的生产需要一定的周期。根据以上的分析,该厂预测1990年4月份起市场上将出现胰岛素的脱销。于是在1989年10月毅然决定投料生产,12月出成品。果然,1989年年底在武汉召开的全国医药订货会上,胰岛素价格回升。1990年2月在广州召开的医药订货会上,胰岛素出现了紧缺形势,与会者纷纷向该厂订货,仅此一项产品在这几个月中就为该厂创净利20万元以上。

资料来源:沈志平.医药市场营销.北京:科技出版社,2010.

目前,国际上各国政府采取的对企业营销活动有重要影响的政策和干预措施主要有:

(1)进口限制,一是限制进口数量的各项措施;二是限制外国产品在本国市场上销售的措施。政府进行进口限制的主要目的在于保护本国工业,确保本国企业在市场上的竞争优势。

(2)税收政策,如对某些产品征收特别税或高额税,则会使这些产品的竞争力减弱,给经营这些产品的企业效益带来一定影响。

(3)价格管制,当一个国家发生经济危机、通货膨胀等经济问题时,政府就会对某些重要物资,以至所有产品采取价格管制措施。政府实行价格管制通常是为了保护公众利益,保障公众的基本生活。这种价格管理直接干预了企业的定价决策,影响企业的营销活动。

(4)外汇管制,指政府对外汇买卖及一切外汇经营业务所实行的管制。它对企业营销活动特别是国际营销活动产生重要影响。实行外汇管制,使企业生产所需的原料、设备和零部件不能自由地从国外进口,企业的利润和资金也不能随意汇回母国。

(5)国有化政策,指政府由于政治、经济等原因对企业所有权采取的集中措施。例如为了保护本国工业避免外国势力阻碍等原因,将外国企业收归国有。

(二)法律环境

法律环境是指国家或地方政府颁布的各项法规、法令和条例等,它对市场消费需求的形成和实现具有一定的调节作用。企业研究并熟悉法律环境,既可保证自身严格依法管理和经营,也可运用法律手段保障自身的权益。如近几年来,我国制订并颁布了《公司法》、《商标法》、《经济合同法》、《反不正当竞争法》、《消费者权益保护法》、《产品质量法》等,对规范企业的营销活动起到了重要作用。因此,企业开展市场营销活动,必须了解并遵守国家或政府颁布的有关经营、贸易、投资等方面的法律、法规。

各个国家的社会制度、经济发展阶段和国情不同,体现统治阶级意志的法制也不相同,从事国际市场营销的企业,必须对有关国家的法律制度和有关的国际法规、国际惯例和准则进行学习研究,并在实践中遵循。具体表现在以下几个方面。

(1)有些国家对外国企业进入本国经营设定各种限制条件,如日本政府曾规定,任何外国公司进入日本市场,必须要找一个日本公司同它合伙。

(2)有些国家利用法律对企业的某些行为作特殊限制,美国《反托拉斯法》规定不允许几个公司共同商定产品价格,一个公司的市场占有率超过 20% 就不能再合并同类企业。

(3)各国法律对营销组合中的各种要素,往往有不同的规定。例如,产品由于其物理和化学特性事关消费者的安全问题,因此,各国法律对产品的纯度、安全性能有详细甚至苛刻的规定,目的在于保护本国民族的生产者而非消费者。

五、科学技术环境

科学是人类认识自然的知识体系,是潜在的生产力;技术是生产过程中的劳动手段、操作方法、工艺方法,是现实的生产力。科学技术是社会生产力新的和最活跃的因素,是第一生产力,科技的发展对经济发展有巨大的影响,作为营销环境的一部分,科技环境不仅直接影响企业内部的生产和经营,还同时与其他环境因素互相依赖、相互作用,特别与经济环境、文化环境的关系更紧密,尤其是新技术革命,给企业市场营销既创造了机会,又带来了威胁。

当前,世界新科技革命正在兴起,生产的增长越来越多地依赖科技进步,产品从进入市场到市场成熟的时间不断缩短,高新技术不断改造传统产业,从而加速了新兴产业的建立和发展。企业的机会在于寻找或利用新的技术,满足新的需求,而它面临的威胁则可能有两个方面:一是新技术的突然出现,使企业现有产品变得陈旧;二是新技术改革了企业人员原有的价值观。企业要密切注意技术环境的发展变化,了解技术环境的发展变化对企业市场营销的影响,以便及时采取适当的对策。

新技术的应用引起企业市场营销策略和经营管理的变化,改变了零售商业业态结构和消费者购物习惯,高新技术的发展促进了产业结构趋向尖端化、软性化、服务化。因此,营销管理者必须更多地考虑应用尖端技术,重视软件开发,加强对用户的服务,以适应知识经济时代的要求。

(一)新技术是一种"创造性的毁灭力量"

(1)每一种新技术都是一种"创造性破坏"因素,都会给某些企业带来新的市场机会,产生新的行业,同时也会给某个行业造成环境威胁,使这个旧行业受到冲击甚至被淘汰。例如,激光唱盘技术的出现,无疑将会夺走磁带的市场,给磁带制造商以"毁灭性的打击"。据美国《设计新闻》报道,由于大量启用自动化设备和采用新技术,将出现许多新行业,包括新技术培训、新工具维修、电脑教育、信息处理、自动化控制、光导通信、遗传工程、海洋技术等。如果企业富于想象力,及时采用新技术,从旧行业转入新行业,就能求得发展。

(2)在满足需要上提供优等价值的新技术刺激了投资和经济活动。但是,技术发明并不总是很均匀地出现,在两项重大发明之间,经济可能出现停滞。

(3)新技术会产生难以预见的长期重大影响。例如,避孕药的发明使家庭规模小型化、职业妇女数量增多及可随意支配收入增加,进而引起了市场需求的变化,给汽车制造业、饮食业、旅游业、航空公司、旅馆业、日托业等行业创造了新的市场机会。

(二)新技术引起企业市场营销策略和经营管理的变化

新技术给企业带来巨大的压力,改变了企业经营生产的内部因素和外部环境,引起了企业市场营销策略的变化。要求企业不断开发新产品,以适应市场消费的需求;新技术的应用降低了产品的成本,使价格策略更加灵活;超级市场、自动售货机等的迅速发展,使产品的分配由传统的以工厂为起点变为以市场为起点;传真、电脑、电视电话等多样化的媒体为企业与顾客接触提供更广泛、更有效的广告媒介。

技术是管理改革或管理革命的动力,它向管理提出了新课题、新要求,又为企业改善经营管理、提高管理效率提供了物质基础。电脑、传真、电子扫描装置、光纤通信等设备的应用,大大提高了企业生产经营效率,加快企业管理现代化进程。例如,现在大众化的商品包装上都印有条形码,大大提高了零售商店收款工作效率,缩短了顾客等候收款时间,提高了服务质量。

(三) 新技术影响零售商业结构和消费者购物习惯

新技术革命的迅速发展,促进了许多国家"网络"、"电视"、"电话"购物的发展。消费者可以在家里电脑上获取各种商品的信息,还可以通过"电脑电话系统"订购车票、飞机票和影剧票。企业也可以利用这种系统来进行广告宣传、市场营销研究和推销商品。据报道,日本富士国际电讯公司早在 1987 年就开始举办"卫星购物"。该公司所属的富士电视网向广大日本观众播放美国一些著名大百货公司的商场实况,着重介绍一些流行的、在日本不易买到的商品,可打电话订货,所订货物将从美国公司很快邮寄来。

六、社会文化环境

文化是一种社会、历史现象,是人们长期创造形成的社会产物和历史的积淀物。确切地说,文化是在某一社会中,人们所共有的由后天获得的各种价值观念和社会规范的综合体,是人们生活方式的总和。文化具有多样性和复杂性,通过间接的、潜移默化渗透的方式对营销参与者产生多层次、全方位的影响,是影响人们欲望和行为的重要因素,是企业市场营销必须考虑、进行营销决策时必须调查研究的因素。

(一) 社会文化的主要特征

1. 群体之间的差异性及亚文化

研究社会文化的意义在于社会文化在群体之间有所差别,根据这些差别可以进一步细分为对营销有指导意义的"亚文化(群)"。

人类有历史以来,世界范围共形成四大文化体系,即中国文化,印度文化,从古代希伯来经古代埃及、巴比伦以至阿拉伯伊斯兰的闪族文化和肇端于古代希腊、罗马的西方文化。

亚文化,又称小文化、集体文化或副文化,指某一文化群体所属次级群体的成员共有的独特信念、价值观和生活习惯,是在主文化或综合文化的背景下某一区域或某个集体所特有的观念和生活方式。一种亚文化不仅包含与主文化相通的价值与观念,也有属于自己的独特的价值与观念,而这些价值观散布在种种主导文化之间。如中国饮食习惯有北咸、南淡、东甜、西辣之别,行为方式有北方人豪爽、南方人开放、江浙人精明的说法。

2. 对行为影响的潜流性

文化不是直接的行为,是行为深层涌动的潜流。它不但对行为的动机有较大的影响,且对行为过程有一定的规范和制约作用。如大学教师去市场买菜,不太讲价,并不是因为他们钱多,而是看重时间;大众市民则相反,货比三家、挑得仔细、买得认真。知识分子之间发生矛盾,即使心里火冒三丈,表面上仍要做出含而不露的样子,免得有失体面,但问题并未解决,常常耿耿于怀;工人之间大多没有这样的顾虑,大吵大叫,甚至拳脚相加,但事后大碗酒一碰就没事了。

市场营销最直接的是关注顾客买不买、买了多少、什么时间买这样的行为,但只有真正掌握这些行为内在的文化含义,才能有的放矢、事半功倍地提高绩效。

3. 发展变化的渐进性

社会文化相对于政治制度、经济发展是相对静止的。两千多年前由孔子创立的儒家文化对当今社会人们的思想观念、价值观念和行为方式仍然产生深刻、广泛的影响。但并不是说文化是一成不变的,而是渐变,变得比较缓慢而已。对营销战略而言,知其静,可以使战略保持较长时期的稳定;知其变,就是要把握趋势,因势利导。

值得注意的是,文化在某些历史阶段,常常会伴随社会变革而发生剧烈的动荡或变化。在这种时期,常常会出现"文化混沌"或"文化空位",即行为与文化的相关性严重错位,典型表现是价值迷失、道德崩溃、心态浮躁等。中国社会就处在这样一个社会文化转轨变型的重构时期。从营销的角度看,这种时期的文化研究就更为必要和迫切。

4. 识别的模糊性

文化像冰山,露在水面上的只是十之一二。看到的不等于理解,理解的不等于准确。

20 世纪 80 年代以后,随着日本企业的雄起,西方不少学者、企业家开始研究"日本经验",发现其中有一条是日本员工的敬业精神非常强,早早上班,深夜才归,很多人都在加班。因此美国有的学者呼吁,美国的青年是垮掉的一代,应该向日本青年好好学习。其实日本企业中加班的员工并非手头有白天干不完的工作。下班后不走,与其说是工作的压力,倒不如说是文化的压力更确切。这种情况随着日本企业在我国投资,这些企业中的中国员工也要加班了,一半是为了给上司一个"入乡随俗"的好印象,一半是为了多领一些加班费。可见,美国人理解的日本人加班和日本人自己的加班以及中国员工在日资企业中的加班,其文化含义相去甚远。

文化的模糊性大大提高了文化研究的困难,尤其是在目前中国这样的文化重构时期。但研究它又非常重要,谁能保证自"泰坦尼克号"沉没之后,自己就不再会撞上冰山呢?

在哈雷公司的案例中,文化因素对摩托车行业和竞争的影响就是多方面的。首先,摩托车市场需求量骤增的重要原因之一是人们文化观念的变化,即将摩托车由单纯的军事用途和竞赛项目转变为一种大众性的交通工具。其次,在美国摩托车产品向民用化扩散的初期,一个亚文化群,即由收入较为充裕、爱好刺激、倾向男子汉形象的年轻人组成的飙车帮,为哈雷摩托车创造了市场。而日本的本田公司则以"你在本田车上看到最文雅的人"为口号,吸引属于另一个亚文化群的顾客来购买他们的小型摩托车。

(二) 社会文化的主要内容

社会文化是一个国家或地区的民族特征、价值观念、生活方式、风俗习惯、宗教信仰、伦理道德、教育水平、语言文字、一定的态度和看法、艺术及审美观等的总和。

1. 价值观念

价值观念是指在某种世界观的基础上对各种事物、行为以及可能做出的选择等进行评价的标准和据此采取的某种行为的态度及倾向,它是后天形成的一种主观意识,是通过社会化培养起来、随客观环境变化而变化的。家庭、学校等群体对个人价值观念的形成起着关键的作用。

价值观念的高级形式是价值观。个人价值观是随着知识的增长和生活经验的积累而逐步确立起来的,具有相对的稳定性,一旦形成一定的价值取向和行为定式,是不易改变的。由于人员的更替和环境的变化,社会或群体的价值观是不断变化的,是人与自然、人与人、人与社会的关系的集中反映。人类社会的各种规范,实际上是特定的价值观或价值标准的具体体现。因此,价值观念的变化是社会改革的前提,又是社会改革的必然结果。

价值观念对人们行为的影响是深层次的,是难以改变的。就社会文化层面而言,我国改革开放 30 余年来的一个重要成就,就是全面、深刻地进行了一场价值观念的变革,其意义绝不亚于单纯的经济高速增长。

在不同的文化背景下,价值观念差异很大,影响着消费需求和购买行为。对于不同的价值观念,营销管理者应研究并采取不同的营销策略。

2. 宗教信仰

宗教信仰是指信奉某种特定宗教的人们对所信仰的神圣对象(包括特定的教理教义等),由崇拜认同而产生的坚定不移的信念及全身心的皈依。这种思想信念和全身心的皈依表现和贯穿于特定的宗教仪式和宗教活动中,并用来指导和规范自己在世俗社会中的行为。

信仰是人类的一种本能天赋的主观反应,是人类对宇宙天地、命运、历史的整体超越性的意识,是统摄其他一切意识形式的最高意识形式,是人类对人自身存在与客观世界的整体性的反应。

宗教信仰可以看做是全人类所具有的普遍特征,是一种特殊的社会意识形态和文化现象。它作为一种精神风俗,是极其复杂的,与人类的生产、生活、工作和学习等各个方面有着千丝万缕的联系。人类的生存活动充满了对幸福、安全的向往和追求。在生产力低下、人们对自然现象和社会现象迷惑不解的时期,这种追求容易带有盲目崇拜的宗教色彩。沿袭下来的宗教色彩,逐渐形成一种模式,并影响人们的消费行为。因此,对市场营销者来说,必须研究各种宗教信仰的规范,在尊重人们宗教信仰的前提下,用恰当的营销策略满足各种具有宗教信仰的人们的需求。

3. 伦理道德

伦理道德是调整人与人及人与社会之间关系的行为规范的总和。它是一种无形的精神力量,经常起着调整人际关系、维持社会生活秩序的作用。真正的理性社会,必须有伦理道德的自觉规范。

伦理道德是一种规范。人们常说:"没有规矩不成方圆"。社会生活中,人类既有自我的要求,又受社会政治、法律、伦理道德的支配和约束。道德约束虽然不像法律约束那样有力,但在褒善抑恶和激励人们行为方面的作用往往又超过法律。伦理道德与法律都是社会调控体系的重要手段,它们共同构成人们行为规范内容。

4. 风俗习惯

风俗习惯指个人或集体的传统风尚、礼节、习性,包括民族风俗、节日习俗、传统礼仪等,是特定社会文化区域内历代人们共同遵守的行为模式或规范。风俗形成于特定的历史条件,对社会成员有非常强烈的行为制约作用,是社会道德与法律的基础和相辅部分。

消费习俗是历代传递下来的一种消费方式,是风俗习惯的一项重要内容,在饮食、服饰、居住、婚丧、节日、人情往来等方面都表现出独特的心理特征和行为方式。也包含着同市场营销紧密相关的许多重要信息。我国的春节,过去家家要做新衣裳,买很多肉,现在则代之以娱乐和休闲。

5. 教育水平

教育程度不仅影响劳动者收入水平,而且影响着消费者对商品的鉴赏力,影响消费者心理、购买的理性程度和消费结构,从而影响着企业营销策略的制定和实施。

6. 消费流行

消费流行是指由于社会文化多方面的影响,在一定时期和范围内,使消费者产生共同的审美观念、生活方式和情趣爱好,从而导致社会需求的一致性。以服饰、家电及某些保健品表现最为突出。消费流行具有两个明显的特征。

(1) 消费流行在时间上有一定的稳定性,但有长有短,有的可能几年,有的可能是几个月。

(2) 消费流行在空间上具有一定的地域性,同一时间内,不同地区流行的商品品种、款式、型号、颜色可能不尽相同。

小链接

鲍普康恩发现的十大文化发展趋势

未来学家菲斯·鲍普康恩经营的智力储备公司是一家市场营销咨询公司。该公司密切注意文化发展趋势,并就这些趋势如何影响公司的市场营销和其他商务决策,诸如美国电话电报公司、花旗银行、布莱克与德柯尔、霍夫曼一拉·洛奇、尼桑、拉布美德和许多其他这样的公司提供咨询服务。

利用公司的趋势预测,智力储备公司提供下列服务项目:"智力聚面"为顾客提供新产品设想,"品牌新生"为衰落的品牌注入新的活力。"未来焦点"提供能创造长期竞争优势的营销战略。另一项服务,"趋势库"是一个数据库,包括对文化趋势的调查结果和对消费者的调查信息。鲍普康恩和她的同事们认为影响美国消费者的十大文化趋势是:

1. 结账出走,逃离压力

人们迫切感觉该将生活速度放慢,过得更有价值。一个高级职员会突然中止他(她)的工作,从大城市的生活挣扎中解脱出来,到佛蒙特或蒙大拿去办一份小报纸,开个小旅馆或组织一个小乐队。人们摆脱压力是因为他们认为不值得生活在巨大的压力之下。他们充满怀旧之情,想回到小城镇的价值观中,寻求新鲜的空气,安全的学校和坦率的邻居。

2. 作茧自缚,闭门谢客

许多美国人认为外面的世界变得十分艰难与恐怖,而宁愿待在家里。许多人把家弄得像个"巢"——重新装修房子,在家看录像而不是去电影院,根据目录选购商品而不是去购物中心,利用应答机来过滤外面的世界。由于犯罪和其他社会问题的增长,这些人挖掘和修建地堡。自我保护是这些人的原则。另一类人是"走动的茧子"他们在汽车里吃买来的食物并通过车载电话与外界联系。社交型作茧者有少数的朋友,并经常为了交流而聚会。

3. 返老还童,不甘寂寞

如今人们倾向于认为自己比实际年龄要小,其行为也相应显小。现在的性感偶像包括谢尔(过了 45 岁),保罗·纽曼(过了 65 岁),以及伊丽莎白·泰勒(过了 60 岁)。老年人花更多的钱来购买显得年轻的衣服,染头发、做面部手术。他们热衷于更有趣的活动,其行为可能在以前会被认为与其年龄不相称。

4. 自我设计,我行我素

人们希望能发展自己的个性,使自己看起来与众不同。这不是个人主义,而只是希望通过自己的经历和所拥有的东西来使自己具有个性。人们越来越喜欢订较专业的杂志；参加任务特定的小团体；购买有特色的衣服、汽车和化妆品。发展自我给了营销者一个通过提供特色商品、服务和经历而成功的机会。

5. 异想天开，不求实际

许多人认为有必要找到能改变枯燥日常生活的情感上的逃避方式。人们也许去度假，吃异国情调的食品，去迪斯尼乐园或其他有趣的公园，或重新装修房屋使其有远离喧嚣的感觉。对营销人员来说，这是一个创造异想天开的产品和服务的机会，或者他们可以为其现有的产品与服务注入新奇的色彩。

6. 小命一条，分身无术

现在的人们必须竭力设法同时完成多种角色和责任。最好的例子就是"超级母亲"，她必须完成全日制的工作，还要同时照顾好她的家庭和孩子，常常感觉今天时间不够。人们使用传真机和车载电话，去快餐店就餐及通过其他方式来减轻时间上的压力。营销人员的对策是建立集合型营销企业——五脏俱全性质的全面服务站，例如"影视城自助洗衣店"，在那里除了有洗衣设备外，还有日光浴室、健骑机，复印和传真等设备，并有6 000多种录像带可供出租。

7. 紧急救助，刻不容缓

越来越多的人希望能使社会在教育、道德和环境方面更有责任感。人们组成各种团体来促使公司和其他机构承担更多的社会责任。营销者对此最佳的响应方式是督促自己的公司采取更具社会责任感的营销活动。

8. 忙里偷闲，稍事放纵

压力下的消费者有时需要情感上的修整。也许他没时间去欧洲度两周假期，但至少可以在新奥尔良过一个周末。他或她也许一周都在吃健康食品，可在周末也许会放纵自己吃一品脱高热量的Haagen-Daz牌的冰激凌。营销者应该知道消费者的被剥夺感，并能为他们提供能振奋精神的小小放纵方式。

9. 节制有度，长命百岁

人们现在明白了也许自己的生活方式正是导致自己早死的原因——吃不合适的食品、抽烟、呼吸污染的空气、使用毒品。他们现在对自己的健康更加负责，选择健康的食品，经常锻炼，经常放松。营销人员可利用这个机会为消费者提供更有利健康的产品和服务。

10. 谨防假冒，事事小心

警惕的消费者是那些不再忍受劣质产品和糟糕服务的人。他们希望公司能够更经心、更有责任感。他们订阅《全国拒购商品消息报》和《消费者报告》参加MADD（反对酒后驾车母亲协会），购买"绿色产品"，购买具有社会责任感的公司的产品。营销人员应增强公司的"良心"，为消费者提供更好、更有责任感的产品和服务。

资料来源：菲利普·科特勒等著，俞利君译. 市场营销导论. 北京：华夏出版社，2000.

第四节　市场营销环境分析与营销对策

市场营销环境的特征决定了企业不可能去创造营销环境,只能能动地适应并在一定程度上选择与企业相互影响,相互作用的相关环境作为环境监测、分析的重点。企业运用自我调节能力创造新的经营行为以适应环境的变化是企业生存的关键。企业为取得营销的主动权,必须加强对营销环境的监测,随时掌握环境的发展趋势,从中发现市场机会和威胁,预先制定对策,不失时机地利用市场机会,并尽可能减少威胁及其带来的损失。

一、环境威胁与市场机会

市场营销环境通过对企业构成威胁或提供机会而影响营销活动。

环境威胁是指环境中不利于企业营销的因素及其发展趋势对企业形成的挑战或对企业市场地位构成的威胁。挑战可能来自国际经济形势的变化,如 1997 年爆发的东南亚金融危机,给世界多数国家的经济和贸易带来负面影响;也可能来自社会文化环境的变化,如国内外对环境保护要求的提高,某些国家实施"绿色壁垒",对于某些产品不完全符合新环保要求的生产者,无疑也是一种严峻的挑战。

市场机会是指由环境变化形成的对企业营销活动富有吸引力和利益空间的领域。市场机会对不同企业有不同的影响力,企业业务实力是否在该行业中拥有竞争优势是企业在特定的市场机会中获得成功的前提条件,如企业是否拥有实现营销目标所必需的资源及能否在同一市场机会中比竞争者获得更大的"差别利益"等。

由此可见,市场机会与威胁既存在于客观营销中,也存在于人们的主观努力下,重要的是企业能否及时发现、识别和采取有效的措施把握机会避免威胁。

二、市场机会与威胁的分析、评价

任何企业都面临着若干环境威胁和市场机会,而威胁程度和机会吸引力是不尽相同的,需要通过环境分析来评估环境机会与环境威胁的大小与程度。一般采用"威胁分析矩阵图"和"机会分析矩阵图"法对营销环境进行分析和评价。

(一)环境威胁分析

对环境威胁的分析,一般着眼于分析威胁潜在严重性和威胁出现可能性两个方面,即环境威胁的影响程度和出现的概率。

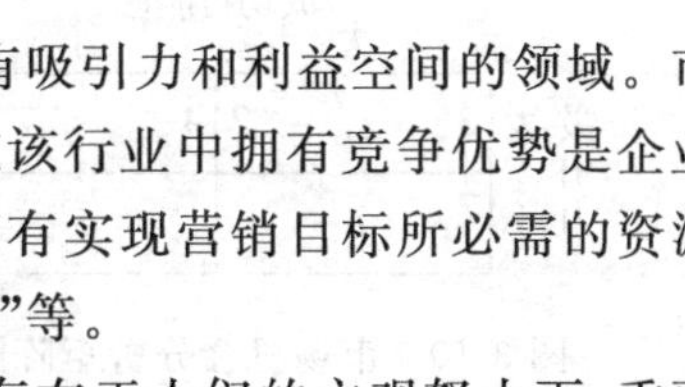

环境威胁分析矩阵图(如图 3-9 所示)中,处于 3、5 位置的威胁出现的概率和影响程度都大,必须特别重

图 3-9　环境威胁分析矩阵图

视,并制定相应对策;处于 7 位置的威胁出现的概率和影响程度均小,企业不必过于担心,但应注意它的发展变化情况;处于 1、6 位置的威胁出现概率虽小,但影响程度较大,必须密切监视它的出现与发展情况;处于 2、4、8 位置的威胁影响程度较小,但出现的概率大,也必须充分重视。

(二)市场机会分析

对市场机会的分析,一般考虑其潜在吸引力大小和成功可能性大小两个方面,即营利性和企业优势。

市场机会分析矩阵图(如图 3-10 所示)中,处于 3、7 位置的机会潜在吸引力和成功的可能性都大,有极大可能为企业带来巨额利润,企业应把握战机、全力发展;处于 1、5、8 位置的机会不仅潜在利益小,而且成功的概率也小,企业应改善自身条件,关注机会的发展变化情况,审慎而适时地开展营销活动。

用上述两种矩阵法分析、评价营销环境,可能出现 4 种不同的结果,如图 3-11 所示:

图 3-10　市场机会分析矩阵图　　　　图 3-11　环境综合分析评价图

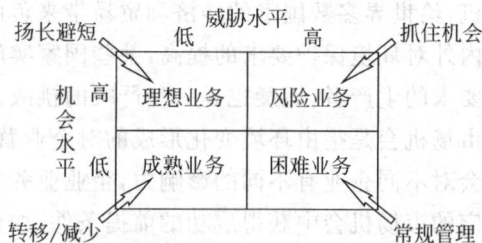

对市场机会的分析还必须深入分析机会的性质,以便企业寻找对自身发展最有利的市场机会。

1. 环境市场机会与企业市场机会,市场机会实质上是"未满足的需求"。伴随需求和产品生命周期的变化,会不断出现新的市场机会。但对不同企业而言,环境机会并非都是最佳机会,只有理想业务和成熟业务才是最适宜的机会。一些成功的企业运用SWOT 分析法,对企业内部因素的优势(strengths)和劣势(weaknesses)按一定标准进行评价。并与环境中的机会(opportunities)和威胁(threats)结合起来权衡抉择,力求内部环境与外部环境协调、平衡,扬长避短,趋利避害,牢牢把握住对企业最适宜的市场机会。

2. 行业市场机会与边缘市场机会,行业市场机会是指出现在本企业特定经营领域内的市场机会;边缘市场机会是指出现于不同行业之间交叉与结合部分的市场机会。一般来说,边缘市场机会的业务进入难度要大于行业市场机会的业务,但行业与行业之间的边缘地带有时会存在市场空隙,企业可发展中利用自身的优势加以把握。

3. 目前市场机会与未来市场机会，环境变化的动态性要求企业既要注意发现现有的市场机会，更要预测未来可能出现的大量需求或大多数人的消费倾向，发现和把握未来的市场机会。

三、避免环境威胁与面临市场机会的对策

在对环境威胁和市场机会分析评价的基础上，企业可对威胁程度和机会大小不同的业务有的放矢地制定相应的对策予以避免和把握。

（一）避免环境威胁策略

（1）转移策略，包括产品、市场和行业转移。产品转移是将受到威胁的产品转移到其他市场；市场转移是将企业的营销活动转移到新的细分市场；行业转移是将企业的资源转移到更有利的行业中去，实行多元化经营。

（2）减轻策略，企业通过调整、改变市场营销组合策略，尽量减轻环境威胁的程度。如通过加强管理、提高效率、降低成本以消化原材料涨价带来的威胁。

（3）对抗策略，企业通过各种努力限制、扭转不利因素的形成及发展。

小链接

亿利"甘草良咽"进入咽喉药市场

一直从事化工和医药原料生产经营的亿利集团，决定进入咽喉药市场。经调查，金嗓子喉宝市场占有率达 30％，在消费者心目中已树立了牢固的品牌形象；二线产品，如西瓜霜、草珊瑚含片各有特色和优势。目前，我国咽喉药市场面临的几个问题：市场格局多年稳定的状况、市场僵化迟钝、产品没有细分定位及无差异性、广告呆板俗套。

针对上述情况，亿利深入调查，将产品定位于吸烟引起的咽喉不适，而保守估计这个市场容量大约有 2.5 亿～3.8 亿元，并且咽喉药市场中 38％的消费者能够接受单价 8 元以上的产品，所以定价为 9.9 元/盒。有了基本方向后，很快"甘草良咽"应运而生，而且包装更是活脱脱一个精致的烟盒。在媒体选择上，将标靶集中在央视黄金时段，但火力收放有致，使其产品在经销商和消费者心中树立了品质高、实力强的品牌形象。

资料来源：沈志平. 医药市场市场营销. 北京：科技出版社，2010.

（二）面临市场机会，企业可采取的策略

（1）及时利用，当市场机会与企业的营销目标一致，企业已具备利用市场机会的资源条件，并享有竞争中的差别利益时，企业应及时调整自己的营销策略，充分利用市场机会，

求得更大的发展。

（2）适时利用，有些市场机会相对稳定，在短时间内不会发生变化，而企业又暂时不具备利用市场机会的必要条件，可以积极准备、创造条件，待时机成熟时，再加以利用。

（3）果断放弃，有些市场机会非常有吸引力，但是企业缺乏必要的条件，无法加以利用，此时企业应做出决策，果断地放弃。因为任何犹豫和拖延都可能导致错过利用其他有利机会的时机，从而一事无成。

本章小结

任何企业都如同生物有机体一样，总是生存于一定的环境之中，企业的营销活动不可能脱离周围环境而孤立存在。企业开展营销活动既要受到自身条件的制约，也要受到外部条件的制约。企业营销活动要以环境为依据，关注并研究企业营销环境的变化，把握环境变化的趋势，识别由于环境变动而造成的机会和威胁，是营销人员的主要职责之一。重视研究市场营销环境及其变化，是企业营销活动的最基本课题。

环境既是企业不可控制或难以控制的因素，又是企业不可超越的因素。企业必须根据环境的实际情况与发展趋势，相应制定并不断调整营销策略，主动地去适应环境的变化，同时又要在了解、掌握环境状况及其发展趋势的基础上，透过营销努力去影响外部环境，使环境有利于企业的生存和发展，有利于提高企业营销活动的有效性，并自觉地利用市场机会，防范可能出现的威胁，扬长避短，确保企业在竞争中立于不败之地。

企业市场营销环境有微观和宏观之分。微观环境主要包括供应商、市场中介、顾客、竞争对手和各种公众等因素，它们构成了公司的价值传递系统；宏观环境是指对企业营销活动提供机会或造成威胁的主要社会力量，是企业的外部环境，主要包括人口、经济、科技、政治法律、社会文化和自然等方面，它们既具有一定的独立性，相互之间又有一定的相互作用。虽然宏观营销环境是不可控因素，但企业可通过对环境的监测来调整市场营销策略。

思考与讨论

1. 请结合所学知识及生活实际，谈谈市场营销环境的特征及研究的意义。

2. 简述微观市场营销环境的内容？

3. 试述宏观市场营销环境的内容及各自特点？

4. 结合生活实际，讨论市场营销环境分析方法的现实意义？

案例分析训练

柯达在中国按错"快门"

黑白摄影过了很长时间才在中国消失。直至 20 世纪 90 年代,黑白胶卷仍是大众市场的中流砥柱,而在富裕国家,它早就成了爱好者与专业人士的边缘之地。

然而,现在的情况不同了。摄影技术从胶卷向数码的最新转变,得到了中国城市消费者的欣然接受,几乎与西方和日本一样。这对柯达(Kodak)来说是个坏消息,因为它一直希望中国对胶卷的持续需求会有助于减轻它在其他市场向数码技术转变的压力。

中国文化办公设备制造行业协会(China Culture&Office Equipment Professional Association)的数据显示:2002 年,中国消费者购买了 420 万部传统相机,但 2003 年只购买了 360 万部。该协会都不愿意浪费时间统计传统相机的销量了,但它估计 2005 年的销量不到 220 万部。与此同时,市场咨询机构中国电子信息产业发展研究院(CCID)的数据显示,2005 年的数码相机销量飙升至 450 万部,预计 2006 年将达到 670 万部。

这一转变令柯达的整个中国战略受到置疑。20 世纪 90 年代末,柯达斥资逾 10 亿美元收购了中国本土胶卷和相纸企业,并与中国本土领军企业乐凯(Lucky)结成了联盟,出其不意地领先于日本富士(Fuji)等对手。当时的柯达首席执行官费希尔(George Fisher)于 1998 年表示,挺进中国很可能成为"柯达所做过的最重要的事情",而大举投资为公司带来的市场份额,曾被一些官员斥为破坏性垄断。

这家美国公司的 8 100 家中国柯达快速彩色冲印店,确实给了它迎接数码时代的平台。比如,开冲印店的邹先生的明亮而整洁的店铺就是该品牌的活广告。但其他许多店铺设备欠佳、装修简陋,它们乐于销售其他品牌的产品,与柯达连锁几乎没多少明显的联系。

柯达在中国销售自己制造的数码相机,这让它尝到了一些成功的甜头。该公司引述调查结果表示,在中国最大的 21 个城市里,柯达数码相机的销量排在第 3 位。它还在中国西部农村地区发起了推广胶卷服务的宣传活动。不过这种努力只能带来暂时的缓解。邹先生认为,冲印店的未来在于能为顾客提供个性化服务。但在一个电子类企业激烈竞争的时代,并不能保证这种服务就会使用柯达的设备。

资料来源:王明.柯达在中国"按错快门".载金融时报,2006-01-27.

仔细阅读上面的材料,结合所学知识谈谈科学技术的发展对消费需求的影响以及柯达与富士的市场竞争,并论述柯达应对摄影技术从胶卷向数码的最新转变的策略?

第 四 章

市 场 分 析

学习目标

1. 熟悉消费者和组织市场购买决策的参与者及购买决策过程；

2. 掌握消费者和组织市场的主要特征以及影响消费者和组织市场购买行为的主要因素；

3. 了解市场演变历程、现代市场特点及市场分析的出发点。

引导案例

难以捉摸的消费者

20世纪80年代早期，耐克公司赢得了一场开局战役（许多人现在称之为"运动鞋大战"）的胜利。公司设计了一种锻炼用跑鞋，但更多人买它是为了乐趣。这种鞋非常畅销，耐克公司因此取代阿迪达斯，冲到了年销售额60亿美元的美国运动鞋市场前列。不过潮流是易变的，耐克的领先地位并未长久。1986年新秀锐步公司通过推出新式的软皮、带空气层的鞋而从后面赶上耐克公司，它把闷热的运动鞋变成了时尚代表，并因此挤到了市场前列。至1987年，锐步公司获得了超过30％的市场份额，耐克的份额下跌到18％。

1988年耐克开始了反击。它以重新兴旺的"性能"市场为目标，起用运动明星，花费2 000万美元开展了强有力的"且请一试"的广告战役。公司为适应不断细分的运动鞋市场的需要，推出了几十种新产品。到1990年，耐克为几乎所有想得出来的运动提供专用鞋：远足、散步、自行车运动，甚至包括啦啦队活动和帆板冲浪。下面的数字能证明耐克的东山再起：它目前在运动鞋市场上所占的份额是37％，锐步的份额降到了不足20％。篮球鞋市场上耐克占了50％的份额，锐步只占15％。

由于运动鞋能够作为自我表达的一种方式，所以人们的选择受许多因素的影响。因此在这个潮起潮落的市场中理解消费者行为是非常困难的，而试图去预测消费者行为将更为困难。制鞋公司每年都推出几十种新款式与颜色，以追逐无法捉摸的时尚。销售人员可能会在某一天卖掉手头所有的某个新款鞋子，而第二天，再打折扣也卖不出去。

犯错误的代价会很大。例如,锐步1993年推出它的夏克·阿泰克款的后果就是灾难性的。与篮球明星夏克里拉·奥尼尔签约后,夏克·阿泰克声势浩大地推向了市场。这一新款运动鞋是白色的,有淡蓝色的装饰,价格是130美元左右。不幸的是,黑色的鞋子是那一年的时尚,而且几乎没有人愿为一双运动鞋而花费超过100美元。在1993年上半年,锐步篮球鞋的销量下降了20%。

运动鞋战役中的最大战场是易变的年轻人市场,而战争前线是城市内部。年龄在15~22岁之间的消费者购买量占运动鞋总量的30%,而且他们还能影响另外10%的销售。许多潮流都是从城市内部发展起来,然后传播到城郊,最后是美国其他地区。城市少年是郊区少年的模仿对象,因此,城市中的潮流能很快传播到其他地区。所以毫不奇怪,运动鞋制造商公开地向城市鞋店店主及年轻顾客大献殷勤。耐克公司和其他运动鞋制造商经常向带动潮流的少年免费提供运动鞋。锐步甚至出钱重建城内运动场和篮球场地以争取这些人的欢心,公司常常先在城市中推出新款鞋子以观效果,然后再推向全国。

现在,鞋子已经成为首要的时尚代表。过去的日子一去不复返,那时运动鞋很便宜,注重实用且很单调,你只能选白色或黑色帆布、高帮或低帮的运动鞋,至多还有一两种款式稍有变化的供积极的跑步者穿的鞋子。如今运动鞋已成为身份的象征、亚文化的一部分。每双运动鞋的价格在50~180美元之间。你可以少花些钱买到高档的运动鞋,但没有哪个活人愿意永远穿着一成不变的运动鞋。

运动鞋的时尚很难捉摸。20世纪90年代早期穿运动鞋的时尚是明显地不把鞋带系紧,因为自豪的主人希望他的鞋子看起来像刚买回来的。很快,每个人都这样做了,不过这仅仅是开始。接着,有些人只是不系一只鞋的鞋带;然后,他们把鞋带去掉。不久后,穿鞋者又开始系鞋带了,不过所用的鞋带是从另一双鞋上取下来的,然后许多人开始穿两只不相配的鞋子——例如一只脚穿"宝元公司"的查克·泰勒,另一只脚穿"宝元公司"的布莱克·康恩斯,但得是同一种牌子的鞋。在一些地区,据说十几岁的女孩在男孩子邀请她们出去玩时,第一眼先看男孩子脚上的运动鞋。少年人的罗曼史居然与鞋子的品牌有关。

目前,人们对鞋子的品味又开始发生转变,这次是"新生代"领导潮流。高科技的鞋子,如带气垫,尼龙褡裢相黏、在黑暗中能闪烁或发光,已失去了吸引力。今天的运动鞋购买者似乎又回到基本的东西上,运动鞋代表的首先是真实性与感性。一位分析家说:"关掉你们鞋跟上的灯光。看在上帝的分上,别再往那些讨厌的气垫里充气了!新生代和如今的生育高峰一代一样,重新喜欢原来的老式运动鞋了——Pro Keds,宝元公司的'单星'和Dr. Js,阿迪达斯的'瞪羚',彪马的'甘蓝'。'我们不再使用高科技了',一个业内人士说。另一个人说,'现在情况很复杂,人们正回到以前的时尚'。"

同以前的时尚转变一样,这次"重回古典"的时尚是自下而上的,它是从街上开始流行的。如今的新生代喜欢适合他们更放松的生活方式的"轻松自然"的打扮。他们不是穿运动鞋去运动,而是穿着它们去上班,甚至去跳舞。有些人根本就不穿运动鞋了,而是穿远足靴子或其他粗犷的鞋子。这些鞋子由像林地公司一样发展迅速的室外运动鞋子制造商提供。

耐克最老的竞争对手宝元鞋业充分利用了最近的潮流。它特别宣传了其再度流行的宝元全星。自从 1917 年推出以来,这个运动鞋战役中的资深老兵已在过去 75 年中卖出了大约 5.2 亿双。宝元还重新推出了它的 70 年代的一些款式,包括"单星""职业真皮型"(70 年代篮球巨星裘里斯·欧文穿过),以及杰克·珀塞尔(原是羽毛球用鞋,后来 60 年代的网球运动员喜欢穿它)。

今天,运动鞋大战仍在继续,耐克公司密切关注着新趋势及新的竞争对手。运动鞋的时尚变幻莫测,反映了生活的不断变化以及购鞋消费者的生活方式的不断变迁。耐克知道要想赢得运动鞋大战的胜利,甚至仅仅保持生存,必须对消费者行为有深刻的了解。

资料来源:菲利普·科特勒等著,俞利君译.市场营销导论.北京:华夏出版社,2000.

耐克的例子表明影响消费者购买行为有许多不同的因素。购买行为不是很容易理解的,但理解它是营销管理的重要工作。

在市场营销学中,我们把现实与潜在顾客的集合称之为市场,因此对顾客的分析也称为市场分析。

市场营销者有内在与外在双重目的。内在目的是自己获利,外在目的是使顾客等所有参与者获益和满意,两者是通过交换或市场营销联结的,因此顾客分析是市场营销活动的出发点和归宿。

第一节　市场分析概述

市场营销者要实现其内外在双重目的,就必须从了解顾客的需要入手,分析这些需要产生的原因、顾客的行为模式、影响顾客购买行为的主要因素及购买决策过程等。要进行深入的市场分析,就要对市场总体轮廓有较为清晰的整体概念,下面分别从市场范围、市场分析的基本出发点及市场基本类型三个方面予以阐述。

一、市场范围

(一)市场范围演变的历程

市场范围的演变经历了从一国的小市场到国际化市场,进而发展为全球化市场三个阶段。

据说,在我国偏远落后的山区,仍然存在着把羊拴在路边的一棵树上,然后坐在山坡上等待,直到有人将一袋米放到树边并将羊牵走,这人才从山坡下来,扛着米回家的交换方式。

早在很久以前,商品交换就已经开始跨越海洋、沙漠等自然屏障和民族、国家等社会政治界限。我国著名的古代商业通道——丝绸之路,就是这样一条跨越洲际的商品交换纽带。而工业产品真正大面积大批量地国际流动,应肇始于以蒸汽机为代表的工业革命之后。

工业革命是以能源为核心的动力革命,它产生的动力足以带动成百上千的工人围绕一台大机器来工作,生产出过去难以想象的物质产品;它产生的动力足以带动黑色长龙式的火车、罗马教堂般的轮船,跨洲越洋地将物质产品从英国运到远隔千万里的世界各地,并换回(包括掠夺)他们需要的黄金、白银、茶叶和胡椒等产品。受惠于工业革命较早的欧洲诸国的加入,进一步推动了商品在国际间的流动。

第二次世界大战后,美国依靠战时形成的强大生产能力和援助欧洲100亿美元的"马歇尔计划",成为产品输往欧洲和世界各地的最大的产品输出国。

从工业革命开始20世纪60年代,工业产品的国际流动主要是以英国、美国等少数几个国家为主角,期间还不时地为曾经席卷全球的民族独立运动所消减。

20世纪60年代以后,随着日本和东南亚经济的崛起及其国家出口导向政策的扶持,日本及"东亚四小龙"相继而起,逐步加入到世界贸易之中。20世纪80年代,随着中国的改革开放和东欧各国转向市场经济,制约东西方商品流通的最后一个政治屏障也消除了。世界各国都已通过别国的经验和本国的实践深刻体会到加入国际分工、参与国际合作的重要,进一步推动了市场国际化向更高层次的发展。

随着科技的进步,电话、喷气式飞机等的出现,极大地缩小了世界的地理空间,成为市场全球化的助推器,20世纪90年代以后出现并迅速普及应用的互联网等信息高速公路,真正使地球成为一个"地球村",实现了市场的全球化。

市场的全球化将整个世界视为无国界,商品、资金、人才、技术、信息等要素的自由流动消除了市场国际化中所蕴涵的较强的民族意识及企业只关心自己利益发展的理念,实现了企业在全球范围内的生产和销售,形成了为本民族创造价值的同时也要为海外投资所在地带来利益的理念。

由此可见,市场的全球化是市场国际化的发展和延伸,是全球范围的国际化,是国际化的高级阶段,是国际化发展到新的高度的表现和必然结果。市场全球化是一种趋势,更是一种经营战略,从本质上讲也是一种全球经营意识和理念。

(二)现代市场的特点

(1)地理范围扩大。随着市场国际化乃至全球化的发展,以地理变量为边界的顾客群也相应扩大了。

(2)实现了由封闭性市场向开放性市场的转变。中国市场是世界市场的一部分,世界市场也是中国的市场。从行业竞争角度看,中国企业的竞争对手已不仅是中国企业,更具威胁的是那些称之为全球企业的"跨国公司"。据联合国跨国公司委员会调查,目前,跨国公司已占全世界对外直接投资的 90%、全球技术转让的 70%、全球贸易量的 60%,控制全球 40% 以上的生产,已成为世界经济中一个非常重要的新生力量。联合国贸易和发展组织于 2010 年 9 月 6 日在日内瓦下午五时向全球同一时间发布的《2010—2012 年世界投资前景调查报告》中显示,全球 FDI(对外直接投资)流量将从 2010 年的 1.2 万亿美元上升到 2011 年的 1.3 万亿～1.5 万亿美元和 2012 年的 1.6 万亿～2.0 万亿美元。由此可见,现今的市场营销必须要站在全球的角度来看待市场、看待竞争。

(3) 交换的产品较之过去极大地丰富了。且产品的交换价值也发生了巨大的变化。传统的资源、加工品等主要国际交换产品已经让位或正在让位于科技含量高的知识和智慧产品。

(4) 中国、印度两个人口超级大国市场的形成。2011 年统计数据表明,中国和印度人口总量约占全球人口总量的 37%,形成了两大人口超级市场。目前,中国市场拥有 13.5 亿人口。改革开放已使人民生活水平迅速提高,是全球市场中一个非常大而且非常重要的市场。联合国贸易和发展组织于 2010 年 9 月 6 日在日内瓦发布的《2010—2012 年世界投资前景调查报告》中显示,世界前 15 个最具吸引力的投资目的地中,中国位居第一,是跨国公司首选的投资目的地。

中国企业应当胸怀全球,但对很多企业来说,最切实的是要立足国内,利用天时、地利、人和,打好"主场"再图"客场",中国企业国际竞争力的源泉就蕴藏在中国市场之中。

二、市场分析的基本出发点

无论是企业、大学、医院、中间商、政府或是个人等各类顾客,他们之所以要购买某种产品,都有一个共同的愿望——获得价值。

企业购买原材料、设备和技术是为了能生产出较之购进物更有价值的产品;大学购买资料和各种仪器设备是为了使学生获得新知识,成为社会更需要的人才;医院购买医疗设备、招聘高水平的医生是为了使患者早日康复,减少病痛的折磨,生活更加幸福;中间商买进再卖出的目的是为了提高交换的便利程度,从而加快商品的流转,对顾客提供制造商难以提供的服务;政府投资公路、电站等公共设施是为了提高社会的福利;消费者购买产品是为了满足不断增长的物质和精神需要。可见,整个社会财富最理想的创造过程应当是顾客价值不断增加的过程,进而形成社会财富增值链。

社会财富增值链旨在强调:承担不同社会责任的社会组织都应当以追求输出价值大于输入价值为目标,且其输出价值与输入价值的差额应较竞争者更大,否则就是对社会资源的浪费,就不能为顾客提供满足,这样的社会组织如不进行改革,就会失去其社会存在的前提。

用以上观点考察市场营销发现,下游顾客购买上游卖方的产品,是因为上游卖方提供的产品具有价值,且购买后作为自身的投入又可为其下游顾客提供价值。从理性角度分析表明,顾客购买的基本动机是"价值增值最大化"。因此,顾客价值分析是市场分析的基本出发点。

市场营销实际中,时常会遇到顾客并非按价值增值最大化原则发生购买行为,甚至在交易中会出现中饱私囊、损公肥私的情况。尽管如此,价值增值最大化仍具有普遍的指导意义。

三、市场基本类型

市场分类的目的在于揭示不同市场中顾客的行为规律。而作为教材应从它们共性层面入手,总结其一般意义上的规律,且所揭示的规律能用以指导和建立市场营销管理体系。目前,市场营销学教材中有关市场的基本类型主要从以下几方面进行划分。

1. 依据产品种类划分

依据产品种类划分,主要有农产品市场、工业品市场、金融市场、人才市场、劳动力市场、房地产市场、服务市场、消费品市场、文化市场、信息市场、技术市场等。

2. 依据社会分工原则划分

依据社会分工原则划分,主要有消费者市场和组织市场。

不同的市场由于购买者构成及购买目的的不同,其需求和购买行为也不同,从企业市场营销的角度出发研究市场,其核心是研究买主,即购买者的行为。因此,本章重点分析消费者市场和组织市场的需求和购买行为特点。

随着社会经济的不断发展,市场营销理念的不断进步,除上述市场的基本类型之外,市场营销者还要尝试建立一些新的市场分类原则。

3. 依据顾客的诚信程度划分

依据顾客的诚信程度划分,可以将市场分为好顾客和不好顾客。"顾客是上帝"是一个抽象而笼统的说法。我国许多企业都因那些签合同、付定金,但提货后不结算的顾客而陷入"三角债"泥潭,无法自拔,这样的顾客也不知道已经毁掉了多少大有发展前景的好企业。

4. 依据顾客对企业提供产品或服务的回报程度划分

依据顾客对企业提供产品或服务的回报程度划分,可以将市场分为高回报顾客和低回报顾客。企业20%的顾客形成了该企业80%的销售额,而其80%的顾客群体只形成企业20%的销售额,这就是被普遍证明的2/8规律。它告诉我们,识别每一位顾客是在20%或是80%之中,对企业是非常重要的。如果能准确地加以识别,并对这20%的顾客给予特别的管理,企业就掌握了其稳定、重要的收入来源,进而为企业健康成长奠定了坚实的基础。

5. 依据顾客与企业建立的忠诚关系程度划分

依据顾客与企业建立的忠诚关系程度划分,可以将市场分为忠诚顾客和游移顾客。除企业和顾客购买力因素外,顾客的心理、文化的等因素对建立顾客忠诚度也有很大的影响。因此,如何深入到消费者心理和组织文化的层次分析顾客的购买行为,并运用相关的营销策略,建立有效的沟通机制以提高顾客的忠诚度,特别是企业 20% 高回报顾客的忠诚度就显得尤为重要。

目前,世界上有关新的市场分类的研究才刚刚起步,成熟的理论不多。"阳光总是最先照耀走在时间前面的人",谁能率先在这些问题上有所建树,谁就能在激烈的市场竞争中脱颖而出。

第二节　消费者市场及购买行为分析

消费者市场是消费品生产经营企业市场营销活动的出发点和归宿点,其最终决定着工业品生产经营企业的市场需求水平。消费者行为研究这门学科自 20 世纪 50 年代产生以来,在吸收经济学、心理学、社会学、人类学、数学等有关学科研究成果的基础上加以拓宽和深化,形成了自身完整的研究体系,成为企业营销决策者的望远镜与显微镜,大幅度提高了企业市场营销决策的科学性和正确性。

一、消费者市场含义及特征

(一) 消费者市场的相关概念

(1) 消费者,是指为满足自己物质和精神需要而购买商品的个人和家庭。

(2) 消费者市场,是指由消费者构成的市场。生活消费是产品和服务流通的终点,因而消费者市场也称为最终产品市场。

(3) 消费品,用于个人和家庭消费的商品。依据产品及消费者购买行为特点可分为:

① 便利品,消耗快、需频繁购买、价格低廉的商品。不同品种或品牌之间差别甚微,消费者购买时不需做太多选择,多以便于购买为宗旨。如被称之为日用品的牙膏、香皂、洗发水和饮料等诸多小商品。

② 选购品,产品单价较高,一次购买后使用时间较长,不同品种、规格、款式、品牌之间差异较大,消费者购买时往往要花较多时间进行比较之后才做出购买决策的商品。如服装、鞋帽、家具及多数家电产品。

③ 特殊品,产品单价昂贵,能满足消费者某方面特殊偏好的商品,如钢琴、高级相机、名牌服装等。消费者在购买这类商品时,往往不计代价,以获取为目的。

④ 非渴求品,是指消费者不了解或即使了解也没有兴趣购买的产品或服务。如一些

刚开发的应用软件、刚面世的新产品、保险、百科全书等。非渴求品并不是终身不变的,特别是新产品,随着消费者对产品信息的了解,它可以转换为其他类别的产品。

(二)马斯洛需要层次论与消费者需求的内容及特征

1. 马斯洛需要层次论

第二次世界大战后,美国行为科学家马斯洛(A. H. Mallow)提出了需要层次论,将人类的需要分为由低到高的 5 个层次,如图 4-1 所示。

(1)生理需要,是指人体自身发展过程中形成的饥、渴、冷、暖乃至排泄、睡觉等,经过长期的发展、沉淀、遗传所形成的一个天然需要,是为了生存而对必不可少的基本生活条件产生的需要,是人类最原始最基本的需要,与其他动物的需要相类似,用于维持和延续生命,保持人体的生理平衡。

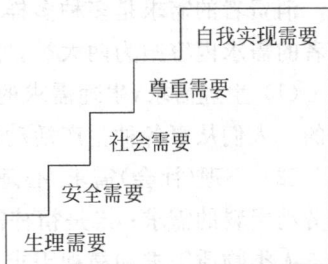

图 4-1 马斯洛的需要层次图

(2)安全需要,指维护人身安全与健康,免遭肉体和心理损伤的需要,最主要是为保障人身安全和生活稳定。在一个安定的社会里,个人还可能通过提高教育和职业培训,加强自己的社会地位来保证生活安定。

(3)社会需要,是指为了维护社会生活,参与社会生产和社会交往,取得社会承认和归属感的需要,是人类所特有的需要,包括感情、亲昵、爱人和被人爱等。在这种需要的推动下,人们会设法增进与他人的感情交流和建立各种社会联系。如为了参加社交活动和取得社会承认而对得体的服装和用品产生需求,为了获得友谊而对礼品产生需求等等。

(4)尊重需要,指在社交活动中受人尊敬,取得一定社会地位、荣誉和权力的需要,是人类社会历史发展过程中,人们在一定的社会实践和教育的影响下形成的,受政治、阶级、文化、民族等社会生产和生活条件的制约。尊重需要包括对威望、成就、自尊和身份地位等的追求。如为了在社交中表现自己的能力而对教育和知识产生需求,为了表明自己的身份和地位而对某些高级消费品产生需求等等。

(5)自我实现需要,是指发挥个人的最大能力,实现理想与抱负的需要,是人们行为的目标,即通过努力来提高自我、发展自我、完善自我的过程,是人类的最高需要。如当完成一件工作或达成一定目的时,人们都会感到内心的愉悦,大多数情况下都试图用某种方式予以表达,喜欢让别人知道自己的成就。因此,自我实现动机在消费者购买行为上表现得十分明显,常常通过选购某些特定的产品,借以证明所获得的某种成就。

马斯洛需要层次论可进一步概括为两大类:一是生理的、物质的需要,包括生理需要和安全需要;二是心理的、精神的需要,包括社会需要、尊重需要和自我实现需要。

马斯洛认为,一个人同时存在多种需要,但在某一特定时期每种需要的重要性并不相同。人们首先追求满足最重要的需要,即需要结构中的主导需要,它作为一种动力推动着人们的行为。当主导需要被满足后就会失去对人的激励作用。人们就会转而注意另一个相对重要的需要。一般而言,人类的需要由低层次向高层次发展,低层次需要满足以后才追求高层次的满足。例如,一个食不果腹、衣不蔽体的人可能会铤而走险而不考虑安全需要,可能会向人乞讨而不考虑社会需要和尊重需要。

2. 消费者需求的内容

消费者的需求是多种多样、千差万别的,依据马斯洛的需要层次论,我们又可以将消费者的需求内容归为两大类,即生理需求和心理(社会)需求。

(1) 生理需求,生理需求的满足,是通过利用一定的对象或获得一定的生活状态而达到的。人们从事各种生产活动以获得生活资料,就是为了满足这种需求。

(2) 心理(社会)需求,心理需求可分为两类:一是高级的物质需求,如对劳动工具、及劳动资料的需求;二是精神需求,如对文化、艺术、成就、友谊、感情、爱情的需求。

人类物质需求和精神需求的区别是相对的。在现实经济生活中,往往紧密地结合在一起。为了获得更多的精神享受,购买电脑;购买服装是一种物质需求,但同时也包含了对美的精神需求。

在市场经济条件下,不论是人类的哪种需求,很大程度上是通过购买产品或服务来满足的,所以对企业来说,首先应考虑的就是如何了解和满足消费者的需求。

3. 消费者需求的特征

(1) 非营利性,是消费需求的一个显著特征。消费者购买产品不是为了转卖或赢利,而是为了获得某种使用价值,满足自身生活消费需要。

(2) 多样性,由于消费者年龄、职业、价值观念、居住地域、收入水平、教育文化程度、性格、民族、宗教信仰、生活习惯、兴趣和爱好等的千差万别,使得消费者产生各种不同的欲望,对商品的品种、规格、式样、价格、质量和服务的需求也迥然不同。

(3) 层次性,人的需求有物质和精神层面的,也有低级与高级之分,低层次需求满足了,就会产生高层次需求,形成消费需求的多层次性。

(4) 发展性,消费者需求是逐步由低层次向高层次、由固有需求向新需求,由数量上满足向质量上求优发展的。潜在需求不断转化为现实需求,新的潜在需求又在不断形成和出现,都体现出需求的发展性。

(5) 无限性,社会生产、科学技术、文化艺术、审美观念、消费理念等的不断发展及消费者可任意支配收入的不断提高都极大地刺激了消费欲望的快速增长,促使人们对满足某种特定需要的现有产品或服务产生更高层次的需求,体现出个人或家庭消费的无限性。

(6) 伸缩性,消费者对产品数量、式样、品级等的需求随消费者收入和产品价格水平、市场供求状况、广告、宣传、销售服务等的不断变化而变化。消费需求对收入和价格变动的灵敏程度即为消费需求的弹性。不同消费品的需求弹性是不同的。一般来说,生活必需品的需求弹性较小,非生活必需品的需求弹性较大。

(7) 分散性,消费需求主要以个人或家庭为基本单位,由于每个单位的居住地点、生活习惯、人数、需要量、购买能力、存放条件及产品有效期等因素的影响,使消费购买呈现时空条件分散、小批量、多批次等特点。

(8) 可诱导性,企业利用市场营销组合策略的有效实施,激发、诱导、刺激消费需求,使无需求转变为有需求,潜在需求转变为现实需求,未来购买欲望转变为近期现实购买行为。

(9) 时代性,消费需求不仅受到消费者内在因素的影响和制约,还经常受到时代精神、风尚及环境等一些社会因素的影响,不同时代有不同的消费需求。同一时代,消费需求具有一些共同的特征,体现出消费需求的时代性。

二、消费者的购买动机及购买行为类型

人类的一切活动,包括购买行为,都是为了满足自身的需要。任何一种尚未满足的需要,都会使人们的内心感到不舒适。而当这种不适达到一定的迫切程度时,便成为一种驱使人们行动的强烈的内在刺激,可称之为驱策力。这种驱策力被引向一种可以减弱或消除它的刺激物时便成为一种动机。因此,购买动机是消费者为了满足某种需要,产生购买活动的欲望和意念。它是推动消费者作出购买行为的直接原因。在某一时期,人们会有多种需要,但只有其中一些比较迫切的需要能够发展成为动机。也就是说人们的购买动机是与消费需要紧密联系的,先有需要,而后才能产生购买动机。一般把购买动机划分为两大类:

(一)生理动机

生理动机是指消费者由于生理上的本能需要所引起的购买动机,其具体表现为:

(1) 维持生命动机,饥则求食,寒则求衣等维持生命的动机,可驱使人们在货币支付能力允许的情况下,及时产生购买食品、饮料、服装等商品的购买行为。

(2) 保护生命动机,消费者为保护自身、家庭成员的生命或财产安全,决定购买防盗设备、保安用品、人寿和财产保险及为了维护健康而对医药和保健用品等产生的购买动机。

(3) 延续生命动机,消费者为了繁衍后代、组织家庭、生儿育女,决定购买有关结婚用品、儿童用品等。

(4) 发展生命动机,消费者为了提高自身的科学文化素质,以求适应社会迅速发展的需要而决定购买书籍、电脑等文化用品。

一般来说,满足消费者生理本能需要的商品,大多是日常生活不可缺少的必需品。由

生理动机驱使下的购买行为,具有经常性、重复性和习惯性的特点,使得消费者的生理购买动机一般易于观察和掌握。

(二)心理购买动机

心理动机是指消费者由于认识、情感、意志等因素的驱使所引起的购买动机,较之生理动机复杂、多变,一般分为三种类型。

1. 感情动机

感情动机是由消费者的感情需求所引起的购买动机。一般可分为:

(1)情绪动机,是指消费者由于好奇、欢乐、好胜、感激等情绪而引起购买的动机。因情绪变化具有很强的波动性,导致情绪购买动机引发的购买行为往往具有冲动性、即景性和不稳定性等特点。

(2)情感动机,是指消费者由于友谊感、群体感、道德感、美感等人类的高级情感所引发的购买动机。它的产生比较复杂,在一定程度上反映消费者的精神风貌,因此,情感动机支配的购买行为具有深刻性和稳定性的特点。

2. 理智动机

理智动机是消费者建立在对企业和商品的客观认识基础上,经调查研究、分析选择后产生的对某些商品的购买动机。理智购买动机驱使下的购买行为一般表现为注重商品的质量和价格,追求物美价廉、使用方便、设计科学等。消费者做出购买决策时一般不受企业促销宣传和周围环境气氛的影响,而保持高度的理智性,因此,客观性、周密性和控制性是理智购买动机的主要特点。性格稳重、经验丰富、文化层次较高的消费者,常常表现出理智购买动机。

3. 信任购买动机

信任购买动机又称惠顾动机、偏爱动机,是消费者在感情和理智的基础上逐步对特定的企业、商品品牌、商标等产生特殊的信任和偏爱,而决定重复购买特定企业的特定商品的一种购买动机。它具有明显的重复性、习惯性特点。消费者产生信任购买动机的原因很多,如企业的知名度和美誉度高、品种齐全、设备先进、价格合理、免费送货、包退包换等,都易培养消费者对企业产生偏爱和信任,从而产生主动惠顾购买行为。

(三)消费者购买动机的突出表现

在不同的生产、消费和社会条件下,消费者的购买动机可能有不同的表现。我国现阶段大多数消费者的购买动机突出表现在以下几个方面。

(1)求实,要求商品实用、质量可靠、使用方便、经久耐用等,对商品的包装、款式、造型、品牌等不太强调。

(2)求名,追求和信任优质名牌商品,以显示自己的身份地位,对商品的使用价值、价格等方面考虑不多。

（3）求廉，将价廉作为选择购买商品和品牌的重要标准，不太挑剔商品的质量、外观、商标、包装等。

（4）求新，喜爱新商品，看中商品的流行样式，不太计较商品的使用价值和价格。

（5）求美，要求商品造型、式样、包装都具有时代感和美感，对其使用价值考虑不多。

（6）求奇，注重商品的独特、新奇，以求与众不同、标新立异。

（四）消费者购买行为类型

依据消费者的购买动机和个性特点可将消费者购买行为分为四种类型。

1. 理智型购买

理智型购买是经过冷静思考，而非凭感情所采取的购买行动，它是从产品长期使用的角度出发，经过一系列深思熟虑之后才作出的购买决定。一般，购买者在做出这种购买决定前，通常要仔细考虑下列问题。

（1）是否质价相当，理智型购买很重视价格。有些商品也许感到很实用或相当急用，但往往要进行一定的质价比较，或期望降价后才购买。

（2）使用开支，不仅要考虑购买商品本身所花的代价，而且还要考虑这些商品在使用过程中的开支是否合算。

（3）产品的可靠性、损坏或发生故障的频率及维修服务的价格。

（4）产品的使用寿命，包括自然寿命和社会寿命。

以这类消费者为目标市场的产品，在营销上必须采取相应的合理方法，使广告、销售促进、产品开发、定价及分销活动等对其产生号召作用。因此，对理智型的购买者，商品生产者或经营者都必须加以了解。

2. 感情型购买

感情型购买是出于感情动机而产生的购买行为。引起感情购买行为的主要因素有：

（1）感觉上的感染力，某些商品能在人们的感官上产生魅力，从而使他们产生购买的欲望，为满足这些感官上的需要，常愿意购买某些不一定有很大实用价值的商品。例如时尚商品的视觉感染力，是打开这些商品销路至关重要的因素。

（2）企求安全长寿，避免痛苦和危险，人们的自卫本能和爱护家庭、亲友的情感，常驱使人们去购买保健品及投买各种保险。

（3）显示地位和威望，现代社会中，有些产品正成为地位和成就的象征，即所谓地位标志的产品。这类产品赋予它的使用者某种（如有威望、身居上层社会地位）光彩，即使它不会比其他相类似的竞争产品有更大的实用价值，但它被看做是与成就、威望相同的东西，往往能赢得更高的价值。

感情型购买行为是所有生产者和经营者都有必要研究和掌握的，以便采取相应的营销策略,使所生产经营的产品,更适销对路,符合不同消费者多种多样的需求,并扩大产品销售,巩固企业的经济地位。

3. 习惯型购买

习惯型购买有些消费者对某些商品往往只偏爱其中一种或数种品牌,购买商品时,多数习惯于选择自己熟知的品牌。企业可通过努力提高产品质量、加强广告推销宣传、创名牌保名牌等策略,树立产品在消费者心中的良好形象,改变习惯型消费者的偏爱,使本企业的产品成为习惯型消费者的新的偏爱。

4. 经济型购买

经济型购买与理智型购买不完全相同。经济型购买,虽然价格高低也是一种决定因素,却是经过质价的比较,看是否值得购买。因此,企业应生产或经营一定的经济实惠的品种来充分满足各方面的需要。

消费者购买行为没有固定不变的模式,随着社会经济的发展,人们消费习惯和购买行为也必然随之变化。

三、消费者购买行为分析模型

(一)消费者研究要解决的问题

消费者研究要解决的根本问题是"消费者是如何进行购买决策的?"假如我们能够掌握消费者的决策过程及其影响因素,就可以设法通过影响和控制这些因素来影响消费购买行为,从而达到提高营销绩效的目的。

行为学专家和营销专家认为消费者购买决策过程是非常复杂的,它不能像物理现象那样加以准确测量,特别是消费者的思想活动过程更难以直接观察和测量。因此,专家们只能从消费者的行为入手考察其相关的问题,概况为"6W1H",即:谁(who)构成该市场——购买者;购买什么(what)——购买对象;为何(why)购买——购买目的;何时(when)购买——购买时间;何地(where)购买——购买地点;谁(who)参与购买——购买组织;如何(how)购买——购买方式。

(二)消费者购买行为分析模型

消费者决策过程是一种思想过程,难以具体观察和测量,专家们通常采用行为科学中的"刺激——反应"分析方法,通过对外部刺激变量(刺激)与消费者最后的行为(反应)之间的联系来判断消费者的决策过程(黑箱),如图 4-2 所示。

消费者在有一定需要的基础上受到外部刺激,进一步激发了这种需要与欲望,他要在思想中识别和确认他所面临的需要与欲望,搜集可以满足其需要与欲望的所有产品及相关信息,并在各种方案之中进行比较、评估,最后做出购买决策和采取购买行动。在使用

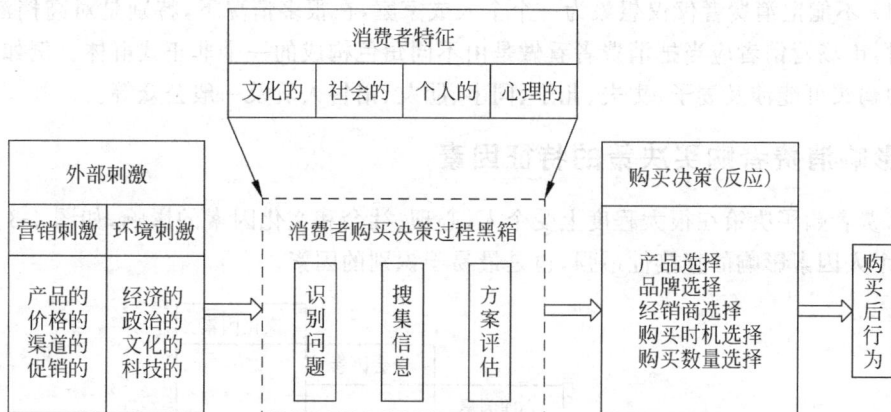

图 4-2 是一个消费者购买行为分析模型示意图。

消费者特征

文化的	社会的	个人的	心理的

外部刺激

营销刺激	环境刺激
产品的 价格的 渠道的 促销的	经济的 政治的 文化的 科技的

消费者购买决策过程黑箱

识别问题	搜集信息	方案评估

购买决策（反应）

产品选择
品牌选择
经销商选择
购买时机选择
购买数量选择

购买后行为

图 4-2　消费者购买行为分析模型

和消费购买的商品后会与自己的期望相比较，确认购买的价值，在心理上会产生满意或不满意，这又会影响消费者购买以后的行为。

（三）消费者分析应当注意的几个问题

（1）影响购买决策过程的外部刺激因素

① 营销的刺激，包括本企业及其他企业的刺激。刺激因素主要有产品、价格、分销渠道和促销等方面。企业可以对这些刺激因素进行调整和管理，体现出市场营销是一种"管理过程"的过程。

② 环境的刺激，实际上在企业的营销刺激不一定能增加消费者的购买。从刺激的层面分析，原因可能是：竞争者可能也采取了相同的刺激策略；除企业因素外，还有经济、科技、文化、政治等更广泛的环境因素的影响。例如，在经济低速增长或衰退时期，降价并不像经济高速增长那样有效。这又体现出市场营销也是一种"社会的过程"。因此，市场营销者在设计刺激变量（及其组合）时，必须把环境的、竞争者的刺激作用考虑在内。研究过程中，我们可以做适当的假设，如竞争者会降价 5％，宏观经济增长为 8％等等。

（2）消费者购买决策过程受到消费者自身特征因素的影响。比如，政府官员出于职业地位的考虑，决不会购买一件彩色大花的上衣去上班；对"素食主义者"来说，肉的价格降得再低，也不会发生购买行为。

（3）购买决策（输出）在一定程度上可以看做是外部刺激和消费者特征输入的结果，但这种输入与输出的关系不是一一对应的代数关系，应当运用调查统计分析方法对消费者特征因素进行研究，并根据统计分析结果勾画出消费者市场的轮廓，以此作为市场细分和目标市场选择的基础，再把企业的营销刺激同目标市场的消费者行为联系起来，达到有目的、有重点地刺激消费者购买的目的。

（4）不能把消费者仅仅想象为一个个人或家庭，在很多情况下，特别是对高档消费品营销时，市场营销者应当把消费者看做是由不同角色构成的一个非正式群体。例如，家用电器的购买可能涉及妻子、丈夫、儿子、同事、朋友、销售人员及一般公众等。

四、影响消费者购买决策的特征因素

消费者购买决策在很大程度上受个人、心理、社会和文化因素的影响，如图 4-3 所示。其中，个人因素影响的直接性最强，也是最易于识别的因素。

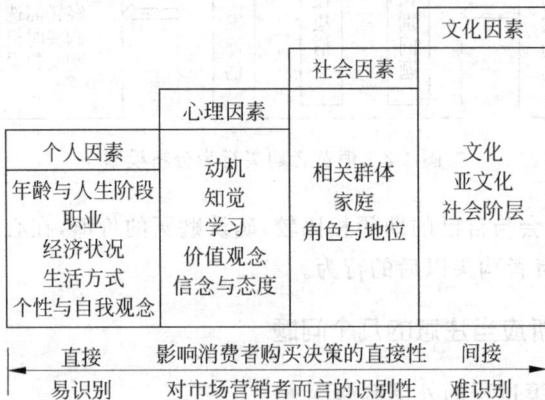

图 4-3 消费者特征因素

（一）个人因素

个人因素是消费者购买决策过程最直接的影响因素，主要包括以下几方面。

1. 年龄与生命阶段

年龄不同的消费者，需要与欲望是有所不同的，即使是相同的，其需求量也有较大差别。小孩喜欢吃糖，糖是儿童身体发育的重要营养成分。但老年人对糖的需求则很谨慎，糖尿病患者对糖更是忌讳莫深。

家庭也有生命周期阶段，也对消费产生很多的影响。处在每一阶段上的家庭都有自己最感兴趣的产品。例如，住房改革由过去的住公房转变为买主权，许多老年人家庭就不感兴趣，而中青年家庭对此非常关心。目前，营销人员经常把目标市场瞄准家庭生命周期中某一阶段的消费者。

近年来，一些研究认为：人类存在心理生命周期阶段。成年人在一生中会经历数次过渡时期和转化阶段。营销人员应该注意与成年人一生各个时期有关的消费兴趣，如离婚、丧偶和再婚后的变化情况等。

2．职业

一个人的职业对产品和服务消费的影响常常是显而易见的。如蓝领工人购买更多粗犷的工作服，白领则对职业套装更感兴趣。营销者总是希望能找出对其产品和服务更感兴趣的职业群体。一个企业甚至可以专门从事为某个特定职业群体提供特定产品的生产经营活动。如计算机软件公司为品牌经理、会计、工程师、律师、医生等设计不同的产品。

3．经济状况

经济状况是决定购买行为的首要因素，包括收入、储蓄、资产、债务、借贷能力以及对待消费与储蓄的态度等，它直接影响消费者对产品的种类、档次及购买规模等的选择。

世界各国消费者的储蓄、债务和信贷倾向不同。日本人的储蓄倾向强，达到 18％，这使得日本银行有更多的钱和更低的利息贷给日本企业，加快了日本企业的发展。因此，营销人员应密切关注居民收入、支出、利息、储蓄和借款等情况，这对价格敏感型产品尤为重要。

消费者的经济状况既与个人能力有关，也与整个经济形势有关。1997 年下半年东南亚金融危机发生后，这些地区在我国的留学生一下子感到钱紧了。他们的本国货币同人民币的比价一下子下跌了 40％左右。一些韩国学生不得不自己做饭或到他们很不习惯的大学生餐厅吃饭，以节省费用。

4．生活方式

生活方式是一个人生活的形式，是人们在活动、兴趣和思想见解上表现出的生活模式，即使是来自相同的亚文化、社会阶层及职业背景，人们也会有不同的生活方式。

生活方式一般由消费者的消费心态来表示，包括衡量消费者的主要 AIO 项目——活动（activity：工作、爱好、购物、运动、社会活动）、兴趣（interest：食物、时尚、家庭、娱乐）及观念（opinion：关于自己的、社会问题的、商业的、产品的）。

生活方式勾勒了一个人在社会上的行为及相互影响的全部形式，比一个人的社会阶层或性格更有意义。生活方式的概念可以帮助营销者理解消费者不断变化的价值观及其对购买行为的影响，从多角度区分不同生活方式的群体，以便有针对性的制定营销组合策略。

5．个性与自我观念

个性是个人独特的心理特征和品质的总和，是导致一个人对其所处环境的相对一致和持续不断的反应。个性通常可以用自信心、控制欲、自主意识、顺从性、交际性、防守性和适应性等特征描述。每个人都有影响其购买行为的独特个性。如果个性可以分类，那么它就能成为分析、购买行为的一个有用变量。

自我观念就是自己认为自己是什么（形象），是同个性有关的一个概念，有的心理学家把自我观念看做是个性的一部分。每个人都有一种复杂的内心图像，都会对突出同样品质的产品产生好感,即产品的品牌形象同消费者的自我形象相匹配。因此,市场营销人员应尽力开发符合目标市场自我形象的品牌形象。

(二)心理因素

1. 动机

动机是引起人们为满足某种需要而采取行动的驱动力量,产生于未满足的某种需要,这时心理上就会产生一种紧张感,驱使人们采取某种行动以消除这种紧张感。行为科学认为,一般地说,最缺乏的需要常常是行为的主要动机。因此,关于消费者动机的研究主要集中地转为对需要的研究。

关于人的需要、动机与激励的研究,已形成非常丰富的学术成果,并得到较为广泛的实践应用,其中包括马斯洛的需要层次论、阿德弗的"生存——联系——成长"论、赫茨伯格的"双因素理论"和弗洛伊德的"潜意识理论"等。这些理论有的侧重需要的划分,有的侧重需要与动机和激励的关系,有的侧重需要与动机的深层解析。对市场营销都具有一定的借鉴意义。

赫茨伯格发现,对"满意"与"不满意"是要严格加以区分的,他指出,"没有不满意"并不就是满意。满意可以起到激励作用,而"没有不满意"则不能。当我们把市场营销看做是一种激励过程的时候,这种区分就非常具有指导意义。要真正使顾客满意,企业就一定要像奥运精神所倡导的那样比竞争者"更高、更快、更强"。

2. 知觉

感觉与知觉是消费者认知过程的两个阶段。认知过程是人由表及里、由现象到本质反映客观事物的特性与联系的过程。感觉是人脑对当前直接作用于感觉器官的客观事物个别属性的反映。知觉是人脑对直接作用于感觉器官的客观事物各个部分和属性的整体反映。

知觉是接受刺激的第一道程序,是人们为了了解世界而收集、整理及解释信息的过程。它通过对刺激进行筛选、组织、归类和抽象,找出它们之间的关系,再赋予一定的意义,然后形成经过提炼的信息,指导人的行动。知觉具有以下几个特点。

(1)知觉的相对性,大胖子和小瘦子两人相伴出现,会使人产生胖者益胖瘦者益瘦的知觉。

(2)知觉的整体性,指人的知觉系统具有把个别属性、个别部分综合成整体的能力。人们不是孤立地反映刺激物的个别特性和属性,而是多个个别属性的有机综合。

另外,我们对事物个别属性的知觉依赖于事物的整体特性。在知觉活动中,人们常常会对整体的知觉先于个别成分的知觉。

(3)知觉的选择性,客观事物是多种多样的,在特定时间内,人只能感受少量或少数刺激,而对其他事物只作模糊的反映。对同一知觉刺激,观察者采取的角度或选取的焦点不同,也会产生截然不同的知觉经验。影响知觉选择性的因素有刺激的变化、对比、位置、运动、大小、强度、反复等,还受经验、情绪、动机、兴趣、需要等主观因素的影响。知觉的选择性有三个过程,即选择性注意、选择性扭曲和选择性保留。

（4）知觉的理解性,指人们用自己的知识、经验和需要来理解事物,并对这一事物赋予意义。

（5）知觉的恒常性,人们对事物建立了大小、距离、形状与角度的联系的知觉,其后就会继续以这种知觉去认识这一事物,当知觉的客观条件在一定范围内改变时,我们的知觉映象在相当程度上仍保持着它的稳定性,这就是知觉的恒常性,它对建立顾客忠诚非常重要。

小链接

知觉的整体性与电视广告

电视是目前传播范围最广、影响最大且费用昂贵的广告媒体。一般而言,只有长期播放电视广告才能收到效果,但是企业往往难以承受巨额的费用。因此,企业普遍采用这样一种方法:将电视广告分为前后两个阶段,前一阶段播放情节完整的广告,持续数月,直到公众对该广告耳熟能详,出口成诵。然后进入第二阶段,将原先的广告加以简化,仅仅播放其中主要情节或主要广告语。由于知觉整体性的作用,受众在听到、看到简化的广告时,会在头脑中将省去的情节和词语回忆出来,将不完整的信息补充完整。这种做法既节省了广告费用,又没有降低广告效果。

资料来源:吴健安.市场营销学.北京:高等教育出版社,2007.

---

3. 学习

学习是指人们经过实践和经历而获得的,能够对行为产生相对永久性改变的过程。现代行为科学对俄国科学家伊凡·巴甫洛夫关于狗、食物与铃声关系研究理论进行了修改和完善。将学习看做是刺激、反应、奖酬与强化的综合过程。例如,当你路过一个摊点看到小贩在卖酸奶(刺激),你会买上一杯(反应),尝过以后感觉非常爽口(奖酬),你的行为就被正强化了。如果你感觉这个味道并不好(负强化),你就会不再购买这种酸奶。正强化或负强化激励人们重复某种行为或者避免某种行为。

重复是促销活动的一个关键因素,它可以增加顾客对产品的学习。简单重复或同义重复是广告策略中最常用的方法。一般地,为了加强学习效果,广告采用较长的时间周期要比集中在一小段时期更好一些。

4. 价值观念

人们价值观念迥然不同:有人认为时间最重要,惜时如金;有人认为人生就是过场,及时享受;有人看重精神财富的创造,苦中作乐;有人嗜钱如命,甚至铤而走险。

价值观念对消费者行为有很大的影响。具有相同或相似的观念的消费者对价格和其他营销刺激因素往往会有相同或相似的反应。价值观与人们的消费模式也存在一定的对应关系。环境意识较强的消费者只购买不能对环境造成危害的产品。价值观念还影响消费者观看电视节目和阅读杂志的习惯。

小链接

消费者的熟悉过程

　　一个外地游客在杭州畅游西湖之后,感到饥饿,便产生了一种驱使力(就餐的需要),想去找饭店(刺激物),他得知白堤上有一家著名餐馆"楼外楼"(提示物:具体地点),便去该店用餐,需要满足后觉得环境幽静,价格合理,食物质量好,确有特殊风味,留下深刻的印象(反应),如果下次再来杭州,他会很主动地去"楼外楼"用餐。

　　　　资料来源:何利良.市场营销.北京:中国农业出版社,2002.

---

5. 信念与态度

信念是人们关于周围事物的知识的有效性的组织模式。信念可能来自于知识、信任或传说。消费者一般都是形成关于某一产品特征的一组信念,并通过这一组信念形成关于某一特定品牌的"品牌印象"。换言之,品牌印象形成消费者对某一产品的态度。

态度是人们对某一客观事物所持的评价与行为倾向,是由很多组相关的信念所构成的,它比信念更复杂、更持久。态度包含人们对某一事物对、错、好、坏评价。态度具有三个特点。

(1) 态度具有统合性,它是认知(即评价)、感情(好恶)和意向(反应倾向)等心理过程的统合。

(2) 态度具有媒介性,它是心理活动与外部表现的中介,是潜在的行为。

(3) 态度具有压力,具有导向某一行动的倾向。

态度是后天学习获得的。当一个产品满足了消费者的需要,对这一产品积极的态度就强化了,反之,则形成消极的态度。这时,市场营销者就要设法改变消费者的态度。改变消费者的品牌态度有三种方式:

(1) 改变消费者对这一品牌特征的信念。企业可通过产品革新和质量改进以及加大广告促销力度来强调产品的功能与质量的方法来实现。一般地说,消费者对产品的态度比较容易改变,但对服务的态度则难以改变。

(2) 改变所有信念中对态度最重要的信念。

(3) 增加新的信念。大家可能还有印象,20 世纪 80 年代中期,减肥茶在我国曾一度大行其道。"减肥"就是在人们对茶或饮品的信念之上又新增加的信念。它迎合了苗条为美的社会时尚,因此,一时极为畅销。

（三）社会因素

消费者购买行为还受到所属相关群体、家庭、社会角色与地位等一系列社会因素的影响。

1. 相关群体

（1）相关群体含义及分类

相关群体又称参照群体，是指那些对个人的态度和行为有直接或间接影响的一切正式和非正式群体。消费者行为受相关群体的影响主要是因为消费者对社会归属感的需要。他们把自己的消费行为看做是自己社会归属的一个方面。消费者用产品或品牌来识别群体并使自己成为某一个群体的成员。他们通过观察来学习相关群体如何进行消费，并采用相关群体消费决策的标准和方法来进行自己的消费决策。依据接触程度的高低，将相关群体分为以下几类，如图 4-4 所示。

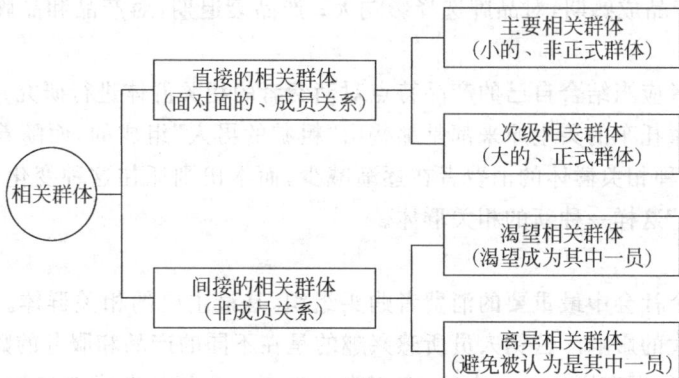

图 4-4　相关群体的主要类型

① 直接的相关群体，是指与消费者经常见面的相关群体，它又包括主要相关群体（primary membership group）和次级相关群体（secondary membership group）。主要相关群体是指接触频繁并相互影响的人们，包括家庭、朋友和邻居等；次级相关群体则是比较正式的但非持续性相互影响的群体，包括宗教、职业和贸易协定等。

② 间接的相关群体，消费者也要受到许多间接的，并不属于他们的非所属群体的影响。渴望群体（Aspirational group）是消费者希望成为其中一员的那些群体；离异相关群体是消费者希望避而远之的群体。

（2）相关群体的作用

① 相关群体会影响一个人的态度和自我观念及新的行为和生活方式。营销人员总是试图识别他们目标顾客的相关群体，因为人们通常希望迎合群体。

②　相关群体产生某种趋于一致的压力,它会影响个人的实际产品选择和品牌选择。相关群体对各产品和品牌的影响水平并不相同,如对汽车,两方面选择影响都很大;对家具、服装、啤酒和香烟等产品,只有品牌选择受相关群体的影响大。因此,对受到相关群体影响大的产品和品牌生产者来说,必须想法去接触和影响相关群体中的观念倡导者。

观念倡导者或称"意见领袖",是对一个特定的产品或产品种类,非正式地对它做传播,提供意见或信息的人,是某种相关群体中有影响力的人物。他分散于社会各阶层,某人在某一产品方面可以是观念倡导者,同时也可以是其他产品的追随者。营销人员应力图通过认识并掌握与观念倡导者有关的一些人文统计和心理方面的特征,确定他们阅读的新闻媒体,并直接向观念倡导者传递信息。

此外,相关群体的影响水平还受到相关群体的凝聚力及产品的市场生命周期阶段的影响。一般相关群体的凝聚力越强,其沟通过程越有效,对人们在产品和品牌选择方面的决策影响就会越大;产品投入期,购买决策受他人的影响大;产品成长期,对产品和品牌的影响都大;产品成熟期,对品牌选择影响大;产品衰退期,对产品和品牌的选择的影响都小。

市场营销者应当结合自己的产品特点对消费者的相关群体进行研究并应用到营销策略中去。哈雷摩托车的买主原来都是那些由"粗犷的男人"组成的,而随着社会文化的改变,渴望成为这种相关群体的消费者在逐渐减少,而本田则抓住这种变化,通过促销建立"文雅人骑本田"这样一种新的相关群体。

2. 家庭

家庭是一个社会中最重要的消费者购买组织,是最主要的相关群体。家庭成员对购买者行为有很大的影响。营销人员所感兴趣的是在不同的产品和服务的购买中,丈夫、妻子、孩子所起的作用和影响。在中国,家庭收入由妻子主管是非常普遍的,在美国则大都是各有各的账户。一般而言,妻子主要购买日常用品,而家庭大件如家具、家用电器一般要夫妻双方讨论预算,在质量、功能上主要由丈夫决策,妻子只是协助;而家庭装修则基本由丈夫全权办理。

3. 社会角色与地位

每个人都从属于许多群体——家庭、俱乐部、组织等,都有多种角色和相应的地位。每个角色都代表一定的社会地位,反映社会对其综合的评价,都会对其购买行为产生一定的影响。不同角色与地位,要求有相应的消费行为方式,人们通常选择能代表自己地位和角色的产品。如李某在公司中是经理,管理一个部门的20多个人,很有威望;但回到家里他是丈夫,而且"妻管严"很重,但对儿子他还是蛮有权威的。作为经理,李某要穿名牌西装,要戴劳力士手表,乘高级轿车,这些都是李某作为经理的象征。现在,营销人员已经意识到产品和品牌成为了消费者社会地位标志的潜在力量。

（四）文化因素

文化因素是被认为最"软"、最难以识别，又对消费者的行为具有最广泛和深远影响的因素。它能够影响消费者行为的基本原因主要有三方面：一是文化的产生和存在可以指导消费者的学习和社会行为，从而为消费行为提供目标、方向和选择标准；二是文化的渗透性可以在新的区域中创造出新的需求来；三是文化自身所具有的广泛性和普及性会使消费者行为具有一种模仿性。因此，企业在制定营销方案时，必须了解各种不同的文化对于消费者的影响。

1. 文化

文化是人类欲望和行为最基本的决定因素。每个人都生长在一定的文化氛围中，并接受这一文化所含价值观念、行为准则和风俗习惯的规范，并对他们的购买行为产生了影响。在社会中成长的儿童通过其家庭和其他主要机构的社会化过程学到了基本的一套价值、知觉、偏好和行为的整体观念。美国成长儿童受以下价值观的影响：成就与功名、行动与参与、高效与实用性、进取、物质满足、个人主义、人道主义、自由和富有朝气、健美与健康。在我国成长的儿童则受到以下价值观的影响：家庭与个人的关系、忠诚、服从、尊敬长辈等。

每个群体或者社会都有自己的文化，而且文化对购买行为的影响在国家间差异很大。如美国某社区的一个商业代表团到台湾去访问，希望促进对外贸易，并带了绿色的棒球帽作为礼物。由于他们并不了解绿色是台湾反对党的代表色，且当地文化风俗是戴绿帽子的男人意味着他的妻子对他不忠的文化差异，不但礼物遭到了拒绝，更糟的是失去了达成对外贸易的机会。这个社区代表团的团长说："我不知道这些绿帽子究竟怎么了，但这次访问使我们更深刻地理解了人类文化的巨大差异。"因此，国际营销人员必须理解每个国际市场中的文化习俗，并随之调整营销战略。

另外，营销人员要努力去发现"文化转型"，以寻求新的产品机会。例如，人们对健康和健美日益关心的文化转型创造了一个巨大的行业：锻炼器械和服装、低脂肪和更自然的食品、健康与健美服务；人们向着轻松随意的转型，使休闲服装和简单家具的需求增加；人们对休闲时间的需求使方便产品的需求增加，如微波炉、外带食品及快餐等。

2. 亚文化

每一种文化都包含着能为其成员提供更为具体的认同感和社会化的较小的亚文化群体。亚文化群体包括民族群体（比如中国人、日本人、美国人）、宗教群体（佛教徒、道教徒、天主教徒）、种族群体（黑人、白人）和地理区域（东方人、欧洲人）。许多亚文化构成了重要的细分市场，营销人员可以根据需要专门设计产品并制订市场营销计划。

小链接

"左手"蕴涵的文化

我国一家图书公司在某伊斯兰教国家展销图书时,一套印刷精美、装帧考究的图书被勒令停止展销。原因是书中有一幅图上画着一个服务员用左手给一位阿拉伯大亨上菜,而在穆斯林教徒眼里,左手是不干净的,用左手上菜无疑是一种侮辱。就是这幅不合民俗的"杰作"使这家图书公司在阿拉伯世界开拓市场的希望化为泡影。

资料来源:何利良.市场营销.北京:中国农业出版社,2002.

---

3. 社会阶层

社会阶层是在一个社会中具有相对的同质性和持久性的群体,是一个社会的相对稳定和有序的分类。每一阶层成员具有类似的价值观、兴趣爱好和行为。社会阶层不仅受收入的影响,也受职业、教育和居住地等其他因素的影响。社会阶层有以下几个特点。

(1) 相同社会阶层中人的行为要比两个不同社会阶层中人的行为更为相近。

(2) 人们以所处的社会阶层来判断自己在社会中的地位。

(3) 某人所处的社会阶层并非由一个变量决定,而是受到职业、收入、财富、教育和价值观等多种变量的制约。

(4) 个人能够在一生中改变自己所处的社会阶层。这种改变的程度随各社会层次森严程度的不同而不同。

不同的社会阶层在各个领域表现出不同的消费行为,例如:服装、家具、娱乐活动和汽车等各领域,各社会阶层显示出不同的产品偏好和品牌偏好,一些营销人员把其注意力仅集中于某一阶层;对新闻媒介的选择,高阶层消费者与低阶层消费者相比,更偏爱报纸杂志,即使在同一种媒介内,每一阶层的偏好也迥然不同;各阶层所使用的语言也有天壤之别,广告商们为迎合各阶层消费者不同偏好的目标需求,不得不在商业性广告节目中制作和撰写适合于他们各自需求的文稿和对话。

正因为社会各阶层具有这样的特点,因此,市场营销者可以通过对社会阶层的识别来进行市场细分,从中选择目标市场,并进行恰当的市场营销策略安排。

五、消费者购买决策过程分析

消费者购买决策过程是消费者购买动机转化为购买活动的过程。对企业来说,如果能够掌握消费者购买决策影响因素和机理,还能够掌握消费者的购买决策过程,那么,就可以有的放矢地制定营销策略以影响消费者向着对本企业有利的方向进行购买决策。

（一）消费者购买决策过程的参与者

（1）发起者，第一个提议或想去购买某种产品的人。

（2）影响者，直接或间接地影响最后购买决策的人。

（3）决定者，对部分或整个购买行为作出最后决策的人。比如买不买、买什么、买多少、怎么买，何时与何地买等等。

（4）购买者，实际执行购买决策的人。比如与卖方商谈交易条件，带上现金去商店选购等等。

（5）使用者，实际使用或消费该产品的人。

以上五种角色共同构成了购买行为，营销人员必须能区分不同角色对不同商品的影响，并判断每种角色在购买决策中的影响力。五种角色中，营销人员最关心决定者是谁。某些产品和服务很容易辨认购买决定者。比如，男性一般是烟酒的购买决定者，女性一般是化妆品的购买决定者，高档耐用消费品的购买决定往往由多人协商做出。购买者在特定环境条件下，有权部分更改购买决策，因此辨认谁是商品的实际购买者也很重要，企业应据此开展商品陈列和广告宣传活动。

（二）消费者购买决策过程

不同消费者的购买决策过程既存在特殊性，也有一般性。完整的购买决策过程一般由五个阶段构成。

1．确认问题

确认问题指消费者确认自己的需要是什么。需要是购买活动的起点，升高到一定阈限时就变成一种驱动力，驱使人们采取行动去予以满足。需要可由内在生理活动引起、外界刺激引起或是内外两方面因素共同作用的结果。如口渴时，就会产生找水解渴的动机；看到橱窗中展示的服装非常好看，禁不住驻足细看，甚至产生想买下来的念头。碰到这种情形，消费者都会在头脑中对需要与欲望加以清理、确认，以决定是否采取和如何采取行动。

针对消费者确认问题这个阶段，市场营销者应不失时机地采取适当措施，所能做的就是加强对消费者的刺激，以唤起和强化消费者的需要。

2．搜集信息

如果唤起的需要很强烈，且满足需要的商品不易马上得到，消费者会着手收集相关产品的信息。消费者的信息来源主要有四个方面。

（1）个人来源，主要从家庭、朋友、邻居、熟人及同事处得到信息。

（2）商业来源，包括广告、推销员和经销商的介绍、商品包装和说明材料、展览会与展示等。

（3）公共来源，来源大众媒体（广播、电视等）及消费者评比机构等。

（4）经验来源，指消费者通过自身触摸、试验或对产品的使用获得的信息。

针对消费者搜集信息这个阶段，企业营销的关键是要能掌握消费者在搜集信息时会求助于哪些信息源，并能通过这些信息源向消费者施加影响力。

3. 备选产品评估

消费者得到的信息可能是重复的，甚至是矛盾的。因此需要对获得的信息进行分析评价和选择，这是决策过程中决定性的一步。消费者会对多种备选产品的评估有理性的成分也会有感性的成分，一般来说，商品的价格越贵，消费者的评估就越理性；价格越低，评估就越感性。

在评估过程中，消费者常常要考虑多种因素。一般情况下，消费者的评价行为涉及以下几个方面。

（1）产品属性，指产品所具有的能够满足消费者需要的特性。在价格不变的条件下，拥有更多属性的产品将增加对顾客的吸引力。因此，营销人员应了解顾客主要对哪些属性感兴趣，以确定产品应具备的属性。

（2）品牌信念，是消费者对某品牌优劣程度的总体看法。每一品牌都有一些属性，消费者对每一属性实际达到的水平给予评价，然后将这些评价连贯起来，就构成消费者对该品牌优劣程度的总体看法，即他对该品牌的信念。

（3）效用要求，是消费者对该品牌每一属性的效用功能应达到水平的要求。

（4）评价模式，消费者会有意或无意地运用一些评价方法对不同的品牌进行评价和选择。

企业如果能够搞清楚消费者评估诸因素的不同重要性，就可以通过营销手段强化消费者看重的因素，弱化次要因素和消极因素，就可能更多地取得消费者的青睐。

4. 购买决策

消费者对备选产品进行评估之后，就会产生购买意图。但购买决策的最后确定，还会受到他人的态度和意外因素的影响。

购买决策是消费者购买行为过程中的关键阶段。这一阶段，营销者一方面要向消费者提供更多、更详细的商品信息，以便消除消费者的各种疑虑；另一方面要通过提供各种销售服务，方便消费者选购，促进消费者做出购买本企业产品的决策。

5. 购后行为

消费者购买以后，可能获得满足，这将鼓励消费者今后重复购买或向别人推荐该产品。如果不满意，其反应会有许多不同的做法，有的可能要求退货、换货，有的可能诉诸法律，有的可能弃之不用，有的则会四处抱怨以发泄心中的不满。显然，不满意的消费者对企业的影响要比满意的影响要大。如果处理得不好，企业将会受到损失。为此，重视顾客满意的企业，都建立起专门接待顾客投诉抱怨的机构与相应的制度。

第三节 组织市场及购买行为分析

企业的市场营销对象不仅包括众多的消费者,还包括工商企业、政府部门、社会团体等各类组织机构,它们对原材料、零部件、机器设备、办公设备等发生大量的购买行为,成为企业产品销售市场的重要组成部分。因此,企业应充分了解它们的特点和购买行为,为制定正确的营销决策提供依据。

一、组织市场概述

(一)组织市场的概念与范畴

组织市场指工商企业为从事生产、销售等业务活动以及政府部门和非营利性组织为履行职责而购买产品和服务所构成的市场,即是以某种正规组织为购买单位的购买者所构成的市场,与消费者市场相对应。就卖主而言,消费者市场是个人市场,组织市场是法人市场;就购买用途而言,组织市场为获利或履行职责而购买,消费者是为个人消费和使用而购买。政府和大学等公共事业单位是一种特例,它们虽然不是为了获得利润,但也要讲究投入产出的经济性,少花钱多办事、办好事,其购买行为与营利性有较大的相似性,因此,本教材将政府市场纳入经营者市场。组织市场包括经营者市场和非营利性组织市场。

(二)组织市场的特点

组织市场较之消费者市场,在需求、价格弹性、购买数量等诸多方面都有所不同,形成一些新的特点。

(1)购买者比较少,如发电设备生产者的顾客是各地极其有限的发电厂。

(2)购买数量大,组织市场的顾客每次购买数量都比较大,有时一张订单的金额就能达到数千万元甚至数亿元。

(3)供需双方关系密切,组织市场的购买者需要有源源不断的货源,供应商需要有长期稳定的销路,每一方对另一方都具有重要的意义,因此供需双方互相保持着密切的关系。

(4)购买者的地理位置相对集中,组织市场的购买者往往集中在某些区域,以至于这些区域的业务用品购买量占据全国市场的很大比重。

(5)派生需求,又称为引申需求或衍生需求。组织市场的顾客购买商品或服务是为了给自己的服务对象提供所需的商品或服务。因此,业务用品需求由消费品需求派生出来,并且随着消费品需求的变化而变化。

(6)需求弹性小,组织市场对产品和服务的需求总量受价格变动的影响较小。一般,在需求链条上距离消费者越远的产品,其价格的波动越大,需求弹性越小。原材料的价值越低或原材料成本在制成品成本中所占的比重越小,其需求弹性就越小。组织市场的需求在短期内特别无弹性,因为企业不可能临时改变产品的原材料和生产方式。

(7) 需求波动大,组织市场需求的波动幅度大于消费者市场需求的波动幅度,一些新企业和新设备尤其如此。组织市场需求的这种波动性使得许多企业向经营多元化发展,以避免风险。

(8) 专业人员采购。组织市场的采购人员大都经过专业训练,具有丰富的专业知识,清楚地了解产品的性能、质量、规格和有关技术要求。供应商应当向他们提供详细的技术资料和特殊的服务,从技术的角度说明本企业产品和服务的优点。

(9) 影响购买的人较多,大多数企业有专门的采购组织,重要的购买决策往往由技术专家和高级管理人员共同决定,其他人直接或间接地参与,这些组织和人员形成事实上的"采购中心"。供应商应当派出训练有素的、有专业知识和人际交往能力的销售代表与买方的采购人员和采购决策参与人员打交道。

(10) 销售访问多,由于需求方参与购买过程的人较多,供应者也较多,因而竞争激烈,所以需要更多的销售访问来获得商业订单,有时销售周期可达数年以上。调查表明,工业销售平均需要4～4.5次访问,从报价到产品发送通常以年为单位。

(11) 直接采购,组织市场的购买者往往向供应方直接采购,而不经过中间商环节,价格昂贵或技术复杂的项目更是如此。

(12) 互惠购买,组织市场的购买者往往这样选择供应商:"你买我的产品,我就买你的产品",即买卖双方经常互换角色,互为买方和卖方。

(13) 租赁,组织市场往往通过租赁方式取得所需产品。

二、经营者市场及购买行为分析

(一)经营者市场概念及范畴

经营者市场是由为获利的目的而购买某种产品的个人和组织所构成的顾客群。包括生产者市场、中间商市场、政府市场及以营利为目的的小商贩、农民等个人和家庭。

(二)影响经营者购买决策的主要因素

1. 环境因素

它包括采购的需求水平,一般与采购单位的经营计划相联系。采购单位受到经济形势预期、竞争者的采购等的影响;科技变革、政治变化对工业品购买也有影响。

2. 组织因素

采购单位目标、战略、政策、制度、程序等对采购都有较大的影响。奉行总成本领先战略的企业,视成本控制为第一要素,在这类企业中,采购方面有以下几种发展趋势:

（1）采购部地位升级，采购管理的范围扩大。过去，采购部主要负责生产性采购任务，而行政性消耗品的采购则另有归口或各自为政，造成成本管理中控制困难，跑、冒、滴、漏严重。针对这种情况，一些企业将采购部采购权限扩大至企业内的所有采购，进行采购成本的统一全权控制。采购部参与企业大政方针决策的地位也有较大的提高。

（2）与供应方建立长期联系，企业都希望建立长期的供应关系，这对双方都有利。对采购方来说，更换供应商不仅要付出转换成本，同时也要冒一定的风险。

（3）采购绩效评估，越来越多的企业开始制定政策来激励采购部门，促使采购部门向供应方施加更大的压力，以争取更佳的采购条件。

（4）当采购单位采用新的革新性管理方法时，对采购也会提出新的要求。80 年代产生于日本，后在美国迅速传播应用的"恰及时（just-in-time）"管理法，要求零库存，各道工序必须紧密相连，对原材料和设备零配件采购都提出了更高的要求。供应商只有能够满足采购单位新的管理要求，才能保住客户。

3. 人际关系与个人因素

由于工业品购买具有长期性的特点，因此建立个人之间的良好关系非常重要。作为销售者，不仅要能同采购方参与决策的每个人建立良好关系，还要注意处理好采购方内部的人际关系。

采购方看重的是质量、价格与服务，这永远都是正确的。但采购方参与者都是"人"，都有七情六欲，都希望得到尊重、受到关怀，因此在质量、价格与服务水平相当的情况下，采购谁家产品，也就全凭感觉了。

小链接

商业营销者帮助客户成功

在 20 世纪 80 年代末，道化学公司将其几十个不同的塑胶企业重组为一个企业，并称为"道塑胶"。道公司面临的首要问题之一就是如何对其新厂进行竞争性定位。对道及其竞争对手的客户进行的初步调查显示：在客户偏好方面道公司只排在第三位，落后于行业领先者杜邦公司和通用塑胶公司。不过，调查还显示，客户对于这三家供应商的服务均不满意，有时甚至得不到足够的服务。"塑胶的销售者就像沿街兜售小商品的小贩一样，"道塑胶的广告部门经理说："他们在价格和按时交货上竞争，但不提供服务。"

这些发现引出了一个定位战略，不再局限于提供优质产品和按时交货。道塑胶开始寻求与客户建立更密切的关系。公司不仅仅出售产品和服务，还"出售"客户成功，广告部门的一位高级经理说："不论他们使用道的塑胶去做安全袋还是复杂的飞机设备，我们都要去帮助他们在市场上取得成功。"这一新思路在定位声明中总结得很好："只有你们获得成功，我们才会成功。"

这种新的定位使道塑胶真正成了一个顾客导向型的公司,使该公司不仅销售塑料,还"销售"客户成功。这种口号和背后隐藏的哲学赋予了该企业一个新的身份——建立与顾客的关系并帮助他们取得与他们自己的顾客做生意时的成功。顾客的问题不仅仅是来自产品技术问题,道公司的销售对象向其他人销售产品时,道公司还要面临对销售对象的顾客进行营销,并使他们满意这样的挑战。

由于采取了以顾客关系为导向的战略,道塑胶成为了塑胶行业的领先者。这种让顾客成功的哲学渗透在该企业的方方面面中。不论是面对一件新产品还是一个新市场,该企业人员所提的第一个问题总是"这是否符合'只有你们成功,我们才会成功'"。

资料来源:菲利普·科特勒等著,俞利君译.市场营销导论.北京:华夏出版社,2000.

(三) 经营者市场购买决策的参与者

采购是成本控制的重要内容,因此,影响购买决策的人多,决策程序复杂。管理严格的企业对采购都有严密的程序和制度,参与决策的人员常常超过十人甚至数十人。一般采购的数量越大,价值越高,参与决策的人员就越多。参与购买决策的人员可分为:

(1) 使用者,是欲购物品的直接使用者。一般是使用者首先提出采购建议,并协助决定欲购物品的规格、品质和品牌等。

(2) 影响者,通常是欲购物品方面的专业技术人员,在采购决策中起咨询作用。

(3) 决策者,是对采购品种、规格和数量以及供应商有决定权的人员。

(4) 批准者,是有权批准决策者的采购方案的人。除直接上级领导是批准者外,财务经理(总监)也是非常重要的批准者。

(5) 信息把关者,企业中有一些人虽然不直接参与(甚至根本就无权参与)采购决策,但是他们却可以阻止销售者向采购方进行营销的努力,如接待员、电话接线员、秘书等。他们可能会以各种理由拒绝你同实质人员接触,也可能将你的促销宣传资料随便地扔进废纸篓。

对参与购买决策各种人员分析得越深入,公关工作才能做得越有成效。对小企业推销工业品,直接找决策者最为简便,而对大企业,不仅找决策者很难,即使找到了,由于受制度的限制,决策者也不能直接定夺。

(四) 经营者购买决策过程

经营者购买一般是先试购(新购),然后再决定是否长期大批量在同一家供应商采购。经过试购以后,采购单位会提出品种、规格、价格、交货方式、付款条件等方面的修改意见,称之为修正重购。再经过一段时间,双方已没有什么异议,采购单位就会将向已确定的供

应商采购,称之为直接重购。与这三种采购类型相联系,经营者购买决策过程可以划分为八个阶段:

(1) 觉察问题,当企业内有人发现通过采购某种产品可以解决企业的某一问题或满足企业的某种需要时,购买过程就开始了。觉察问题可能是由内部需要引起的,也可能是由外部刺激引发的。常见的内部因素主要有:

① 企业准备推出一种新产品,对原材料和设备产生新的需要。

② 设备出现故障,需要更新或采购配件以修复设备。

③ 采购的产品不尽如人意,需要寻找新的供应商。

④ 采购负责人认为还有可能找到更质优价廉的供应商,需要进一步寻找。

另外,采购者受到来自外部销售者的营销刺激,如展销会、广告、推销介绍等,也可能使其产生购买的欲望。

(2) 决定需求要项,确定了某种需求以后,购买者就要确定欲购产品的特性与需求数量。对通用的、简单的产品这个阶段就比较简单,对技术复杂或价值较高的产品,就要召集有关人员共同研究。

(3) 决定产品规格,在确定了需求要项之后,就要具体确定产品规格。对简单的产品,这一阶段同上一阶段是合二为一的;对复杂的产品,这一阶段则要做许多工作。如用"投入/产出"方法评估欲购产品各种规格的不同效益,从而选择最为满意的规格。

(4) 寻找供应商,利用各种媒体和信息渠道寻找供应商的信息。

(5) 征求报价,采购单位会以电话、传真和信函等方式通知供应商提供详尽的产品目录资料和报价。对重大设备和工程报价,采购单位也可能采用招标的方式征寻报价。

对供应商,如果能接到征求报价的信息,其中选率就已有三成的希望了,因此一定要非常慎重地制定报价书。除价格以外要尽可能全面地展示本企业产品的功能、质量、服务、付款等方面的信息和政策。同时,为了使本企业的报价书更有竞争力,对采购单位的需要和竞争者的情况也要做尽可能深入的了解,使报价更有针对性和竞争性。

(6) 选择供应商,在汇集了多家报价书之后,采购单位就要进行比较选择,从中择优。选择标准因企业和产品不同而有一定差异,但主要内容大致包括:

① 产品方面,包括产品功能、质量、款式、价格等。

② 履约能力方面,包括技术及生产能力、财务状况、组织与管理能力等。

③ 信誉方面,包括履约的历史情况及其他用户口碑等。

④ 服务方面,包括是否提供援助与咨询、技术培训、维修服务等。

⑤ 方便性方面,包括地理位置、交货及时性等。

⑥ 法律方面。

对比较简单产品的选择,主要是凭经验和直觉;对复杂的采购任务,有时要建立专门的采购委员会并聘请专家参加,采用更为严密的评选方法(专家意见加权计分法等)。很多情况下,对供应商的筛选是分阶段逐步缩小范围的。在这个过程中会邀请初选过关的供应商再次报价并进行面对面的谈判。

(7) 正式订购,在确定最终供应商后,双方就要拟定和签订合同,并开始执行合同。

(8) 绩效评估,经过一段时间以后,采购单位会对采购绩效进行评估,以决定是修正重购,还是直接重购,或是放弃原供应商寻找新的供应商。对供应商来说,正式订购仅仅是业务的开始,只有在采购单位绩效评估满意的条件下才能得到长期的业务。

以上主要介绍了在试购情况下的购买决策过程。在直接重购和修正重购的情况下,有些阶段可能被简化或省略。

三、非营利性组织市场和购买行为分析

(一)非营利性组织含义及分类

1. 非营利性组织含义

非营利性组织(NPO)是具有稳定的组织形式和固定的成员——领导结构,超出政府机关和企业而独立运作、发挥特定社会功能、不以营利为目的、关注特定的或普遍的公众及公益事业的民间团体。"非营利性部门比较研究项目中心"的有关研究对其特征界定为:

① 组织性,指合法注册,有成文的章程、制度及固定的组织形式和人员等。

② 民间性,又称非政府性,既不是政府及其附属机构,也不隶属于政府或受其支配。

③ 非营利性,指不以营利为目的,不进行利润分配。

④ 自治性,指拥有独立的决策和执行能力,能够进行自我管理。

⑤ 志愿性,指成员的参加和资源的集中不是强制性的,而是自愿和志愿性的。

2. 非营利性组织分类

依据非营利性组织在功能作用上的不同特征可分为:

(1) 动员资源型,指动员各种社会资源,包括慈善捐赠和志愿服务等。随着这种社会功能日益发展和成熟,动员资源在少数非营利性组织身上逐渐专业化,出现一些以动员资源为核心功能的非营利性组织,包括一些专业筹款和专业开展资助活动的基金会、社会团体以及一些专业招募、培训和派遣志愿者的社会团体和民办非企业单位。

动员资源型非营利性组织数量很少,但专业化程度很高,有相当高的社会公信度和影响力,对各种类型的非营利性组织形成强有力的资源支持平台。因而,在公益认定和评估以及社会监督和监管方面都具有很高的要求和相应的约束。

(2) 公益服务型,非营利性组织提供的公益服务遍及社会的各个方面,包括公益慈善、救灾救济、扶贫济困、环境保护、公共卫生、文化教育、科学研究、科技推广、农村和城市的社会发展及社区建设等许多领域。随着这种社会功能不断发展和成熟,公益服务在一些非营利性组织身上会逐渐专业化,出现一些以公益服务为核心功能的非营利性组织,包

括一些开展公益项目的基金会、社会团体和民办非企业单位以及开展各种社区服务的基层组织等。

公益服务型非营利性组织数量巨大，单体规模较小。其共同特点是：面对受益者的各种需求，为公众提供各种形式的公益服务以谋求社会公益；它们与各级政府和相关各个领域的政府公共服务相辅相成，在很大程度上成为政府公共服务的有益补充。

（3）社会协调型，在社会转型期，各种形式的非营利性组织越来越成为公民表达意愿、维护权益、协调关系、化解矛盾、实现价值的最为广泛和直接的形式，这是中国的非营利性组织近年来在数量上急剧膨胀的重要原因之一。随着这种社会功能的发展，推动社会协调、参与社会治理成为一部分非营利性组织的主要功能。包括以社区为基础的横向协调型的各种社区群团组织和以社群为基础的纵向协调型的各种形式的商会、行业协会、工会、联谊会、同学会、消费者协会等。

社会协调型的非营利性组织数量很大，种类繁杂，具有较强的自我稳定性。一般采取会员制的社团形式，注重社会资本，在会员共同利益基础上形成一定的共益空间并为会员提供服务。强调对所在社区或社群的代表性，积极参与社会公共事务。

（4）政策倡导型，非营利性组织不仅积极参与各级相关立法和公共政策的制定过程、以各种努力倡导和影响政策结果的公益性与普惠性，还作为特定群体（特别是弱势群体）的代言人，表达其利益诉求和政策主张。随着这种社会功能的发展，政策倡导成为一些非营利性组织的主要功能，其中一部分成为专门从事相关政策研究并积极影响政策过程的思想库，另一部分成为积极参与社会博弈的弱势群体或利益集团的代言人，有的发展成为对社会政治过程有影响的压力集团。

政策倡导型的非营利性组织的数量虽然不多，但影响很大，它们有明确的政策主张，较多关注社会公正，并通过积极的倡导活动影响政策过程。

（二）非营利性组织购买特点和方式

1. 非营利性组织的购买特点

（1）限定总额，非营利性组织的采购经费总额是既定的，不能随意突破。

（2）价格低廉，非营利性组织大多不具有宽裕的经费，在采购中要求商品价格低廉。

（3）保证质量，非营利性组织购买商品不是为了转售，也不是使成本最小化，而是维持组织运行和履行组织职能，所购商品的质量和性能必须保证实现这一目的。

（4）受到控制，为了使有限的资金发挥更大的效用，非营利性组织采购人员受到较多的控制，只能按照规定的条件购买，缺乏自主性。

（5）程序复杂，非营利性组织购买过程的参与者多，程序也较为复杂。

2. 非营利性组织的购买方式

（1）公开招标选购，即非营利性组织的采购部门通过传播媒体发布广告或发出信函,说明拟采购商品的名称、规格、数量和有关要求,邀请供应商在规定的期限内投标。有意争取这笔业务的企业要在规定时间内填写标书,密封后送交非营利性组织的采购部门。招标单位在规定的日期开标,选择报价最低且其他方面符合要求的供应商作为中标单位。

(2) 议价合约选购,即非营利性组织的采购部门同时和若干供应商就某一采购项目的价格和有关交易条件展开谈判,最后与符合要求的供应商签订合同,达成交易。这种方式适用于复杂的工程项目,因为它们涉及重大的研究开发费用和风险。

(3) 日常性采购,指非营利性组织为了维持日常办公和组织运行的需要而进行采购。这类采购金额较少,一般是即期付款、即期交货。

本章小结

市场营销学中将现实与潜在顾客的集合称之为市场,因此对顾客的分析也称为市场分析。市场营销者有使自己获利和顾客等所有参与者获得满意的内外在双重目的,两者是通过交换或市场营销联结的,因此顾客分析是市场营销活动的出发点和归宿。

市场营销者要实现其内外在双重目的,就必须从了解顾客的需要入手、分析这些需要产生的原因、顾客的行为模式、影响顾客购买行为的主要因素及购买决策过程等。

人类的一切活动,包括购买行为,都是为了满足自身的需要。购买动机是消费者为了满足某种需要,产生购买活动的欲望和意念。它是推动消费者作出购买行为的直接原因。消费者行为研究这门学科自 20 世纪 50 年代产生以来,在吸收经济学、心理学、社会学、人类学、数学等有关学科研究成果的基础上加以拓宽和深化,成为企业营销决策者的望远镜与显微镜,大幅度提高了企业市场营销决策的科学性和正确性。消费者市场是消费品生产经营企业市场营销活动的出发点和归宿点,其最终决定着工业品生产经营企业的市场需求水平。

企业的市场营销对象不仅包括众多的消费者,还包括工商企业、政府部门、社会团体等各类组织机构构成的组织市场,它包括经营者市场和非营利组织市场。经营者市场是由为获利的目的而购买某种产品的个人和组织所构成的顾客群,包括生产者市场、中间商市场、政府市场及以营利为目的的小商贩、农民等个人和家庭;非营利性组织(NPO)是具有稳定的组织形式和固定的成员——领导结构,超出政府机关和企业而独立运作、发挥特定社会功能、不以营利为目的、关注特定的或普遍的公众及公益事业的民间团体。它们对原材料、零部件、机器设备、办公设备等发生大量的购买行为,成为企业产品销售市场的重要组成部分。因此,企业应充分了解它们的特点和购买行为,为制定正确的营销决策提供依据。

思考与讨论

1. 请结合所学知识与生活实际,谈谈消费者行为包括哪些主要因素及因素之间的相互关系?

2. 简述市场的变化及中国市场与国际市场的关系?

3. 请结合生活实际,谈谈消费者购买行为的特征及与组织市场购买行为的异同?

4. 结合所学知识,谈谈企业对消费者营销刺激应注意哪些方面?

案例分析训练

海尔集团的原材料网上采购系统

海尔集团之所以成为全球家电企业十强和我国最优秀的民族企业之一,与其完善的产供销系统是分不开的。仅在原材料供应方面,海尔的供应商多达 978 家。目前,海尔平均每月的销售订单多达 6 000 多个,定制产品达 7 000 多种,需要采购的物料品种达 15 万余种。

为了适应新经济时代经济全球化的要求,海尔集团成立海尔电子商务有限公司,成为我国国内家电行业中第一个成立电子商务公司的企业。海尔的电子商务项目实行国际化招标,其中,B to B 电子商务平台由全球著名电子商务解决方案供应商德国 SAP 公司提供。海尔采用了 SAP 公司的 ERP 系统和 BBP 系统(原材料网上采购系统),对企业进行流程改造,建立起高效、迅速的物流系统,将海尔的电子商务平台扩展到了包含客户和供应商在内的整个供应链管理。

海尔的 BBP 系统建立了海尔与供应商之间基于互联网的业务和信息协同平台,以降低采购成本、优化产供方案,以至成为一个公用的平台,创造着新的利润来源。

首先,BBP 系统实现了业务过程的协同。通过 BBP 系统,海尔与供应商之间可跨越企业的界限,实现网上招标、投标、供应商自我维护以及订单状态跟踪等业务过程,共享采购计划、采购订单、库存信息、供应商供货清单、配额以及采购价格和计划交货时间等物流管理业务信息。将海尔与供应商紧密联系起来,建立协同合作的关系,降低采购成本,缩短采购周期,提高采购业务的效率。

其次,BBP 系统实现非业务信息的协同。构架于 BBP 采购平台上的信息中心为海尔与供应商之间进行沟通交互和反馈提供了集成环境。信息中心利用浏览器和互联网作为中介整合了海尔过去通过纸张、传真、电话和电子邮件等手段才能完成的信息交互方式,实现了非业务数据的集中存储和网上发布。

最后,海尔通过 BBP 系统和整个 B to B 平台,利用自身的品牌优势和采购价格优势,将所有的采购商和供应商整合在一起并为之服务,使得 BBP 系统和 B to B 平台不仅是一个海尔与供应商之间的业务平台,而且是一个物料的采购和分销中心。

资料来源:孙健.海尔的营销策略.北京:企业管理出版社,2002.

请结合所学知识,探讨供应商一方如何调整自己的营销策略和客户关系管理策略以适应组织购买者网上采购系统日渐增多和普及的趋势?

第五章

市场营销调研与预测

学习目标

1. 熟悉市场信息的来源和收集途径、市场营销调研的内容和程序及市场营销调研的原则；

2. 掌握市场信息和信息系统的概念、市场营销调研的类型、方法和设计及市场营销调研的方法；

3. 了解市场信息的特征、市场营销调研的作用及市场营销预测的作用和分类。

引导案例

布莱克—德柯尔公司的成功

当邓肯·布莱克和阿朗佐·德柯尔在 1910 年开设他们的第一家机械店时，便携式电动工具还未发明。典型的工业电钻是 50 磅重的笨家伙，需要两个人来使用它，还得有第三个人控制电源。布莱克和德柯尔发现人们对更小更易控制的工具的需求，于是设计了一种革命性的新型工具——一种个小发动机、手枪一样的把手，手枪扳机一样的开关。后来的结果大家就都知道了。最初的布莱克和德柯尔便携式电钻现在放在史密森氏学会的美国国家历史博物馆里，而布莱克和德柯尔则成为便携电动工具行业中的领先者。

布莱克—德柯尔公司的成功应主要归功于其竭尽全力地了解消费者的不懈努力。1991 年，营销调研者发现了不断增长却被人们忽略的动力工具的一个市场："能干的自己动手者"，他们自己动手做艰巨而复杂的房屋装修工作。这些能干的修理者大约有 220 万人以上，他们觉得"偶尔的自己动手者"用的初级水平的简单工具不够用，但又用不着昂贵的、高质量的专业用工具。布莱克—德柯尔公司开始开发中间性产品：Q 型电钻。它可以填补初级水平和专业水平工具之间的空白。

Q 型电钻的研制首先进行的是大量的消费者调查，以准确地了解这些"能干的自己动手者"对电动工具有什么要求。布莱克—德柯尔公司首先选中了 50 个典型的"能干的自己动手者"——男性家长，25～54 岁。他们拥有六件以上的电动工具，且每年至少进行一项较大的房屋改进活动。在四个多月的时间里,这 50 个人被严密地观察着,有点像真实生活在这个实验室中的实验用"老鼠"。根据《财富》杂志的报道:"他们被询问有关他们所使用的工具的问题,以及为什么他们会选中某个品牌。布莱克—德柯尔公司的职员跟随着他们待在家中,或同他们去工作场所。他们观察着这 50 个人如何使用他们的工具,并询问他们为什么喜欢或不喜欢某个特定的产品,工具在手上的感觉如何,甚至他们工作完毕后如何收拾工作场地。布莱克—德柯尔的职员还跟着他们去购物,观察这些人买什么和花多少钱。有时候,公司职员甚至带一名工业心理学家同他们一起做家访,希望这将更有助于了解顾客的需要。"做完这个起始的市场调查后,布莱克—德柯尔公司又对数百名寄回保修卡的顾客进行了面询,询问他们对工具的偏好和购买习惯。

一旦了解了"能干的自己动手者"的需要和偏好之后,布莱克—德柯尔公司就着手研制满足他们需要的系列工具。该公司组建了一个"混合组"——来自世界各地的 85 名公司雇员,其中包括营销者、工程师、设计者、金融人员及其他人。仔细研读了调查结果之后,"Q 型小组"逐个处理消费者关心的事项。"能干的自己动手者"想要能完成较长时间工作的耐用的无绳工具——这个小组研制了一种更强有力的电钻,其电池充电时间只要一小时而不是 24 小时。修理者们想要在工作完成后不需要做太多清洁工作的工具,所以新的 Q 型圆锯和砂轮打磨机都备有一个附加袋,能吸收锯末,免除清理工作。最后,尽管"能干的自己动手者"对自己的能力感到非常自信,但有时也需要在工具和工程方面向专家咨询。为满足这一需求,布莱克—德柯尔公司建立了"动力源":为"能干的自己动手者"准备的信息网络。这项革新的项目提供一条免费的电话热线,从早晨 7 点到晚上10 点,从周一到周日,有经验的咨询者可以随时回答关于修理房屋的问题。"动力源"还向消费者提供各种关于做家具和其他房屋改进工作的详细计划;还提供一份《工间谈话》,一份包含工作室忠告和工程指导的简报。

布莱克—德柯尔公司依靠进一步的消费者调查来指导其他重要决定。Q 型工具的颜色是深绿色的,因为消费者认为这种颜色代表着高质量和可信赖,甚至 Q 型这个品牌的名称也是在调查的基础上制定的——这个名字容易上口,而且让人感觉暗含有高质量的意味。

新的 Q 型系列产品,在 1993 年中作为"重大工程的重要工具"而推出,马上取得成功。销量很大,而且获得了各种零售奖项,包括受《自己动手用品零售指南》杂志备受推崇的"零售商首选"奖。而且由于布莱克—德柯尔公司推出的这种新产品和它对消费者的悉心服务,该公司获得了来自"沃马特"、"建筑者广场"、"家庭销售中心"和其他一些零售商的"年度卖方奖"。

尽管有这样的早期成功,布莱克—德柯尔公司仍继续倾听消费者的意见。Q 型产品推出几个月后,公司举行了为期三天的电话马拉松来收集 2 500 名消费者关于使用 Q 型工具的意见。《财富》杂志报道说:"近 200 名雇员——装配线工人、营销经理及所有其他有关人员——从世界各地飞到公司在马里兰州托森市的总部。总部的自助餐厅中配有电话、计算机,还有——用 Q 型项目经理加利福德·豪的话来说——'许多比萨饼'。"他说:"我们希望每个和 Q 型有关的人都来听听消费者的意见。"所有这些营销调查都得到了很好的回报。据一位工业分析家说:"布莱克—德柯尔变得很擅长从它的竞争对手那里夺走市场份额。他们太了解消费者了。"

资料来源:菲利普·科特勒等著,俞利君译.市场营销导论.北京:华夏出版社,2000.

为能使顾客得到高品质的服务和最大程度的满意,布莱克—德柯尔公司每做一个决定都需要各种信息。正如布莱克—德柯尔公司的案例中所强调的那样,好的产品和营销计划需要以对顾客需求的全面了解为前提。公司还需要有关竞争对手、经销商和其他各种市场因素的充分信息。营销者现在不仅把信息作为制定更好的决策的前提,而且也把它当做重要的战略资产和营销手段。

企业要想成功的开展市场营销活动,比竞争者更好地满足消费需求,赢得竞争优势,除了需要资金、材料、设备、人才等要素外,还必须首先研究市场,从市场获得有效的信息,进而把握目前和预测未来的市场需求大小。实践证明,有效的营销管理特别需要详细、准确和最新的市场信息,营销调研正是为提供这种信息服务的。在深入调研、掌握信息的基础上,科学的预测方法可以帮助营销管理者认识市场的发展规律,做出对新企业、新产品投资的决策,为企业制定、评价营销组合策略提供依据。

第一节　市场信息与市场营销信息系统

21 世纪是信息时代社会。信息的种类、数量、内容和范围都远远超过以往任何时代,特别是市场经济条件下,与市场运行有关的各种信息,更是宏观经济和微观经济得以进行的重要条件。为了在瞬息万变的市场上求生存、求发展,为了寻找市场机会,企业必须具有较强的应变能力,必须及时做出正确的决策。正确的决策源于对市场的把握程度,它来自全面、可靠的市场信息。因此,企业必须重视对市场信息的搜集、处理及分析工作。

一、市场信息

(一)信息及其功能与特征

1. 信息的含义

信息是事物的存在方式、运动状态及其对接受者的效用的综合反映,是由数据、文本、声音和图像四种形态组成,主要与视觉和听觉相关。它既不同于消息,也不同于知识和情报。

信息是消息的内容,消息是信息的表现形式,是信息传递的载体。信息是知识的原料,知识是信息的一部分,是信息升华的结果。情报是一种特定的信息,是一种传递着的、能为接收者理解并对接收者有用的、反映人类社会某项事物发展变化的信息,是人类社会所特有的、为人类社会服务的信息。

2. 信息的功能

(1) 中介功能,人类通过对信息的接收与加工,认识客观事物的本来面目。

(2) 联结功能,由于客观事物表露信息的一致性,使人们对客观事物有了共同的看法、检验客观事物有了共同的标准,信息把一定数量的个体联结为整体,进而发展成为社会。

(3) 放大功能,信息与知识的第一次产生,需要投入雄厚的财力和超人的智慧,信息一旦产生,便可以学习、可以复制,从而大大节约社会资源。

3. 信息的特征

(1) 可扩散性,信息通过各种传递方式被迅速散布。

(2) 可共享性,信息可转让,转让者在让出后并未失去它。

(3) 可存贮性,通过体内贮存和体外贮存两种主要方式存贮起来,个人贮存即是记忆。

(4) 可扩充性,随着人类社会的不断发展和时间的延续,信息也不断地累积、扩充。

(5) 可转换性,信息可由一种形态转换成另一种形态。

(二)市场信息的含义及特征

1. 市场信息的含义

市场信息是指在一定时间和条件下,在市场经济运行中,各种事物发展变化和特征的真实反映,是反映它们实际状况、特性、相互关系的各种消息、资料、数据、情报的总称。

2. 市场信息的特征

市场信息除具有信息的所有特征外,还具有以下突出特征。

(1) 市场信息是市场经济的产物,并随着市场经济的发展而发展。在市场经济条件下,各生产者(企业)若想把自己的产品在市场上成功地销售出去,首先必须了解市场(即顾客)的需求和行情(即获得各种市场信息),并且要根据市场的需求情况来组织生产和开展各项经营活动,这样才能获得经营的成功。因此,市场信息是市场经济的产物。

图 5-1 表明市场经济条件下企业的经营活动过程是实物流和信息流的统一,是从信息流开始,由信息流引导实物流的过程。

(2) 市场信息是由劳动创造的,是企业的一种重要资源,是有价值的,并且同其他资源一样,可以转化为财富。日本许多企业家认为,进入 20 世纪 80 年代以来,信息比技术更重要。因为没有技术可以花钱买,没有信息则两眼一抹黑,即使开发出技术性能很好的新产品,也不会取得成功。1984 年 9 月,邓小平同志为《经济参考》作了"开发信息资源服务四化建设"的题词。可见,我们应从资源的高度来认识市场信息的重要性,并且要付出一定的代价(包括建立机构、培训人员、添置设备等)来建立自己的市场信息系统。

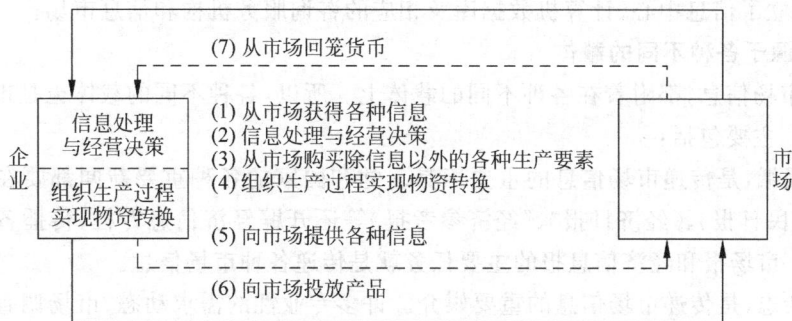

图 5-1　市场经济条件下企业的经营活动过程或运行机制

（3）市场信息最为突出的特征是它的时效性，一条市场信息可以价值千金，错过了时机则是一文不值。不失时机地掌握市场信息，已成为企业市场营销成败的关键。

（三）市场信息的来源

市场信息的来源非常广泛，可归结为两大类。

1. 来源于各种不同的机构

（1）党和国家领导机关，如党中央、全国人民代表大会、国务院、国家计划委员会、国家经济贸易委员会等。它们都通过各种会议、发表各种报告、制定各种方针政策、编制各种计划和印发各种文件来组织实施和指导全国经济的发展。

（2）统计部门，包括国家统计局和地方统计局。统计部门除系统地掌握国情国力等方面的统计资料外，还掌握了分地区、分部门、分行业、分经济成分多方面的统计资料，包括：生产、流通、分配、消费等。

（3）企业的上级主管部门（包括行业协会），是本部门、本行业企业市场信息的一个重要来源。许多企业的上级主管部门和行业协会已经建立了自己的经济研究中心或信息中心，并通过各种方式向本部门、本行业的企业提供各种市场信息。

（4）商业部门，包括商业主管部门、批发商业和零售商店等，它们与广大消费者和生产企业有着十分密切的联系，掌握着大量的市场信息。除此之外，还设有专门从事市场调查、市场研究、市场预测的机构，为本系统和工业部门提供各种市场信息。

（5）银行系统，银行是全国的金融、信贷和结算中心。它的机构遍布全国各地。银行通过自己的业务活动，掌握着社会、企业的资金流量和流向，了解企业的生产经营活动和市场需求发展的动向。目前，中国工商银行已形成了包括全国性行业、产品信息网，地区性经济信息网及各种市场信息测报点网络在内的多层次、多渠道的信息情报系统，在全国范围内发挥着搜集、传递、反馈信息的作用。

（6）信息中心、计算机数据库、市场调研机构及信息市场。我国从中央到地方的各个部门,都建立了信息中心、计算机数据库及相应的咨询服务机构和信息市场。

2. 来源于各种不同的载体

各种市场信息,都附着在各种不同的载体上。所以,各种不同的载体也是市场信息的重要来源。主要包括:

(1)报纸,是传递市场信息的重要工具。党和国家的各种重要新闻都要在报纸上登出来。《人民日报》、《经济日报》、《经济参考报》等还开辟经济信息专栏,传播各种经济和市场信息;市场报和经济信息报的主要任务就是传递各种市场信息。

(2)杂志,是传递市场信息的重要媒介。许多专业性的需求动态、市场调查研究和市场预测报告,都刊登在各种杂志上。

(3)广播,包括中央广播电台和地方广播电台。许多重要新闻都要通过广播来传递;许多需求信息和产品广告也通过广播传到千家万户。中央广播电台和许多地方台还专门开辟经济节目来传递各种市场信息。

(4)电视,是传播市场信息的一种现代化工具,许多重要新闻和经济信息都通过电视来传播。现在,中央电视台和许多地方台还专门开辟经济节目(如"经济半小时"等)来传递供需信息。

(5)计算机网络,是传播市场信息的一种现代化载体,随着计算机技术的不断发展,出现了跨越国家和地区的计算机信息网络,如互联网网络,使得在网络上传播市场信息成为现实。

(6)顾客和用户,它们代表着市场的真正需求,也是市场信息的重要载体。

(四)市场信息的搜集

企业所需的各种市场信息,必须通过各种有效途径下工夫搜集才能得到。因此,每一个企业都要根据自身的特点,选择有效的方式来搜集市场信息。

(1)通过企业的销售人员搜集市场信息,即训练和激励本企业的销售人员去搜集和反馈市场信息。企业的销售人员被视为企业的"耳目",他们活动在市场之中,与商业部门、顾客或用户,有着广泛而又密切的联系,因此,他们能在市场信息搜集工作中发挥非常重要的作用。现在,许多企业将销售人员搜集市场信息作为对其进行业绩考核的指标之一。

(2)通过外设的信息网点、销售服务网点、代销网点和经销网点搜集市场信息这种方式是企业搜集市场信息的重要方式。如大连冰山集团通过设在全国16个中心城市的销售服务部、46个设计院和15个机电设备成套公司以及设在泰国、新加坡、马来西亚、菲律宾、印度尼西亚和中国香港地区的经销商和代理商,搜集当地对制冷设备需求的市场信息,并及时反馈到大连本部。广州白云山制药厂在全国20多个省、市设立了380多个代销点,相当于建立了能及时掌握全国市场销售情况的信息网。

(3)通过各种订货会、展销会搜集市场信息,各种形式的订货、展销会,都会有许多同行业生产企业和众多的顾客参加,可以了解到各种产品的供给和需求情况,各竞争对手的产品质量、价格水平和服务情况及有关新产品等信息,了解到顾客对本企业产品的满意程度和改进意见,与顾客建立比较密切的联系。

(4)通过企业开设的试销门市部或经销服务部搜集市场信息这种方式可以通过与顾客(或用户)直接见面,亲自听取他们的意见和反映,获得各种市场信息,以使企业做出各种正确的营销决策。

(5)通过信息中心、信息咨询服务机构和信息市场获得市场信息,各个市场调查和市场咨询服务机构,是专门从事市场信息的搜集、加工、处理的组织,它们不仅可以提供各种市场信息,还可以按照企业的要求,完成各种专项信息咨询工作。

(6)通过订阅报纸、杂志和各种内部信息资料搜集市场信息。

随着社会主义市场经济的发展,企业在经营过程中需要获得的市场信息越来越多,因此,需要学会利用各种途径获取所需的市场信息,为企业经营决策提供科学依据。

二、市场营销信息系统

(一)市场营销信息系统的含义

市场营销信息系统是一个由人、设备和程序构成的相互作用的集合体,它及时地搜集、分类、分析和评价市场信息,并提供准确的市场信息用做市场营销决策、制定市场营销计划、执行和控制市场营销方案的依据。

市场营销信息系统的处理是从了解市场需求情况、接受顾客订货开始,直到产品交付顾客使用,为顾客提供各种服务为止的整个市场营销活动过程中有关的市场信息处理过程。它的基本任务是搜集顾客对产品质量、性能方面的要求,分析市场潜力和竞争对手情况,及时、准确地评价和提供信息,用于企业营销决策,如图 5-2 所示。

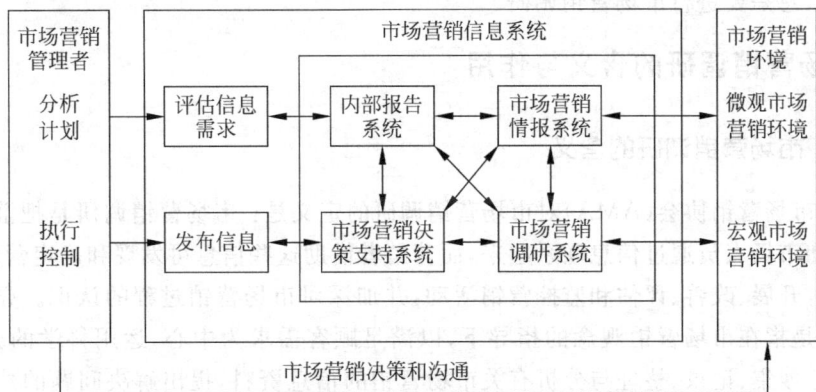

图 5-2　市场营销信息系统

（二）市场营销信息系统的构成

（1）内部报告系统,主要功能是向市场营销管理者及时提供有关订货数量、销售额、价格、库存状况、应收账款、应付账款等各种反映企业营销状况的瞬时和动态信息,是一个从订单——发货——账款循环的过程。通过对信息的处理和分析,企业营销管理者就可能发现重要的市场机会,找出营销管理中存在的问题。因此,从营销决策角度看,内部报告系统提供的是已经发生的事后信息。

（2）市场营销情报系统,是指市场营销管理者用以获得有关市场营销环境发展变化的日常信息所用的一整套程序和来源,为市场营销管理者提供正在发生和变化的信息。企业可以通过各种不同的方式获取所需的市场信息(详见市场信息的搜集)。

（3）市场营销调研系统,任务是系统地客观地识别、搜集、分析和传递有关市场营销活动的市场信息,提出与企业所面临的特定的营销问题有关的市场营销调研报告,以帮助市场营销管理者制定有效的营销决策(市场营销调研的程序和方法详见下节内容)。

（4）市场营销决策支持系统,亦称最高级信息服务功能,为营销决策提供分析方案。市场营销决策支持系统通过对复杂现象的统计分析,建立数学模型,帮助市场营销管理者分析市场营销问题,做出正确的市场营销决策。

第二节　市场营销调研

我国古代孙子云:"知己知彼,百战不殆。"在市场经济条件下,没有调查研究就没有发言权,就无法掌握和适应不断变化的动态市场。企业能否有效地运用市场调研手段、汇集市场信息,并对市场未来的走势做出正确的判断,都将决定企业能否在激烈的市场竞争中保持稳步的发展态势。正如菲利普·科特勒所说:"真正的市场营销人员所采取的第一个步骤,总是要进行市场营销调研。"

一、市场营销调研的含义与作用

（一）市场营销调研的含义

美国市场营销协会(AMA)对市场营销调研的定义是:市场营销调研是把消费者、客户、大众和市场人员通过信息联系起来,而营销者借助这些信息可发现和确定营销机会和营销问题,开展、改善、评估和监控营销活动,并加深对市场营销过程的认识。亦即,市场营销调研是指在市场营销观念的指导下,以满足顾客需求为中心,运用科学的方法系统地、客观地搜集、记录、整理与分析有关市场营销的信息资料,提出解决问题的建议,为企业营销管理者制定正确的营销决策提供依据。

（二）市场营销调研的作用

市场营销调研对企业了解市场、确定企业发展方向、制定企业营销规划和市场营销组合策略等诸多方面起着极其重要的作用。在营销决策执行过程中，为调整营销计划、改进和评估各种营销策略提供依据。具体概况为以下几方面。

1. 市场调研是了解市场、认识市场的重要手段

美国《华尔街日报》有一篇文章写道："没有比母亲更了解你，可她知道你有几条短裤吗？然而，乔基国际调研公司知道。母亲知道你往每杯水里放多少冰块吗？而可口可乐公司知道。"可口可乐公司通过调查得知：人们在每杯水中平均放 3.2 块冰，每人每年平均看到 69 个该公司的广告。

市场调研作为营销手段已成为发达国家许多企业的一种武器。美国 73％ 的企业设有正规的市场调研部门，负责对产品的调查、预测、咨询等工作，并在产品进入每一个新市场之前都要对其进行调查。美国大公司的市场调研费占销售额的 3.5％，市场调查成果能为企业带来千百倍的回报。

2. 市场营销调研为企业发现市场机会提供依据

有一天，一位衣冠楚楚的外国客人敲开了北京朝阳区一户普通居民的家门。这位客人仔细地观察了居室的布局和结构，认真地查看了家中各种家电的品牌、功能，向主人询问了有关购买和使用家电的情况。此客人是瑞典伊莱克斯公司的首席执行总裁福·约翰森。

通过市场营销调研，可以确定产品潜在市场需求和销售量的大小，了解顾客意见、态度、消费倾向、购买行为等，据此进行市场细分，进而确定其目标市场，分析市场的销售形势和竞争态势，作为发现市场机会、确定企业发展方向的依据。

3. 市场调研是企业经营预测和决策的基础

现代一些市场营销专家的观点认为："营销＝营＋销"，营是指经营之道，也是现代企业管理的中心。经营的重点在决策。世界级领先全球性管理咨询公司麦肯锡第二任最年轻的 CEO 马里恩·哈伯认为："要管理好一个企业，必须管理它的未来；而管理未来就是管理信息。"由此可见，运用科学的市场调研手段，及时、准确的获取市场信息是一切经营管理决策的前提。

4. 市场营销调研是企业制定、调整和矫正市场营销组合策略的依据

企业制定市场营销策略的主要目的在于扩大市场，获得最佳的经济效益。市场的情况错综复杂，现象有时会掩盖问题的本质，难以进行推理。市场上产品的价格是瞬息万变的，它不仅取决于产品的成本，还受到供求关系、竞争对手的价格、经济大环境、价格弹性等多因素的影响。企业通过市场营销调研，可以及时地掌握市场上产品的价格态势，灵活调整价格策略。制定切实有效的促销策略及保证销售渠道的畅通无阻对产品打入市场至关重要,它们都需要通过市场营销调研来提供市场信息,作为企业制定营销组合策略的依据。

5. 市场营销调研是企业优化营销组合策略,提高经营管理水平,增强竞争能力的基础

通过市场营销调研,企业可以及时了解市场上产品的发展变化趋势,掌握市场相关产品的供求情况,了解顾客需要,据此制订市场营销计划,组织生产适销对路的产品,增强企业的竞争能力,实现企业的赢利目标,提高企业的经济效益。

随着全球经济的发展,以及经济不稳定因素的增长,市场调研对改进企业经营管理的作用日益彰显。依靠市场调研获取大量准确的数据资料,是对国内外市场行情及其走势、顾客消费心理及需求、竞争对手情况进行准确把握的有效途径,是进行生产经营等重大问题决策的前提条件,是保障企业决策的正确性、经营战略的系统性和科学性的必要条件,它直接关系到企业的兴衰存亡。

二、市场营销调研类型

按照所要研究的问题、目的、性质及形式的不同,一般将市场营销调研分为三种类型,如图 5-3 所示。

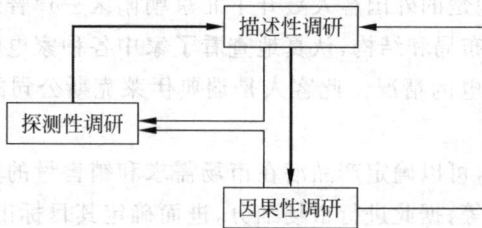

图 5-3　市场调研类型及其相互间的关系

(一)探测性调研

又称非正式调研,指企业对出现问题的性质不明确,无法确定要调查的内容时,选用此方法,以便尽快发现和提出问题,确定调研的重点。

探测性调研的目的是明确的,但研究的问题和范围比较大。研究方法比较灵活,事先不需要进行周密策划,研究过程中可根据情况随时进行调整。

探测性调研一般是通过搜集第二手资料、请教一些内行和专家或参照过去类似的实例来开展,多以定性研究为主。

(二)描述性调研

多数的市场营销调研都为描述性调研。它是在已明确所要研究问题的内容和重点后,通过详细的调查和分析,对市场营销活动的某个方面进行客观的描述,对已经找出的问题作如实反映和具体回答。

与探测性调研相比,描述性调研的目的更加明确,研究的问题更加具体、详细。描述性调研一般要进行收集第一手资料的实地调查,多采用询问法和观察法,需要事先拟订周密的调研方案,并做详细的调研计划和提纲,包括各项准备工作(如调查表的设计、样本的选择、调查人员的选择与培训以及调查过程的管理等),以确保调研工作的顺利进行。

描述性调研注重对实际资料的记录,摸清已找出问题的过去和现状,对提出的所有因素进行分析研究,为以后的因果性调研和预测提供资料。

(三)因果性调研

是在描述性调研的基础上,通过逻辑推理和统计分析等方法,找出不同因素之间的因果关系或函数关系,弄清某一种因素的变化对另一种因素影响程度的一种调研方法。

描述性调研用于说明某些现象或变量之间的相互关系,而因果性调研的目的是找出关联现象或变量之间的因果关系,说明某个变量对其他变量的变化影响或决定的程度。

因果性调研可以使调研人员了解问题的起因或解决问题的着眼点,它有定性和定量之分,要求有详细的计划和做好充足的准备,并且强调调研方法的科学性。在调研过程中,实验法是一种常用的方法。

三、市场营销调研内容

由于影响市场变化的因素纷繁复杂,致使市场营销调研的内容也十分广泛。概况归结为以下几方面:

(一)市场营销宏观环境调研

具体内容详见本教材第三章市场营销环境中的第三节宏观市场营销环境。

(二)市场需求调研

现代市场营销理念认为,顾客的需求和欲望是企业营销活动的中心和出发点,因此,市场需求的调研是市场营销调研的主要内容之一。主要内容包括:

(1)现有顾客需求情况的调研,包括需求什么、需求多少、需求时间等。

(2)现有顾客对本企业产品(或服务)满意程度的调研。

(3)现有顾客对本企业产品信赖程度的调研。

(4)影响需求的各种因素变化情况的调研。

(5)顾客的购买动机和购买行为的调研。

(6)潜在顾客需求情况的调研,包括需求什么、需求多少和需求时间等。

（三）产品（服务）调研

产品（服务）是企业赖以生存的物质基础。提供顾客需要的满意产品，是一个企业在竞争中得以生存和发展的保障。主要内容包括：

（1）产品设计调研，包括功能和用途设计、使用方便和操作安全的设计、产品品牌和商标设计以及产品外观和包装设计等。

（2）产品系列和产品组合调研。

（3）产品生命周期调研。

（4）老产品改进调研。

（5）新产品开发调研。

（6）做好销售技术服务的方式方法调研。

（四）价格调研

价格对产品的销售和企业的获利情况有着重要的影响，积极开展产品价格调研，对于企业制定正确的价格策略有着重要的作用。主要内容包括：

（1）市场供求情况及其变化趋势调研。

（2）影响价格变化各种因素调研。

（3）产品需求价格弹性调研。

（4）替代产品价格的调研。

（5）新产品定价策略调研。

（6）目标市场对本企业品牌价格水平反应调研。

（五）促销调研

企业的各种促销手段、促销政策的可行性是促销调研的主要内容。一般企业较为重视对广告和人员推销的调研。主要内容包括：

（1）广告调研，包括广告媒体、效果、时间、预算等方面的调研。

（2）人员推销调研，包括销售人员素质、销售能力大小、报酬、人员分派合理性及有效的人员促销策略等方面的调研。

（3）各种营业推广的调研。

（4）公共关系与企业形象的调研。

（六）销售渠道调研

销售渠道的选择是否合理，产品的储存和运输安排是否恰当，对于提高销售效率、缩短交货期和降低销售费用有着重要的作用。因此，销售渠道调研也是市场营销的一项重要内容。主要包括：

　　(1) 各类中间商选择方法与技巧调研。

　　(2) 仓库地址选择调研。

　　(3) 各种运输工具选择调研。

　　(4) 在满足交货期前提下,降低销售费用的调研。

(七) 竞争调研

　　竞争的存在,对企业有着重要的影响。因此,企业在制定各种市场营销策略之前,必须认真调研市场竞争的动向。主要包括：

　　(1) 竞争对手的数量(包括国外)及其分布、市场营销能力的调研。

　　(2) 竞争产品的特性、市场占有率、覆盖率调研。

　　(3) 竞争对手的优势与劣势、长处与短处的调研。

　　(4) 竞争对手市场营销组合策略的调研。

　　(5) 竞争对手的实力、市场营销战略及其实际效果的调研。

　　(6) 竞争发展趋势调研。

　　一般情况下,每个企业所处的环境不同、自身条件千差万别,遇到和所需调研的问题也就迥然各异。因此,企业应根据自己的具体情况,确定市场营销调研内容。

四、市场营销调研方法

　　市场营销调研方法的选择合理与否,直接影响调研结果。可见,选择市场调研方法是市场营销调研的重要环节。

　　市场营销调研的方法很多,一般可按照收集资料的方法及选择调查对象的方法不同进行分类。

(一) 依据收集资料的方法分类

1. 观察法

　　观察法是由调查人员直接或通过仪器在现场观察被调研对象的行为并加以记录而获取信息的一种方法。调查过程中,调查人员不许向被调查对象提问题,也不需要被调查对象给予回答,只能通过观察被调查对象的行为、态度和表现,来推测判断被调查对象对某种产品或服务欢迎和满意的程度。观察法包括以下几种具体的方法：

　　(1) 直接观察法,就是派调查人员到现场直接观看的一种方法。又可分为：

　　① 销售现场观察,指调查人员到商店、商品展销会、交易会和销售网点等场所,观察消费者购买的动向、情绪和心理状态。

　　② 使用现场观察,指派调查人员到使用现场了解本企业产品的使用情况,倾听用户

对产品的意见、要求和产品改进的建议等。

③ 生产现场观察,指派调查人员到与本企业有联系的生产企业,观察产品的生产过程。

(2) 亲自经历法,就是调查人员亲自参与某种活动,来搜集有关资料的方法。如某一家企业要了解他的代理商或经销商服务态度的情况,就可以派调查人员到他们那里去买东西。通过亲身经历法搜集的资料,一般是非常真实的,但应注意不要暴露自己的身份。

(3) 痕迹观察法,不是直接观察被调查对象的行为,而是观察被调查对象留下的实际痕迹的一种调查方法。例如,某公司选择几种媒介做广告,在广告中附有回执信笺,顾客可凭此回执到公司购买优惠折扣产品。公司根据对回执的统计分析,可以找到广告效果最佳的媒介。

(4) 行为记录法,通过录音机、录像机、照相机及其他一些监听、监视设备来进行观察的一种方法。如美国的尼尔逊公司利用电子计算机系统,在全国各地 1 250 个家庭的电视机里装上电子监视器,每 90 秒钟扫描一次,只要每一个家庭收看 3 分钟以上的节目,就会被记录下来。这是使用行为记录法的一个最典型的例子。还可以请一些家庭(如 300～500 户)做收看记录,每家每天在什么时间看了什么节目,都记录下来,每周统计一次,然后把统计表寄给调查单位。

观察法是调查人员亲自参与得到的、准确性较高的、能客观地反映顾客行为的第一手信息资料。但它也有调查面窄、花费时间较长和只反映事物的现象、不能说明事件发生的原因等方面的局限性。

2. 询问法

询问法是把调研人员事先拟定的调查项目或问题以某种方式向被调查对象提出,并要求被调查者给以回答而获取信息资料的一种方法。又可分为:

(1) 面谈法,是调查人员直接询问被调查对象,以获取信息资料的一种方法。调查人员可根据事先拟好的问卷或调查提纲上问题的顺序依次进行提问或采用自由交谈的方式进行;可以一个人面谈,也可以几个人集体面谈。

面谈法能直接与被调查对象见面,听取其意见,观察其反应。这种方法的灵活性较大,不受任何限制,也没有什么固定的格式;可以一般地谈,也可深入详细地谈,涉及问题的深度与广度可视调查者所需要的信息而定;问卷或调查表回收率较高,且质量易于控制。但它的调查成本比较高,调查结果受调查人员业务水平和被调查者回答问题真实性程度的影响很大。

(2) 电话询问法,是由调查人员根据抽样的要求,在样本范围内,通过电话询问的形式向被调查对象询问预先拟定的内容而获取信息资料的一种方法。它可以在短时期内用较低的成本调查较多的对象,并能以便于信息资料统计处理的统一格式进行询问。调查过程中不易得到被调查者的合作、不能询问较复杂的问题,使得调查难以深入是电话询问法的缺点。

（3）邮寄询问法，又称通讯询问法，是调查者将事先设计好的问卷或调查表，通过邮件的形式寄给被调查对象，被调查者填好以后按规定的时间寄回的一种调查方法。它可以在全国范围内不受任何限制的选择调查范围，被调查者有比较充裕的考虑时间，且回答内容不受现场调查人员的影响，得到的信息资料较为客观、真实。一般邮件回收率很低（通常只有 1%～5%，达到 10% 以上就相当不错了），且各地区回收的比例参差不齐，影响调查的代表性。

（4）留置问卷法，是由调查人员将事先设计好的问卷或调查表当面交给被调查对象，并说明回答问题的要求，留给被调查对象自行填写后由调查人员在规定的时间内收回的一种调查方法，其优缺点介于面谈法和邮寄询问法之间。

3. 实验法

实验法是指在控制的条件下，对所研究的对象从一个或多个因素进行控制，以测定这些因素间的关系，它源于自然科学中的实验求证方式，是通过小规模范围的实验，记录事件的发展和结果，搜集和分析第一手信息资料的一种方法。

一般来说，实验法要求调查人员事先将实验对象分组，然后置于一种特殊安排的环境中，做到有控制的观察。例如，选定两个各种条件基本相同的小组，一个作为实验组，置于有计划的变化条件下；另一个作为控制组，保持原来的条件不变。然后比较两个小组的变化，以察看条件变化对实验对象的影响。在剔除外来因素或加以控制的条件下，实验结果与实验条件有关。实验条件是自变量，被实验对象为因变量。其常用的方法有：

（1）实验室实验，是在实验室内，利用专门的仪器、设备进行调研的一种方法。例如，调研人员想知道几种不同的广告媒体进行促销宣传的优劣，便可通过测试实验对象的差异，评选出效果较好的一种广告媒体。

（2）现场实验，是在完全真实的环境中，通过对实验变量的严格控制，观察实验变量对实验对象的影响。例如，某种产品在大批量生产之前，先把少量产品投放到几个有代表性的市场进行销售试验，根据销售反应观察和搜集顾客对产品反映的有关资料。

（3）模拟实验，是建立在对市场充分了解的基础上，以市场的客观实际为前提，利用计算机模拟展开调研的一种方法。该方法科学，能够获得比较真实的信息资料。但大规模的现场实验，难以控制市场变量，影响实验结果的有效性，且实验周期较长，调研费用较高。

（二）依据选择调查对象的方法分类

1. 全面调查法

全面调查法又称普查法，是以市场总体为调查对象的一种调查方法。用此法所获得的资料较为全面可靠，但需要花费大量的人力、物力和财力，一般适合产品的销售范围很小或很少的企业。

2. 抽样调查法

抽样调查法详见"市场营销调研设计"中的抽样设计内容。

五、市场营销调研设计

市场调研不仅需要制定完备的市场调研方案,选择合适的市场调研方法,还要善于运用各种市场调研技术,才能获得完整、准确的信息资料,调查问卷设计及抽样设计是市场调研中常用的基本技术。

(一)调查问卷的设计

调查问卷是市场营销调研的基本工具。它系统地记录了所需调查的具体内容,是调查人员与被调查对象之间信息沟通交流的桥梁。调查问卷的设计,是市场调研的一项基础性工作,其设计的科学合理性,直接影响问卷的回收率、资料的真实性和实用性,直接关系到市场调研的成功与否。

1. 调查问卷设计的原则

(1)主题明确,根据调查的目的,确定主题,从实际出发拟题,问题目的明确,重点突出,避免一般性无关紧要的问题。

(2)结构合理,问题的排列要有一定的逻辑顺序,符合被调查者的思维习惯。

(3)通俗易懂,调查问卷应使被调查者一目了然,并愿意合作,如实回答。所以调查问卷中的语气要亲切,避免使用含糊不清的句子和较难理解的专业术语,避免引导性和令被调查者难堪的问题,对敏感性问题采取一定的技巧,使调查问卷具有合理性和可答性。

(4)长度适宜,调查问卷的长度要适宜,所提出的问题不要过繁、过多,回答调查问卷的时间不应太长,一般以不超过 30 分钟为宜。

(5)便于统计,调查问卷中提问一定要方便事后的整理和统计工作。

2. 提问的形式

(1)封闭式提问,是在对问题所有可能的回答中,被调查对象只能从中选择一个答案,这种提问方式便于统计,但回答的伸缩性较小。主要方式有:

① 两项选一,提出一个问题,给出两个答案,被调查对象必须在两者中选择一个做出回答。例如:请问您家有冰柜吗? 有(　　)无(　　)

② 多项选一,提出一个问题,给出多个答案,被调查对象仅可从中选择一个做出回答。例如:请问您家有几台冰柜? 1 台(　　)2 台(　　)3 台(　　)3 台以上(　　)

③ 程度评定法,对提出的问题,给出程度不同的答案,被调查对象从中选择认同的一个做出回答。例如:您在购买冰柜时,认为质量因素(　　)。

　　A. 很重要　　　B. 较重要　　　C. 一般　　　D. 不太重要　　　E. 很不重要

④ 语意差别法,列出两个语意相反的词,让被调查对象做出一个选择。例如:

请问您对澳柯玛的看法:式样新颖(　　)式样陈旧(　　);图像清晰(　　)图像模糊(　　);耗电少(　　)耗电多(　　)。

(2) 开放式提问,是指对所提出的问题回答没有限制,被调查对象可以根据自己的情况自由回答。此种提问方式答案不唯一、不易统计与分析。

① 自由式,被调查对象可以不受任何限制回答问题。例如:请给出您印象最深刻的一个广告(　　)。

② 语句完成式,提出一个不完整的句子,由被调查对象完成该句子。例如:当你饥饿时,你想吃(　　)。

③ 字眼联想式,调查人员列出一些词汇,每次一个,由被调查对象说出或写出他所联想到的第一个词。例如:当您听到以下词句,首先会想到什么? 冰柜(　　)澳柯玛(　　)航空公司(　　)

④ 顺位式,要求被调查对象根据自己的态度来评定问题的顺序。例如:您所喜欢的冰柜品牌依次为(请依据您的喜欢程度,分别标上序号):

海尔(　　)美菱(　　)新飞(　　)澳柯玛(　　)容声(　　)

(3) 在调查问卷设计中,常常把封闭式提问和开放式提问结合起来。例如:请问您家有冰柜吗? 有(　　)无(　　);如果有,请问是什么品牌的? (　　)

(二)抽样设计

抽样设计是对抽样调查方法科学合理的运用。抽样调查法是从调查对象总体中选取若干有代表性的个体进行调查,并以可行的统计方法加以分析,得到与全面调查甚为相适的结果,借以推测调查总体特征的一种调研方法。

1. 随机抽样法

随机抽样法是指在样本选择时,排除人的主观影响,使总体中每一个个体被抽取的机会均等,是一种客观的抽样方法,主要有以下几种方法。

(1) 简单随机抽样,是随机抽样中最简单的一种方法,它对被调查总体不作任何分类,使用纯粹的随机方式从总体中进行抽样。一般采用抽签法或乱数表法的方式,从总体中抽取事先规定好的若干样本数。当被调查总体不十分庞大,且总体中各个个体的差异性不大时,通常采用此法进行抽样。

(2) 等距随机抽样。是根据一定的抽样距离从总体中抽取样本的一种方法。抽样距离的大小等于总体数量(N)除以样本数量(n)。此法消除了简单随机抽样法可能产生的样本在总体中分布不均匀的情况,增大了调研结果的可靠性。其具体操作步骤为:

第一步,将被调查总体中的各个个体单位按某种标志排列、连续编号;

第二步,根据总体数和确定的样本数,计算抽样距离(N/n),若得数是小数则四舍五入化为整数；

　　第三步，在第一段距离内，用简单随机抽样方法抽取一个号码，作为第一个调查样本单位；

　　第四步，将第一个样本单位的号码加上抽样距离，得到第二个样本单位，以此类推，直至满足样本容量为止。

　　（3）分层随机抽样，是对被调查总体按照不同的特征进行分组（分层），然后再用随机的方法从各层中抽取一定数量的样本。当调查对象的主要特征存在着显著的差异时，为了提高样本的代表性，可以使用分层随机抽样法。有效分层的标准是各层之间具有明显的差异性，而在同一层次的各个个体单位则要保持相似性。分层随机抽样按各层次之间差别大小，又分为分层比例抽样和分层最佳抽样。

　　分层比例抽样是指根据各层次包含的单位数占总体单位数的比例，确定各层次抽取的样本数。其计算公式为

$$各层抽取样本数＝抽样总数×各层总体数÷总体数$$

　　分层最佳抽样是依据各层次样本标准差大小，调整各层次抽样的数量。这种方法在对总体分层和确定抽样样本数之后，还要计算各层的标准差，然后再计算各层次抽取的样本数。其计算公式为：

$$各层抽取样本数＝抽样总数×\frac{各层总体数×各层标准差}{各层总体数×各层标准差之和}$$

　　（4）分群随机抽样，是按照外部条件将总体分成若干个同质的群体，再从这些群体中随机抽取某一群体作为样本进行调查。对于那些总体异质性高，不易确定分层标准，无法进行分层的总体可采用此法。分群随机抽样法要求群体之间差异很小，但群体内部的差异显著，保证随机地抽取任何一个群体，所调查的结果都必须代表总体的基本特征。

　　2. 非随机抽样法

　　非随机抽样法在选择样本时，可以加入人的主观因素，使总体中每一个个体被抽取的机会是不均等的，是一种主观的抽样方法。主要有以下几种方法。

　　（1）任意非随机抽样，是纯粹以便利为基础的一种抽样方法。其调查样本的选择完全取决于调研人员自己的方便。街头询问是此法最常采用的一种方式。任意非随机抽样假设被调查总体中任何个体都是同质的，因此，选择哪一个个体做样本都是一样的。此法简便易行，能及时获取信息，费用低。但因对调查对象缺乏了解，样本的偏差大，代表性差，调查结果不一定可靠，所以，一般用于非正式调查。

　　（2）判断非随机抽样，是由调研人员根据自己的主观判断选择调查样本的一种抽样方法，它要求调研人员必须对总体的有关特征相当了解。例如，调研人员想知道一份关于广告的调查问卷设计是否得当，则可以向一些他认为对广告有一定了解的人士进行测试，以便确定此调查问卷的适合性。

在利用判断非随机抽样选取样本时,应避免抽取"极端型"的样本,应选择"普通型"和"平均型"的个体作为样本,以增加样本的代表性。

(3)配额非随机抽样,是把具有一定"控制特征"的样本数量分配给调研人员,由调研人员按照规定的"控制特征"自由选择调查样本。

配额抽样与分层抽样有某些相似之处,同是按照一定的特征对总体进行分层和确定"控制特征"。分层抽样在各层样本数量确定以后,是以随机的方式来抽取样本;而配额抽样在确定"控制特征"和样本数量以后,由调研人员根据"控制特征"的要求自行选取样本。配额抽样可以分为独立控制和交叉控制两类。如图 5-4 和表 5-1 所示。

收 入		年 龄		性 别	
高	30	20～29 岁	40	男	75
中	44	30～44 岁	52		
低	72	45～64 岁	34		
		60 以上	20	女	71
合 计	146	合 计	146	合 计	146

图 5-4　独立控制型抽样表例(单位:人)

表 5-1　交叉控制型抽样表例(单位:人)

收入	男	女	合计
高	16	14	30
中	23	21	44
低	36	36	72
合计	75	71	146

① 独立控制,是只对具有某种控制特性的样本数量给以规定。如:只对消费者的年龄或性别或收入等单一特征的样本数进行规定。

② 交叉控制,不仅规定各种控制特性的样本数量,而且还具体规定各种控制特性之间的相互交叉关系。

抽样方法有很多,且优缺点各异,调研人员应根据具体调研内容,因地制宜,权衡利弊,科学的选择,合理的运用。

六、市场营销调研程序

市场营销调研是一项十分复杂的工作,要想顺利完成市场营销调研任务,必须依据科学的程序,有计划、有组织、有步骤地进行。然而,市场营销调研没有一个固定的程序可循,一般来说,根据营销调研活动中各项工作的自然顺序和逻辑关系,市场营销调研可分为三个阶段,每个阶段又包括若干个步骤,如图 5-5 所示。

```
                      明确调查目的
                           ↓
                       情况分析
                           ↓
                      非正式调查
                      ┌────┴────┐
                      是        否 → 停止
                      ↓
                  调查方法总体设计
                      ↓
                  选择基本调查方法
          ┌───────────┼───────────────────┐
        量化调查                          质化调查
     ┌─────┼──────────┐              ┌─────┴─────┐
    询问法      观察   实验法          焦点        深度
  ┌──┬──┬──┐    察    ┌───┴───┐       座谈会       访谈
 面谈 电话 邮寄 留置  法   实验室    实施
          ↓
        抽样设计
     ┌────┴────┐
   随机抽样   非随机抽样
     ↓
  问卷设计 ──→ 人员培训 ──→ 调查实施 ──→ 分析调查资料
                                          ↓
                                      撰写调查报告
                                          ↓
                                      跟踪调查
```

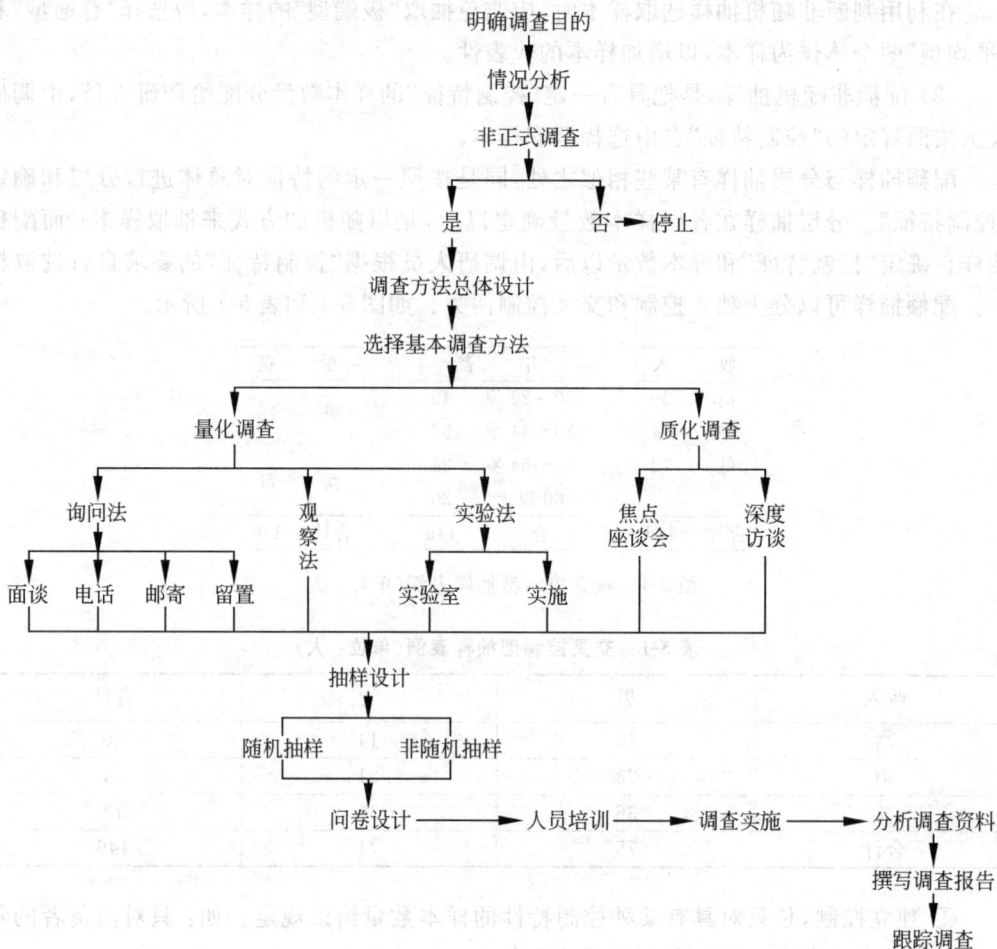

图 5-5　市场调研程序流程图

（一）准备阶段

市场营销调研通常是由营销活动中一些特定问题而引起的。但是,这些问题本身并不一定构成营销调研的主题,还要对这些问题进行分析和研究。营销调研准备阶段的主要任务就是界定研究主体、选择研究目标、形成研究假设,并确定需要获得的信息内容。

1. 界定研究问题

市场营销调研是为制定市场营销战略提供依据或是为解决营销过程中存在的某些实际问题。因此,市场营销调研的首要工作就是要根据企业的战略方针和意图以及在市场营销中所要解决的问题,明确地界定研究的问题,确定研究的目的。

2. 选择研究目标

市场营销调研通常是由某些具体问题而引起的。有些情况下，调研的目的很模糊。例如，某企业近来销售形势不好，销售量大幅度下降。此时的研究目的很可能是"发现引起企业销售下降的原因"。但如果企业知道销售量下降的原因是由于竞争对手产品的大幅度降价造成的，在此情况下，研究的目的就不是寻找原因，而是"寻求解决这一问题的策略"了。

研究目的确定以后，调研人员还需要将研究目的分解为具体的研究目标。研究目标通常以研究问题的形式出现，表明营销管理者所需要的信息内容。例如，研究目的是寻求策略以解决竞争对手产品降价造成本企业产品销售滑坡，可能的研究目标为：

① 获得顾客对本企业产品的态度和改进的意见；

② 找出本企业产品与竞争对手的不同特点；

③ 测定顾客愿意接受的产品价格范围。

3. 形成研究假设

研究问题确定之后，调研人员将根据研究的目的选择一组研究目标，还要针对实际可能发生的情况形成适当的研究假设，使得研究目的更加明确，假设的接受和拒绝都会达到研究的目的。例如，假设之一"顾客的购买行为受价格的影响很大"，假设之二"产品的目标市场应为农村青年"等等。

（二）设计阶段

研究设计是保证调研工作顺利进行的指导纲领，其主要内容包括：确定资料的来源、搜集的方法以及调查问卷和抽样设计等。

1. 内容设计

内容设计是根据调研的目的确定调研的范围以及信息资料的来源。调研的范围是根据调研的目标，确定所需信息资料的内容和数量。例如，是调查企业营销的宏观经济环境，还是调查企业的市场营销手段。是一般性调查还是深度调查等；信息资料的来源是获取信息资料的途径。市场营销调研所需的信息资料，可以从企业内部和企业外部两方面得到。如果企业已经建立了市场营销信息系统，则可以通过数据库得到信息资料。除此之外，还要确定搜集信息资料的地区范围。如调查研究的课题涉及全国范围（如全国电风扇市场调研），就要在全国范围内搜集资料，如调查研究的课题涉及某一地区范围（如东北市场的润滑油需求调研），就要到黑龙江、吉林和辽宁去搜集资料。

2. 方法设计

市场营销调研收集资料的方法主要有询问法、观察法和实验法三大类，每类方法适用面不同。究竟采用何种调研方法，要依据调研的目的、性质以及研究经费的多少而定。

3. 工具设计

确定调研方法之后，就要进行工具设计。所谓工具设计是指采用不同的调研方法，需要准备不同的调研工具。如采用询问法进行调研时，需要使用调查问卷。调查问卷设计中关键的问题是提什么问题及提问的方式等；采用观察法中的行为记录法进行调研时，需要考虑使用何种观察工具（照相机、监视器等）。

4. 抽样设计

抽样设计是根据调研的目的确定抽样单位、样本数量以及抽样的方法。抽样单位是指向什么人调查；样本数量是指对多少人调查。在其他条件相同的情况下，样本越大越有代表性，样本数量的多少影响结果的精度，但样本数量过大也会造成经济上的浪费。

5. 方案设计

调研方案或计划是保证市场营销调研工作顺利进行的指导性文件，它是调研活动各个阶段主要工作的概述。调研计划虽无固定格式，但基本内容应包括：课题背景、研究目的、研究方法、经费预算及时间进度安排。

（三）实施阶段

实施阶段就是将调研计划付诸实施的过程，包括实地调查、资料处理和提交调研报告。

1. 实地调查

实地调查也称现场调查，是调研人员根据调研计划规定的途径与方式，实地获取各种信息资料的过程。在实地调查中，企业常常要聘请一些企业之外的调查员，因此需要做好调查人员的选择、培训及管理等工作。

1）调查人员的选择，参与市场营销实地调查人员素质的高低，将会直接影响到此次调查的结果，因此，调查人员的选择是十分重要的过程。通常要选取责任心强、思想水平较高、口齿伶俐和有一定调研经验的人。

2）调查人员的培训，调查人员选择完毕后，要对所选择人员进行培训。特别是一些临时性的调查人员，因为他们缺乏必要的知识和实际经验。

3）调查人员的管理，对调查人员的管理工作要贯穿于整个调查的始终，以保证获得信息资料的真实性。要对调查人员搜集的资料进行查看，验证是否符合要求，若发现问题，及时纠正。要对被调查对象进行复查，以防止有的调查人员不讲职业道德，自行乱填调查问卷，使调查结果失真。

2. 资料处理

为了更好地发挥信息资料的作用，必须根据调查的目的和要求，对搜集的信息资料和回收的调查问卷进行系统的整理和分析。

1）整理，对所得资料进行筛选，剔除无效问卷（包括不实、含糊的问卷及缺项过多和回答前后矛盾的问卷等）。

2）分类，依据调研目的对所得资料按一定的标准归类，并统一编码。

3）列表，依据所得资料的数据，编制成各种图表，供进一步分析之用。

对资料的统计、计算、分析等，在计算机上进行比人工要快捷、准确得多。

3. 提交调研报告

调研报告是对调研成果的总结和调研结论的说明，是营销调研的最后一步工作。其主要内容包括：调研的目的与方法；调研结果的分析；得出的结论；提出对策建议；附件（有关的图表、附录等）。撰写调研报告应满足以下几个基本要求。

1）简明扼要，重点突出。调研报告中切忌罗列一大堆数据和高深的数学公式，而应主要阐述调研中的发现和结论。

2）对象明确，讲求实用。调研报告是提交给各级营销决策者的，内容要实用，结论尽可能量化而明确，符合读者的理解水平。

3）说明调研结果的局限性和误差范围。

第三节　市场营销预测

古人云："预则立，不预则废。"预测是人们根据过去和现在的已知因素，有目的的运用已有的知识、经验和科学方法，对事物未来的发展趋势进行估计和判断的活动过程。它是一种由预测者、预测方法、预测对象和预测资料组成的信息系统，是将历史和现在的资料输入，将预测信息输出的过程。

一、市场营销预测概述

（一）市场营销预测的概念

市场营销预测是在市场调研的基础上，运用科学的逻辑和数学方法，对市场需求和企业需求以及影响市场需求变化的因素进行分析研究，并对未来的发展趋势做出估计和推测，并据此调节市场营销活动方式，为企业制定正确的市场营销决策提供依据。它是一门掌握市场动态变化的科学。正确全面地理解市场营销预测的概念，应把握以下几点。

（1）市场预测是探索市场发展规律的一种行为。

（2）市场预测要有充分根据，要在掌握系统、准确的信息资料基础上进行。

（3）市场预测必须运用科学的方法，其中包括实践中积累起来的知识、经验和判断能力，包括科学的逻辑推断和数学计量方法。

（4）预测过程一般要经历三个阶段：

① 详尽地占有信息资料，并进行去粗取精、去伪存真的加工整理；

② 运用科学方法进行计算和分析，寻找事物发展的客观规律，并用适当方式表述这种规律，即我们常说的建立预测模型；

③ 利用反映客观规律的各种模型去预测未来。

（二）市场营销预测的作用

1. 市场营销预测是企业探求未来，掌握自己命运的有目的的行为

企业从事市场活动的基本准则是"深谋远虑"。"深谋"是为未来的行动制定周密、细致、科学的战略与策略。只有看得远而准,才能使决策和计划正确无误,周密可行。这在市场瞬息万变的今天尤为重要。

2. 市场营销预测是现代企业提高应变能力的有力手段

在信息和科学技术高速发展的动态市场环境中,应变能力成为现代企业必须具备的基本素质之一。它要求企业对环境的变化能够做出迅速准确的反应,并通过采取正确的战略和策略决策,积极地适应和能动地改造环境。即在环境发生变化之前,就能够预见环境变化的方向,预先做好应变准备,并通过自己的努力(如引导需求、促销宣传、改换策略手段等措施),对宏观市场环境施加积极的影响,使环境条件朝着有利于顾客和企业发展的方向变化。

应变能力的大小和提高,取决于信息的搜集、分析和处理工作,取决于建立一个高效率的市场营销信息系统和市场营销预测系统。

3. 市场营销预测是提高企业经济效益的基本途径之一

经济效益有双重含义:一是指效用与费用、成果与劳动消耗、产出与投入的对比关系;二是指产量与销量、供给量与需求量的对比关系。只有在产品有充分市场销路的条件下,企业内部劳动消耗的节约才有意义。

市场需求制约着销售,销售是否畅通又决定着生产和营销成果的实现。因此,要想全面提高企业的经济效益,首先就要组织适销对路、价格合理、符合市场需求产品的生产。在此基础上,生产成本和营销费用的最小化才有意义。

4. 预测是决策的基础,是决策科学化的重要前提

决策涉及未来,是企业管理的核心。预测与决策实际上是一件事的两个方面或两个阶段。广义的决策过程,首先是了解事物未来发展趋势和过程,科学的决策必须依据准确的预测结论才能做出。

(三) 市场营销预测的基本原则

事物总是处于不断运动之中的,而运动又总是遵循着客观规律进行的。市场经济的运行虽然纷繁复杂,但总是存在一定规律的。预测过程就是对市场运行规律的认识、掌握和运用的过程。预测之所以可能,主要是利用了三个基本原则。

1. 惯性原则

惯性原则是指从时间上考察事物的发展,其各个阶段具有连续性。辩证唯物主义认为,任何事物在经历由量变到质变的发展变化过程中,具有时间上的连续性,在性质、数量、范围等方面存在着继承性和变异性。事物在经历量变过程时,继承性占主导地位,事物在性质上没有根本性变化,仅在数量和范围上有所增减,这就为预测事物的发展提供了极大的可能性。大量的数量预测方法,就应用在量变阶段。

2. 类推原则

世界上的每一种事物都存在于特定的环境中,都有其特殊的运动规律。但世界上的事物又处在普遍的联系之中,同类事物间又存在着普遍适用的运动规律,即使不同的事物之间,也常常存在某些相似或类同之点。只要掌握了事物发展变化的普遍规律(即共性),再结合具体事物所处的环境条件和具体特点(即个性),认识具体事物的特殊运动规律,是完全做得到的。

类推原则尤其适用于历史资料欠缺的新产品的市场预测。开发新产品市场,就完全可以借鉴老一代产品的市场销售历史,去估计新产品的未来需求和销售趋势。

3. 相关原则

世界上各种事物之间均存在着直接或间接的联系,事物之间存在着或大或小的相互影响、相互制约、相互促进的关系。经济领域中,这种相互联系更是普遍存在。价格上涨,刺激供给增加,抑制需求减少。一般情况,互补品之间存在"一荣俱荣"、"一损俱损"的关系;替代品之间存在着此消彼长的关系。

定性分析中特别重视的相关因素分析法,定量预测技术中的因果关系回归预测技术,就是根据相关原则推导出来的。

(四)市场营销预测的分类

1. 按照预测期的长短划分

(1)长期预测,一般指预测期在 5 年及 5 年以上的预测,是企业制定长远规划的科学依据。

(2)中期预测,一般指预测期在 1 年以上、5 年以下的预测,为实现 5 年规划或长远规划编制的实施方案提供依据。

(3)短期预测,一般指年度、季度或月度的预测,为近期安排生产、制定营销决策及解决近期市场出现的突出问题所采取的措施提供依据。

2. 按预测范围划分

(1)国际市场预测,是对国际营销环境的发展趋势及国际市场潜力等做出的预测。

(2)国内市场预测,是对某一类产品的国内需求及市场竞争态势等的预测。

(3)地区市场预测,是对企业在某个地区的目标市场的预测,包括地区的市场潜力、企业产品的销售趋势等的预测。

3. 按预测性质划分

(1)定性预测,是对未来市场的发展趋势在性质上或程度上做出的预测。

(2)定量预测,是利用历史统计数据,建立预测模型,对未来市场的发展趋势在数量上的估计。

二、市场营销预测方法

(一)定性预测方法

定性预测方法是依靠熟悉业务知识,具有丰富经验和综合分析能力的人员或专家,根据已经掌握的历史资料和直观材料,运用人的知识、经验和分析判断能力,对事物的未来发展趋势做出性质和程度上的判断。然后,再通过一定的形式综合各方面的判断,得出统一的预测结论。

定性预测偏重于事物发展性质上的分析,主要凭知识、经验和人的分析能力,是市场预测中应用较广泛的基本方法。它更重视事物发展趋势、方向、重大转折点的分析。一般适用于国民经济形势发展、经济政策的演变、市场总体形势的变化、科学技术发展与实际应用对市场供求的影响、新产品开发、新市场开拓、企业经营环境分析和战略决策方向、企业市场营销组合及对市场销售的影响等。

定性预测技术一定要与定量预测技术配合使用。其主要方法有以下几种。

1. 销售人员估计法

销售人员估计法是把企业的销售人员(有时也邀请商业代表参加)召集起来,请他们根据对地区经济、产品用户和顾客的了解,结合市场竞争情况,提出对自己负责的销售地区(或产品)下一季度或年度的销售趋势的判断。然后,再把每个销售人员的判断汇总起来,经过综合处理,做出企业销售的前景预测。

小链接

某企业有 3 名销售员,分别负责 3 个地区的产品销售工作,他们对各自负责的地区下一年度的产品销售预测情况详见表 5-2:

表 5-2　销售员对下一季度产品销售额的预测

销售员	销售状态	销售预测额(万元)	概率	期望值
甲	最高销售	21	0.3	6.3
	正常销售	17	0.6	10.2
	最低销售	15	0.1	1.5
				18
乙	最高销售	18	0.2	3.6
	正常销售	16	0.6	9.6
	最低销售	14	0.2	2.8
				16
丙	最高销售	25	0.2	5
	正常销售	22	0.5	11
	最低销售	20	0.3	6
				22
合计	下一季度产品销售额为:18.0＋16.0＋22.0＝56.0(万元)			

注:概率指销售员对销售状态发生的可能性做出的估计值

现在,通常是要求每个销售人员按月按季提交市场分析和销售预测报告,然后汇总所有销售人员的报告,利用计算机系统,进行综合处理。使用这种方法时,要特别注意各类销售人员对市场判断时的主观因素的影响,有人偏于保守,有人则偏于乐观。一般情况,利用修正系数调整销售人员的估计值的偏差,保证预测结果的客观真实性。

销售人员估计法充分利用企业内部智力资源进行预测。销售人员对专业和专业市场都非常熟悉,研究问题可以做到精细深入。但由于长期从事某项专一的工作和业务,容易形成固定的思维程序和观念。身居局部世界,容易出现"当局者迷"的现象,导致预测结果的片面性。

2. 专家意见法

专家意见法是依靠专家的知识、经验和思维能力,对历史和现实进行分析综合,对未来发展做出个人判断的一种预测方法,聘请的专家是企业的"局外者",能比较客观的进行预测,避免了预测结果局限性和片面性。专家意见法的实施有三种具体形式:

(1) 个别专家预测法,聘请市场顾问或向个别专家征求意见。仍然存在片面性与局限性。

(2) 专家会议法,组成有关各方专家的委员会或工作组进行预测。有利于集中各方面专家的专业知识和各种意见,能较好地克服片面性与局限性。但常出现专家意见严重相左,难以形成一致看法或小组成员易于屈从某个权威,不愿提出不同的意见,使意见不一定能反映出与会者的正确想法等问题。

(3) 德尔菲法,是一种较特殊的专家意见法。由企业有选择地聘请一批专家,通常是7~20 人,采用问卷或表格的形式,征询专家的匿名预测意见,将得到的初步结果综合整理,再随问卷或表格从新发给专家,要求专家在反馈信息的引导下对原有预测进行酌情修正,然后将意见重新汇总。经过多次反复,当专家意见趋于一致时,对最后一轮预测问卷或表格进行统计整理,得出预测结果的方法。其主要特点为:

第一,多向反馈性,德尔菲法是一个征询—答复—反馈……的多次反复的过程,有利于预测的修正和完善。

第二,匿名性,德尔菲法的整个预测过程中,专家们采取背对背方式,彼此不联系。

第三,预测结果的可靠性,背对背方式的运用,消除了心理因素的影响,专家完全是依据自己的学识和经验独立自主的进行判断,保证了预测结果的真实可靠。

3. 调查预测法

调查预测法是企业营销管理人员组织或亲自参与市场调查,并在掌握第一手市场信息资料的基础上,经过分析和推算,预测市场未来发展形势的一类方法。此法具有较强的客观性和针对性。主要方法有:

(1) 预购测算法,根据需求者的预购订单和预购合同预测产品的市场需求量。适用于现代企业对市场销售量的微观预测。

（2）用户调查预测法，是直接向用户了解需求与购买意向，分析用户需求变化趋势，预测市场销售前景的一种方法，主要是普查法和抽样调查法的运用。

（3）典型调查预测法，又称重点调查推算法，是有目的地选择有代表性的顾客进行调查，并利用调查后的统计分析结果，去推算整体市场趋势的方法。

（4）展销调查预测法，是通过产品展销会直接调查顾客的各种需求，了解顾客对产品的各种反映。把销售与调查预测相结合，便于对消费需求、购买能力、购买意向等多方面情况做出分析研究的一种方法。它是工商企业常用的了解市场行情的预测方法。

（二）定量预测方法

定量预测方法，是利用已经掌握的比较完备的历史统计数据，凭借一定的数理统计方法和数学模型，寻求有关变量之间的规律性联系，用来预计和推测市场未来发展变化趋势的一种预测方法。一般适用于历史统计数据比较准确完备、市场发展变化环境和条件比较稳定、产品处于成长期（或成熟期）或预测对象与某些相关因素之间呈现比较明显的因果制约关系等情况下对未来发展变化趋势的预测。

1. 时间序列预测法

时间序列预测法是根据预测对象的历史资料所形成的时间序列进行分析，推测事物未来发展趋势的一种预测方法。主要方法有：

（1）简单平均数法，依据观察期的数据，计算算术平均数，以此作为下期的预测值的一种方法。此法简单易行，精确度差，不能充分反映发展趋势和季节变动影响，一般适用于短期预测。其计算公式为：

$$Y_{n+1} = \frac{1}{n}(Y_1 + Y_2 + \cdots + Y_n) = \frac{1}{n}\sum Y_i$$

式中：Y_{n+1} 为 $n+1$ 期的预测值；

$\quad\quad Y_i$ 为第 i 期的观察值（$i=1,2,\cdots,n$）；

$\quad\quad n$ 为时间序列的资料期数。

（2）加权平均数法，是对不同时期的观察值依据其重要性不同，分别给予不同的权数，然后再求平均数的一种预测方法。为体现各期数据影响程度的差异，减小误差，一般近期数据所占权数比重较大。因此，加权平均数法的预测结果较简单平均数法准确。其计算公式为：

$$\hat{Y}_{n+1} = \frac{w_1 Y_1 + w_2 Y_2 + \cdots + w_n Y_n}{w_1 + w_2 + \cdots + w_n} = \frac{\sum w_i Y_i}{\sum w_i}$$

式中：$\hat{Y}_{n+1}$ 为 $n+1$ 期的预测值；

$\quad\quad Y_i$ 为第 i 期的观察值（$i=1,2,\cdots,n$）；

w_i 是第 i 期观察值的权数 $(i=1,2,\cdots,n)$。

（3）移动平均法，是取预测对象最近一组实际值（或历史数据）的平均值作为预测值的方法，即每次取一定数量周期（跨越期）的数据平均，按时间次序逐次推进。每推进一个周期，要舍去前一个周期的数据，增加一个新周期的数据，再进行平均的一种方法。它能较好的修匀时间序列，消除时间序列中不规则变动和季节变动。统计分析中常用此法修匀历史数据，揭示变动趋势。

① 一次移动平均法，适用于时间序列数据具有明显的水平变化趋势的近期预测，其计算公式为：

$$M_t^1 = \frac{Y_t + Y_{t-1} + \cdots + Y_{t-n+1}}{n} = \frac{\sum Y_i}{n}$$

式中：M_t^1 为第 t 期的一次移动平均值；

t 为周期序号；

Y_i 为第 i 期的观察值 $(i=t,t-1,\cdots,t-n+1)$；

n 是计算移动平均值选定的数据个数。

用一次移动平均法进行预测，本期的移动平均值就是下一期的预测值，即

$$Y_{t+1} = M_t^1$$

② 二次移动平均法，适用于时间序列数据具有明显线性变化趋势对未来的预测，避免了一次移动平均法因滞后偏差导致预测偏低的现象。它以一次移动平均为基础，其计算公式为：

$$M_t^2 = \frac{M_t^1 + M_{t-1}^1 + \cdots + M_{t-n+1}^1}{n} = \frac{\sum M_i^1}{n}$$

式中：M_t^2 为第 t 期的二次移动平均值；

t 为周期序号；

M_i^1 为第 i 期的一次移动平均值 $(i=t,t-1,\cdots,t-n+1)$；

n 是计算移动平均值选定的数据个数。

二次移动平均法线性预测模型为

$$Y_{t+T} = a_t + b_t \cdot T$$

式中：T 为预测模型所处的时间周期到需要预测的时间直接的周期数；

a_t, b_t 为参数。

二次移动平均法不能直接用于预测，一般用来计算线性预测模型中的参数，计算公式为

$$a_t = 2M_t^1 - M_t^2$$

$$b_t = \frac{2(M_t^1 - M_t^2)}{n-1}$$

小链接

某医药企业 1981 年至 1997 年销售资料详见表 5-3,用二次移动平均法预测 1998 年和 1999 年的销售额($n=5$)。如表 5-3 所示。

$$M^1_{1985} = \frac{Y_{1985}+Y_{1984}+\cdots+Y_{1981}}{5} = \frac{74.0+74.0+70.0+62.0+55.0}{5} = 67.0$$

$$M^1_{1986} = \frac{Y_{1986}+Y_{1985}+\cdots+Y_{1982}}{5} = \frac{80.0+74.0+74.0+70.0+62.0}{5} = 72.0$$

以此类推,将所计算结果填入表 5-3 中的 M^1_t 栏中。

表 5-3　1981—1997 年销售额及一次、二次移动平均值(单位:万元)

观察期(年份)	销售额(Y)	$M^1_t(n=5)$	$M^2_t(n=5)$
1981	55.0		
1982	62.0		
1983	70.0		
1984	74.0		
1985	74.0	67.0	
1986	80.0	72.0	
1987	83.0	76.2	
1988	80.0	78.2	
1989	81.0	79.6	74.6
1990	85.0	81.8	77.6
1991	70.0	79.8	79.1
1992	90.0	81.2	80.1
1993	92.0	83.6	81.2
1994	106.0	88.6	83.0
1995	100.0	91.6	85.0
1996	103.0	98.2	88.6
1997	104.0	101.0	92.6

$$M^2_{1989} = \frac{M^1_{1989}+M^1_{1988}+\cdots+M^1_{1985}}{5} = \frac{79.6+78.2+76.2+72.0+67.0}{5} = 74.6$$

$$M^2_{1990} = \frac{M^1_{1990}+M^1_{1989}+\cdots+M^1_{1986}}{5} = \frac{81.8+79.6+78.2+76.2+72.0}{5} = 77.6$$

以此类推,将所计算结果填入表 5-3 中的 M^2_t 栏中,并利用 1997 年的数据计算参数:

$$a_t = 2M^1_t - M^2_t = 2\times101 - 92.6 = 109.4$$

$$b_t = \frac{2(M_t^1 - M_t^2)}{n-1} = \frac{2}{5-1} \times (101.0 - 92.6) = 4.2$$

预测模型为：$Y_{1997+T} = 109.4 + 4.2T$，根据预测模型计算预测值为

$$Y_{1998} = Y_{1997+1} = 109.4 + 4.2 \times 1 = 113.6$$

$$Y_{1999} = Y_{1997+2} = 109.4 + 4.2 \times 2 = 117.8$$

（4）指数平滑法，是一种特殊的加权移动平均法，它对数据的重要程度（权数）按时间的近远给予逐渐减弱的影响。一般用于长期趋势变动和季节变化的预测。

① 一次指数平滑法，适用于时间序列数据无明显的趋势变化的预测，其计算公式为：

$$S_t^1 = \alpha Y_t + (1-\alpha) S_{t-1}^1$$

式中：S_t^1 为第 t 期的一次指数平滑值；

　　　t 为周期序号；

　　　Y_t 为第 t 期的观察值；

　　　$\alpha(0 \leqslant \alpha \leqslant 1)$ 为平滑系数。

一次指数平滑法一般用于近期预测，其预测公式为：

$$Y_{t+1} = S_t^1$$

② 二次指数平滑法，适用于时间序列数据具有明显的线性变化趋势对未来的预测，避免了一次平滑指数法因滞后偏差导致预测偏低的现象。它以一次平滑指数为基础，其计算公式为：

$$S_t^2 = \alpha S_t^1 + (1-\alpha) S_{t-1}^2$$

式中：S_t^2 为第 t 期的二次指数平滑值；

　　　t 为周期序号；

　　　S_t^1 为第 t 期的一次指数平滑值；

　　　$\alpha(0 \leqslant \alpha \leqslant 1)$ 为平滑系数。

二次指数平滑法线性预测模型为：

$$Y_{t+T} = a_t + b_t \cdot T$$

式中：T 为预测模型所处的时间周期到需要预测的时间直接的周期数；

　　　a_t, b_t 为参数。

二次指数平滑法不能直接用于预测，一般用来计算线性预测模型中的参数，计算公式为：

$$a_t = 2S_t^1 - S_t^2$$

$$b_t = \frac{\alpha(S_t^1 - S_t^2)}{1-\alpha}$$

指数平滑法需要确定平滑系数 α 和初始值 S。平滑系数 α 的选择会直接影响预测的

效果,一般当数据比较平稳时,可取较大的平滑系数;数据波动较大时,平滑系数取值应较小。初始值的确定方法有两种:一是初始值等于第一期的实际值;二是初始值等于前几期实际值的平均值。

小链接

某医药企业 1980 年至 1998 年销售资料详见表 5-4,用二次指数平滑法预测 2000 年的销售额($\alpha=0.5$)。如表 5-4 所示。

令 $S_{1980}^1=Y_{1980}=80$;$S_{1980}^2=Y_{1980}=80$;$\alpha=0.5$,则有:

$$S_{1981}^1=\alpha Y_{1981}+(1-\alpha)S_{1980}^1=0.5\times81+(1-0.5)\times80=80.50$$

$$S_{1981}^2=\alpha S_{1981}^1+(1-\alpha)S_{1980}^2=0.5\times80.50+(1-0.5)\times80=80.25$$

以此类推,将计算结果分别填入 S_t^1 和 S_t^2 栏中,并利用 1998 年的数据计算预测模型中的参数:

$$a_t=2S_{1998}^1-S_{1998}^2=2\times177.06-168.32=185.80$$

$$b_{1998}=\frac{\alpha(S_{1998}^1-S_{1998}^2)}{1-\alpha}=\frac{0.5\times(177.06-168.32)}{1-0.5}=8.74$$

预测模型为:

$$Y_{1998+T}=185.80+8.74T$$

则有:

$$Y_{2000}=Y_{1998+2}=185.80+8.74\times2=203.28$$

表 5-4　1980—1998 年销售额及一次、二次指数平滑值(单位:万元)

观察期(年份)	销售额(Y)	$S_t^1(\alpha=0.5)$	$S_t^2(\alpha=0.5)$
1980	80	80.00	80.00
1981	81	80.50	80.25
1982	85	82.75	81.50
1983	84	83.38	82.44
1984	90	86.69	84.56
1985	92	89.34	86.95
1986	95	92.17	89.56
1987	89	90.59	90.08
1988	92	91.29	90.68
1989	99	95.15	92.92
1990	102	98.57	95.74
1991	110	104.29	100.02
1992	120	112.14	106.08

续表

观察期(年份)	销售额(Y)	$S_t^1(\alpha=0.5)$	$S_t^2(\alpha=0.5)$
1993	140	126.07	116.07
1994	150	138.04	127.06
1995	155	146.52	136.79
1996	180	163.26	150.02
1997	175	169.13	159.58
1998	185	177.06	168.32

2. 相关分析预测法

相关分析预测法是对社会现象之间客观存在的数值不确定的依存关系的一种预测方法。相关分析是对变量间的相关关系进行分析和研究的方法,它包括两方面内容:一是确定事物之间有无相关关系,是相关分析的前提;二是确定相关关系的密切程度,是相关分析的主要目的和主要内容。相关关系的密切程度用相关系数或相关指数来衡量。

回归分析是对具有相关关系的变量,在固定一个变量数值的基础上,利用回归方程测算另一个变量的取值的平均数,是在相关分析的基础上,建立相当于函数关系式的回归方程,用以反映或预测相关关系变量的数量关系及数值。运用相关分析预测法进行市场营销预测一般分为四个步骤。

(1) 确定相关关系,包括确定相关变量(找出具有相关关系的具体的变量)、变量之间相关的类型(可将自变量和因变量的数值对应的在直角坐标系中标出,利用所形成的散点图直观地观察)及变量之间线性相关的密切程度三方面内容。其中确定变量之间线性相关的密切程度通常用测算相关系数来确定,其计算公式为:

$$r = \frac{\sum(x-\bar{x})(y-\bar{y})}{n\delta_x \cdot \delta_y}$$

$$\delta_x = \sqrt{\frac{\sum(x-\bar{x})^2}{n}}$$

$$\delta_y = \sqrt{\frac{\sum(y-\bar{y})^2}{n}}$$

式中:r 为相关系数;

　　x 为自变量的取值,$\bar{x}$ 为自变量的平均数;

　　y 为依变量的取值,$\bar{y}$ 为依变量的平均数;

　　δ_x 为自变量数列的标准差,δ_y 为依变量数列的标准差。

相关系数 $|r| \leqslant 1$。当 $|r|$ 愈接近 1 时,变量间的线性相关程度愈高;当 $r>0$ 时,变量

间的相关关系为正相关。

（2）建立回归方程，是依据变量之间的相关关系，用数学表达式表示的过程。由于变量之间的数量关系不同，回归方程可分为线性回归和非线性回归两种：

① 线性回归方程一般表达式为：

$$Y = a + bX$$

② 非线性回归方程一般表达式为：

$$Y = a + b_1 X_1 + b_2 X_2 + \cdots + b_m X_m$$

式中：$a, b_m (m = 1, 2, \cdots, m)$ 为回归系数；

　　　$X, X_m (m = 1, 2, \cdots, m)$ 为自变量，Y 为依变量。

（3）求解方程，确定预测值，回归方程中的参数常用最小二乘法求得，其计算公式为：

$$a = \frac{1}{n} \left(\sum y - b \sum x \right);$$

$$b = \frac{n \sum yx - \sum y \sum x}{n \sum x^2 \left(\sum x \right)^2}$$

式中：n 为项数，x 为自变量的取值，y 为依变量的取值。

（4）评价预测结果，常用的方法有方差分析、相关分析及运用正态分布原理测算置信区间等。

本章小结

21 世纪是信息时代社会，信息的种类、数量、内容和范围都远远超过以往任何时代。在市场经济条件下，与市场运行有关的各种信息，更是宏观经济和微观经济得以进行的重要条件。企业要想成功的开展市场营销活动，在瞬息万变的市场上求得生存和发展，寻找市场机会，比竞争者更好地满足消费需求，赢得竞争优势，除了需要资金、材料、设备、人才等要素外，还必须首先研究市场，从市场获得有效的信息，进而把握目前和预测未来的市场需求大小。

我国古代孙子云："知己知彼，百战不殆。"在市场经济条件下，没有调查研究就没有发言权，就无法掌握和适应不断变化的动态市场。菲利普·科特勒认为："真正的市场营销人员所采取的第一个步骤，总是要进行市场营销调研。"

古人云："预则立，不预则废。"预测是人们根据过去和现在的已知因素，有目的的运用已有的知识、经验和科学方法，对事物未来的发展趋势进行估计和判断的活动过程。它是一种由预测者、预测方法、预测对象和预测资料组成的信息系统，是将历史和现在的资料输入，将预测信息输出的过程。

实践证明,有效的营销管理特别需要详细、准确和最新的市场信息,营销调研正是为提供这种信息服务的。在深入调研、掌握信息的基础上,科学的预测方法可以帮助营销管理者认识市场的发展规律,做出对新企业、新产品投资的决策,为企业制定、评价营销组合策略提供依据。

思考与讨论

1. 举例说明市场营销调研的方法和特点。
2. 结合所学知识及生活实际,谈谈市场营销调研的内容。
3. 请结合生活实际,选择某一方面,设计一份调查问卷。
4. 结合生活实际,谈谈市场营销预测对企业的重要意义。
5. 试述市场营销预测的方法及应用。

案例分析训练

移动电话市场规模预测

2002 年,在商情公司接到的移动公司招标书中,许多省、市移动公司提出了移动电话市场预测调研需求;一些经济较为发达、市场普及率较高的省、市甚至提出了移动电话潜在市场专题研究需求。早在 1998—1999 年,集团公司和部分省、市移动公司也曾向商情公司提出过移动电话市场预测调研需求。事实上,移动公司在两个不同时期提出市场预测调研需求,是由行业生命周期不同阶段的特性所决定的。1998—1999 年,中国移动电话市场处于市场成长期的早期,那一时期移动公司需要了解未来几年移动电话市场发展规模,以决定下一阶段的投资方向和投资力度;到了 2002 年,许多省会城市和经济较为发达的沿海城市移动电话市场已处于成长期的后期,有些甚至进入了成熟饱和期,这一时期移动公司需要了解该区域今后移动电话市场尚有多大的发展余地,以便决定下一步的投资力度和营销策略。

通过分析中国移动电话市场演进特征,并比较不同地域移动公司的调研需求类型后,商情公司预计 2003 年将有相当多的移动公司需要对潜在市场进行研究。潜在市场研究不同于常规的市场研究,其中的市场规模预测,除了需要研究人员对行业有一定了解外,还需要掌握专门的预测技术。下面,我们结合商情公司市场预测案例,回顾一下消费者购买意向的预测。

在购买意向法中,访问员通过向被访者出示购买意见量表,询问被访者会不会在未来一年内购买移动电话。这种方法在市场调查中经常使用。

研究表明,购买意见量表能在一定程度上预测客户对移动电话的购买情况。这种方法最明显的优点是量表容易制作且只要求被访者对他们购买移动电话的可能性做一个主观判断。但是,为了提高该种方法预测的准确性,需要研究人员根据以往的经验把被访者在量表上的回答转换成对购买可能性的估计。这是因为,一个明显的事实是,每位表示肯定会购买移动电话的被访者,在未来一年里并不一定都会去购买;而表示肯定不会购买移动电话的被访者,他们当中少数人在未来一年里反而购买了移动电话。

商情公司具有五年的移动电话市场调查资料积累,对部分潜在移动电话用户进行了跟踪研究,取得了非常宝贵的量表购买与实际购买之间的转换资料。例如,在对某省移动电话潜在用户进行跟踪调研中,我们发现:

(1) 在访问时表示"肯定购买"的被访者中有 48% 在未来一年中实际购买了移动电话。

(2) 在访问时表示"可能购买"的被访者中有 16% 在未来一年中实际购买了移动电话。

(3) 在访问时表示"可能不会买"的被访者中有 7% 在未来一年中实际购买了移动电话。

(4) 在访问时表示"肯定不会买"的被访者中有 3% 在未来一年中实际购买了移动电话。

2004 年,商情公司对该省潜在市场再一次进行了调研。调研资料表明,在该省目标用户群中,表示在未来一年中"肯定购买"的为 2%,"可能购买"的为 6%,"可能不会买"的为 32%,"肯定不会买"的为 60%。

资料来源:吴健安.营销管理.北京:高等教育出版社,2004.

请结合所学知识,谈谈企业在对潜在市场进行研究和市场规模预测时,要求研究人员应具备哪些方面的知识和预测技术。

第 六 章

目标市场营销战略

学习目标

1. 了解市场细分、目标市场和市场定位的基本含义；
2. 掌握市场细分的标准和方法；
3. 学会运用目标市场战略选择市场并对产品进行准确定位。

引导案例

麦当劳瞄准细分市场需求

麦当劳作为一家国际餐饮巨头，创始于20世纪50年代中期的美国。由于当时创始人及时抓住高速发展的美国经济下的工薪阶层需要方便快捷的饮食的良机，并且瞄准细分市场需求特征，对产品进行准确定位而一举成功。当今麦当劳已经成长为世界上最大的餐饮集团，在109个国家开设了2.5万家连锁店，年营业额超过34亿美元。

回顾麦当劳公司发展历程后发现，麦当劳一直非常重视市场细分的重要性，而正是这一点让它取得令世人惊美的巨大成功。

市场细分是1956年由美国市场营销学家温德尔·史密斯首先提出来的一个新概念。它是指根据消费者的不同需求，把整体市场划分为不同的消费者群的市场分割过程。每个消费者群便是一个细分市场，每个细分市场都是由需要与欲望相同的消费者群组成。市场细分主要是按照地理细分、人口细分和心理细分来划分目标市场，以达到企业的营销目标。

而麦当劳的成功正是在这三项划分要素上做足了工夫。它根据地理、人口和心理要素准确地进行了市场细分，并分别实施了相应的战略，从而达到了企业的营销目标。

一、麦当劳根据地理要素细分市场

麦当劳有美国国内和国际市场，而不管是在国内还是国外，都有各自不同的饮食习惯和文化背景。麦当劳进行地理细分，主要是分析各区域的差异。如美国东西部的人喝的咖啡口味是不一样的。通过把市场细分为不同的地理单位进行经营活动，从而做到因地制宜。

　　每年,麦当劳都要花费大量的资金进行认真的严格的市场调研,研究各地的人群组合、文化习俗等,再书写详细的细分报告,以使每个国家甚至每个地区都有一种适合当地生活方式的市场策略。

　　例如,麦当劳刚进入中国市场时大量传播美国文化和生活理念,并以美国式产品牛肉汉堡来征服中国人。但中国人爱吃鸡,与其他洋快餐相比,鸡肉产品也更符合中国人的口味,更加容易被中国人所接受。针对这一情况,麦当劳改变了原来的策略,推出了鸡肉产品。在全世界从来只卖牛肉产品的麦当劳也开始卖鸡了。这一改变正是针对地理要素所做的,也加快了麦当劳在中国市场的发展步伐。

　　二、麦当劳根据人口要素细分市场

　　通常人口细分市场主要根据年龄、性别、家庭人口、生命周期、收入、职业、教育、宗教、种族、国籍等相关变量,把市场分割成若干整体。而麦当劳对人口要素细分主要是从年龄及生命周期阶段对人口市场进行细分,其中,将不到开车年龄的划定为少年市场,将20～40岁之间的年轻人界定为青年市场,还划定了老年市场。

　　人口市场划定以后,要分析不同市场的特征与定位。例如,麦当劳以孩子为中心,把孩子作为主要消费者,十分注重培养他们的消费忠诚度。在餐厅用餐的小朋友,经常会意外获得印有麦当劳标志的气球、折纸等小礼物。在中国,还有麦当劳叔叔俱乐部,参加者为3～12岁的小朋友,定期开展活动,让小朋友更加喜爱麦当劳。这便是相当成功的人口细分,抓住了该市场的特征与定位。

　　三、麦当劳根据心理要素细分市场

　　根据人们生活方式划分,快餐业通常有两个潜在的细分市场:方便型和休闲型。在这两个方面,麦当劳都做得很好。

　　例如,针对方便型市场,麦当劳提出"59秒快速服务",即从顾客开始点餐到拿着食品离开柜台标准时间为59秒,不得超过一分钟。

　　针对休闲型市场,麦当劳对餐厅店堂布置非常讲究,尽量做到让顾客觉得舒适自由。麦当劳努力使顾客把麦当劳作为一个具有独特文化的休闲好去处,以吸引休闲型市场的消费者群。

　　资料来源:网易.市场细分案例"麦当劳瞄准细分市场需求". http://xzzyf888. blog. 163. com/blog/static/11969847320103521921130/

第一节　市场细分战略

　　市场细分(market segmentation)是企业根据消费者需求的不同,把整个市场划分成不同的消费者群的过程。通过市场细分,具有较多共性的顾客被划分为同一群体,不同群体之间的顾客差异性较大。企业可以根据自身条件和需要,用不同的产品和服务去满足不同群体顾客的需求。

一、市场细分战略的产生和发展

市场细分的概念是美国市场营销学家温德尔·史密斯(Wendell R. Smith)在 1956 年提出来的。它作为企业营销思想的新发展,顺应了第二次世界大战后美国众多产品由卖方市场转化为买方市场这一新的市场形势,是企业贯彻市场导向这一营销观念的必然产物。从总体上看,市场细分战略适应了不同的市场条件和环境,从根本上决定了企业的营销战略。市场细分理论和实践的发展主要经历了以下几个阶段。

(一)大量营销阶段

19 世纪末 20 世纪初,西方发达国家正值资本主义工业革命时期,西方各国经济发展追求的是生产速度和企业规模,企业市场营销的基本方式是大量市场营销,通过大批量生产品种规格单一的产品和大众化的分销渠道销售商品。在当时的市场环境下,大量营销的方式降低了生产成本和商品价格,通过大量销售获得了较丰厚的利润,在这种情况下,企业没有必要也不可能重视市场需求的研究,根本谈不上市场细分战略。

(二)产品差异化营销阶段

20 世纪 30 年代,空前的资本主义经济危机爆发了,西方企业面临严重生产过剩的情况,通货膨胀严重,消费者购买力低下,市场形式的变化迫使企业转变经营观念,营销方式开始从大量市场营销向差异化营销转变,企业向市场推出许多与竞争者不同的产品,具有不同质量、外观和性能。产品差异化营销与大量营销相比虽然是一种进步,但是,由于企业只考虑自己现有的设计、技术能力,而忽视对顾客需求的研究,缺乏明确的目标市场,因此产品营销的成功率依然很低。由此可见,在产品差异化营销阶段,企业仍然没有重视对市场需求的研究,市场细分也就仍无产生的条件和基础。

(三)目标营销阶段

20 世纪 50 年代以后,在科技革命的推动下,科学技术有了长足发展,生产力水平大幅提高,产品种类日益繁多,生产与消费的矛盾更加尖锐,以产品差异化为主导的营销方式已经不能解决企业所面临的市场问题。市场迫使企业要继续转变营销观念和经营模式,将产品差异化营销发展为以市场需求为导向的目标市场营销,进一步要求企业在研究市场和细分市场的基础上,结合企业自身的资源与优势,选择广大市场中最有潜力和能有效地为其提供产品和服务的细分市场作为目标市场,实施与目标市场需求相互匹配的市场营销组合策略。这种企业营销观念和经营模式的转变标志着市场细分战略的诞生。

市场细分战略的有效运用是市场细分理论指导企业经营的必然结果,传统营销观念发生了根本的变革,在理论和实践中都产生了极大影响,被西方经济理论学家称之为"市场营销革命"。

市场细分理论的形成之后,经历了一个不断完善的过程。起初,很多企业认为把市场划分得越细,越能满足顾客的各种需求,可以在满足顾客需求的过程中提高利润。直到20世纪70年代以来,由于全球能源危机和整个市场经济的萎靡,消费者的可支配收入在不同程度上下降,消费者在购买商品时,更多地注重产品价值、价格和效用的比较。而过度细分市场则会导致企业营销成本的上升而减少总收益。于是,"反市场细分化"理论逐渐产生。许多营销学者和企业家认为,应该从成本和收益的比较出发,对市场进行适度的细分,这就对市场细分理论进行了矫正,赋予了市场细分理论新的内涵,使其不断地发展和完善,使企业市场营销具有更强的可操作性。

二、市场细分的作用

西方发达国家称市场细分是具有创造性的新概念,市场细分概念的产生标志着企业树立了"以消费者为核心"的营销观念,其对企业的作用不言而喻。

1. 有利于选择目标市场和制定市场营销策略

市场细分后的子市场比较具体,比较容易了解消费者的需求,企业可以根据自己的经营思想、方针及生产技术和营销力量,确定自己的服务对象,即目标市场。针对较小的目标市场,便于制定特殊的营销策略。同时,在细分的市场上,信息容易收集和反馈,一旦消费者的需求发生变化,企业可迅速改变营销策略,制定相应的对策,以适应市场需求的变化,提高企业的应变能力和竞争力。

2. 有利于发掘市场机会,开拓新市场

通过市场细分,企业可以对每一个细分市场的购买潜力、满足程度、竞争情况等进行分析对比,探索出有利于本企业的市场机会,使企业及时做出投产、销售决策或根据本企业的生产技术条件编制新产品开拓计划,进行必要的产品技术储备,掌握产品更新换代的主动权,开拓新市场,以更好适应市场的需要。

3. 有利于集中人力、物力投入目标市场

任何一个企业的人力、物力、资金等资源都是有限的。通过细分市场,选择了适合自己的目标市场,企业可以集中人、财、物等资源,去争取局部市场上的优势,然后再占领自己的目标市场。

4. 有利于企业提高经济效益

前面三个方面的作用都能使企业提高经济效益。除此之外,企业通过市场细分后,企业可以面对自己的目标市场,生产出适销对路的产品,既能满足市场需要,又可增加企业

的收入;产品适销对路可以加速商品流转,加大生产批量,降低企业的生产销售成本,提高生产工人的劳动熟练程度,提高产品质量,全面提高企业的经济效益。

三、市场细分的客观基础和依据

(一)市场细分的客观基础

1. 顾客需求的差异性

顾客需求的差异性是指不同的顾客之间的需求是不一样的。在市场上,消费者总是希望根据自己的独特需求去购买产品,我们根据消费者需求的差异性可以把市场分为"同质性需求"和"异质性需求"两大类。

同质性需求是指由于消费者的需求的差异性很小,甚至可以忽略不计,因此没有必要进行市场细分。而异质性需求是指由于消费者所处的地理位置、社会环境不同,自身的心理和购买动机不同,造成他们对产品的价格、质量款式上需求的差异性。这种需求的差异性就是我们市场细分的基础。

2. 顾客需求的相似性

在同一地理条件、社会环境和文化背景下的人们形成有相对类似的人生观、价值观的亚文化群,他们需求特点和消费习惯大致相同。正是因为消费需求在某些方面的相对同质,市场上绝对差异的消费者才能按一定标准聚合成不同的群体。所以消费者的需求的绝对差异造成了市场细分的必要性,消费需求的相对同质性则使市场细分有了实现的可能性。

3. 企业有限的资源

现代企业由于受到自身实力的限制,不可能向市场提供能够满足一切需求的产品和服务。为了有效的进行竞争,企业必须进行市场细分,选择最有利可图的目标细分市场,集中企业的资源,制定有效的竞争策略,以取得和增加竞争优势。

(二)市场细分的依据

产品属性是影响顾客购买行为的重要因素,根据顾客对不同属性的重视程度,可以分为三种偏好模式。这种需求偏好差异的存在是市场细分的客观依据。

1. 同质偏好

如图 6-1(a)所示,市场上所有的顾客有大致相同的偏好(以某食品厂生产的甜点为例),且相对集中于中央位置。

2. 分散偏好

图 6-1(b)所示为分散型偏好表示模式,市场上的顾客对两种属性的偏好散布在整个

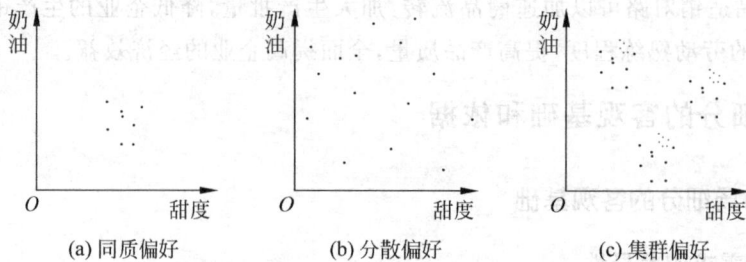

图 6-1　市场偏好模式

空间,偏好相差很大。进入该市场的第一个品牌可能定位于中央位置,以最大限度地迎合数量最多的顾客,同时,将顾客的不满足感降到最低水平。进入该市场的第二个品牌可以定位于第一个品牌附近,与其争夺份额;也可远离第一个品牌,形成有鲜明特征的定位,吸引对第一个品牌不满的顾客群。如果该市场潜力很大,会同时出现几个竞争品牌,定位于不同的空间,以体现与其他竞争品牌的差异性。

3. 集群偏好

如图 6-1(c)所示,市场上出现几个群组的偏好,客观上形成了不同的细分市场。这时,进入市场的企业有三种选择:定位于中央,尽可能以赢得所有顾客群体(无差异营销);定位于最大的或某一"子市场"(集中营销);可以发展数种品牌各自定位于不同的市场部位(差异营销)。

四、市场细分的标准

市场营销学中,那些能导致顾客群体对某种产品的需求产生差异性的因素,称为市场细分变量或变数。市场细分时,企业可酌情从多种变量中选择一个或若干个主要变量作为市场细分的标准。无疑,不同性质的市场,其细分标准是不尽相同的。同时,在分割某一整体市场时,同一产业中的不同企业或者同一企业因经营条件或经营目标的变化,所选择的细分标准亦会有差异。

(一)消费者市场细分的标准

随着市场营销学的发展,市场细分理论在企业营销中的作用愈发重要,总体来说,对消费者市场进行市场细分标准可归纳为四大类:地理环境因素、人口统计因素、消费心理因素和消费行为因素(见表 6-1)。这些因素有些长时间相对稳定,有些则会随着社会宏观环境的变化而变化。

表 6-1　消费者市场的主要细分变量

变量	变量包含主要因素
地理变量	(1) 世界地区或国家。美洲,欧洲,中东,中国,日本 (2) 国内地区。东北,西北,华北,中南,西南,华南 (3) 城市规模。直辖市(北京、上海),省会城市(沈阳、杭州、西安),地级城市(大连、青岛、苏州) (4) 人口密度。城市,郊区,农村 (5) 气候。北方,南方,东部,西部
人口变量	(6) 年龄。6 岁以下,6～11 岁,12～19 岁,20～34 岁,35～49 岁,50～64 岁,65 岁以上 (7) 性别。男,女 (8) 家庭人口。1～2 人,3～4 人,5 人以上 (9) 家庭生活周期。青年、单身;年轻、已婚、无小孩;年轻、已婚、有小孩;较年长、已婚、有小孩;较年长、已婚、无 18 岁以下小孩;较年长、独身;其他 (10) 收入。1 万元以下,1 万～2 万元,2 万～3 万元,3 万～5 万元,5 万～10 万元,10 万元以上 (11) 职业。专业技术人员,官员,企业主,经理,工人,农民,学生,退休人员,无业 (12) 教育。小学或以下,中学,高中毕业,大学 (13) 种族。黑种人,黄种人,白种人 (14) 年代。70 后,80 后,90 后 (15) 国籍。中国,日本,美国,德国,意大利 (16) 宗教。佛教,伊斯兰教,天主教,基督教,其他
心理变量	(17) 社会阶层。下层,中层,上层 (18) 生活方式。成就者,奋斗者,幸存者 (19) 个性。冲动型,社交型,发号施令型,理智型
行为变量	(20) 购买时机。常规购买时机,特殊购买时机 (21) 寻求利益。质量,服务,经济,便捷 (22) 使用者状态。不使用,以前使用,可能用,第一次用,经常用 (23) 使用程度。非使用者、以前使用者、初次使用者、经常使用者、潜在使用者 (24) 忠诚度。铁杆品牌忠诚者,几种品牌忠诚者,转移品牌忠诚者,非忠诚者 (25) 购买准备阶段。不知,已知,已有兴趣,已有购买欲望,正打算购买 (26) 对产品的态度。热爱的,肯定的,不感兴趣的,否定的

1. 地理环境因素

　　按照消费者所处的地理位置、自然环境来细分市场。具体变量包括：国家、地区、地理方位、城市规模、不同地区的气候及人口密度等。地理因素是一种相对稳定的因素,但位于同一地理位置的消费者对某一类产品的需求仍然会存在较大的需求差异,因此,在进行市场细分时还不能将地理因素作为市场细分的唯一因素,必须同时依据其他因素进行市场细分。

2. 人口统计因素

指各种人口统计变量。包括：性别、年龄、民族、职业、收入、教育程度、婚姻、宗教信仰、国籍、家庭规模、家庭构成和家庭生活周期等。例如，不同年龄、受教育程度不同的消费者在价值观念、消费方式、审美观念和生活情趣等方面有很大的差异。

3. 消费心理因素

指按照消费者的心理特征细分市场。按照上述几种标准划分的处于同一群体中的消费者对同类产品的需求仍会显示出差异性，可能原因之一是心理因素发挥作用。心理因素包括个性、购买动机、价值观念、生活方式、生活格调、社会阶层等变量。比如，生活格调是指人们对消费、娱乐等特定习惯和方式的倾向性，追求不同生活格调的消费者对商品的爱好和需求有很大差异。消费者的个性、价值观念等心理因素对需求也有一定的影响，企业可以把具有类同的个性、爱好、兴趣和价值取向相近似的消费者集合成群，有针对性地制定营销策略。在有关消费心理因素的作用下，按人们的生活方式可以将消费群分为"传统型"、"新潮型"、"奢靡型"、"活泼型"、"社交型"等群体。

按人口统计因素来细分市场，既可以按人口统计因素中某一个具体项目如性别来进行细分，也可以按两个或两个以上的具体项目进行组合细分。例如：某家电企业在市场调查中发现与家电销售关联最密切的人口变量有以下三项：户主年龄、家庭规模和收入状况。图 6-2 以这三个变量为标准细分市场。如果依次把每一变数分为若干等级，形成了 36(4×3×3)个不同的细分市场。企业在选择目标市场时，可以根据本企业的营销目标及其预期利润，分别考虑各个细分市场的家庭数目、平均购买率、产品的竞争程度等因素。经过分析研究和预测，即可比较准确地评估出每个细分市场的潜在价值。

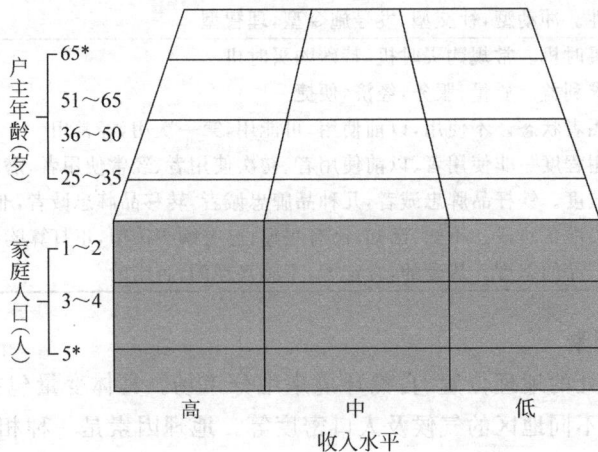

图 6-2　某家电企业细分市场方案

4. 消费行为因素

即按照消费者的购买行为细分市场,包括消费者进入市场的程度、追求的利益、对产品的态度、对品牌的忠诚度、购买动机、购买准备阶段、使用率、支付方式等变量。按消费者进入市场程度,通常可以划分为常规消费者,初次消费者和潜在消费者。在常规消费者中,不同消费者对产品的使用频率也很悬殊,可以进一步细分为"大量使用户"和"少量使用户"。根据美国某啤酒公司的调查,某一区域有 30％的人消费啤酒,其中,大量使用户与少量使用户各为 15％,但前者购买了该公司啤酒销售总量的 70％。因此,许多企业把大量使用者作为自己的销售对象。追求的利益是指消费者在购买过程中对产品不同效用的重视程度。消费者对品牌的忠诚度是指消费者对某品牌的喜爱程度,据此可以把消费者市场划分为四个群体:即绝对品牌忠诚者、多种品牌忠诚者、变换型忠诚者和非忠诚者。在"绝对品牌忠诚者"占很高比重的市场上,其他品牌难以进入;在变换型忠诚者占比重较高的市场上,企业应努力分析消费者品牌忠诚转移的原因,以调整营销组合,加强品牌忠诚程度;而对于那些非忠诚者占较大比重的市场,企业应审查原来的品牌定位和目标市场的确立等是否准确,随市场环境和竞争环境变化重新加以调整和定位。

(二) 产业市场细分的标准

消费者市场的细分标准,有些同样适用于产业市场。如用户所处的地理位置、用户的规模、用户所追求的利益、用户的使用频率及用户对品牌的忠诚程度等因素。但产业市场细分变量与消费者市场细分变量又有所不同,产业市场常用的变量有最终用户、客户经营规模、对产品技术及质量和服务水平的要求、交货条件、客户采购政策与程序等。

1. 用户规模

在产业市场中,有的用户购买量很大,而另外一些用户购买量很小。许多情况下,企业需要根据用户规模大小来细分市场,并根据用户或客户的规模不同,采用不同的营销组合策略。比如,对于大客户,宜于直接联系、直接供应,在价格、信用等方面给予更多优惠;而对众多的小客户,则宜使产品进入商业渠道,由批发商组织供应。

2. 产品的最终用途

产品的最终用途不同也是产业市场细分标准之一。工业品用户购买产品,一般都是供再加工之用,对所购产品通常都有特定的要求。例如:同样是轮胎产品,飞机制造商与农用拖拉机制造商对轮胎的性能、安全标准要求大不一样。同样是计算机市场,不同的行业对其要求也不一样,如电信、教育、金融服务等。企业此时可根据用户要求,将要求大体相同的用户集合成群,并据此设计出不同的营销策略组合。

3. 产业者购买状况

产业者购买的主要方式包括直接重购、修正重购及新任务购买。不同的购买方式的采购程度、决策过程等不相同,因而可据此将整体市场细分为不同的小市场群。一般来说,产业市场可以通过一系列的细分过程来确定细分市场。许多企业实际上不是用一个标准,而是用几个标准有层次地或交错地来细分市场,辨别目标市场机会。

产业市场的细分还需要使用一些其他的变量。美国的波罗玛(Bouoma)和夏皮罗(Shapiro)两位学者,提出了一个产业市场的主要细分变量表(见表6-2),比较系统地列举了细分产业市场的主要变量,并提出了企业在选择目标顾客时应考虑的主要问题。对企业细分产业市场具有一定的参考价值。

表 6-2   产业市场的主要细分变量表

变量	变量包含主要因素
人口变量	(1) 行业。我们应把重点放在购买这种产品的哪些行业 (2) 公司规模。我们应把重点放在多大规模的公司 (3) 地理位置。我们应把重点放在哪些地区
经营变量	(4) 技术。我们应把重点放在哪些顾客所重视的技术 (5) 使用者或非使用者情况。我们应把重点放在大量、中量、少量使用者身上,还是非使用者身上 (6) 顾客能力。我们应把重点放在需要很多服务的顾客上,还是只需少量服务的顾客上
采购方法	(7) 采购职能组织。我们应把重点放在采购组织高度集中的公司,还是采购组织高度分散的公司 (8) 权力结构。我们应把重点放在工程技术人员占主导地位的公司,还是财务人员占主导地位的公司 (9) 现有关系的性质。我们应把重点放在现在与我们有牢固关系的公司,还是追求最理想的公司
采购方法	(10) 总采购政策。我们应把重点放在乐于采用租赁、服务合同、系统采购的公司,还是密封投标等贸易方式的公司 (11) 购买标准。我们应把重点放在追求质量的公司、重视服务的公司,还是注重价格的公司
情况因素	(12) 紧急。我们是应把重点放在那些要求迅速和突击交货的公司,还是提供服务的公司 (13) 特别用途。我们是否应把重点放在产品而非用途上 (14) 订货量。我们应把重点放在大宗订货,还是少量订货上
个性特征	(15) 购销双方的相似点。我们是否应把重点放在那些其人员及价值观念与本公司相似的公司 (16) 对待风险的态度。我们应把重点放在敢于冒风险的顾客,还是避免冒风险的顾客 (17) 忠诚度。我们是否应把重点放在那些对本供应商非常忠诚的公司

五、市场细分的原则

从企业市场营销的角度看,无论消费者市场还是产业市场,并非所有的细分市场都有意义。所选择的细分市场必须具备一定的条件。

（一）可衡量性

可衡量性是指该细分市场特征的有关数据资料必须能够加以衡量和推算。或者说为了将购买者归门别类，划为不同的群体，企业必须能对购买者的特点和需求予以衡量。具体包括两个方面：一是消费者对产品的需求的确存在差异，对所提供的产品、产品价格、广告宣传等有不同的反应，即市场是"异质市场"时才值得对市场进行细分；二是对于特定购买者的特征信息客观存在并且易于获得和衡量。在实际生活中，有许多消费者的特征偏好很难度量。比如在电冰箱市场上，在重视产品质量的情况下，有多少人更注重价格，有多少人更重视耗电量，有多少人更注重外观或兼顾几种特性。当然，将这些资料予以量化是比较复杂的过程，必须运用科学的市场调研方法。

（二）可接近性

可接近性即企业所选择的目标市场是否易于进入，根据企业目前的人、财、物和技术等资源条件能否通过适当的营销组合策略占领目标市场。企业对细分出来的市场能进行有效促销和分销的程度。具体包括两方面：一是指被选定细分市场的消费者对产品能有效地了解和产生购买欲望，能通过各种渠道买到自己所需的商品；二是指企业通过营销努力，比较容易进入细分市场。每个企业的设备、技术力量、人力、物力等资源及经营管理经验决定了该企业可接近的市场对象是极其有限的。一个食品厂不可能对钢铁市场进行细分，这样做毫无意义；家电经销商也不必对尚无电力供应的偏远地区进行市场细分。

（三）可营利性

可营利性即所选择的细分市场有足够的需求量且有一定的发展潜力，使企业赢得长期稳定的利润。划分出来的细分市场必须是值得采取单独营销方案的最小单位。它的规模必须是能使企业足以产生一定的销售额，顺利实现市场营销目标，并且有可拓展的潜力，以保证按计划能获得理想的经济效益和社会效益。应当注意的是，需求量是相对于本企业的产品而言，并不是泛指一般的人口和购买力。

（四）可区分性

可区分性指不同的细分市场的特征可清楚地加以区分。细分出来的市场必须对市场营销计划有独特的反应，即用某种特定方法细分出来的各个细分市场，其成员对市场营销计划的反应必须是不同的。如果各个细分市场对某种市场营销计划的反应都相同，那就没有必要在不同的细分市场中施行不同的市场营销策略。换言之，只要采用大众化的营销方法就可以了。

六、市场细分的方法和基本程序

（一）市场细分的方法

1. 单一变量法

根据市场营销调研结果，把影响消费者选择或用户需求最主要的因素作为细分变量，从而达到市场细分的目的。例如：玩具市场需求量的主要影响因素是年龄，可以针对不同年龄段的儿童设计适合不同需要的玩具，这早就为玩具商所重视。除此之外，性别也常作为市场细分变量而被企业所使用，妇女用品商店、女人街等的出现正反映出性别标准为大家所重视。

由于影响消费者或用户需求的因素是多种多样的，一些因素又相互交错在一起，共同对某种需求产生影响。例如：性别与年龄、职业与收入、规模与对产品的要求等交织在一起，影响需求的增减变化。所以单一变量法来细分市场，只能是一种概括性的细分，也就是所谓"求大同，存小异"。

2. 多变量法

这是一种弥补单一变量法的不足而采用的市场细分方法。它以两种或两种以上影响需求较大的因素为细分变数，以达到更为准确地细分市场的目的。以某食品进出口公司对日本冻鸡市场细分过程为例：以消费者习惯和购买者类型两个因素为细分变量。以消费者习惯为变量可将日本冻鸡市场分为：净膛全鸡、分割鸡、鸡肉串三类需求子市场。按购买者类型不同可将日本市场分为饮食业用户、团体（企业集团）用户和家庭用户三个需求子市场。两个变数交错进行细分，日本冻鸡市场就分为九个细分市场，企业可对各细分市场的情况进行调研，最终确定自己的目标市场。

3. 多层次变量法

从主观上讲，为了更准确地细分某个整体市场，应考虑多选几个细分变量，并且将每个变量产生的不同特征尽量考虑周全。但是，这样会导致该整体市场一下被细分为许多子市场。市场确实被细分化了，但最终使确定企业的目标市场发生极大困难。多层次变量法就是为克服这一缺陷而设计的细分方法。其基本思路是：从粗到细将整体市场分为几个层次，逐层细分，并确定该层次的样本市场，最终层次的样本市场就是企业将全力投入的目标市场。下面以一家铝制品公司为例来说明企业是如何用几种标准来细分市场的（见图 6-3）。

这家公司首先按照最终用户，把铝制品市场细分为汽车制造业、住宅建筑业和饮料装罐业三个子市场。根据这些市场的潜力，公司选择了住宅建筑业为目标市场。第二步，再按照产品应用，进一步细分为原料半制品、建筑材料、铝制活动房屋三个子市场，公司选择了建筑材料市场为目标市场。第三步，再按照用户规模，把建筑材料市场进一步细分为大

追求利益细分

最终用户细分　　产品应用细分　　用户规模细分

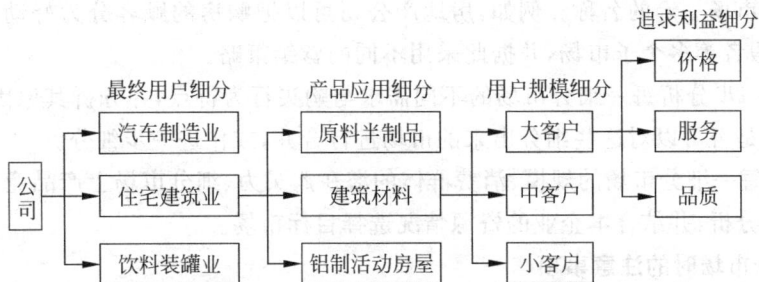

图 6-3　用多层次变量法细分市场

客户、中客户和小客户三个子市场,选择大客户为目标市场。细分到此并没有结束。公司进一步按大客户追求的不同利益,将市场再度细分。根据客户的需要和公司的优势,决定选择着重提供服务这一因素的市场部分。经过按照这一系列标准来逐步细分铝制品市场,这家公司的目标市场就十分具体了。

(二)市场细分的基本程序

1. 细分市场的 7 个步骤

美国市场学专家麦肯锡提出细分市场的一整套程序,这一程序包括 7 个步骤。

(1)选择并确定产品进入的市场范围。产品的市场范围应以顾客的需求来确定,而不是产品本身的特性来确定。例如,某一房地产公司打算在乡间建造一幢简朴的住宅,若只考虑产品特征,该公司可能认为这幢住宅的出租对象是低收入顾客,但从市场需求角度看,高收入者也可能是这幢住宅的潜在顾客。因为高收入者在住腻了高楼大厦之后,恰恰可能向往乡间的清静,从而可能成为这种住宅的顾客。

(2)列举企业所选定的市场范围内潜在顾客的基本需求。比如,公司可以通过调查,了解潜在消费者对前述住宅的基本需求。这些需求可能包括:遮风避雨、安全、方便、宁静、设计合理、室内陈设完备、工程质量好等。

(3)了解不同潜在顾客的不同要求,确定几种最迫切的需求作为细分市场的主要因素。对于列举出来的基本需求,不同顾客强调的侧重点可能会存在差异。比如,经济、安全、遮风避雨是所有顾客共同强调的,但有的用户可能特别重视生活的方便,另外一类用户则对环境的安静、内部装修等有很高的要求。通过这种差异比较,不同的顾客群体即可初步被识别出来。

(4)剔除潜在顾客的共同需求特征,保留各差异特征需求作为细分标准。上述所列购房的共同要求固然重要,但不能作为市场细分的基础。如遮风避雨、安全是每位用户的要求,就不能作为细分市场的标准,因而应该剔除。

(5)根据潜在顾客基本需求上的差异特征,将其划分为不同的市场群体或子市场,并赋予每一子市场一定的名称。例如,房地产公司可以把购房的顾客分为好动者、老成者、新婚者、度假者等多个子市场,并据此采用不同的营销策略。

(6)进一步分析每一细分市场的不同需求与购买行为特点,并分析其原因,以便在此基础上决定是否可以对这些细分出来的市场进行合并,或作进一步细分。

(7)对每一细分市场的规模、消费群体的潜在购买力、细分市场上产品竞争状况及发展趋势进行分析,并结合本企业的资源情况选择目标市场。

2. 细分市场时的注意事项

在细分市场时,有两点需要注意。

(1)要认真观察、了解,准确把握消费者挑选产品时,选择有关变数的顺序。例如在20世纪60年代,美国大多数购买汽车的顾客选择汽车时的顺序是生产商,然后是其某个品牌,如有个购买者喜欢通用汽车公司的汽车,对此他特别看中了其产品系列中的庞迪亚克牌(Pontiac)汽车。而现在的购买者则首先选择国家,然后再选择品牌。如首先决定买德国汽车,然后再选择德国的奥迪车等。

(2)要密切注意消费者选购商品属性的层次中的变化,并适应这种变化。社会是不断发展着的,市场也是处在不断变化之中。因此,消费者对商品各种属性的重要程度的排序也是不断变化的。企业如果看不到或忽视这种变化,仍然用原来的变数细分市场,会失去发展机会而造成损失。我国市场上许多商品的这种变化是十分明显的。20世纪60~70年代,居民收入水平低,购买衣服、日用品讲求的是价廉、结实、耐用(重视价格/质量型),到了20世纪80年代末,随着人们收入水平的提高,消费观念发生了很大转变。过去穿衣服是"新三年,旧三年,缝缝补补又三年",而现在买衣服的标准是式样新、有个性、名牌等(重视式样/个性/品牌型),不少消费者随时都在添置新衣新鞋,衣服稍一过时就被淘汰。显然注重的是其个性和时代特色。因此,企业必须善于把握时代脉搏,用动态的眼光看市场,及时发现消费者偏好的变化,甚至去引导这种变化,为企业发展开辟新路。

市场细分的程序也不是执行一次就完事大吉,而必须定期反复地进行,重新确定细分标准,重新对市场进行细分。

第二节　目标市场选择战略

一、目标市场的概念

目标市场是在市场细分的基础上,企业选定的准备以相应的产品或劳务去满足其需要的那一个或几个细分市场。简单地说,目标市场就是企业准备实际进入的细分市场。

市场细分与确定目标市场既有联系又有区别。市场细分化是按照消费需求与购买行为的差异划分顾客群体的过程。确定目标市场则是企业选择某一个或某几个细分市场作为营销对象的决策。市场细分是选择目标市场的前提和条件,目标市场是市场细分的目的和归宿。

在市场营销活动中,任何企业都应选定目标市场。因为就企业来说,并非所有的环境机会都具有同等的吸引力,或者说,并不是每一个细分市场都是企业所愿意进入和能够进入的。企业在营销决策之前,要确定具体的服务对象,即选定目标市场。企业在市场细分的基础之上,通过分析、评估各个细分市场,并根据企业的主、客观条件来选择目标市场,以便最终实现市场细分而给企业带来利益。

二、评价细分市场和选择目标市场

一旦确定了市场细分机会,企业就必须依次评价各种细分市场和决定为多少个细分市场服务。

(一)评价细分市场

根据市场细分依据和细分程序,将一个整体市场细分为若干个细分市场。然后,对各个细分市场进行价值评价,选择一个或几个最有价值的市场作为目标市场。为了选择适当的目标市场,企业必须对有关细分市场进行评价。企业评价各种不同的细分市场时,必须考虑三个因素:细分市场结构的吸引力;细分市场的规模和增长潜力;企业的目标和资源。

1. 细分市场结构的吸引力

细分市场可能具备理想的规模和发展特征,然而从赢利的观点来看,它未必有吸引力。波特认为有五种力量决定整个市场或其中任何一个细分市场的长期的内在吸引力。这五个群体是:同行业竞争者、潜在的新参加的竞争者、替代产品、购买者和供应商。他们具有如下五种威胁性:

(1)细分市场内激烈竞争的威胁

如果某个细分市场已经有了众多的、强大的或者竞争意识强烈的竞争者,那么该细分市场就会失去吸引力。如果出现该细分市场处于稳定或者衰退,生产能力不断大幅度扩大,固定成本过高,撤出市场的壁垒过高,竞争者投资很大,那么情况就会更糟。这些情况常常会导致价格战、广告争夺战、新产品推出,并使公司要参与竞争就必须付出高昂的代价。

(2)新竞争者的威胁

如果某个细分市场可能吸引会增加新的生产能力和大量资源并争夺市场份额的新的竞争者,那么该细分市场就会没有吸引力。问题的关键是新的竞争者能否轻易地进入这个细分市场。如果新的竞争者进入这个细分市场时遇到森严的壁垒,并且遭受到细分市场内原来的公司的强烈报复,他们便很难进入。保护细分市场的壁垒越低,原来占领细分市场的公司的报复心理越弱,这个细分市场就越缺乏吸引力。某个细分市场的吸引力随其进退难易的程度而有所区别。根据行业利润的观点,最有吸引力的细分市场应该是进入的壁垒高、退出的壁垒低。在这样的细分市场里,新的公司很难打入,但经营不善的公司可以安然撤退。如果细分市场进入和退出的壁垒都高,那里的利润潜量就大,但也往往伴随较大的风险,因为经营不善的公司难以撤退,必须坚持到底。如果细分市场进入和退出壁垒都较低,公司便可以进退自如,然而获得的报酬虽然稳定,但不高。最坏的情况是进入细分市场的壁垒较低,而退出的壁垒却很高。于是在经济良好时,大家蜂拥而入,但在经济萧条时,却很难退出。其结果是大家都生产能力过剩,收入下降。

（3）替代产品的威胁

如果某个细分市场存在着替代产品或者有潜在替代产品,那么该细分市场就失去吸引力。替代产品会限制细分市场内价格和利润的增长。公司应密切注意替代产品的价格趋向。如果在这些替代产品行业中技术有所发展,或者竞争日趋激烈,这个细分市场的价格和利润就可能会下降。

（4）购买者讨价还价能力加强的威胁

如果某个细分市场中购买者的讨价还价能力很强或正在加强,该细分市场就没有吸引力。购买者便会设法压低价格,对产品质量和服务提出更高的要求,并且使竞争者互相斗争,所有这些都会使销售商的利润受到损失。如果购买者比较集中或者有组织,或者该产品在购买者的成本中占较大比重,或者产品无法实行差别化,或者顾客的转换成本较低,或者由于购买者的利益较低而对价格敏感,或者顾客能够向后实行联合,购买者的讨价还价能力就会加强。销售商为了保护自己,可选择议价能力最弱或者转换销售商能力最弱的购买者。较好的防卫方法是提供顾客无法拒绝的优质产品供应市场。

（5）供应商讨价还价能力加强的威胁

如果公司的供应商—原材料和设备供应商、公用事业、银行、工会等,能够提价或者降低产品和服务的质量,或减少供应数量,那么该公司所在的细分市场就会没有吸引力。如果供应商集中或有组织,或者替代产品少,或者供应的产品是重要的投入要素,或转换成本高,或者供应商可以向前实行联合,那么供应商的讨价还价能力就会较强大。因此,与供应商建立良好关系和开拓多种供应渠道才是防御上策。

2. 细分市场的规模和增长潜力

企业进入某一市场是期望能够有利可图,如果市场规模狭小或者趋于萎缩状态,企业进入后难以获得发展,此时,应审慎考虑,不宜轻易进入。当然,企业也不宜以市场吸引力作为唯一取舍,特别是应力求避免"多数谬误",即与竞争企业遵循同一思维逻辑,将规模最大、吸引力最大的市场作为目标市场。大家共同争夺同一个顾客群的结果是,造成过度竞争和社会资源的无端浪费,同时使消费者的一些本应得到满足的需求遭受冷落和忽视。现在国内很多企业动辄将城市尤其是大中城市作为其首选市场,而对小城镇和农村市场不屑一顾,很可能就步入误区,如果转换一下思维角度,一些目前经营尚不理想的企业说不定会出现"柳暗花明"的局面。

3. 企业的目标和资源

某些细分市场虽然有较大吸引力,但不能推动企业实现发展目标,甚至分散企业的精力,使之无法完成其主要目标,这样的市场应考虑放弃。另一方面,还应考虑企业的资源条件是否适合在某一细分市场经营。只有选择那些企业有条件进入、能充分发挥其资源优势的市场作为目标市场,企业才会立于不败之地。

(二)选择目标市场

企业在对不同细分市场评估后,可酌情选择一个或若干个甚至所有的细分市场,确定为企业的目标市场。企业在选择目标市场时有五种可供考虑的市场覆盖模式,如图 6-4 所示。

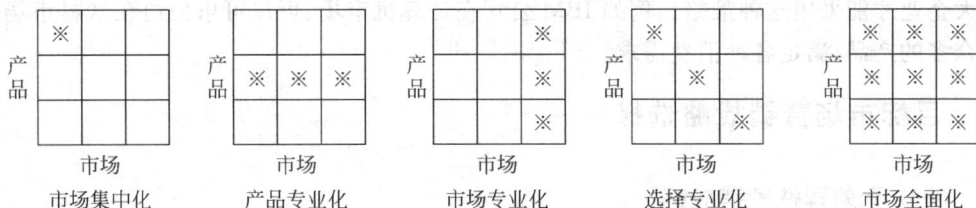

图 6-4　目标市场选择的五种模式

1. 市场集中化

这是一种最简单的目标市场模式。企业只选取一个细分市场,只生产一类产品,供应某一单一的顾客群,进行集中营销,集中力量为之服务。例如某服装厂商只生产时尚的女式服装。选择市场集中化模式一般基于以下考虑:企业具备在该细分市场从事专业化经营或取胜的优势条件;限于资金能力,只能经营一个细分市场;该细分市场中没有竞争对手;准备以此为出发点,取得成功后向更多的细分市场扩展。集中营销使企业深刻了解该细分市场的需求特点,采用针对的产品、价格、渠道和促销策略,从而获得强有力的市场地位和良好的声誉。但同时隐含较大的经营风险。

2. 产品专业化

产品专业化是企业集中生产一种产品,并向各类顾客销售这种产品。如饮水器厂只生产一个品种,同时向家庭、机关、学校、银行、餐厅、招待所等各类用户销售。产品专业化模式实际上是实施非市场细分化战略,即不分割整体市场。其优点是企业专注于某一种或一类产品的生产,有利于形成和发展生产和技术上的优势,在该领域树立形象。其局限性是一旦出现其他品牌的替代品或消费者流行的偏好转移,企业将面临巨大的威胁。

3. 市场专业化

市场专业化是企业专门经营满足某一顾客群体需要的各种产品。比如某工程机械公司专门向建筑业用户供应推土机、打桩机、起重机、水泥搅拌机等建筑工程中所需要的机械设备。市场专业化经营的产品类型众多,能有效地分散经营风险。但由于集中于某一类顾客,一旦这个顾客群的需求潜量和特点发生突然变化,企业要承担较大风险。

4. 选择专业化

企业选择几个细分市场,每一个对企业的目标和资源利用都有一定的吸引力。但各细分市场彼此之间很少或根本没有任何联系。这种策略能分散企业经营风险,即使其中某个细分市场失去了吸引力,企业还能在其他细分市场盈利。采用选择专业化模式的企业应具有较强资源和营销实力。

5. 市场全面化

企业力图用各种产品满足各种顾客群体的需求,即以所有的细分市场作为目标市场,例如上例中的服装厂商为不同年龄层次的顾客提供各种档次的服装。一般只有实力强大的大企业才能采用这种策略。例如 IBM 公司在计算机市场、可口可乐公司在饮料市场开发众多的产品,满足各种消费需求。

三、目标市场营销战略选择

(一) 无差异性营销战略

无差别市场策略,就是企业把整个市场作为自己的目标市场,只考虑市场需求的共性,而不考虑其差异,运用一种产品、一种价格、一种推销方法,吸引可能多的消费者。美国可口可乐公司从 1886 年问世以来,一直采用无差别市场策略,生产一种口味、一种配方、一种包装的产品满足世界 156 个国家和地区的需要,称作"世界性的清凉饮料",资产达 74 亿美元。由于百事可乐等饮料的竞争,1985 年 4 月,可口可乐公司宣布要改变配方的决定,不料在美国市场掀起轩然大波,许多电话打到公司,对公司改变可口可乐的配方表示不满和反对,不得不继续大批量生产传统配方的可口可乐。可见,采用无差别市场策略,产品在内在质量和外在形体上必须有独特风格,才能得到多数消费者的认可,从而保持相对的稳定性。这种策略的优点是产品单一,容易保证质量,能大批量生产,降低生产和销售成本。但如果同类企业也采用这种策略时,必然要形成激烈竞争。闻名世界的肯德基炸鸡,在全世界有 800 多个分公司,都是同样的烹饪方法、同样的制作程序、同样的质量指标、同样的服务水平,采取无差别策略,生产很红火。1992 年,肯德基在上海开业不久,上海荣华鸡快餐店开业,且把分店开到肯德基对面,形成"斗鸡"场面。因荣华鸡快餐店把原来洋人用面包作主食改为蛋炒饭为主食,西式沙拉土豆改成酸辣菜、西葫芦条,更取悦于中国消费者。所以,面对竞争强手时,无差别市场策略也有其局限性。

采用无差异性营销战略的最大的优点是成本的经济性。大批量的生产销售,必然降低单位产品成本;无差异的广告宣传可以减少促销费用;不进行市场细分,也相应减少了市场调研、产品研制与开发,以及制定多种市场营销战略、战术方案等带来的成本开支。

但是,无差异性营销战略对市场上绝大多数产品都是不适宜的,因为消费者的需求偏好具有极其复杂的层次,某种产品或品牌受到市场的普遍欢迎是很少的。即便一时能赢得某一市场,如果竞争企业都如此仿照,就会造成市场上某个部分竞争非常激烈,而其他市场部分的需求却未得到满足。例如,20 世纪 70 年代以前,美国三大汽车公司都坚信美国人喜欢大型豪华的小汽车,共同追求这一大的目标市场,采用无差异性市场营销战略。但是 20 世纪 70 年代能源危机发生之后,美国小轿车消费需求已经变化,消费者越来越喜欢小型、轻便、省油的小型轿车,而美国三大汽车公司都没有意识到这种变化,更没有适当地调整它们的无差异性营销战略,致使大轿车市场竞争"白热化",而小型轿车市场却被忽略。日本汽车公司正是在这种情况下乘虚而入的。

(二)差异性营销战略

差别性市场策略就是把整个市场细分为若干子市场,针对不同的子市场,设计不同的产品,制定不同的营销策略,满足不同的消费需求。如美国有的服装企业,按生活方式把妇女分成三种类型:时髦型、男子气型、朴素型。时髦型妇女喜欢把自己打扮得华贵艳丽,引人注目;男子气型妇女喜欢打扮的超凡脱俗,卓尔不群;朴素型妇女购买服装讲求经济实惠,价格适中。公司根据不同类妇女的不同偏好,有针对性地设计出不同风格的服装,使产品对各类消费者更具有吸引力。又如某自行车企业,根据地理位置、年龄、性别细分为几个子市场:农村市场,因常运输货物,要求牢固耐用,载重量大;城市男青年,要求快速、样式好;城市女青年,要求轻便、漂亮、闸灵。针对每个子市场的特点,制定不同的市场营销组合策略。

采用差异性市场营销战略的最大长处是能满足不同消费者的不同要求,有利于扩大销售、占领市场、提高企业声誉。其缺点是由于产品差异化、促销方式差异化,增加了管理难度,提高了生产和销售费用。一般只有力量雄厚的大公司采用这种策略。如青岛双星集团公司,生产多品种、多款式、多型号的鞋,满足国内外市场的多种需求。但是,由于产品品种、销售渠道、广告宣传的扩大化与多样化,市场营销费用大幅度增加。所以,无差异性营销战略的优势基本上成为差异性市场战略的劣势。其他问题还在于:该战略在推动成本和销售额上升的同时,市场效益并不具有保证。因此,企业在市场营销中有时需要进行"反细分"或"扩大顾客的基数"。

(三)集中性营销战略

集中性市场策略就是在细分后的市场上,选择一个或少数几个细分市场作为目标市场,实行专业化生产和销售。在个别少数市场上发挥优势,提高市场占有率。采用这种策略的企业对目标市场有较深的了解,这是大部分中小型企业应当采用的策略。日本尼西奇起初是一个生产雨衣、尿布、游泳帽等多种橡胶制品的小厂,由于订货不足,面临破产。总经理多川博在一个偶然的机会,从一份人口普查表中发现,日本每年约出生250万个婴儿,如果每个婴儿用两条尿布,一年需要500万条。于是,他们决定放弃尿布以外的产品,实行尿布专业化生产。一炮打响后,又不断研制新材料、开发新品种,不仅垄断了日本尿布市场,还远销世界70多个国家和地区,成为闻名于世的"尿布大王"。

这种战略人称为"弥隙"战略,即弥补市场空隙的意思,适合资源薄弱的小企业。小企业如果与大企业硬性抗衡,弊多于利,必须学会寻找对自己有利的小生存环境。用"生态学"的理论说,必须找到一个其他生物不会占领、不会与之竞争,而自己却有适应本能的小生存环境。也就是说,如果小企业能避开大企业竞争激烈的市场部位,选择一两个能够发挥自己技术、资源优势的小市场,往往容易成功。由于目标集中,可以大大节省营销费用和增加盈利;又由于生产、销售渠道和促销的专业化,也能够更好地满足这部分特定消费者的需求,企业易于取得优越的市场地位。

这一战略的不足是经营者承担风险较大,如果目标市场的需求情况突然发生变化,目标消费者的兴趣突然转移(这种情况多发生于时髦商品)或是市场上出现了更强有力的竞争对手,企业就可能陷入困境。

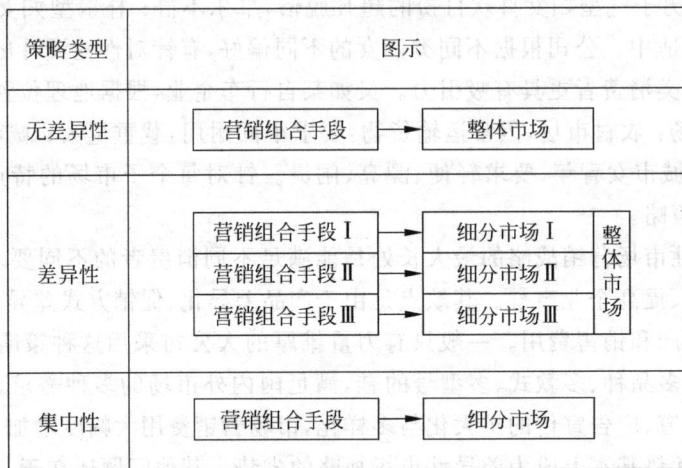

策略类型	图示
无差异性	营销组合手段 → 整体市场
差异性	营销组合手段Ⅰ → 细分市场Ⅰ 营销组合手段Ⅱ → 细分市场Ⅱ（整体市场） 营销组合手段Ⅲ → 细分市场Ⅲ
集中性	营销组合手段 → 细分市场

图 6-5　三种可供选择的目标营销战略

四、选择目标市场营销战略的条件

(一) 企业能力

资源雄厚的企业,如拥有大规模的生产能力、广泛的分销渠道、程度很高的产品标准化、好的内在质量和品牌信誉等,可以考虑实行无差异市场营销策略;如果企业拥有雄厚的设计能力和优秀的管理素质,则可以考虑施行差异市场营销策略;而对实力较弱的中小企业来说,适于集中力量进行集中营销策略。企业初次进入市场时,往往采用集中市场营销策略,在积累了一定的成功经验后再采用差异市场营销策略或无差异市场营销策略,扩大市场份额。

(二) 产品同质性

产品的同质性表明了产品在性能、特点等方面的差异性的大小,是企业选择目标市场时不可不考虑的因素之一。一般对于同质性高的产品如食盐等,宜施行无差异市场营销;对于同质性低或异质性产品,差异市场营销或集中市场营销是恰当选择。

此外,产品因所处的生命周期的阶段不同,而表现出的不同特点亦不容忽视。产品处于导入期和成长初期,消费者刚刚接触新产品,对它的了解还停留在较粗浅的层次,竞争尚不激烈,企业这时的营销重点是挖掘市场对产品的基本需求,往往采用无差异市场营销策略。等产品进入成长后期和成熟期时,消费者已经熟悉产品的特性,需求向深层次发展,表现出多样性和不同的个性来,竞争空前的激烈,企业应适时地转变策略为差异市场营销或集中市场营销。

(三) 产品所处的寿命周期阶段

新产品上市往往以较单一的产品探测市场需求,产品价格和销售渠道基本上单一化。因此,新产品在引入阶段可采用无差异性营销战略。而待产品进入成长或成熟阶段,市场竞争加剧,同类产品增加,再用无差异经营就难以奏效,所以成长阶段改为差异性或集中性营销战略效果更好。

(四) 市场特点

供与求是市场中两大基本力量,它们的变化趋势往往是决定市场发展方向的根本原因。供不应求时,企业重在扩大供给,无暇考虑需求差异,所以采用无差异市场营销策略;供过于求时,企业为刺激需求、扩大市场份额殚精竭虑,多采用差异市场营销或集中市场营销策略。

从市场需求的角度来看,如果消费者对某产品的需求偏好、购买行为相似,则称之为同质市场,可采用无差异市场营销策略;反之,为异质市场,差异市场营销和集中市场营销策略更合适。

(五) 竞争者战略

企业可与竞争对手选择不同的目标市场覆盖策略。例如,竞争者采用无差异市场营销策略时,你选用差异市场营销策略或集中市场营销策略更容易发挥优势。

企业的目标市场策略应慎重选择,一旦确定,应该有相对的稳定,不能朝令夕改。但灵活性也不容忽视,没有永恒正确的策略,一定要密切注意市场需求的变化和竞争动态。

第三节　市场定位战略

一、市场定位的含义

(一) 市场定位的概念

在市场细分化的基础上,企业一旦选定自己的目标市场,紧接着的工作就是进行市场定位。"定位"一词是由艾尔·里斯(Al Ries)和杰克·特劳特(Jack Trout)1972年提出而后流行的。他们认为:定位起始于产品,一件商品、一项服务、一家公司、一个机构,甚至是一个人。定位并不是对产品本身做什么事,而是对潜在顾客的心理采取的行动,即把产品在潜在顾客的心中确定一个适当的位置。他们强调定位不是改变产品本身,改变的是名称和沟通等要素。定位理论最初是被当做一种纯粹的传播策略提出来的。随着市场营销理论的发展,定位理论对营销的影响已超过了原先把它作为一种传播技巧的范畴,而衍变为营销策略的一个基本步骤。

在营销大师科特勒对定位所下的定义中:定位是对企业的产品和形象的策划行为,目的是使它在目标顾客的心理上占据一个独特的有价值的位置。然而,定位并非是对产品本身做什么行动。定位是指要针对潜在顾客的心理采取行动。即要将产品在潜在顾客的心目中定一个适当的位置,向他们灌输品牌独一无二的差异化。

我们给市场定位(marketing positioning)所下的定义是指企业针对潜在顾客的心理进行营销设计,创立产品、品牌或企业在目标客户心目中的某种形象或某种个性特征,保留深刻的印象和独特的位置,从而取得竞争优势。简而言之:就是在客户心目中树立独特的形象。

产品的特色或个性可以从产品实体上表现出来,如形状、成分、构造、性能等;也可以从消费者心理上反映出来,如豪华、朴素、时髦、典雅等;还可以表现为价格水平、质量水准等。

企业在市场定位过程中,一方面要了解竞争者的产品的市场地位;另一方面要研究目标顾客对该产品的各种属性的重视程度,然后选定本企业产品的特色和独特形象,从而完成产品的市场定位。

(二) 市场定位的依据

各个企业经营的产品不同,面对的顾客也不同,所处的竞争环境也不同,因而市场定位所依据的原则也不同。理想的市场定位,应能达到以下三项要求:一是能广泛地吸引顾客,能有比较可观的销售额;二是经营的商品应能保证充分的供应,以满足销售的需要;三是在营销策略和经营方式上,能在某一方面创出有别于竞争者的特色。为能进行科学而准确的市场定位,企业应进行深入细致的调查了解,充分掌握以下两方面的信息:一方面是目标市场上竞争者所提供商品的情况;另一方面是目标市场上消费者的需求情况。这两方面均应包括商品品牌、品种、规格、质量、性能、价格以及包装、服务等内容。然后结合本企业的具体条件,确定市场定位。具体地说,市场定位的依据,主要有以下几方面:

1. 根据具体的产品特点定位

构成产品内在特色的许多因素都可以作为市场定位所依据的原则。比如所含成分、材料、质量、价格等。"七喜"汽水的定位是"非可乐",强调它是不含咖啡因的饮料,与可乐类饮料不同。"泰宁诺"止痛药的定位是"非阿司匹林的止痛药",显示药物成分与以往的止痛药有本质的差异。一件仿真皮衣与一件真正的水貂皮衣的市场定位自然不会一样,同样,不锈钢餐具若与纯银餐具定位相同,也是难以令人置信的。

2. 根据特定的使用场合及用途定位

为老产品找到一种新用途,是为该产品创造新的市场定位的好方法。小苏打曾一度被广泛的用作家庭的刷牙剂、除臭剂和烘焙配料,现在已有不少的新产品代替了小苏打的上述一些功能。我们曾经介绍了小苏打可以定位为冰箱除臭剂,另外还有家公司把它当做了调味汁和肉卤的配料,更有一家公司发现它可以作为冬季流行性感冒患者的饮料。我国曾有一家生产"曲奇饼干"的厂家最初将其产品定位为家庭休闲食品,后来又发现不少顾客购买是为了馈赠,又将之定位为礼品。

3. 根据顾客得到的利益定位

产品提供给顾客的利益是顾客最能切实体验到的,也可以用作定位的依据。

1975 年,美国米勒(Miller)推出了一种低热量的"Lite"牌啤酒,将其定位为喝了不会发胖的啤酒,迎合了那些经常饮用啤酒而又担心发胖的人的需要。

4. 根据使用者类型定位

企业常常试图将其产品指向某一类特定的使用者,以便根据这些顾客的看法塑造恰当的形象。

美国米勒啤酒公司曾将其原来唯一的品牌"高生"啤酒定位于"啤酒中的香槟",吸引了许多不常饮用啤酒的高收入妇女。后来发现,占 30% 的狂饮者大约消费了啤酒销量的80%,于是,该公司在广告中展示石油工人钻井成功后狂欢的镜头,还有年轻人在沙滩上冲刺后开怀畅饮的镜头,塑造了一个"精力充沛的形象"。在广告中提出"有空就喝米勒",从而成功占领啤酒狂饮者市场达 10 年之久。

事实上,许多企业进行市场定位依据的原则往往不止一个,而是多个原则同时使用。

因为要体现企业及其产品的形象,市场定位必须是多维度的、多侧面的。

二、市场定位的方式

市场定位作为一种竞争战略,显示了一种产品或一家企业同类似的产品或企业之间的竞争关系。定位方式不同,竞争态势也不同,下面分析三种主要定位方式。

1. 避强定位

避强定位策略是指企业力图避免与实力最强的或较强的其他企业直接发生竞争,而将自己的产品定位于另一市场区域内,使自己的产品在某些特征或属性方面与最强或较强的对手有比较显著的区别。其优点是能使企业较快地在市场上站稳脚跟,并能在消费者或用户中树立形象,风险小。缺点是避强往往意味着企业必须放弃某个最佳的市场位置,很可能使企业处于最差的市场位置。

2. 对抗性定位

这是一种与在市场上占据支配地位的,亦即最强的竞争对手"对着干"的定位方式。企业根据自身的实力,为占据较佳的市场位置,不惜与市场上占支配地位的、实力最强或较强的竞争对手发生正面竞争,而使自己的产品进入与对手相同的市场位置。优点是竞争过程中往往相当惹人注目,甚至产生所谓轰动效应,企业及其产品可以较快地为消费者或用户所了解,易于达到树立市场形象的目的。缺点是具有较大的风险性,虽然存在一定风险,但不少企业认为能够激励自己奋发上进,一旦成功就会取得巨大的市场优势。例如,可口可乐与百事可乐之间持续不断地争斗,肯德基与麦当劳的对抗等。

3. 重新定位

企业在选定了市场定位目标后,如定位不准确或虽然开始定位得当,但市场情况发生变化时,如遇到竞争者定位与本企业接近,侵占了本企业部分市场,或由于某种原因消费者或用户的偏好发生变化,转移到竞争者方面时,就应考虑重新定位。重新定位是以退为进的策略,目的是为了实施更有效的定位。例如万宝路香烟刚进入市场时,是以女性为目标市场,它推出的口号是:像5月的天气一样温和。然而,尽管当时美国吸烟人数年年都在上升,万宝路的销路却始终平平。后来,广告大师李奥贝纳为其做广告策划,他将万宝路重新定位为男子汉香烟,并将它与最具男子汉气概的西部牛仔形象联系起来,树立了万宝路自由、野性与冒险的形象,从众多的香烟品牌中脱颖而出。自20世纪80年代中期到现在,万宝路一直居世界各品牌香烟销量首位,成为全球香烟市场的领导品牌。

市场定位是设计企业产品和形象的行为,以使公司明确自己在目标市场中相对于竞争对手的位置。企业在进行市场定位时,应慎之又慎,要通过反复比较和调查研究,找出最合理的突破口。避免出现定位混乱、定位过度、定位过宽或定位过窄的情况。而一旦确立了理想的定位,企业必须通过一致的表现与沟通来维持此定位,并应经常加以监测以随时适应目标顾客和竞争者策略的改变。

三、市场定位的步骤

市场定位的关键是企业要设法在自己的产品上找出比竞争者更具有竞争优势的特性。竞争优势一般有两种基本类型：一是价格竞争优势，就是在同样的条件下比竞争者定出更低的价格。这就要求企业采取一切努力来降低单位成本。二是偏好竞争优势，即能提供确定的特色来满足顾客的特定偏好。这就要求企业采取一切努力在产品特色上下工夫。因此，企业市场定位的全过程可以通过以下三大步骤来完成：

1. 分析目标市场的现状，确认潜在的竞争优势

这一步骤的中心任务是要回答以下三个问题：一是竞争对手产品定位如何；二是目标市场上顾客欲望满足程度如何以及确实还需要什么。三是针对竞争者的市场定位和潜在顾客的真正需要的利益要求企业应该及能够做什么。要回答这三个问题，企业市场营销人员必须通过一切调研手段，系统地设计、搜索、分析并报告有关上述问题的资料和研究结果。

通过回答上述三个问题，企业就可以从中把握和确定自己的潜在竞争优势在哪里。

2. 准确选择竞争优势，对目标市场初步定位

竞争优势表明企业能够胜过竞争对手的能力。这种能力既可以是现有的，也可以是潜在的。选择竞争优势实际上就是一个企业与竞争者各方面实力相比较的过程。比较的指标应是一个完整的体系，只有这样，才能准确地选择相对竞争优势。通常的方法是分析、比较企业与竞争者在经营管理、技术开发、采购、生产、市场营销、财务和产品七个方面究竟哪些是强项，哪些是弱项。借此选出最适合本企业的优势项目，以初步确定企业在目标市场上所处的位置。

3. 显示独特的竞争优势

这一步骤的主要任务是企业要通过一系列的宣传促销活动，将其独特的竞争优势准确传播给潜在顾客，并在顾客心目中留下深刻印象。为此，企业首先应使目标顾客了解、知道、熟悉、认同、喜欢和偏爱本企业的市场定位，在顾客心目中建立与该定位相一致的形象。其次，企业通过各种努力强化目标顾客形象，保持目标顾客的了解，稳定目标顾客的态度和加深目标顾客的感情来巩固与市场相一致的形象。最后，企业应注意目标顾客对其市场定位理解出现的偏差或由于企业市场定位宣传上的失误而造成的目标顾客模糊、混乱和误会，及时纠正与市场定位不一致的形象。企业的产品在市场上定位即使很恰当，但在下列情况下，还应考虑重新定位：

（1）竞争者推出的新产品定位于本企业产品附近，侵占了本企业产品的部分市场，使本企业产品的市场占有率下降。

（2）消费者的需求或偏好发生了变化，使本企业产品销售量骤减。

四、市场定位战略

(一) 产品差别化战略

产品差别化战略是从产品质量、产品款式等方面实现差别。寻求产品特征是产品差别化战略经常使用的手段。在全球通信产品市场上,摩托罗拉、诺基亚、西门子、飞利浦等全球化竞争对手,通过实行强有力的技术领先战略,在手机、IP 电话等领域不断地为自己的产品注入新的特性,走在市场的前列,吸引顾客,赢得竞争优势。实践证明,某些产业特别是高新技术产业,哪一企业掌握了尖端的技术,率先推出具有较高价值的产品创新特征,就能够发展成为一种十分有效的竞争优势。

产品质量是指产品的有效性、耐用性和可靠程度等。譬如,A 品牌的止痛片比 B 品牌疗效更高,副作用更小,顾客通常会选择 A 品牌。但是,这里又带来新的问题,是否质量、价格、利润三者完全呈正比例关系呢?一项研究表明:产品质量与投资报酬之间存在着高度相关的关系,即高质量产品的盈利率高于低质量和一般质量的产品,但质量超过一定的限度时,顾客需求开始递减。显然,顾客认为过高的质量,需要支付超出其质量需求的额外的价值(即使在没有让顾客付出相应价格的情况下可能也是如此)。

产品款式是产品差别化的一个有效工具,对汽车、服装、房屋等产品尤为重要。日本汽车行业中流传着这样一句话:"丰田的安装,本田的外形,日产的价格,三菱的发动机。"这句话道出了日本四家主要汽车公司的核心专长。说明"本田"外形设计优美、入时,颇受年轻消费者的喜欢。

(二) 服务差别化战略

服务差别化战略是向目标市场提供与竞争者不同的优异服务。企业的竞争力越能体现在顾客服务水平上,市场差别化就越容易实现。如果企业把服务要素融入产品的支撑体系,就可以在许多领域建立"进入障碍"。因为,服务差别化战略能够提高顾客总价值,保持牢固的顾客关系,从而击败竞争对手。

服务战略在各种市场状况下都有驰骋的天地,尤其在饱和的市场上。对于技术精密产品,如汽车、计算机、复印机等更为有效。

强调服务战略并没有贬低技术质量战略的重要作用。如果产品或服务中的技术占据了价值的主要部分,则技术质量战略是行之有效的。但是,竞争者之间技术差别越小,这种战略作用的空间也越小。一旦众多的厂商掌握了相似的技术,技术领先就难在市场上有所作为。

（三）人员差别化战略

人员差别化战略是通过聘用和培训比竞争者更为优秀的人员以获取差别优势。实践早已证明,市场竞争归根到底是人才的竞争。日本航空公司多年来一直在"北京——东京——夏威夷"这条航线上与美国最大的航空公司"联航"和韩国的"韩航"展开激烈的竞争。"联航"的规模实力与硬件设备几乎无与伦比,"韩航"的价格比"联航"低30％,而"日航"则以整合的优良服务,贯穿入关——空中——出关的全过程,赢得各国旅客的赞美,凡乘过此航线的旅客,很难再选择其他航空公司。"日航"优良服务的根基在于他们有一支训练有素的从机长到空中小姐的高素质的航空员工队伍。

一个受过良好训练的员工应具有以下基本的素质和能力。

（1）能力。具有产品知识和技能。

（2）礼貌。友好对待顾客,尊重和善于体谅他人。

（3）诚实。使人感到坦诚和可以信赖。

（4）可靠。强烈的责任心,并准确无误地完成工作。

（5）反应敏锐。对顾客的要求和困难能迅速做出反应。

（6）善于交流。尽力了解顾客,并将有关信息准确地传达给顾客。

（四）形象差异化战略

形象差异化战略是在产品的核心部分与竞争者类同的情况下塑造不同的产品形象以获取差别优势。为企业或产品成功地塑造形象,需要具有创造性的思维和设计,需要持续不断地利用企业所能利用的所有传播工具。具有创意的标志融入某一文化的气氛,也是实现形象差异化战略的重要途径。"麦当劳"的金色模型"M"标志,与其独特文化气氛相融合,使人们无论在美国纽约,还是日本东京或中国北京,只要一见到这个标志马上会联想到麦当劳舒适宽敞的店堂、优质的服务和新鲜可口的汉堡薯条。

本章小结

任何一个企业都无法满足整个市场的需要,因此,准确地选择目标市场,有针对性地满足某一消费层次的特定需要,是企业成功地进入市场的关键,企业只有正确地细分市场,识别市场机会,才能选好目标市场,迈向成功之路。本章讨论的主要是企业如何计划、实施市场营销战略管理过程,包括市场细分战略、市场选择战略、市场定位战略。通过本章学习,读者可以了解到市场细分、市场选择、市场定位等目标市场战略各步骤的含义及其联系,掌握市场细分的作用和依据,并能应用市场细分原理和市场定位方法,分析企业目标市场营销中存在的各种问题。同时,本章还在全球营销角度下对企业的目标市场战略做了探讨,读者可以从一个更广阔的视角对该章内容有更深刻的理解。

思考与讨论

1. 为什么说市场细分战略是现代市场营销观念的产物?
2. 市场细分的理论依据是什么?
3. 细分消费者市场和产业市场的主要标准有哪些?
4. 企业怎样选择目标市场?
5. 企业应怎样进行市场定位?

案例分析训练

汇源果汁的果蔬汁饮料市场开发

在碳酸饮料横行的 20 世纪 90 年代初期,汇源公司就开始专注于各种果蔬汁饮料市场的开发。虽然当时国内已经有一些小型企业开始零星生产和销售果汁饮料,但大部分由于起点低、规模小而难有起色;而汇源是国内第一家大规模进入果汁饮料行业的企业,其先进的生产设备和工艺是其他小作坊式的果汁饮料厂所无法比拟的。"汇源"果汁充分满足了人们当时对于营养健康的需求,凭借其 100%纯果汁专业化的"大品牌"战略和令人眼花缭乱的"新产品"开发速度,在短短几年时间就跃升为中国饮料工业十强企业,其销售收入、市场占有率、利润率等均在同行业中名列前茅,从而成为果汁饮料市场当之无愧的引领者。其产品线也先后从鲜桃汁、鲜橙汁、猕猴桃汁、苹果汁扩展到野酸枣汁、野山楂汁、果肉型鲜桃汁、葡萄汁、木瓜汁、蓝莓汁、酸梅汤等,并推出了多种形式的包装。应该说这种对果汁饮料行业进行广度市场细分的做法是汇源公司能得以在果汁饮料市场竞争初期取得领导地位的关键成功要素。

但当 1999 年统一集团涉足橙汁产品后一切就发生了变化,在 2001 年统一仅"鲜橙多"一项产品销售收入就近 10 亿元,在第四季度,其销量已超过"汇源"。巨大的潜力和统一"鲜橙多"的成功先例吸引了众多国际和国内饮料企业的加入,可口可乐、百事可乐、康师傅、娃哈哈、农夫山泉、健力宝等纷纷杀入果汁饮料市场,一时间群雄并起、硝烟弥漫。根据中华全国商业信息中心 2002 年第一季度的最新统计显示,"汇源"的销量同样排在鲜橙多之后,除了西北区外,华东、华南、华中等六大区都被鲜橙多和康师傅的"每日 C"抢得领先地位,可口可乐的"酷儿"也表现优异,显然"汇源"的处境已是大大不利。尽管汇源公司把这种失利归咎于可能是因为"PET 包装线的缺失"和"广告投入的不足"等原因造成,但在随后花费巨资引入数条 PET 生产线并在广告方面投入重金加以市场反击后,其市场份额仍在下滑。显然，问题的症结并非如此简单。

在市场的导入初期，由于客户的需求较为简单直接，市场细分一般是围绕着市场的地理分布、人口及经济因素（如年龄，性别，家庭收入等）等广度范围展开的，与行业分类方法有点相似（注：行业细分一般只是把业已存在（哪怕很小）或潜在的市场用容易区分或识别的标准（如年龄、性别、性能、原料、产地等单一要素，最多为二维变量）来划分成更小的子行业，以便于统计、分析和归纳其特性）。

各细分的子行业由于有易于识别的有形标准，相互间往往不交叉，且这种分类标准一经确定后往往多年不变。其一般应用在政府、行业协会及社会研究机构等，主要目的是为了从行业整个产业链的角度加以引导和规范使其健康发展。其特征表现在目标细分市场的形象化。也就是说，通过市场的广度细分，其目标细分市场可以直接形象地描写出来。比如说，当企业把市场分割为中老年人，青年人以及儿童等几个目标细分市场时，人们都能形象地知道这些细分市场的基本特征。由于这种"分类"方法简单、易于操作、费用低，大部分企业都可掌握且也乐于采用。但只有在市场启动和成长期的恰当时机率先进行广度市场细分的企业才有机会占有更大的市场份额。这时候品牌竞争往往表现得不够明显，竞争一般会表现在产品、质量、价格、渠道等方面，有人称之为产品竞争时代，汇源果汁就是在此期间脱颖而出的一个专业品牌，并成为数年来果汁业的领跑者。

但当客户的需求多元化和复杂化，特别是情感性因素在购买中越来越具有影响力的时候，此时市场竞争已经由地域及经济层次的广度覆盖向需求结构的纵深发展了，市场也从有形细分向无形细分（目标市场抽象化）转化，即细分后的目标市场，无法通过形象的描述来说明。例如，我们可以通过市场的深度细分，找到"追求时尚"这一目标细分市场。但这个目标细分市场在哪里？它是由哪些顾客组成？这些顾客是否有着共同的地理、人口及经济因素特征？企业应该采取什么样的方法与这个目标细分市场人群沟通？显然，这时的目标细分市场已经复杂化和抽象化了，企业对消费者的关注也已从外在因素进入心理层面因素。同时，企业也无法用传统的方法去接近所选择的目标细分市场，这时运用科学的市场研究方法来正确地细分市场就显得尤其重要了。而这时仍然运用市场竞争初期的浅度市场细分方法甚或"行业细分"的方法对市场进行细分已根本无法适应市场竞争的要求。以统一"鲜橙多"为例，其通过深度市场细分的方法，选择了追求健康、美丽、个性的年轻时尚女性作为目标市场，首先选择的是 500ML、300ML 等外观精制适合随身携带的 PET 瓶，而卖点则直接指向消费者的心理需求："统一鲜橙多，多喝多漂亮"。其所有的广告、公关活动及推广宣传也都围绕这一主题展开，如在一些城市开展的"统一鲜橙多TV-GIRL 选拔赛"、"统一鲜橙多阳光女孩"及"阳光频率统一鲜橙多闪亮 DJ 大挑战"等，无一不是直接针对以上群体，从而极大地提高了产品在主要消费人群中的知名度与美誉度。再看可口可乐专门针对儿童市场推出的果汁饮料"酷儿"，"酷儿"卡通形象的打造再次验证了可口可乐公司对品牌运作的专业性，相信没有哪一个儿童能抗拒"扮酷"的魔力，年轻的父母也对小"酷儿"的可爱形象大加赞赏。而"汇源"果汁饮料从市场初期的"营养、健康"诉求到现在仍然沿袭原有的功能性诉求,其包装也仍以家庭装的为主,根本没有具有明显个性特征的目标群体市场。只是运用广度(也是浅度)市场细分的方法切出"喝木瓜汁的人群"、"喝野酸枣汁的人群"、"喝野山楂汁的人群"、"喝果肉型鲜桃汁的人群"、"喝葡萄汁的人群"、"喝蓝莓汁的人群"等一大堆在果汁市场竞争中后期对企业而言已不再具有细分价值的市场。即使其在后期推出了 500ML 的 PET 瓶装的"真"系列橙汁和卡通造型瓶装系列,但也仅是简单的包装模仿,形似而神不似。(汇源推出的"他她水"功能饮料颇有新意,自是另当别论。)

至此,我们已能看出在这场果汁饮料市场大战中,汇源公司领导地位如此轻易被动摇真正原因。我们说"汇源"与统一、可口可乐公司比较,它们间的经营出发点、市场细分方法的差异才是导致市场格局发生变化的关键因素。

"汇源"是从企业自身的角度出发,以静态的广度市场细分方法来看待和经营果汁饮料市场;而统一、可口可乐等公司却是从消费者的角度出发,以动态市场细分的原则(随着市场竞争结构的变化而调整其市场细分的重心)来切入和经营市场。同样是"细分",但在市场的导入期、成长期、成熟期和衰退期,不同的生命周期却有不同的表现和结果。

资料来源:网易.市场细分案例"汇源果汁的果蔬汁饮料市场开发".

结合以上案例,分析一下果汁市场是按照怎样的标准进行细分的?"汇源"选定哪些细分市场来作为自己的目标市场?"汇源"在果汁市场上的领导地位是如何被动摇的?

第 七 章

产 品 策 略

学习目标

1. 理解产品的整体概念；
2. 理解产品组合的有关概念并掌握产品组合策略；
3. 掌握产品市场生命周期各阶段特点及营销策略；
4. 熟悉产品的商标与包装设计要求，以便选择品牌策略和包装策略。

引导案例

华龙方便面的产品组合

中国内地方便面市场一向是由台湾的两个方便面的厂商的品牌占据着绝大部分市场份额。康师傅方便面的市场地位来自其最初的成功，确立了在方便面市场上的领导品牌的地位。统一方便面虽然未能像在台湾那样成为方便面的第一品牌，但得益于它在方便面市场上的丰富经验和相当强的经济实力，经过多年的打拼，仍取得了不错的业绩。

虽然，内地方便面市场上还有许多颇具实力的地方性品牌，但它们还都缺乏向第一方阵挑战的实力。但到了2003年，位于河北省邢台市隆尧县的华龙集团，以超过60亿包方便面的销售量而跃居方便面市场的第二位，仅次于康师傅方便面。与"康师傅"、"统一"形成了三足鼎立的市场格局。"华龙"真正地从一个地方性品牌成长为全国性品牌。

华龙方便面的产品组合非常丰富，其产品组合的长度、深度和宽度都达到了比较合理的水平。它共有17种产品系列，10多种口味，上百种规格的方便面。这样，企业能够充分利用现有的资源，发掘现有的生产潜力，更广泛地满足市场的各种需求。

华龙公司的成长经历了几个发展阶段。在发展初期，华龙将目标市场定位于河北省及周边省份的农村市场。首先推出了适合农村市场的"大众面"系列。由于它超低的阶位，迅速打开了农村市场。随后"大众面"系列红遍大江南北，抢占了大部分的低端方便面市场。在经历了几年的发展后，华龙积累充足的资本和丰富的市场经验，推出了面向全国市场的中高档大众面系列。中档的"小康家庭"、"大众三代"，高档的"红红红"等。1999

年,华龙销售额达到 9 亿元。从 2002 年起,华龙开始走高档面路线,开发出高档面品牌"今麦郎"。并开始大力开发城市市场,如北京、上海等地,并大获成功。

华龙公司奉行的战略是:少做全国品牌,多做区域品牌,不同区域推广不同产品。华龙作为一个后起挑战者,最初选择从中低端大众市场起步。考虑到中国地域轮廓,饮食文化的差异性非常大。地域不同,则市场不同,文化不同,价值观不同,生活形态也不大相同。华龙制定了区域品牌策略,以最大限度开发和满足区域市场的特定需求。如针对河南市场的"六丁目",针对山东市场的"金华龙",针对东北市场推出了"东三福"等品牌。与此同时,还创作了切合区域特征的广告。之后,华龙又开始针对不同地域的消费者开发不同口味和不同品牌的系列产品。如针对回族居住集中的地域,开发"清真"系列方便面,针对东三省创立了有着浓重东北风格的"可劲造"品牌及系列产品。

华龙公司的方便面产品组合决策必须考虑两个方面的战略决策:一是如何应对或挑战"康师傅"和"统一"这两个方便面市场上的强势品牌;二是如何应对或争夺被地方小品牌方便面所掌控的市场份额。在实行本地化的目标市场营销战略的总原则指导下,开发高中低多层次的产品组合,实行避强击弱的市场渗透战略。

在全国市场实行整体上的高中低档产品组合策略。既有低档的"大众"系列方便面,又有中档的"甲一麦"品牌的方便面,更有高档的"今麦郎"。在不同地区,根据本地市场的状况开发和销售不同档次的产品。

产品线延伸是华龙公司的重要策略。如在"六丁目"品牌下,推出六丁目 108,六丁目 120,超级六丁目。在"金华龙"品牌下,生产出金华龙 108,金华龙 120,等等。华龙公司不仅实行产品线延伸,还实施了多品牌战略。如在东北三省推出"东三福"品牌之后,建立了"可劲造"新品牌。本地化和多品牌战略的有效实施,使得方便面市场上的两个龙头老大防不胜防,也使得地域小品牌难以招架。这可能是华龙方便面跃居行业第二的秘密武器吧!

资料来源:吴涛.市场营销管理.北京:中国发展出版社,2005.

产品是市场营销活动的中心,是市场营销组合中的首要因素,在市场营销组合的四个因素中,其他三个因素都是以产品为基础的。产品营销能否成功,涉及整体产品的塑造、产品组合决策、新产品开发、品牌、包装等方面的内容。

第一节　产品与产品组合

一、产品的整体概念

产品是一个概念具有广泛外延的市场营销学用词。

产品是任何提供给市场并能满足人们某种需要和欲望的东西。产品的概念并不限于实物,任何能够满足需要的东西都可以被称作产品。除了货物和服务以外,产品还包括人员、地点、组织、活动和构思(菲利普·科特勒、加里·阿姆斯特朗,1999 年)。

对产品的整体概念的理解应从消费者的需求出发,可以分为三个层次:核心产品、形态产品和附加产品(图 7-1)。

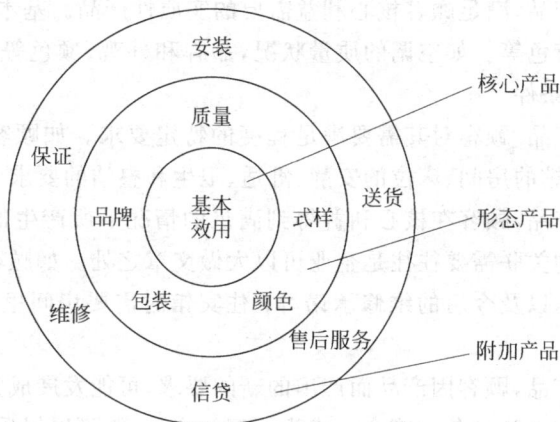

图 7-1 产品的整体概念

第一层,核心产品。主要指产品的基本功能带来的基本效用或利益。如电灯的照明功能、空调的凉爽功能、电视机的获取信息和娱乐功能。因此,向顾客销售的任何产品均必须满足顾客的基本需要。

第二层,形态产品。主要指产品的实现形式。表现为质量、品牌、包装、式样和颜色等。由于现在市场上具有相同或相似基本功效的产品较多,因此这一层是企业获取竞争优势,吸引顾客的重要部分。

第三层,附加产品。主要指顾客购买产品时所获得的附加利益。如免费安装、免费送货、免费培训、免费维修,以及承诺退换等。市场上的产品第一层和第二层均无太大差异时,将产品的外延部分扩大,提高产品的价值,也能吸引更多的顾客,进而增加竞争力。

其实顾客将产品看成是满足需要的复合体,具有体现复杂利益的可能性。顾客是否认同产品,主要取决于对其的满足程度。因此,企业还应根据顾客的需求发展变化,来完善其产品的整体概念。

充分体现顾客个性化需求的产品应包括五个层次(图 7-2)。

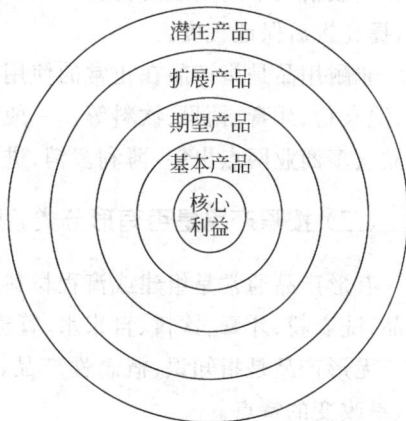

图 7-2 产品需求五层次

第一层是核心利益,顾客利用产品所获得的基本需要。如人们购买空调机是为了在炎热的夏季或冰天雪地的冬天,满足凉爽舒适或温暖的需要;人们对宾馆的需要是休息,即休闲、睡觉等。

第二层是基本产品,满足顾客核心利益需要的实质性产品。基本产品内容包括质量、式样、品牌、包装和特色等。如空调的质量状况,品牌和外观、颜色等是顾客非常看重的;宾馆的房间、床位等条件。

第三层是期望产品,顾客对其需要满足程度的特定要求。如顾客对空调机制冷或加热速度的要求,对宾馆的房间、床位的安静、舒适、卫生和整洁的要求。

第四层是扩展产品,顾客在核心利益得到满足的情况下所产生的关联性需要。顾客在获得产品时产生的关联需要往往是企业可以大做文章之处。如顾客在买空调时需要送货上门,并安装调试,以及今后的维修承诺等;住宾馆时需要房间里配备电视机、空调机甚至是冰箱等。

第五层是潜在产品,顾客因产品而产出的新的要求,可能发展成为未来产品的潜在状态产品。如电视机与电脑设备功能合一成为新型的产品,既可以娱乐收看节目,又可以上网查资料、传递信息等,而无论是对于顾客还是企业都为其节约资源。

二、产品的分类

市场上产品丰富多彩、五花八门。在研究产品市场战略时,营销人员需要建立产品分类标准。

(一) 按照产品是否耐用分类,可分为耐用品、非耐用品和服务

耐用品是指产品在正常的使用情况下,能多次使用的产品。如电视机、洗衣机、空调等。一般情况下耐用品的价格和生产成本较高。耐用品通常需要加大人员推销和服务力度,提高售后保证程度。

非耐用品是指产品在正常的使用情况下,一次或几次使用就被消费掉的产品。如肥皂、洗衣粉、牙膏、糖果、饮料等。一般情况下非耐用品的价格和生产成本较低。通常需要建立众多商业网点出售,薄利多销,进行大量广告宣传,以诱导消费者。

(二) 按照产品是否有形分类,可分为有形产品和无形产品

有形产品通常是组建或流程材料式产品。如电视机、洗衣机、空调机等这些是组建式产品,洗衣粉、牙膏、饮料、自来水、管道煤气等这些是流程材料式产品。

无形产品是指知识、概念性产品,包括服务。这类产品与产品的提供者具有不可分割、易改变的特点。

（三）按照产品的用途分类，可分为消费品和工业品

1. 消费品

它指由最终消费者购买并用于个人消费的产品。根据顾客如何去购买又可以分为便利品、选购品和特殊品。

便利品。指顾客通常会经常购买、立即购买，花很少的精力进行比较。该类产品一般价格低，利用众多的销售网点将产品销售延伸到居民区，以方便购买。如洗衣粉、牙膏、饮料、毛巾、手纸等是典型的便利品。

选购品。在顾客购买时会仔细比较其实用性、价格、质量等，购买频率较低。选购品的价格往往高于便利品。如服装、家电、皮鞋、家具等是典型的选购品。

特殊品。顾客愿意花费特殊的精力去购买有特殊性质、品牌的产品。顾客注重的是该类产品的品牌、质量或信誉，而不注重其价格。如购买汽车、高配置照相器材，或定制西装等。

2. 工业品

它指为了进一步用于生产或办公而购买的产品。利用麦卡锡的分类办法又分为材料和零部件、生产设备、供应品、商业服务。

材料和零部件。材料包括原材料、合成材料。原材料指农、林、渔、畜、矿产等部门提供的产品。如粮食、牛奶、石油、铁矿石等，这类产品一般有国家专门销售渠道，按照标准价成交，且往往会订立长期合同。铁、电缆等为合成材料，铁、纱线、水泥等为半成品，是用来进一步加工的。马达、轮胎、电瓶等为零部件，在不改变其原来形态情况下，成为最终产品的一部分。

生产设备包括装备和附属设备。是用于生产和管理的工业产品。如建筑物（生产用房、办公用房等）、固定设备（钻床、发电机、锅炉等），附属设备如各种工具、办公设备等。

供应品如作业用品（纸张、笔、墨等）和维修用品（铁钉、扫帚、油漆等）。这类产品主要是标准品，消费量大，往往会由中间商销售。

商业服务包括维修服务和行业建设服务，这些服务有助于生产过程顺利进行，如各类设备的维修服务、业务咨询、法律咨询、广告等。

产品的分类还有多种形式，可以根据购买目的的不同、购买形式的不同等进行分类。采用哪种分类办法，要根据其研究的目的和营销策略的制定方便、有效来决定。

三、产品组合策略

（一）产品组合及其相关概念

1. 产品组合

它指企业生产经营的全部产品的有机结合方式，是一个企业提供给市场的全部产品

线和产品项目的组合或结构，即企业的业务经营范围。

小链接

宝洁公司的产品组合

表 7-1 是宝洁公司的一部分产品组合，由此，我们可以分析出宝洁公司产品组合的宽度、产品组合的长度、产品组合的深度及产品组合的关联度。

表 7-1　宝洁公司的产品组合

	产品组合的宽度				
	洗 涤 剂	牙 膏	香 皂	方 便 尿 布	纸 巾
产品线长度	象牙雪 1930	格里 1952	象牙 1879	帮宝适 1961	查敏 1928
	洁拂 1933	佳洁士 1955	柯柯 1885	露肤 1976	白云 1958
	汰渍 1946	登魁 1980	拉瓦 1893		普夫 1960
	快乐		佳美 1926		旗帜 1982
	奥克多 1952		爵士 1952		
	达士 1954		舒肤佳 1963		
	大胆 1965		海岸 1974		
	吉恩 1966				
	黎明 1972				
	独立 1979				

表中表明宝洁公司产品组合的宽度是五条产品线（实际上，该公司还有许多另外的产品线，如护发产品、保健产品、饮料、食品，等等）。

在表中，产品项目总数是 26 个。我们再来看一看该公司产品线的平均长度，该公司产品组合的平均长度就是总长度(26)除以产品线数(5)，结果为 5.2。

其产品组合的深度，如佳洁士牌牙膏有三种规格和两种配方，其深度就是 6。

由于宝洁公司的产品都通过同样的分销渠道出售，因此可以说，该公司的产品线具有较强的关联性；就这些产品对消费者的用途不同而言，该公司的产品线缺乏关联性。

2. 产品线

它是指产品组合中的某一产品大类，是具有密切关系（或经由同种商业网点销售，或同属于一个价格幅度）的一组产品，产品线由若干产品项目构成。

3. 产品项目

它是衡量产品组合各种变量的一个基本单位，指产品线内不同的品种以及同一品种不同的品牌。

(二)产品组合的影响因素

影响产品组合的因素主要有产品组合的宽度、产品组合的长度、产品组合的深度以及产品组合的关联度四个变数。

1. 产品组合的宽度

它指企业产品组合中所拥有的产品线的数目。一般来说,拓宽产品组合的宽度,有利于扩展企业的经营领域,发挥企业的潜在优势,并可分散企业的投资风险。

2. 产品组合的长度

它指产品组合中产品项目的总数,以产品项目总数除以产品线数目即可得出产品线的平均长度。一般来说,增加产品组合的长度,可以使产品线更丰满充裕。

3. 产品组合的深度

它指产品项目中每一品牌所含不同花色、规格、尺码、型号、功能、配方等的产品数目的多少。一般来说,加深产品组合的深度,可以占领同类产品的更多细分市场,满足更广泛的市场需求。

4. 产品组合的关联度

它指各产品线在最终用途、生产条件、销售渠道等方面的相关程度。一般来说,加强产品组合的关联度,有利于企业发挥在相关专业上的经营能力,发挥连带优势,提高企业的声誉。

产品组合的相近程度大,其关联度也就大。相反,产品组合的相近程度小,其关联度也就小。如一电器公司有电冰箱、洗衣机、空调、微波炉等,均属电气产品,其关联度较大;另一公司有饮料、服装等,几乎没有(相关性)联系,其关联度小。

(三)产品组合分析

产品组合不是静态的而是动态的组合,企业的内外部条件在不断变化,产品组合也应随之进行调整,增删一部分产品线及产品项目,使产品组合经常达到合理化、最佳化的状态。为此,必须借助一定的分析方法。随着系统分析方法和电脑的广泛应用,可以预料将会产生许多科学的分析方法,下面仅介绍两种被西方企业广泛应用的方法。

1. 象限分析法

象限分析法是由美国通用电气公司创立的,它利用行业吸引力和本企业实力两个综合性变数构成一个坐标,每个轴分为高中低三个档次,便形成一个象限图,如图7-3所示。

由图7-3可知,行业吸收力与本企业实力分别由许多具有影响力的变数组成。运用象限图先把每个产品分档,并进入相应的象限(方格)位置上,再进行分析和作出决策。象限图中9个象限可分为三种类型:象限1、2、4为绿灯类,表示进入这些象限的产品具有

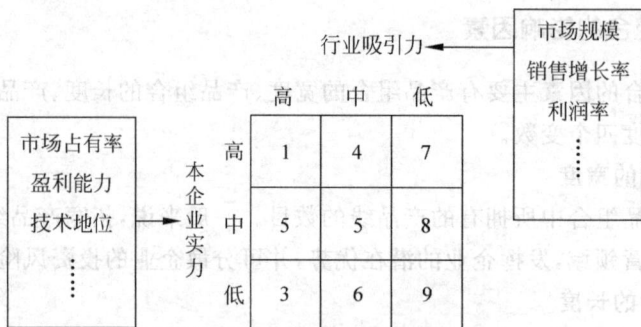

图 7-3　象限分析示意图

较高的吸引力与实力,应作为投资和发展的对象;象限 3、5、7 为黄灯类,属于中间状态的产品,它们可能转变绿灯类或红灯类产品,因此应保持现状,并注意其发展方向;象限 6、8、9 为红灯类,是吸引力和实力较低的产品,应掌握时机及时淘汰这类产品。

2. 波士顿矩阵分析法

企业也可以应用由美国波士顿咨询公司创立的矩形分析法来分析和决策,如图 7-4 所示。

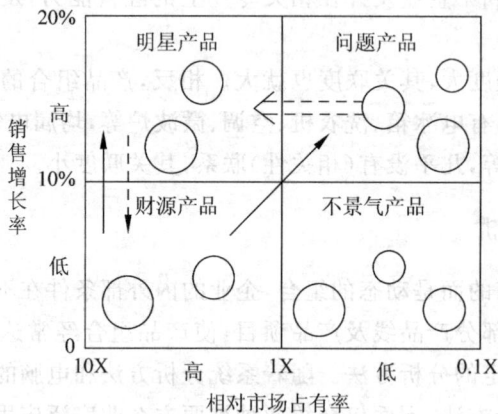

图 7-4　波士顿矩阵分析

由图 7-4 可知,这种方法仅依据销售增长率及相对市场占有率两个因素对产品组合进行分析。销售增长率以 10% 为界分为高、低两档。相对市场占有率是指本企业某一产品的市场占有率与同行业中最大的竞争者的同一产品的市场占有率之比。相对市场占有率以 1 为界分为高、低两档,这样,便可把企业的全部产品所处的市场地位分为四种类型:

（1）明星产品，指销售增长率及相对市场占有率都高的产品。这类产品需要投入大量现金来维持其市场占有率；当它们的销售增长率降低到一定的程度时，便可变为财源产品，为企业积累资金，在图7-4中用单虚线箭头表示。

（2）问题产品，指销售增长率较高而相对市场占有率较低的产品。这类产品需投入大量资金来维持和提高市场占有率，因此企业应把钱花在可变为明星产品的问题产品上，在图7-4中用双虚箭头表示，否则应掌握时机退出市场。

（3）财源产品，指销售增长率低但相对市场占有率高的产品。这类产品可为企业带来大量的现金收入，用以扶持明星产品和问题产品，在图7-4中用实线箭头表示。

（4）不景气产品，指销售增长率及相对市场占有率均较低的产品。这类产品有时可能产生一些收入，但通常都是微利甚至亏损，消耗管理人员的时间而得不偿失。

采用此法可帮助企业分析现有产品组合是否合理。图中的圆圈代表现有产品的位置，圆圈的大小表示销量的大小。一般而言，明星产品与财源产品多而且销量大的产品组合比较合理。企业对各类产品可采取不同的策略：要投入大量现金扶持明星产品，促进其成为财源产品；要保持财源产品的市场占有率，以便赚取更多的现金；对衰退中的财源产品可以获得短期利益为目的；要勇于放弃近期利润，提高有前途的问题产品的市场占有率，使其成为明星产品；对无前途的问题产品及亏损的不景气产品应及时放弃，以便使有限的资金集中于有潜力的产品。

（四）产品组合策略

企业在调整和优化产品组合时，依据情况的不同，可选择如下策略：

1. 扩大产品组合策略

增加产品组合的宽度和深度，也就是增加产品线或产品项目，扩展经营范围，生产经营更多的产品以满足市场需要。

2. 缩减产品组合策略

取消一些产品线或产品项目，集中力量生产经营少数几个产品线或产品项目，实行高度专业化。如日本尼西奇公司原来是一家生产游泳衣、雨衣、尿布及其他卫生用品的小型企业，因经营产品的门类较多，产品没有竞争力，企业一直亏损甚至面临破产危险。经过深入的市场调查并对市场前景进行认真分析后，该公司决策者针对日本第二次世界大战后婴儿出生率上升的现象，果断决定集中企业力量和资源，生产婴儿所需的用品——尿布。经过多年苦心经营，发展成为垄断日本、享誉全球的"尿布大王"。

（1）缩减产品线，只生产经营某一个或少数几个产品系列。

（2）缩减产品项目，取消一些低利产品，尽量生产利润较高的少数品种、规格的产品。

3. 产品线延伸策略

突破原有经营档次的范围,使产品线加长。

(1) 向下延伸。是在高档产品线中增加低档产品项目,比如:五粮液酒厂就是走的如下产品路线:五粮液——五粮醇——五粮春——金六福——京酒等。

企业在面临以下情况时可以采取向下延伸策略:①企业的高、中档产品已树立了良好的形象;②高档产品的销售增长速度缓慢或下降;③开拓市场吸引更多购买者。

(2) 向上延伸。是在原有产品线内增加高档产品项目。高档产品畅销,利润率高,又能使企业提高档次,并成为生产种类全面的企业。如日本本田公司在打开美国摩托车市场时,采用向上延伸的产品策略,将摩托车档次从低于125cc延伸到1 000cc,从而在国际摩托车市场上显示出较强的竞争力。一般企业面临如下情况时可采取此策略:①高档产品销售增长过快,利润丰厚;②高档产品市场上竞争者较弱,市场容易占领;③企业希望扩大规模向多品种规格发展。

(3) 双向延伸。生产中档产品的企业在取得市场优势后同时向产品线的上下两个方向延伸。

4. 产品线现代化策略

有时产品线的长度虽然适当,但是产品还是停留在多年前的水平上,这就需要更新产品,实现产品线的现代化,跟上市场前进的步伐。产品线的现代化可采取两种方式实现:一是逐项更新;二是全面更新。

5. 产品线特色策略

产品线特色策略就是在每条产品线中推出一个或几个有特色的产品项目,以吸引顾客,适应不同细分市场的需求。一般是推出低档与最高档的产品来形成自己的特色。

第二节　产品生命周期原理

一、产品生命周期的概念

所谓产品生命周期(product life cycle,PLC),是指一种产品从研制成功投放市场开始,直到被市场淘汰为止所经历的全部时间和过程。理解产品生命周期的概念应把握以下几个方面:

(1) 产品生命周期与产品使用寿命期不同。产品使用寿命期是指产品的耐用时间,也就是产品从投入使用到损坏报废为止的时间。有些产品使用寿命期很短,但市场寿命期很长(最典型的是鞭炮、烟花);有些产品市场寿命期很短,但使用寿命期很长(服装)。

(2) 产品生命周期的长短由众多的影响因素决定。其中包括:产品本身的性质、特点,市场竞争的激烈程度,科学技术的发展速度,消费需求的变化速度,企业营销的努力程度等。从总的趋势看,产品生命周期正在日益缩短。正如日本的一项调查所显示的那样,手机平均 126 天更新一次;电脑产品更可用"日新月异"来形容。因此,企业应加快产品开发和更新换代的速度,这样才能立于不败之地。

(3) 通过市场买卖的产品才有市场寿命期,不通过市场买卖的产品就没有市场寿命期。

二、产品生命周期阶段的划分

产品生命周期一般分为四个阶段:导入期、成长期、成熟期和衰退期。如图 7-5 所示。通常以企业销售额和利润额的变化来判断产品所处的生命周期阶段。

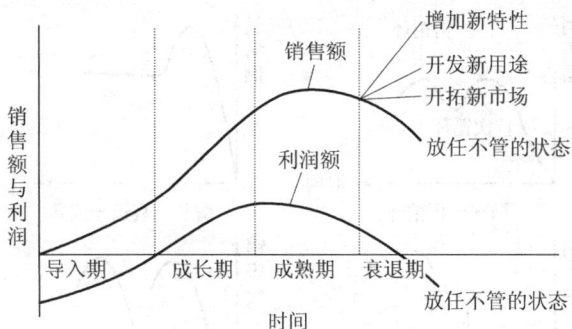

图 7-5　产品生命周期曲线

(1) 产品生命周期的划分方法。

常用的划分方法有:

① 类比法。即比照类似产品发展情况来区分某产品的生命周期阶段。

② 增长率计算法。即以一定时间内的销售增长率衡量生命周期的各个阶段。销售增长率<10%,为导入期;销售增长率>10%,为成长期;销售增长率在 0.1% 和 10% 之间,为成熟期;销售增长率<0,为衰退期。

③ 市场普及率判断法。即按产品在市场上的普及率判断生命周期的各个阶段。普及率小于 5%——导入期;普及率为 5%~50%——成长期;普及率为 50%~90%——成熟期;普及率为 90% 以上——衰退期。

(2) 产品生命周期划分不同的阶段,一方面反映了产品在不同时期中存在着不同的特点;另一方面说明了不同阶段应该采取不同的营销策略,这正是研究产品生命周期重要意义之一。

(3) 某一产品在不同市场中所处的生命周期阶段往往不同。

它在甲市场处于成熟期,在乙市场可能处于引入时期,这是由于市场条件、产品原有扩散范围有限等原因造成。这就为成熟期至衰落期的产品进入新市场、延长产品生命周期提供了依据,它在国际营销中更具有重要意义。

(4) 某一产品的生命周期及其阶段准确划分有待于产品退出市场后,但这时已不存在营销意义。因此,企业必须了解自己的产品目前正处于哪一阶段,以便采用相应的营销策略。人们通常是根据销售增长率明显变化之处来划分阶段。

(5) 图 7-5 表现的产品生命周期仅是一条理论曲线,每个产品实际的生命周期曲线完全不同。不但各阶段的销售额、时间有差异,而且还有许多特殊的情况:有的产品在导入期还没进入成长期可能就夭折了,有的产品可能成长期特别长,还有些产品可能到达成熟期后持续一段时间又进入另一个成长期等。如图 7-6 中的循环—再循环、增长—衰退—成熟、多循环上升和非连续循环等。显示市场中还有许多特殊的产品生命周期形态。

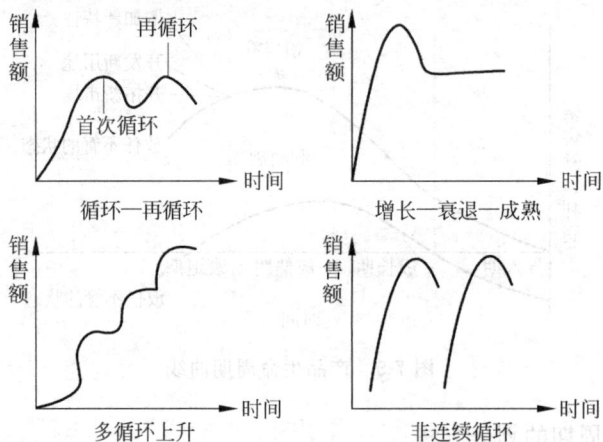

图 7-6 不同产品生命周期

(6) 产品种类、品种和品牌的生命周期。某一产品种类(如洗衣机)、产品品种(如半自动洗衣机)、产品品牌(如白天鹅牌洗衣机)都有各自的生命周期。

一般而言,产品种类的生命周期相当长,这与人类对某种需要的持续与永恒密切相关。例如,人们对洗衣机的需要,在没有新产品种类取代洗衣机之前,洗衣机将长期处于成熟阶段。

产品品种具有典型的产品生命周期形态,如半自动洗衣机经历了引入期、成长期、成熟期和衰落期这四个阶段。

产品品牌的生命周期的形态因具体品牌而定,有的长盛不衰,如可口可乐;有的则相当短暂,如白天鹅牌洗衣机。

上述各种产品生命周期形态可用图 7-7 来表示。

在营销学中所分析的产品生命周期主要是指产品品种、产品品牌的生命周期,它便于分阶段地采用不同的营销策略。

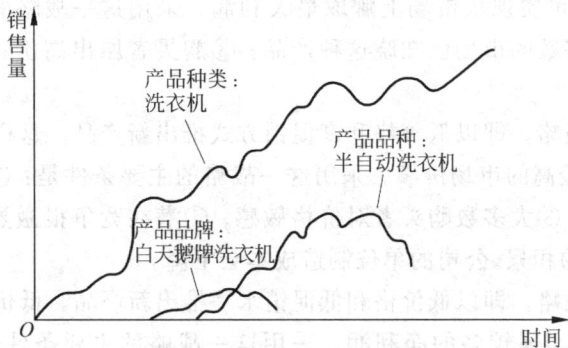

图 7-7 产品种类、品种、品牌生命周期示意图

三、产品生命周期各阶段的市场特点与营销策略

（一）导入期的市场特点与营销策略

1. 市场特点

导入期是指新产品首次正式上市后销售呈缓慢增长状态的阶段。其市场特点如下：

（1）消费者对该产品不了解，大部分顾客不愿放弃或改变自己以往的消费行为，销售量小，相应地增加了单位产品成本；

（2）尚未建立理想的营销渠道和高效率的分配模式；

（3）价格决策难以确立，高价可能限制购买，低价可能难以收回成本；

（4）广告费用和其他营销费用开支较大；

（5）产品的技术、性能还不够完善；

（6）利润较少，甚至出现经营亏损，企业承担的市场风险最大；

（7）市场竞争者较少。

2. 市场营销策略

在推出一种新产品时，市场营销管理者应做好整合营销策划，包括对产品及其质量、包装以及价格、渠道、促销等进行决策。这一阶段，营销策略思想的重点是突出一个"准"字。下面按"价格—促销矩阵"提出四种可供选用的策略。

（1）快速撇脂战略。即以高价格和高促销的方式推出新产品。公司采用高价格是为了在每单位销售中尽可能获利，同时利用高水平的促销活动加快市场渗透率。采用这一战略的主要条件是：①潜在市场的大部分人还没有意识到该产品；②知道它的人渴望购买并且具备能力；③公司面临着潜在的竞争，试图建立品牌偏好。

（2）缓慢撇脂战略。即以高价格和低促销方式推出新产品。这样做可以获得更多毛利并降低营销费用,可实现从市场上赚取最大利润。采用这一战略的主要条件是:①市场规模有限;②大多数的市场已知晓这种产品;③购买者愿出高价;④潜在竞争并不迫在眼前。

(3)快速渗透战略。即以低价格和高促销方式推出新产品。这样做能给公司带来最快速的市场渗透和最高的市场份额。采用这一战略的主要条件是:①市场是大的;②市场对该产品不知晓;③大多数购买者对价格敏感;④潜在竞争很激烈;⑤随着生产规模的扩大和制造经验的积累,公司的单位制造成本会下降。

(4)缓慢渗透战略。即以低价格和低促销水平推出新产品。低价格使市场迅速接受产品,同时低促销可实现较多的净利润。采用这一战略的主要条件是:①市场是大的;②市场上该产品的知名度较高;③市场对价格相当敏感;④有一些潜在的竞争。

(二)成长期的市场特点与营销策略

1. 市场特点

成长期是指该产品已经在市场上为消费者所接受、销售额迅速上升的阶段。其市场特点如下:

(1)消费者对新产品已经熟悉,销售量增长很快;

(2)由于大规模的生产和丰厚的利润机会,吸引大批竞争者加入,市场竞争加剧;

(3)产品已定型,技术工艺比较成熟,次品率降低;

(4)建立了比较理想的营销渠道;

(5)市场价格趋于下降;

(6)为了适应竞争和市场扩张的需要,企业的促销费用水平基本稳定或略有提高,但在销售额比率中所占份额下降;

(7)由于促销费用分摊到更多销量上,单位生产成本的下降快于价格下降。由此,企业利润显著上升。

2. 市场营销策略

这一阶段,营销策略思想的重点是讲究一个"优"字。

(1)根据用户需求和其他市场信息,不断提高产品质量,努力发展产品的新款式、新型号,增加产品的新用途。

(2)加强促销环节,树立强有力的产品形象。促销策略应从以建立产品知名度为中心转移到以树立产品形象为中心,主要目标是建立品牌偏好,争取新的顾客。

(3)重新评价渠道选择决策,巩固原有渠道,增加新的销售渠道,开拓新的市场,扩大产品销售。

(4)在价格决策上,应选择适当的时机调整价格,以争取更多顾客。

推行这些市场扩展战略,会大大加强公司的竞争优势,但同时会增加成本。公司在成长阶段面临着选择高市场份额或当前高利润,放弃后者则可以获得更具优势的市场地位,而利润则有希望在下一阶段得到补偿。

(三) 成熟期的市场特点与营销策略

1. 市场特点

成熟期是指大多数购买者已经接受该项产品,市场销售额缓慢增长或下降的阶段,这一时期,产品销售额和利润曲线达到最高峰。成熟期可以分为三个时期:

(1) 成长中的成熟期。各销售渠道基本呈饱和状态,增长率开始下降,还有少数后续的购买者继续进入市场。

(2) 稳定中的成熟期。由于市场饱和,消费水平平稳,销售增长率一般只与购买者人数成比例。

(3) 衰退中的成熟期。销售水平显著下降,原有用户的兴趣已开始转向其他产品和替代品;全行业产品出现过剩,竞争加剧,销售增长率下降,一些缺乏竞争能力的企业将渐渐被淘汰;竞争者之间各有自己特定的目标顾客,市场份额变动不大,突破比较困难。

2. 市场营销策略

其营销策略思想的重点是突出一个"改"字。

(1) 市场改良策略。即通过开发新市场、寻求新用户来维持和增加产品的销售量。其方式大致有三种。①开发原有产品的新用途,寻找新的目标市场;②刺激现有消费者多使用,增加购买频率;③给产品重新定位,以吸引新的顾客。

(2) 产品改良策略,也称为"产品再推出"。可以从几个方面改良:①质量改良,增加产品的功能和服务;②特性改良,提高产品的可靠性、安全性、方便性和高效性;③式样改良,对产品的外观、款式、包装进行改良,提高其美学价值和欣赏价值。

(3) 营销组合改良。指通过改变定价、销售渠道、促销方式和服务的内容等来延长产品成熟期。如用降价、改善销售渠道、增加促销方式、完善售后服务等来刺激或扩大顾客的购买,以使产品销售量保持稳定或者回升。

(四) 衰退期的市场特点与营销策略

1. 市场特点

衰退期是指销售额急剧下降的阶段。其市场特点是:

(1) 产品销售量由缓慢下降变为迅速下降,消费者的兴趣已完全转移;

(2) 价格已下降到最低水平;

(3) 多数企业无利可图,被迫退出市场,导致竞争淡化;

(4) 留在市场上的企业,则被迫逐渐减少产品附带服务,削减促销预算等,以维持最低水平的经营。

2. 衰退期的战略决策

在衰退期,如果企业战略决策正确,也将会为企业争取缓冲的时间,从而使企业减少损失,安全退出该产品市场。

(1)辨认疲软产品。建立辨认疲软产品的制度,公司任命一个由营销、制造和财务代表参加的产品审查委员会,由其拟定一套辨认疲软产品的制度,根据提供的各种产品的资料,运用电子计算机程序分析,确定出可疑产品。

(2)确定营销战略。公司必须对在市场上坚持的时间和方式做出决定。哈里根区别出公司面对的五种衰退战略:增加公司投资;在未解决行业不确定因素时保持现有的投资水平;有选择地降低投资态势;提高利润、快速回收现金;处理资产、放弃该业务。

(3)放弃决策。当公司决定放弃一个产品时,它面临着进一步的决策:第一,它可把产品出售或转让给别人甚至完全抛弃;第二,它必须决定是迅速还是缓慢地放弃该产品;第三,它必须决定为从前的顾客保留多少部件库存量和维修服务。

3. 市场营销策略

其营销策略思想的重点是抓住一个"转"字。

(1)集中策略。即把资源集中使用在最有利的细分市场、最有效的销售渠道和最易销售的品种、款式上;

(2)维持策略。即保持原有的细分市场和营销组合策略,把销售维持在一个低水平上;

(3)收缩策略。即大幅度降低销售费用,以增加眼前利润,通常作为停产前的过渡策略;

(4)放弃策略。即对于衰落比较迅速的产品,应当机立断,放弃经营,转向其他产品。

小链接

鱼鳖丸的产品生命周期策略

海南养生堂药业有限公司投产时,国内保健品行业已经硝烟弥漫。在保健品市场,充斥着铺天盖地的广告、遍地开花的促销刺激,由于各类产品泛滥、宣传夸大失实,整个行业面临信誉危机。面对如此不利的境地,养生堂公司采取了完全不同的战略,致力于培育市场和树立品牌。养生堂的开堂元勋产品无疑是鱼鳖丸。

当鱼鳖丸产品刚进入市场时,公司将营销的重点放在宣传概念、传递知识上。养生堂针对鱼鳖制品过多、过滥、生意不佳的情况,强调产品的差异性:首先,养生堂鱼鳖丸的原料来自海南的野生鱼鳖;其次,运用科学的超低温冷冻粉碎工艺制成,充分利用鱼鳖的药用价值;最后,全鱼全鳖合用,鱼鳖同食更补,一方面,利用中国传统的"药食同源"、"医食同药"观念,将鱼鳖丸比作靓汤、健康美味和随身炖品;另一方面,进一步将吃甲鱼与服用鱼鳖丸作一区别,强调"早晚一粒鱼鳖丸,胜过天天吃甲鱼"。同时,策划了一系列的公益活动,比如:"寻找十大类千名病友"免费试用鱼鳖丸的义诊活动,"100％野生鱼鳖海南寻真"抽奖大活动等。

很快,鱼鳖丸的功用开始为消费者所熟知,开始进入成长期。由于这一产品所使用的对象比较广泛,因而养生堂公司便快速顺应市场的变化,及时调整品牌定位,适时地扩大细分市场。刚开始采取健康定位——"养生堂,为生命灿烂",还未体现出明确的市场指向;接着便逐渐转向亲情定位——鱼鳖丸广告的父女篇、父子篇和生日篇,并配合开展"父亲的生日"征文活动,力图以"养育之恩,何以为报"来引起正在求学或已经开始工作的子女们的共鸣。同时,配合一些大事件,及时做出反应,"清晨六粒鱼鳖丸,看球工作不耽误",便是巧借世界杯盛典的应时之作。后来,养生堂又发起了"雄鹰计划",将其设计成一个"助学、奖学、勤工俭学"的系统化的操作程序,针对备受关注的高考学生,获得了持续的影响力。在产品正在逐步进入成熟期时,养生堂公司也正在进一步调整产品的定位,由于消费者已对鱼鳖丸产品比较熟悉,因此在销售策划上着重重申其优良品质即"百分百野生品牌"。

养生堂公司针对鱼鳖丸在不同阶段所采取的营销组合策略,可以归纳为:在新产品的市场导入期,着重概念、观念的传播,实施差异化策略,确立品牌特质。当产品进入成长期后,配合广告宣传和公关活动,进一步明确产品定位和细分市场,扩大市场份额。步入成熟期后,巩固原有的消费群体,借助广告和促销活动重申和强化产品的优良品质。

资料来源:张似韵.产品生命周期与市场营销组合——养生堂公司的市场演进策略.市场营销导刊.2001(2).

第三节 品 牌 策 略

一、品牌、商标、品牌化

(一)品牌

品牌是用以识别某个销售者或某群销售者的产品或服务,并使之与竞争对手的产品或服务区别开来的商业名称及其标志,通常由文字、标记、符号、图案和颜色等要素或这些要素的组合构成。就其实质来讲,它代表着销售者对交付给买者的产品特征、利益和服务的一贯性的承诺。好的品牌传达了质量保证,它是企业与目标顾客进行沟通的利器。品牌是一个包含许多名词的综合名词,具有广泛的意义。它包括品牌名称、品牌标志等。其中品牌名称是指品牌中可以用语言称谓表达的部分,如"海尔"、"联想"、"娃哈哈"等;品牌标志是指品牌中可以被识别,但不能用语言表达的部分,指品牌中的图案、符号、标记、设计等无法读音的部分,如"海尔兄弟的造型"、"娃哈哈快乐娃娃造型"等。

一个品牌可从以下六个方面透视:

(1) 属性。是品牌最基本的含义,品牌首先代表着特定的商品属性,如奔驰意味着工艺精湛、制造优良、昂贵、耐用、速度快,公司可用一种或几种属性做广告,多年来奔驰的广告一直强调"全世界无可比拟的工艺精良的汽车"。

(2) 利益。品牌体现了特定的利益。顾客不是在买属性而是在买利益,这就需要属性转化为功能性或情感性的利益。就奔驰而言,"工艺精湛、制造优良"可转化为"安全"、"昂贵"可转化为"令人羡慕、受人尊重"的利益。

(3) 价值。品牌体现了生产者的某些价值感。如"蒙牛"体现了高品质、安全、威信。

(4) 文化。品牌可能代表某种文化。奔驰蕴含着"有组织、高效率、高品质"的德国文化。可口可乐象征"自由、快乐、奔放、进取"的美国文化。

(5) 个性。不同的品牌会使人们产生不同的联想,这是由品牌个性所决定的。"奔驰"让人想到一位严谨的老板;"红旗"则让人想到一位严肃的领导;"可口可乐"自由、热情、积极;"百事可乐"年轻、活力、时尚。

(6) 使用者。品牌还体现其一定的使用者。如奔驰轿车的主人一般应该是有成就的企业家或高级经理。

基于品牌含义的最基础的部分是它所表达的属性和利益,这是与目标顾客沟通的直接因素。而一个品牌最持久的内涵应是它的价值、文化和个性。这是从深层次打动目标顾客以创造顾客忠诚的关键。因此,一个企业如果仅仅把品牌看作商品的名字,那是没有领会品牌的关键内容,品牌是能够表达多种意义的综合体。正因为此,品牌才成为企业与目标顾客进行沟通并征服他们的营销利器。所以,企业对品牌建设的关键是要开发正面联系品牌的内涵,尤其是开发与目标顾客个性、价值观相符的品牌价值、品牌文化和品牌个性。

(二) 商标

商标是一个法律概念,是经过政府有关部门注册获得专用权而受法律保护的一个品牌或品牌的一部分。

现代商标作为一种产权,不但受到各个国家法律的保护,而且在国际上还受到以《保护工业产权巴黎公约》(1883 年)为基础的国际工业产权制度的保护。

1. 品牌与商标的联系与区别

品牌与商标是极易混淆的一对概念,一部分企业错误地认为产品进行商标注册后就成了品牌。事实上,两者既有联系,又有区别。有时,两个概念可等同替代,而有时却不能混淆使用两个概念；品牌不完全等同于商标，商标也并不完全等同于品牌。

（1）二者的联系。品牌与商标都是用以识别不同生产经营者的不同种类、不同品质产品的商业名称及其标志。商标不仅只是一种标志或标记，更多的时候它也包括名称或称谓部分，在品牌注册形成商标的过程中，这两部分常常是一起注册，共同受到法律的保护。在企业的营销实践中，品牌与商标都是为了区别商品来源，便于消费者识别商品，以利竞争。可见，品牌与商标都是传播的基本元素。

（2）二者的区别。首先，品牌与商标的外延不同。品牌是市场概念，是产品和服务在市场上通行的牌子，它强调与产品及其相关的质量、服务等之间的关系，实质上是品牌使用者在产品特征、服务和利益等方面对顾客的承诺。商标属于法律范畴，是法律概念，它是已获得专用权并受法律保护的品牌。其次，商标无论其是否在商品上被使用，也不管商标所标定的商品是否有市场，只要采用成本法对其评估，就必然有商标价值；而品牌不同，不使用的品牌自然没有价值，品牌的价值是其使用中通过品牌标定的产品或服务在市场上的表现来评估的。

2. 商标的价值

品牌与商标信誉是企业的生命，它不受厂房、设备、商品、人员等有形财富生命周期的限制，有着取之不尽、用之不竭的价值。主要表现在：

（1）经济价值。这是由商标的物质属性决定的，即生产商标所投入的一定量的社会劳动，是可以用货币计算的部分。包括：制造商标过程中所花的费用（市场调研费和设计、印刷、原料费及工资等）和取得法律保护过程中所花的费用（注册费、续展费）。

（2）信誉价值。信誉是品牌与商标在市场上的知名度和声望。决定品牌与商标信誉的因素包括：商标所代表商品的质量、商标的使用范围、市场占有率等。信誉价值是企业的无形财富，它是衡量企业经济技术水平的重要标志，是企业竞争能力的象征。由信誉价值产生了最有价值的品牌评估。例如，国际品牌管理机构 Interbrand 公布了"2008 年度全球最佳品牌"排行榜，美国可口可乐公司以 666.67 亿美元的品牌价值位居 2008 年度全球品牌排行榜之首。根据这份榜单，IBM 和微软分别以 590.31 亿美元和 590.07 亿美元排在品牌榜第二位和第三位；通用电气位列第四，品牌价值为 530.86 亿美元；随后是诺基亚，品牌价值 359.42 亿美元；排名第六至第十位的依次是丰田、英特尔、迪士尼、麦当劳和美国的谷歌，品牌价值分别达到 340.50 亿美元、312.61 亿美元、310.49 亿美元、292.51 亿美元和 255.90 亿美元。

（3）权利价值。商标的价值与商标专用权密切相关。商标专用权在法律许可的范围内可以转移，这种转移的实质是一种财产交换关系，由此表现出的价值就是权力价值。一般通过投资、使用许可、转让等形式表现出来。

（4）艺术价值。表现为一是具有显著特征和吸引力的商标设计是占领市场的有效工具；二是一个具有较高艺术水平的商标，本身就是一件艺术珍品。

（三）品牌化

企业为其产品选择、规划、决策品牌名称、品牌标志，并向政府有关部门进行注册登记的全部活动，称之为"品牌化"，注册之后则产生商标。

二、品牌的特征

（一）品牌代表着一定产品的特色和质量特征

在营销活动中，品牌并非是符号、标记等的简单组合，而是产品的一个复杂的识别系统。品牌实质上代表着卖者对支付给买者的一系列产品特征、利益和服务的一贯性的承诺。最佳品牌就是质量的保证。

（二）品牌是企业的一种无形资产

品牌是有价值的，品牌的拥有者凭借其优势品牌能够不断地获取利润，但品牌价值是无形的，其收益具有不确定性。品牌不像企业的其他有形资产直接体现在资产负债上。它必须通过一定的载体来表现自己，直接载体就是品牌元素，间接载体就是品牌知名度和美誉度。品牌价值特别是知名品牌如"可口可乐"、"海尔"等，很多时候已超过企业有形资产的价值。当然，现在对品牌价值的评估还未形成统一标准，但品牌是企业一项无形的重要资产已成事实。正因为品牌是无形资产，所以其收益具有不确定性，它需要不断的投资，企业若不注意市场的变化及时地调整名牌产品的结构，则可能就面临品牌贬值的危险。

（三）品牌具有一定的个性

可以说品牌无一不是文化的象征。列举几种典型国际品牌个性：有朝气的、年轻的、最新的、外向的，如百事可乐；有教养的、有影响力的、称职的，如惠普；自负的、富有的、谦逊的，如奔驰和凌志；运动的、粗野的，如耐克。我国一些知名品牌中，品牌个性也尤为突出："金利来"的广告词"男人的世界"传达了一种阳刚、气度不凡的个性；"娃哈哈"象征一种幸福、安康，一种希望。所以，在创造品牌过程中，一定要注意品牌个性的塑造，赋予品牌一定文化内涵，满足广大消费者对品牌文化品位的需求。

（四）品牌具有专有性

一定的品牌成为知名品牌，特别是品牌商标一经注册，成为注册商标后，具有维护专用权利的防御作用，品牌的拥有者就对该品牌享有专有权，其他企业不得再用。一件产品可以被竞争者模仿，但品牌确是独一无二的，品牌在经营过程中，通过良好的质量、优质的服务建立良好的信誉,这种良好的信誉一经消费者认可,很容易形成品牌忠诚,它也强化了品牌的专有性。

(五)品牌是以消费者为中心的

国际现代品牌理论特别强调和重视,品牌是一个以消费者为中心的概念,没有消费者就没有品牌。品牌的价值体现在品牌与消费者之间的关系中,品牌具有一定的知名度和美誉度是因为它能够给消费者带来利益,创造价值。而且品牌知名度和美誉度本身就是与消费者相联系,建立在消费者基础之上的概念,市场才是品牌的试金石,只有消费者和用户才是评判品牌优劣的权威者。

三、品牌的作用

(一)品牌对营销者的作用

1. 品牌有利于促进产品销售,树立企业形象(名牌效应)

品牌一旦形成一定的知名度和美誉度之后,企业就可以利用品牌优势扩大市场,促成消费者的品牌忠诚,品牌忠诚使消费者在竞争中得到一定保护,并使他们在制定市场营销策划时具有较大的控制力。知名品牌代表一定的质量和性能,比较容易吸引新的消费者,从而降低营销费用。

2. 品牌有利于企业对动态市场的适应性,降低经营风险

由于品牌具有排他专用性,在市场激烈竞争的条件下,一个强有力的知名品牌可以像灯塔一样为不知所措的消费者在信息的海洋中指明"航程",消费者愿意为此多付代价,这能保证厂家不用参与价格大战就能保证一定的销售量。而且,品牌具有不可替代性,是产品差异化的重要因素,能减少价格对需求的影响程度。比如,国际品牌"可口可乐"的价格均由公司统一制定,价格弹性非常小。

3. 品牌有利于进行市场细分和市场定位

品牌有自己独特的风格,企业可以在不同的细分市场推出不同品牌以适应消费者个性差异,更好地满足消费者需求。很多企业都采用多品牌战略,给每类或每种产品分别命名,根据产品的特性、品质、功能等多种因素,使每个品牌在消费者心目中占据一个独特的、适当的位置。例如,宝洁公司的洗发水就有几种品牌,而且每种品牌都满足特定的需求,比如"海飞丝"定位在"去头屑","潘婷"定位在"维他命 B_5,拥有健康,当然亮泽","飘柔"定位在"柔顺","沙宣"定位在"保湿"上。

4. 品牌有利于维护企业的经济利益

品牌名称成为报道产品特殊质量的基础,品牌有利于产品的宣传和推广。品牌要去注册,经过商标注册获得专用权,受法律的保护,其他企业未经许可不得在同类或类似商品上使用,企业在此基础上进行的营销宣传和推广才有意义,才可以防止他人的抄袭、模仿或假冒,从而保护了企业的正当权益。

5. 品牌是企业竞争的一种重要工具

品牌可以向消费者传递信息,提供价值,在信息爆炸的时代,消费者需要品牌,也愿意为他们崇拜的品牌支付溢价。高价值品牌能为企业带来许多竞争优势,名牌产品借助品牌优势,挤压普通品牌产品,提高自己的市场占有率;或指定较高价格,获取高额利润;企业也可较容易的拓展品牌,未来的营销将是品牌互争长短的竞争。因此,品牌经营成了企业经营活动中的重要组成部分,品牌策略备受关注。

(二)品牌对消费者的作用

1. 品牌有助于消费者识别产品的来源,保护消费者的合法权益

不同品牌的产品是由不同企业生产的,顾客在购买商品时,一般是依据不同的品牌加以区别的。《中华人民共和国消费者权益保护法》规定:"保护消费者的合法权益是全社会的共同责任","经营者应当标明其真实名称和标记",另外,同一品牌商品表明应该达到同样的质量水平和其他指标,这样也维护了消费者利益。

2. 品牌有助于消费者避免购买风险,降低购买成本

消费者避免购买风险的方法主要有两种:一是从众,二是品牌忠诚。由于消费者经过学习形成经验,对品牌积累了一定知识,他们很容易辨别哪类品牌适合自己,因为在顾客心目中许多品牌已被定位,只要提到某一品牌名称,人们就能知道其产品特色,经常购买同一品牌的消费者知道他们每次都会买到相同质量的产品。

对品牌的了解也可以减少搜索购买信息的成本。品牌是一个整体概念,它代表着产品的品质、特色、服务,在消费者心中成为产品的标志,这种标志能帮助购买者迅速找到可能有利于他们的产品,这就缩短了消费者识别产品的过程和购买的时间。这对于生活节奏日益加快的人们来说无疑可减少时间压力,降低为购买商品所付的成本,从而有利于选购商品。世界著名庄臣公司董事长杰姆斯·莱汉说:"如果你心目中拥有了一个了解、信任的品牌,那它将有助于使你在购物时能更轻松快捷地做出选择。"

3. 品牌有助于顾客建立品牌偏好,方便重复购买

享有盛誉的品牌,有利于消费者形成品牌偏好。消费者一旦形成品牌偏好,了解了购买该品牌所能带来的好处或利益,认为购买是值得的,从而获得一种满足,他们也乐意继续购买该品牌。另外,品牌是有个性的,当这种个性与消费者个性相对一致时,消费者会购买该品牌,并且认为该品牌成为他们生动形象的一种象征性标志,可以获得消费同种产品的消费者群体的认同,或产生与自己喜爱的产品或公司交换的特殊感情,而用品牌来传递某种信息,也从使用该品牌中获得一种满足,成为该品牌忠实的顾客。

品牌的作用,还表现在有利于市场监控、有利于维系市场运行秩序、有利于发展市场经济等方面。

四、品牌资产

品牌资产是一种超越商品或服务本身利益以外的价值。它通常通过为消费者和企业提供附加利益来体现,并与某一特定的品牌联系在一起。若某种品牌能给消费者提供的超过商品或服务本身以外的附加利益越多,则该品牌对消费者的吸引力越大,因而品牌资产价值越高。如果该品牌的名称或标志发生变更,则附着在该品牌上的资产价值将全部或部分丧失。品牌给企业带来的附加利益最终源自对消费者的吸引力和感召力,即品牌的知名度、认知度、联想度、消费者忠诚度和品牌形象。

品牌资产作为企业财产的重要组成部分,具有以下特征。

(一)无形性

品牌资产与厂房、设备等有形资产不同,它不能使人通过感觉器官直接感受到它的存在与大小。所以品牌资产是一种无形资产。这种无形性,一方面增加了人们对其直接把握的难度,这也是我国部分企业不重视品牌资产的原因。另一方面决定了其所有权获得与转移也与有形资产存在差异。有形资产通过市场交换的方式取得所有权,而品牌资产通过品牌或商标的使用者申请注册,由法定注册机关予以确立。

(二)在利用中增值

就有形资产而言,投资就会增加资产存量,利用则会减少资产存量。但品牌作为一种无形资产,其投资与利用往往交织在一起,品牌资产的利用并不一定会减少品牌资产,而且利用得当,会增加资产。如果品牌扩张,就会提高品牌影响力。

(三)难以准确计量

品牌资产的计量较有形资产的计量相比,难度较大,甚至无法准确计量。其原因是:一方面是由品牌资产构成的特殊性决定的。品牌资产需要通过消费者对品牌的认知度、联想度、忠诚度和品牌本身的品质形象来透视,而这些因素又是相互联系、影响,彼此交错的,难以截然分开。另一方面,反映品牌资产的品牌获利性受多种因素的影响,这也增加了计量的难度。

(四)波动性

由于品牌的知名度、联想度、消费者忠诚度和品牌形象不是一开始就形成的,而是品牌经营者长期经营的结果。如果经营得法,其资产就会上升,否则就会下降。所以品牌资产会随着品牌经营状况而波动。

（五）评价营销绩效的重要指标

由于品牌反映了企业与消费者的关系，所以企业要开展积极的市场营销活动，履行企业对消费者的承诺。所以品牌资产的高低反映了企业市场营销的总体水平，是评价营销绩效的重要指标。

五、品牌设计要求

1. 简洁醒目，易读易懂

使人在短时间内产生印象，易于理解记忆并产生联想。例如，"美加净"、"佳洁士"，其品牌易记易理解，被誉为商品品牌的文字佳作。"M"这个很普通的字母，对其施以不同的艺术加工，就形成表示不同商品的标记或标志：棱角圆润、鲜艳金黄色拱门的"M"是麦当劳的标记，给人以亲切之感，已出现在全世界121个国家和地区的数百个城市的闹市区，成为人们喜爱的快餐标志；而棱角分明、双峰突起的"M"是摩托罗拉产品的标志，突出了自己在无线电领域的特殊地位和高科技的形象。

2. 构思巧妙，暗示属性

品牌应是企业形象的典型概括，反映企业个性和风格，产生信任。例如，Benz（本茨）先生作为汽车发明人，以其名字命名的奔驰车，100多年来赢得了顾客的信任，其品牌一直深入人心。那个构思巧妙、简洁明快、特点突出的圆形的汽车方向盘似的特殊标志，已经成了豪华优质高档汽车的象征。

3. 富蕴内涵，情意浓重

品牌可引起顾客强烈兴趣，诱发美好联想，产生购买动机。

4. 避免雷同，超越时空

品牌设计还要尽可能避免与竞争对手雷同，并能超越时空的限制。

（1）品牌设计的雷同，是实施品牌运营的大忌。品牌运营的最终目标是通过不断提高品牌竞争力，超越竞争对手。如果品牌的设计与竞争对手雷同将永远居于人后，达不到最终超越的目的。在我国，由于企业的品牌意识还比较淡薄，品牌运营的经验还比较少，品牌雷同的现象非常严重。据统计，我国曾以"熊猫"为品牌名称的就有300多家，"海燕"和"天鹅"两个品牌分别有近200家和170多家同时使用。

（2）超越时空的限制。除避免雷同外，为了延长品牌使用时间，扩大品牌的使用区域，在品牌的设计上还应注意尽可能超越时空限制。就时间来讲，用具有某一时代特征的词语作品牌名称并不一定是好的创意，甚至可能是很糟糕的创意。具有时代特征的名称有强烈的应时性，可能在当时或延续一段时日会比较"火"，但随着时间的推移，记住、了解那个时代的人越来越少，品牌的感召力也会越来越小。比如，有的企业看到天津"狗不理"

包子驰名全国,便给自己的饭店起了个"狗不闻"、"猫耳洞"的牌子,其不知已时过境迁,这种名称已不符合今天的消费心理,自然不会为今天的消费者所接受。超越空间的限制主要是指品牌要超越地理文化边界的限制。由于世界各国的历史文化传统、语言文字、风俗习惯、价值观念和审美情趣不同,对于一个品牌的认知、联想必然会有很大差异。若将"Sprite"直译成"妖精",又有多少中国人乐于认购呢? 而译成符合中国文化特征的"雪碧",就比较准确地揭示了品牌标定产品的"凉"、"爽"等属性。再如:"白象"译成英语为"累赘";"芳芳"译为"毒牙";"紫罗兰"译为"同性恋"。美国通用汽车公司,曾因其一个叫"诺瓦"(Nova)的品牌在西班牙语中含有"不走"或"走不动"的意思而在西班牙语系的国家销售受阻,后改为拉美人比较喜欢的"加勒比",结果很快打开市场。

六、品牌策略

品牌策略是指企业为了达到一定的营销目的,科学合理地使用品牌的一些方式和技巧。一般有以下几种策略。

(一)品牌使用策略

品牌使用策略是指企业决定是否在自己的产品上使用品牌。一般来说,绝大部分企业或产品都使用品牌或注册商标,但在某些特殊情况下,可以不使用品牌或注册商标,只注明产地或生产厂家名称,也可使用未经注册的临时商标。以下产品一般不使用品牌:一是差异性较小的均质产品,如电力、钢材、煤炭等;二是消费习惯上不认牌购买的产品,如简易打火机、普通白纸等;三是生产简单,没有一定的技术标准,如针头线脑、小农具等小商品;四是临时性或一次性生产的产品,如一些大型活动的纪念卡等。

品牌所起的作用在商品经济高度发达的今天体现得十分突出,没有品牌的商品越来越少。一方面,越来越多传统上不用品牌的商品纷纷品牌化,如大米、白面、鸡蛋等;另一方面,名牌也成为一种无形资产。名牌是产品质量的反映,是企业信誉的标志,它可以去收购、兼并别人的有形资产,从而扩大自己的规模。世界一流企业无不是以名牌打天下,例如美国的可口可乐、德国的奔驰、日本的丰田等。

(二)品牌归属策略

品牌归属决策是指使用哪家品牌,是制造商品牌还是中间商品牌。

1. 使用制造商品牌

制造商具有良好市场信誉,拥有较大市场份额,则使用制造商品牌。制造商所拥有的注册商标是一种工业产权,它的价值由商标信誉的大小所决定。享有盛誉的著名商标常可租借给别人使用,而收取一定的特许权使用费。如具有良好声誉的永久牌自行车商标已在全国若干家自行车的产品上使用,从此使产品销量大增。

2. 使用中间商品牌

中间商在某一市场领域拥有良好品牌信誉及庞大完善的销售系统,那些新进入市场的中小企业往往借助于中间商商标。西方国家已有越来越多的中间商使用自己的品牌。美国著名的大零售商西尔斯公司就有 90% 以上的产品使用自己的品牌。

3. 制造商品牌与中间商品牌混合使用

既不完全使用制造商品牌也不完全使用中间商品牌,可有三种情况:

(1)制造商在部分产品上使用自己的品牌;另一部分以批量卖给中间商,使用中间商品牌,以求既扩大销路又能保持本企业品牌特色。

(2)为进入新市场,可先采用中间商品牌,取得一定市场地位后改用制造商品牌。例如,日本索尼公司的电视机初次进入美国市场时,在美国最大的零售商店西尔斯(S·R)出售,用的就是西尔斯(S·R)品牌,以后索尼公司发现其产品很受美国人的欢迎,就改用自己的品牌出售了。

(3)制造商品牌与销售商品牌同时使用,兼收两种品牌单独使用的优点。许多大型零售商店,如上海中百一店、北京王府井百货大楼均出售数以万计的商品,有不少商品同时使用两种品牌。商品上除了使用制造商品牌外,还标明上海中百一店或北京王府井百货公司监制或经销。这种混合品牌策略对产品进入国外市场也很有帮助,例如三菱重工海尔空调器公司的产品内销用海尔,外销用三菱商标。

(三)品牌统分策略

通常有以下几种可供选择的策略:

1. 统一品牌

企业生产的一切产品均使用同一种品牌进入市场。如,娃哈哈集团的产品,无论是营养口服液、果奶、营养八宝,还是冰糖燕窝等,都冠以"娃哈哈"这一种品牌。采用这种策略,企业必须具备以下两个条件:一是这种品牌必须在市场上已获得一定信誉;二是采用统一品牌的各种产品具有相同的质量水平。使用统一品牌策略有三方面优势:

(1)可以集中企业力量于单一品牌的设计与宣传,提高设计质量,扩大宣传效果,有利于加速知名商标的发展过程;

(2)可以大大降低商标设计、宣传、使用、保护等各方面的费用支出,相应提高经济效益;

(3)有助于消费者对同一品牌新产品惠顾心理的产生,因而有助于企业新产品的市场扩散。

但是,使用统一品牌策略如果处理不好,也会带来弊端,其中任何一个产品的失败都会使整个品牌受到损失,可谓是一荣俱荣,一损俱损。

2. 个别品牌

个别品牌是指企业按产品的品种、用途和质量,分别采用不同的品牌,如五粮液酒厂生产的白酒采用"五粮液"、"五粮醇"、"五粮春"、"尖庄"等不同品牌。宝洁公司生产的各种日化产品,分别使用汰渍、奥妙、碧浪等不同品牌;并创造了飘柔、海飞丝、潘婷、沙宣、润妍等不同洗发水品牌。从 1988 年进入中国以来,宝洁实在是一个难以企及的神话,足以使人们对宝洁的行为——品牌塑造模式与市场推广模式产生崇拜。其优点是:

(1) 有利于企业扩充高、中、低档各类产品,以适应市场不同需求。

(2) 产品各自发展,在市场竞争中加大了安全感。

缺点是品牌过多,不利于创立名牌,同时也会导致促销费用过高。

3. 分类品牌

分类品牌是企业在分类的基础上对各类产品使用不同的品牌。

(1) 各产品线分别使用不同品牌,避免发生混淆。西尔斯公司所经营的器具类产品、妇女服装类产品、主要家庭设备类产品分别使用不同的品牌名称;美国斯维夫特公司同时生产火腿和化肥两种截然不同的产品,分别使用普利姆和肥高洛的品牌名称。

(2) 生产或销售同类型的产品,但质量水平有差异也使用不同品牌以便于识别。巴盟河套酒业公司生产的白酒,一等品的品牌名称是河套王,以下依次是:河套老窖、河套人家等 300 多个名称。

4. 企业名称加个别品牌

这是统一品牌与个别品牌同时并行的一种方式。在产品的品牌名称前冠以企业名称,可使产品正统化,既享有企业已有的信誉,又可使产品各具特色。例如,美国通用汽车公司(GM)所生产的各种小轿车分别使用不同的品牌:卡迪拉克、土星、欧宝、别克、奥斯莫比、潘蒂克、雪佛莱等,每个品牌上都另加"GM"两个字母,以表示通用汽车公司的产品。

(四) 品牌延伸策略

品牌延伸策略指企业利用其成功品牌的声誉来推出改良产品或新产品的策略。例如,美国桂格麦片公司成功地推出桂格超脆麦片之后,又利用这个品牌及其图样特征,推出雪糕、运动衫等新产品。

营销实践告诉我们,在中国品牌延伸有其顽强的生命力,是企业发展的加速器。因为即使在竞争中处于重量级的美国等发达国家市场,品牌延伸还是十分盛行并取得了很大成功。有人比喻:在西方国家,品牌延伸就像当年成吉思汗横扫欧亚大陆一样,席卷了整个广告和营销界。过去十年来,十分成功的品牌有 2/3 属于延伸品牌,而不是新品牌。该策略能将新产品迅速推入市场,节约了新产品的推广费用,但如果新产品失败,也会影响到品牌的声誉。

（五）更换品牌策略

更换品牌策略就是指企业在提供的产品或服务不变的情况下，用新品牌替代老品牌的一种品牌营销策略。

不可否认，在一般情况下，企业是不会作出更换品牌的决定的。这是因为，一方面，一个品牌的形成耗费了企业大量的人、财、物力，将一个苦心积累铸造起来的品牌弃之不用，是非常可惜的；另一方面，用新品牌替代老品牌常常会给企业带来一些损失与负效应。如，可能会使忠诚旧品牌的一部分顾客流失；可能有损企业与产品的形象；还要支付一些为新品牌进行设计、包装、广告宣传方面的费用；等等。但在有些特殊情况下，企业有必要更换品牌，以摆脱企业面临的品牌危机或品牌纠纷。美国著名市场营销学家菲利普·科特勒曾说过："在某些特殊情况下，企业有必要选择更换品牌策略。"在以下几种情况下需更换品牌。

1. 现有品牌侵权

就是自己的品牌由于被别人事先注册，而失去该品牌的所有权，因此，不得不被动放弃原有的品牌。这种情况的出现有可能是自己不注重商标注册所造成，也有可能是别人恶意抢注所造成的。比如，中国著名的文摘类期刊"读者文摘"由于与美国的"读者文摘"同名，而美国的"读者文摘"已事先在中国注册了"读者文摘"商标，中国的"读者文摘"因此构成了侵权，被迫于1991年忍痛更名为"读者"，这是一次痛苦的品牌更换过程。

2. 因企业兼并而失掉原有品牌

一般情况下，强势企业兼并弱势企业，兼并企业的强势品牌将替代被兼并企业的弱势品牌，被兼并企业必须放弃自己原有的品牌。站在被兼并企业的角度，这种情况就是一种品牌更换的过程，而且是一种非自愿的品牌更换过程。

3. 企业联合而导致的品牌更换

当企业与企业之间进行资产重组，组建一个新的法人，新组成的企业必将启用新的品牌，这就意味着，参与联合的企业过去所使用的老品牌将会自动消失。当然有些企业联合新组成的法人会使用参与联合的原有企业中的某一种比较有优势的品牌，但其他参与联合的企业将失去原有品牌，这对这些企业来说，是一种品牌更换的过程。

4. 品牌势危

这是指原有的品牌由于各方面的原因，导致其实在没有使用下去的价值，即差不多完全失去了对顾客的吸引力。在这种情况下，企业如果继续使用该品牌必将使企业在市场竞争中失去立足之地，因此，有必要采用更换品牌策略。

5. 为了企业长远发展需要

这种情况就是，企业在原有品牌仍没有失去对顾客的吸引力的情况下，仍采用品牌更换策略。目的在于，一方面认为新的品牌在未来更有发展的潜力，更有利于企业的发展；

另一方面,则是为了借品牌转换来给企业造势,以便引起社会公众的广泛注意,以扩大企业与产品的知名度,促进产品的销售。如黄石美尔雅集团当初使用的品牌是"雅鸭",使用一段时间后,一直不能叫响于市场,相反,公司名称"美尔雅"却越来越响,最后,从企业长远发展需要出发,公司毅然决定,用公司名"美尔雅"来替代"雅鸭",充当产品的品牌。这一改,使企业焕发出了新的生命力。如今,"美尔雅"这一品牌名可以用"名震海内外"来形容了。再比如,2000年年初,中央电视台更换了已使用了几十年的台标,实际上这也是在实施品牌标志的更换策略,其目的正是基于电视台长远发展的目的。

企业使用更换品牌的最终目的是为了提高企业的经济效益、促进企业的发展。一个企业要想使更换品牌策略达到预定的目标,就必须在更换品牌过程中切实注意以下几个方面。

(1) 做出更换打算要慎之又慎。不是在万不得已的情况下,不轻易作出更换品牌的决策。这就要求在作出更换决策前,要对原有品牌的各方面进行全面分析和研究。

(2) 慎重选择新品牌。要通过适当的途径了解新选定的品牌是否有冲击力;是否与自己的产品特点相适应;是否侵权等。

(3) 要注意及时到商标注册部门注册自己的新品牌。一旦新品牌推出后,就必须及时到商标管理部门申请商标注册,寻求法律对新品牌的保护,保证自己的新品牌不受侵犯。

(4) 在更换品牌之前的一段时间,要做好新旧品牌更换的过渡性工作。如在媒体上向顾客公告更换品牌的原因,以便留住旧品牌的老顾客,还可以造成一定的广告效应。

(5) 在带有新品牌标志的产品上市前,要选择一种合适的营销组合。通过加强新品牌的推广、营销工作,让新品牌以最快的速度被顾客接受,并形成品牌偏好。

(六) 品牌防御策略

商标是企业的无形资产,驰名商标更是企业的巨大财富。因此企业在品牌与商标经营过程中,要及时注册,防止被他人抢注,还要杜绝"近似商标注册"的事件的发生。而防止近似商标注册的有效方法就是主动进行防御性注册,实施商标防御性策略。

(1) 在相同或类似的产品上注册或使用一系列互为关联的商标(联合商标),以保护正在使用的商标或备用商标。例如,为了防御其他企业注册相近商标,娃哈哈集团公司不仅注册了"娃哈哈"商标,还注册了"娃娃哈"、"哈娃娃"、"哈哈娃"3个防御商标。

(2) 将同一商标在若干不同种类的产品或行业注册,以防止他人将自己的商标运用到不同种类的产品或不同的行业上(防御性商标),如"全聚德"除了在"烤鸭"上办理了注册外,还在"餐饮业杂项服务"上办理了注册。

第四节 包 装 策 略

一、包装的含义、种类与作用

(一)包装的含义

包装是指对某一品牌商品设计并制作容器或包扎物的一系列活动。其构成要素有:

(1)商标、品牌。是包装中最主要的构成要素,应占据突出位置。

(2)形状。是包装中必不可少的组合要素,有利于储运、陈列及销售。

(3)色彩。是包装中最具刺激销售作用的构成要素,对顾客有强烈的感召力。

(4)图案。在包装中,其作用如同广告中的画面。

(5)材料。包装材料的选择,影响包装成本,也影响市场竞争力。

(6)标签。含有大量商品信息:印有包装内容和产品所含主要成分、品牌标志、产品质量等级、生产厂家、生产日期、有效期和使用方法等。

(二)包装的种类

1. 按包装的作用划分

按包装的作用划分,可分为运输包装和销售包装。

(1)运输包装,又称工业包装,是指为了适应储存、搬运过程的需要而进行的包装。常见的有箱装、袋装、桶装及其防潮防震装置。运输包装的主要作用是为了提高物流效率。

(2)销售包装,又称商业包装,指便于刺激、携带和方便使用的包装。这类包装要美观大方,反映产品特色,有刺激性,起到"5秒钟广告的作用";信息丰富,注明厂名、商标、品名、规格、容量、用途、用法及注意事项等,便于消费者选购和使用。销售包装的主要目的是为了促进销售。

2. 按包装的结构划分

按包装的结构划分,可分为内包装、中包装和外包装。

(1)内包装,即基本包装或主体包装,是产品的直接容器,从产品出厂到使用终结一直与产品紧密结合。如装有牙膏的软管、装香烟的小纸盒等。内包装应根据产品的物理、化学性质和用途选用包装材料和包装方法。某些有销售包装性质的件装(如酒瓶)还应按销售包装设计。

(2)中包装,又称次级包装,是介于内包装和外包装之间的包装,是商品基本包装的保护层,如牙膏管外的纸盒、每条香烟的包装等。

（3）外包装，即运输包装，是产品外部的包扎物，主要指适应运输需要而进行的产品包扎，如装入一定数量盒装牙膏的纸箱、装运成条香烟的纸板箱。它通常加有支撑、加固和防风雨等材料并有储运标志。

3. 按包装技术划分

按包装技术划分，可分为防水、防湿、防锈、防火、防虫包装；缓冲包装；压缩包装；真空包装等。

4. 按产品类别划分

按产品类别划分，可分为一般产品、危险产品、精密产品包装等。

（三）包装的作用

在现代市场营销活动中，商品包装是宣传商品、宣传企业形象的工具，是商品特征的放大镜、免费的广告。因此，良好的商品包装从商品的生产、销售，到人们的生活始终起着重要作用。

1. 保护商品质量安全和数量完整

商品在流通过程中经过搬运、装卸、运输、贮藏等过程容易受到外界因素损害和影响使商品破坏变形、渗漏和变质。适宜的商品包装能抵抗各种破坏因素，可防止商品遭到损害和影响，起到保护商品质量完好和足量的作用。

首先，商品在运输过程中经受振动、冲击、压力、低温、高温等破坏。因此，商品包装要有一定的抗振动性，才能保证在运输中的安全，尤其在采用集装箱和托盘运输时，商品包装不能过于简陋，才能避免商品损害事故的发生。

其次，商品在贮存、堆码时所产生的静压力对包装的破坏也是很严重的。因此，包装要有一定的强度，保证在规定堆积高度下的稳定性和安全性。

再次，环境方面对商品的破坏因素是水、高温、低温和湿度的变化及污染等，因此，包装必须有一定的防潮、防腐蚀等防护措施，保证包装本身在外界环境因素影响下，性能稳定，以免造成商品的锈蚀、变质。如"洽洽"香瓜子的包装有不透气腹膜，这样"洽洽""百煮口口香"的独特销售主张才得以保全，否则"香味"都变了，消费者拿什么钟爱你？

最后，虫蛀、鼠害及微生物的侵入，也是一种破坏因素，因此，包装要采取一定措施封避严密，以防生物和微生物的威胁和侵害。

2. 识别商品

市场上日益繁多的商品，有些产品特色很相似，只有通过合适的包装才能突出本企业商品特色，使消费者易于识别。合理的商品包装，其绘图、商标和文字说明等既展示了商品的内在品质、方便消费者识别，又介绍了商品成分、性质、用途和使用方法，便于消费者购买、携带。

包装能否抓住消费者的视线，唤起兴趣，引发联想，是商品能否进入消费者选择对象的关键。那些具有色彩鲜明、构图精美、造型奇异、文字醒目等特征的包装,使消费者爱不释手,促成购买。无包装的商品会因卫生状态不好或携带不便影响顾客购买欲望。金宝汤料公司估计平均每个购买者一年中看到它的熟悉的红与白标志颜色 76 次,这等于创造了广告费价值 2 600 万美元。

3. 美化商品,促进销售

包装具有识别和推销功能。好的包装本身就是很好的广告。精美的包装,可起美化宣传商品的作用,提高市场竞争力。良好的包装,给商品"梳妆打扮",给人以美的享受,能诱导和激发消费者购买动机和重复购买的兴趣,特别是在当今人们的物质生活和文化生活不断提高的情况下,包装与装潢更成为消费者购买商品时的重要因素。据美国杜邦公司研究发现,63%的消费者是根据商品包装做出购买决策,因此说,包装是"沉默的推销员。"

4. 创造价值,增加赢利

合理的包装增加了商品的自然寿命,新颖独特、精致美观的包装往往可抬高商品的身价,使顾客愿意付出较高的价格购买,从而增加企业的经济效益。例如,苏州生产的檀香扇,在香港市场上原价是 65 港元一把,后来改用成本是 5 元钱的锦盒包装,售价达 165 港元一把,结果销量还大幅度提高。

5. 提高产品的物流效率

包装对小件产品起到集中的作用。包装物上有关产品的鲜明标记便于装卸、搬运、堆码,利于简化产品交接手续,提高工作效率;外包装的体积、长、宽、高尺寸,重量与运输工具的容积、载重量相匹配对提高运输效率和节约运费都有重要意义。

二、包装标签与包装标志

为了保证商品符合物流业的要求,一般在包装设计上都要求标签、说明齐全,就是在销售包装和运输包装上要有必要的文字、符号或图案等,以利于消费者、中间商以及物流公司更好地识别、保护商品,这即是包装标签和包装标志。

(一)包装标签

包装标签是指附着或系挂在商品销售包装上的文字、图形、雕刻及印制的说明,它标明包装内容和产品包含的主要成分、规格、数量、质量和特性等。应严格实行标签化,使标签真实、完整、标准化、易认、耐用(不易掉色与脱落)、防伪等。

(二)包装标志

包装标志是在运输包装的外部印制的图形、文字和数字以及它们的组合。包装标志主要有运输标志、指示性标志、警告性标志三种。

（1）运输标志，又称为唛头（shipping mark），即收发货标志、识别标志，是指在商品外包装上印制的反映收货人和发货人、目的地或中转地、件号、批号、产地等内容的几何图形、特定字母、数字和简短的文字等，以防止错发错运。

（2）指示性标志，即储运图示标志、注意标志，是根据商品的特性，对一些容易破碎、残损、变质的商品，用醒目的图形和简单的文字做出的标志。指示性标志指示有关人员在装卸、搬运、储存、作业中引起注意，使搬运、存放适当，以便保护商品，常见的有"此端向上"、"易碎"、"小心轻放"、"由此吊起"等。

（3）警告性标志，即警示标志、危险品标志，通常由不同图案、颜色和文字组成，按规定的标准（如"国际海运危险品标志"、我国强制性国家标准 GB190-90"危险货物包装标志"），在运输包装上标明不同类别和性质的危险品，包括易燃物品、爆炸品、有毒物品、腐蚀性物品、氧化剂和放射性物品，以便有关人员在储运、装卸过程中提高警惕，维护人身安全。这类标志比其他标志更清楚，位置更明显。

三、包装的要求与设计原则

（一）包装的要求

在市场营销中，为适应竞争的需要，包装要考虑不同对象的要求。

1. 消费者的要求

由于社会文化环境不同，不同的国家和地区对产品的包装要求不同。因此，包装的颜色、图案、形状、大小、语言等要考虑不同国家、地区、民族等的消费者的习惯和要求。

2. 运输商的要求

运输商考虑的主要因素是商品能否以最少的成本安全到达目的地。所以要求包装必须便于装卸、结实、安全，不至于在到达目的地前就损坏。

3. 分销商的要求

分销商不仅要求外包装便于装卸、结实、防盗，而且内包装的设计要合理、美观，能有效利用货架，容易拿放，同时能吸引顾客。

4. 政府的要求

随着人们绿色环保意识的加强，要求企业包装材料的选择要符合政府的环保标准，节约资源，减少污染，禁止使用有害包装材料，实施绿色包装战略。同时要求标签符合政府的有关法律和规定。

（二）包装的设计原则

1. 安全

在包装活动过程中，包装材料的选择及包装物的制作必须适合产品的物理、化学、生物性能，以保证产品不损坏、不变质、不变形、不渗漏等。同时，还应尽可能不伤到人。如外包装四角圆润的要比包装棱角分明的产品畅销。一方面，产品包装要保证商品质量完好、数量完整；另一方面，保护环境安全。

2. 适于运输，便于保管与陈列，便于携带和使用

在保证产品安全的前提下，应尽可能缩小包装体积，以利于节省包装材料和运输、储存费用。销售包装的造型结构，一方面应与运输包装的要求相吻合，以适应运输和储存的要求；另一方面要注意货架陈列的要求。此外，为方便顾客和满足消费者的不同需要，包装的体积、容量和形式应多种多样；包装的大小、轻重要适当，便于携带和使用；为适应不同需要，还可采用单件和配套包装等多种不同的包装形式。例如，以前的很多塑料包装要想打开必须借助牙齿或者剪刀，而现在多数此类包装都有个小口，轻轻一扯便可以打开消费，这就是考虑到了需求的便利性。以饮料为例，从散装到玻璃器皿装，一直发展到如今的 PTT 瓶，更主要的是考虑了消费的"移动性"。

3. 美观大方，突出特色

美观大方的包装给人以美的感受，有艺术感染力，进而使其成为激发顾客购买欲望的主要诱因。如，市面上有个牌子的巧克力，其设计总是可以打动人，火红的玫瑰让你送给最爱的人，白雪配合房子造型让你送给你最眷念的家人等等包含了丰富情感诉求的巧克力不再只是甜润的化身，不同的包装设计可能使它幻化成天使、圣诞老人、友谊，这样的包装总是会令消费者感动，以致忘记了它的不菲价格。

包装还应突出产品个性。富有个性、新颖别致的包装更易满足消费者的某种心理需求。例如 20 世纪初鲁德先生依其女友裙子造型为基础设计出的可口可乐瓶子就是妙笔之作。以及"旺仔"牛奶的卡通图形等。

如果一种产品能够将其历史原貌较接近的复原，往往也会使消费者折服，"雾里青"名茶就是个很好的例证。在恢复这种历史名茶前，其包装设计者也查阅了大量的茶叶历史资料，虽然没有得到图片的佐证，但是结合各种信息设计师得出的结论是历史上的"雾里青"是用瓷罐包装的。经过分析当时的瓷罐器型，设计师设计出了现在使用的"雾里青"包装瓷罐。后来瑞典的歌德堡沉船被打捞上来，上面的在海水中浸泡了一百多年的"雾里青"所采用的包装竟与设计师所设计的十分接近！这种接近历史原貌的包装使得此茶叶品位凸显而备受消费者关注和青睐。

4. 包装与商品价值和质量水平相匹配

包装作为商品的包扎物，尽管有促销作用，但也不可能成为商品价值的主要部分。因此，包装应有一个定位。一般说来，包装应与所包装的商品价值和质量水平相匹配。经验数字告诉我们，包装不宜超过商品本身价值的 13%～15%。

有些产品为了达到差异化的目的，往往习惯走"捷径"，即不通过产品本身形成差异，而是通过包装的"豪华路线"形成差异，往往却得不偿失。如某牌子的禽蛋，包装搞得像奢

侈品,有消费者开玩笑说,这东西买回去都舍不得吃,那盒子也舍不得扔,结果干脆不买了。由此可见,包装的过度奢华如果缺乏有品质的产品支撑,往往会被当作是噱头,最终落个华而不实无人喝彩的结果。

5. 尊重消费者的宗教信仰和风俗习惯

由于社会文化环境直接影响着消费者对包装材料认可程度,所以,为使包装收到促销效果,在包装设计中,必须尊重不同国家和地区的宗教信仰和风俗习惯等社会文化环境下消费者对包装的不同要求,切忌出现有损消费者宗教情感、容易引起消费者忌讳的颜色、图案和文字。应该深入了解分析消费者特性,区别不同的宗教信仰和风俗习惯设计不同的包装,以适应目标市场的要求。

6. 符合法律规定,兼顾社会利益

法律是市场营销活动的边界。包装设计作为企业市场营销活动的重要环境,在实践中必须严格依法行事。例如,应按法律规定在包装上表明企业名称及地址;对食品、化妆品等与消费者身体健康密切相关的产品,应表明生产日期和保质期等。同时,包装设计还应兼顾社会利益,努力减轻消费者负担,节约社会资源,禁止使用有害包装材料,实施绿色包装战略。

四、包装策略

产品包装在市场营销中是一个强有力的武器,企业要充分发挥包装的营销作用就要科学地进行包装设计,应根据商品特点采用适当的包装策略,常用的包装策略有以下几种:

(一)无包装策略

无包装策略即对商品不进行包装,是一种特殊的包装策略。对一些便利品、生活日用品,若消费者对商品价格很敏感,无包装可以降低经营成本从而降低售价,有利于扩大销售。例如农贸市场中的水果、蔬菜等。

(二)类似包装策略

类似包装策略是指企业所生产经营的各种产品。在包装上采用相同的图案、色彩或其他共有特征,从而整个包装外形相类似,使消费者容易注意到这是同一家企业生产的产品,这种策略的主要优点是:①可以节省包装设计成本。②能增加企业声势、提高企业声誉。一系列格调统一的产品包装势必会使消费者受到反复的视觉冲击而形成深刻的印象。③有利于新产品上市,通过类似包装可以利用企业已有声誉,使新产品迅速要市场上占有一席之地。类似包装选用于质量水平档次类同的产品,不适于质量等级相差悬殊的产品,否则,会对高档次优质产品产生不利影响,并危及企业声誉。

（三）等级包装策略

等级包装策略主要有三种：第一种是按产品档次决定其包装，即高档产品采用精美包装，以突出其优质优价形象，而低档产品采用简单包装，以突出其经济实惠形象。第二种是按顾客购买目的对同一产品采用不同包装，如果顾客购买是为了馈赠亲友，则应用礼盒包装；是为了自用，则应包装得简单朴素，例如中秋月饼就有豪华、精致以及简易包装等。第三种是按顾客使用情况对同一产品使用不同包装。例如许多日化用品采用容量不一的多种包装。

（四）系列包装策略

系列包装策略又称组合包装策略、配套包装策略，即将相关性强的一系列产品都纳入一个包装中。这种组合包装既可以使顾客方便携带和使用，又能使企业通过捆绑销售扩大销售降低营销费用。例如，针线盒、医药箱、一些化妆品的组合包装等。

（五）复用包装策略

复用包装策略又叫再使用包装策略，即在商品使用后，包装物可退回生产者继续使用，或消费者将它另作别用。这种包装本身就是一件商品。这种策略一方面能降低包装成本，另一方面能刺激顾客购买。如各种形状的香水瓶、酒瓶可作装饰物，精美的食品盒、茶叶盒、药盒以及罐头瓶等也可被再利用等。

（六）附赠品包装策略

附赠品包装策略就是在产品包装中附赠奖品，以提高对顾客的吸引力。例如在休闲食品中附赠画片，在一盒玩具中附赠画册等。通过恰当的包装设计可以很好地吸引消费者并刺激重复购买。例如，一些儿童为了集齐一套画片而反复购买产品。我国出口的"芭蕾珍珠膏"，每个包装盒附赠珍珠别针一枚，顾客购至 50 盒即可串条美丽的珍珠项链，这使珍珠膏在国际市场十分畅销。

（七）绿色包装策略

绿色包装策略又称生态包装策略，指包装材料使用可再生、再循环材料，包装废弃物容易被处理及对生态环境有益的包装。采用这种包装策略易于被消费者认同，从而有利于企业产品的销售。如用纸质包装替代塑料袋装，羊毛材质衣物中夹放轻柔垫纸来取代硬质衬板，既美化了包装，又顺应了发展潮流，一举两得。直销的安利产品，基本都采用环保再生包装，这样的包装不但可以保护生态环境，而且也可以最大程度保护产品性质不发生改变。

（八）更新包装策略

更新包装，一方面是通过改进包装使销售不佳的商品重新焕发生机，重新激起人们的购买欲；另一方面是通过改进，使商品顺应市场变化。有些产品要改进质量比较困难，但是如果几年一贯制，总是老面孔，消费者又会感到厌倦。经常变一变包装，给人带来一种新鲜感，销量就有可能上去。

总之，通过包装策略的灵活应用，可以加强与顾客的沟通，促进产品销售，企业应重视包装策略的研究与应用。

本章小结

整体产品的三个部分是核心产品、形式产品和附加产品。整体产品概念是市场经营思想的重大发展，对于企业的经营具有重大意义。

产品组合是指企业生产经营的全部产品的有机结合方式。影响产品组合的因素主要有产品组合的宽度、产品组合的长度、产品组合的深度以及产品组合的关联度四个变数。

一种产品从投放市场开始一直到被市场淘汰为止的整个过程，称该产品的生命周期。产品的生命周期可以分为投入期、成长期、成熟期和衰退期四个阶段。根据产品市场生命周期各阶段特点制定不同的营销策略。

品牌是产品内涵的一种外在表现形式。要重视品牌的设计和品牌策略的运用。品牌策略包括：品牌使用策略、品牌归属策略、品牌统分策略、品牌延伸策略、品牌更换策略、品牌防御策略。

包装是指对某一品牌商品设计并制作容器或包扎物的一系列活动。包装策略包括：无包装策略、类似包装策略、等级包装策略、系列包装策略、复用包装策略、附赠品包装策略、绿色包装策略、更新包装策略。

思考与讨论

1. 何谓产品整体概念？阐述产品整体概念的营销意义。
2. 什么是产品生命周期？产品生命周期各阶段有哪些市场特征？
3. 简述投入期和成熟期的市场营销策略。
4. 何谓品牌？品牌与商标有何区别？
5. 结合我国品牌营销实践，谈谈如何进行品牌延伸。
6. 包装有哪些种类？其有何作用？
7. 如何描述企业的产品组合？

案例分析训练

红罐王老吉如何走出品牌定位的困境

加多宝是位于广东东莞的港资公司,经王老吉药业特许,由香港王氏后人提供配方,在中国内地独家生产、经营王老吉牌罐装凉茶(食字号),简称"红罐王老吉"。该产品在广东、浙南地区销量稳定,赢利状况良好,有比较固定的消费群,但要走向全国,就必须克服一连串的问题,其中最核心的问题是:红罐王老吉当"凉茶"卖,还是当"饮料"卖?

在广东,传统凉茶因下火功效显著,消费者普遍当成"药"服用,无须也不能经常饮用。而"王老吉"这个具有上百年历史的品牌就是凉茶的代称,可谓说起凉茶就想到王老吉,说起王老吉就想到凉茶。因此,红罐王老吉受品牌名所累,并不能很顺利地让广东人接受它作为一种可以经常饮用的饮料,销量大大受限。同时,红罐王老吉的气味、颜色、包装都与广东消费者观念中的传统凉茶有很大区别,而且口感偏甜,按中国"良药苦口"的传统观念,消费者自然感觉其"降火"药力不足,当产生"下火"需求时,不如到凉茶铺购买,或自家煎煮。所以它也不是一个好的选择。

在广东区域,红罐王老吉拥有凉茶始祖王老吉的品牌,却长着一副饮料化的面孔,让消费者觉得"它好像是凉茶,又好像是饮料",陷入认知混乱之中。而在另一个主要销售区域浙南,消费者将红罐王老吉与饮料相提并论,它很快成为当地最畅销产品。但企业担心,红罐王老吉可能会成为来去匆匆的时尚。面对消费者这些混乱的认知,企业急需通过广告提供一个强势的引导,明确红罐王老吉的核心价值,并与竞争对手区别开来。

另外,其他地区的消费者并没有凉茶的概念,甚至在调查中频频出现"凉茶就是凉白开"、"我们不喝凉的茶水,泡热茶"这些看法。而且,他们的"降火"需求已经被填补——通过服用牛黄解毒片之类的药物来解决。而且,红罐王老吉以草本植物熬制,有淡淡的中药味,对口感至上的饮料而言,的确存在不小的障碍,加之红罐王老吉的零售价是 3.5 元,如果不能和竞争对手的产品区分开来,它就永远走不出饮料行业"列强"的阴影。

最后,如果用"凉茶"概念来推广,加多宝公司又没有找到合适的区隔,使广告宣传不得不模棱两可。为此,红罐王老吉首先要解决的是品牌定位问题。加多宝公司决定委托成美先对红罐王老吉进行品牌定位。

为了了解消费者的认知,成美的研究人员一方面研究红罐王老吉、竞争者传播的信息;另一方面,对加多宝内部、经销商、零售商进行大量访谈。完成上述工作后,聘请市场调查公司对王老吉现有用户进行调查。以此基础,研究人员进行综合分析,理清红罐王老吉在消费者心中的位置,即在哪个细分市场中参与竞争。

在研究中发现,广东的消费者饮用红罐王老吉主要在烧烤、登山等场合。其原因不外乎"吃烧烤容易上火，喝一罐先预防一下"、"可能会上火，但这时候没有必要吃牛黄解毒片"。而在浙南，饮用场合主要集中在"外出就餐、聚会、家庭"。该地区消费者对于"上火"的担忧比广东的消费者有过之而无不及，而他们对红罐王老吉的评价是"不会上火"，"健康，小孩老人都能喝"。这是浙南消费者头脑中的观念，这是研究需要关注的"唯一的事实"。消费者的这些认知和购买消费行为均表明，消费者对红罐王老吉并无"治疗"要求，而是把它当做一种功能型饮料来购买，他们购买红罐王老吉的真实动机是用于"预防上火"，如希望在品尝烧烤时减少上火情况发生等，真正上火以后可能会采用药物。

再进一步研究消费者对竞争对手的看法，则发现红罐王老吉的直接竞争对手，如菊花茶、清凉茶等由于缺乏品牌推广，仅仅是低价渗透市场，并未占据"预防上火的饮料"这一定位。而可乐、果汁饮料等明显不具备"预防上火"的功能。同时，任何一个品牌定位的成立，都必须是该品牌最有能力占据的，即有据可依。研究人员的研究结果表明，红罐王老吉的"凉茶始祖"身份、神秘中草药配方、175年的历史等，都使它有能力占据"预防上火的饮料"这一定位。由于"预防上火"是消费者购买红罐王老吉的真实动机，自然有利于巩固加强原有市场。至此，品牌定位的研究基本完成。

这一定位的好处是：首先，由于"上火"是一个全国普遍性的中医概念，而不再像"凉茶"那样局限于两广地区，这就为红罐王老吉走向全国彻底扫除了障碍。其次，避免红罐王老吉与国内外饮料巨头直接竞争，形成独特区隔。再次，成功地将红罐王老吉产品的劣势转化为优势。最后，利于加多宝企业与国内王老吉药业合作。

明确了品牌要在消费者心中占据什么定位后，接下来的重要工作就是推广品牌，让它真正地进入人心，让大家都知道品牌的定位，从而持久、有力地影响消费者的购买决策。成美为红罐王老吉确定了推广主题"怕上火，喝王老吉"，在传播上尽量凸现红罐王老吉作为饮料的性质。在第一阶段的广告宣传中，红罐王老吉都以轻松、欢快、健康的形象出现，避免出现对症下药式的负面诉求，从而把红罐王老吉和"传统凉茶"区分开来。

为更好地唤起消费者的需求，电视广告选用了消费者认为日常生活中最容易上火的五个场景：吃火锅、通宵看球、吃油炸食品薯条、烧烤和夏日阳光浴。画面中人们在开心享受上述活动的同时，纷纷畅饮红罐王老吉。结合时尚、动感十足的广告画面，反复吟唱"不用害怕什么，尽情享受生活，怕上火，喝王老吉"，促使消费者在吃火锅、烧烤时，自然联想到红罐王老吉，从而促成购买。

红罐王老吉的电视媒体选择主要锁定中央电视台，并结合原有销售区域的强势地方媒体，再斥巨资购买中央电视台的黄金广告时段，使红罐王老吉在短期内迅速进入人们的头脑，给人们一个深刻的印象，并迅速红遍大江南北。

在针对消费者的促销活动中，红罐王老吉都是围绕着"怕上火，喝王老吉"这一主题进行。在针对中间商的促销活动中，加多宝充分考虑了如何加强餐饮渠道的开拓与控制，推行"火锅店铺"与"合作酒店"的计划，选择主要的火锅店、酒楼作为"王老吉诚意合作店"，投入资金与它们共同进行节假日的促销活动。由于给商家提供了实惠的利益,因此红罐王老吉迅速进入餐饮渠道,成为主要推荐饮料。

红罐王老吉成功的品牌定位和传播,给这个有 175 年历史的、带有浓厚岭南特色的产品带来了巨大的效益:2003 年红罐王老吉的销售额比去年同期增长了近 4 倍,由 2002 年的 1 亿多元猛增至 6 亿元,并以迅雷不及掩耳之势冲出广东;2004 年,尽管企业不断扩大产能,但仍供不应求,订单如雪片般纷至沓来,全年销售额突破 10 亿元,以后几年持续高速增长,2008 年销售额突破 100 亿元大关。

资料来源:红罐王老吉品牌定位战略. http.//www. chengmei-trout. com/about. asp

红罐王老吉品牌定位——"预防上火的饮料"主要益处是什么?其品牌定位是如何推广的?

第八章

定 价 策 略

学习目标

1. 了解影响产品定价的因素以及产品定价的一般程序；
2. 掌握定价方法；
3. 能够针对不同产品的具体情况制订相应的定价策略；
4. 根据市场竞争的具体情况,对已经制定的价格进行适当的调整。

引导案例

家乐福和沃尔玛定价策略对比分析

一、家乐福和沃尔玛定价策略相同点分析

通过调查发现,家乐福和沃尔玛两家超市在定价时都着眼于顾客的心理感受,将心理定价策略发挥得淋漓尽致。家乐福和沃尔玛娴熟运用的心理定价策略主要是以下几个方面：

1. 低价渗透,努力营造价格低廉的第一印象

第一印象是指人们对某种事物所形成的初步印象,它对于人们认识事物有非常重要的影响。家乐福和沃尔玛都深知这一道理,它们在开业之初实行低价渗透的战略,即超市的商品实行普遍低价,该消费者传达超市商品普遍低价的信号,使消费者形成商品价格低廉的第一印象,吸引大量的顾客光临,并通过这些顾客口碑相传,使其知名度迅速上升。

2. 尾数定价策略

尾数定价策略是指在确定零售价格时保留价格尾数,这可以对消费者产生如下的心理效果：首先,可以使消费者产生便宜的心理错觉,例如 9.9 元的拼图,就是比 10 元的拼图好销；其次,可使消费者相信企业是在科学、认真的定价,制定的价格是合理、精确、有根据的；最后,给消费者一种数字寓意吉祥的感觉。如 8 代表发,9 代表最高、最好。

3. 错觉定价策略

错觉定价策略就是让消费者对价格产生心理错觉,家乐福、沃尔玛主要将这一策略应

用于促销之中。在两家超市经常会看到 100 元购买 110 元商品的促销活动。表面看来，这种方案和打九折没有区别，都是让利 10％，但仔细分析就会发现这种促销方案的绝妙之处。打九折，给消费者的直观感觉是在降价，这时"便宜没好货"的心理会影响消费者的购买决定，而"100 元购买 110 元商品"却使消费者觉得自己的货币价格在提高。

4. 整数定价策略

对于一些质量较好的高档商品、耐用消费品以及贵重的礼品和刚上市的新产品，两家超市采用整数定价策略。对于这类商品，要准确地判断其质量极不容易。因此，人们在购买时，见到价格较高且为整数就会认为质量很好。顾客都有"一分钱一分货"，"价高货才好"的心理，所以如果对于这类商品采取尾数定价策略，消费者就会认为"商品的档次不够高，质量不够好"，反而影响商品的销售。

5. 招徕定价策略

招徕定价策略是指利用部分顾客求廉价的心理，特意将某几种商品的价格定得非常低，有时甚至低于成本价以吸引顾客。这些商品为卖场招揽了大批顾客，顾客光临，除了购买低价品外，通常还会顺便购买一些其他商品。所以，虽然作为诱饵的降价商品会给家乐福和沃尔玛带来一定的利益损失，但门店中的商品总体销售额会上升，因此卖场减价损失的利润早已从增加的销售额中得到了补偿。

二、家乐福和沃尔玛定价策略不同点分析

尽管家乐福和沃尔玛的价格相对其他超市来说都很低，但两家超市的所谓"低价"还是略有区别的。

在价格策略上，沃尔玛坚持"天天平价"原则，通过降低成本，制定低价格，让利给顾客；而家乐福秉承"高低价"的价格原则，降低部分敏感商品的价格吸引顾客，提高销售和营业额。具体地说，家乐福是坚持"低中取低，高中超高"策略，而沃尔玛是"整体低价"。家乐福不是所有的商品的价格都很低，而是高低结合，至于哪些商品是低价，哪些商品是高价，家乐福是在进行充分的市场调研的基础上确定的。沃尔玛的天天平价不是一种或若干种商品的平价，而是所有商品均以低价销售；不是一时或一段时间的平价，而是一年四季均以低价销售；不是一个或一些地区的平价，而是全球各连锁店均以低价销售。

三、家乐福和沃尔玛定价的幕后策略

调查表明，零售企业的采购成本要占到企业运作成本的 60％，对采购进行管理是零售企业管理中最有价值的部分。在采购中节省的每一元钱都会转化为利润。沃尔玛和家乐福都深知这一点，将精力集中在控制采购成本上，通过降低采购成本来增加企业的利润，实现各自的低价策略。家乐福的赢利模式是"不赚消费者的钱，而赚厂家的钱"。除了控制供应价格，家乐福还向供应商收取一定数额的进场费。沃尔玛实施"零进场费"政策，供销直通，优化供应链。具体来说，就是在采购的环节上全面压价，减少一切不必要的开支，即直接向生产厂家进货，不通过中间商，节省付给批发商的佣金。家乐福、沃尔玛采取

不同的方法节约采购成本,为它们实施各自高超的价格策略打下坚实的基础。

四、家乐福和沃尔玛定价策略的启示

超市经营的好坏,能否生存下去,其中的一个关键是商品的定价。超市商品的定价是有技巧的,而且定价的优劣可决定超市的命运,家乐福和沃尔玛自从进入中国以来,市场份额节节攀升,原因之一就是它们深谙定价之道,并巧妙地将其运用在日常的营销之中。通过对两家超市的定价策略的对比研究,可以得到如下启示:首先,定价要结合本企业的市场营销目标。家乐福和沃尔玛的市场营销目标都是增加销售额,扩大市场占有率。紧紧围绕营销目标,两家超市采取了低价渗透的策略。其次,定价要以顾客需求为中心。顾客来超市购物,都有其独特的诉求,因此定价的形式也应该是灵活多样的,以满足顾客的不同需求。最后,定价要符合企业所在地的文化。不同地区有其独特的文化,当地顾客对于价格可能会有不同的看法,因此定价时要充分进行市场调查,了解当地人的收入情况、消费习惯等因素,以便因地制宜制定合理的价格策略。

资料来源:丁慧,刘雪琴.家乐福和沃尔玛定价策略对比分析.商场现代化.2007(9).

价格是市场营销组合中的重要因素,它直接关系到市场对产品的接受程度,影响市场需求和企业利润的多少,涉及生产者、经营者、消费者等各方面的利益。所以对产品制定合理的价格在企业战略中占据着举足轻重的地位。

第一节　影响定价的主要因素

企业定价策略的起点是明确定价目标。所谓"目标决定行为",一个旨在迅速占领目标市场的生产者出售商品的价格往往低于那些致力于打造名牌的生产者。只有明确了企业定价的基本目标,才能初步确定产品价格的总体水平。如果说目标在战略的层面上给出了企业产品定价的基本依据,定价的各种影响因素则从战术层面上为企业的定价决策提供参考,所以确定产品价格之前,还必须对影响定价的各种因素进行全面深入的分析。

一、定价目标

企业的定价目标是指企业在一定的经营环境和条件下,对其生产经营的商品制定价格时所要达到的目的,它是企业选择定价方法和制定价格策略的依据。定价目标根本上取决于企业的总体目标,不同行业的企业,同一行业的不同企业,以及同一企业在不同的时期和市场条件下,都可能有不同的定价目标。一般来说,定价目标可分为利润目标、销量目标和竞争目标三大类,每个大类又包含若干种具体目标,这里仅列举最主要的几种定价目标。

（一）利润目标

追求利润是市场经济下企业生存和发展的根本使命，企业各项管理活动的最终目标都是获得适当利润，产品价格作为决定利润水平的最直接因素，在制定过程中，必然充分考虑其对利润的影响。根据企业对利润的期望水平不同，利润目标又可以分为以实现最大利润为目标和以获取适当利润为目标。

1. 以最大利润为目标

以最大利润为目标是指企业追求在一定时期内获得最高利润额的一种定价目标，要求企业通过单位利润率与销售量的反向相关关系，寻找利润额最大的价位，并不是单靠制定最高单价。企业新产品上市、市场竞争不特别激烈时，为快速收回投资获取高额利润，更倾向于采用这种目标定价。需要注意的是，企业根据这一目标采取定价策略时，必须对产品的成本和需求有精确的掌握。

2. 以适度利润为目标

以适度利润为目标是指企业为避免不必要的价格竞争，以适中、稳定的价格获得长期利润的一种定价目标。此时，企业旨在补偿正常情况下的平均成本的基础上加上适当利润作为产品价格，可以避免不必要的价格竞争，并可以凭借稳定的价格保持良好的客户关系，树立企业形象，取得长期发展。以适度利润为定价目标的企业必须拥有充分的后备资源，并打算长期经营，临时性的企业一般不宜采用这种定价目标。另外，适度利润的确定，必须充分考虑产销量、投资成本、竞争格局和市场接受程度等因素。

（二）销售目标

产品有销路、有市场是所有生产企业的共同愿望，在企业定价过程中不得不考虑销售前景问题。销售目标具体来说又包括以销售额最大化为目标和以保持和扩大市场占有率为目标。

1. 以销售额最大化为目标

以销售额最大化为目标是指企业在保证一定利润水平的前提下，谋求销售额的最大化。由于某种产品在一定时期、一定市场状况下的销售额由该产品的销售量和价格共同决定，因此要结合产品的价格需求弹性来合理制定价格。对于需求的价格弹性较大的商品，可采用薄利多销策略，以低价带销量；对于需求的价格弹性较小的商品，则可采用高价、厚利、限销的策略。当产品适合大批量生产时，企业往往采取这一定价目标。另外，当企业由于市场行情变化、经营转型或其他原因急于清理库存时，以销售额最大化为定价目标也比较适宜。

2. 以保持和扩大市场占有率为目标

以保持和扩大市场占有率为目标是指企业定价时追求自身销售额占整个行业销售额

的百分比维持现有水平或有所提高。市场占有率是企业市场经营状况和竞争能力的直接反映,以其为定价目标,旨在巩固企业的市场地位,获得长期的利润。一些企业在市场竞争较激烈的时候,为了争取客户、扩大销售或迫使弱小企业退出市场,通常以市场占有率为目标制定较低的价格。

(三)竞争目标

产品一旦被推向市场就开始了与同类产品的竞争,企业在定价前都会仔细研究竞争对手的产品和价格情况,然后有意识地制定具有竞争力的价格。产品定价的竞争目标包括两种:以适应市场竞争为目标及以稳定价格为目标。

1. 以适应市场竞争为目标

以适应市场竞争为目标时,有两种策略可供企业选择:一是追随定价,企业价格的制定,主要以对行业中占主导地位的竞争者的价格为依据,根据产品的差异情况稍高或稍低于竞争者,中小企业的产品定价通常采取这种策略;二是挑战定价,即通过明显低于竞争者的价格抢夺市场份额,或者通过提供优质的产品或服务而制定高于竞争者的价格。

2. 以稳定价格为目标

以稳定价格为目标指的是企业期望制定相对稳定的价格,避免同竞争者展开价格战等正面冲突。当企业准备在一个行业中长期经营时,倾向于制定一个较长期的稳定价格,在中间商及消费者心目中树立良好的形象。另外,某一市场格局经过激烈竞争而初步形成时,主导企业通常率先制定一个相对稳定的价格,中小企业竞相效尤,可以给各方都带来相对稳妥的收益。

以上列举的各类定价目标,只是对企业希望通过价格实现的最常见目标的概括和遴选,实际上,不同企业在不同内外部环境下为同类产品定价时,往往追求多种多样的具体目标,多数企业甚至都期望同时实现多个目标。总之,目标选择的合理与否,直接决定企业定价决策的成败,在实践中必须科学对待。

从博弈论的角度出发,价格可以看成企业同其利益相关者博弈的均衡结果。企业在制定产品价格时,既要争取获得预期利润,又要在激烈的市场竞争中保住市场份额,赢得新老顾客的满意。只有充分考虑各方面的因素,才能保证定价目标的实现。实践中,影响产品定价的因素很多,除了企业定价目标以外,还有产品成本、市场需求、竞争因素、政府政策法规和其他因素等各个方面。

二、产品成本

产品成本是由产品的生产过程和流通过程所花费的物质消耗和支付的劳动报酬所形成的,是产品定价的基本因素。价格与成本的差异决定企业的盈亏状况及利润水平。在经济学研究的各类成本中,营销定价参照比较多的有以下几种。

（一）平均成本

企业生产一定数量的某种产品所发生的成本总额被称为总成本，包括总固定成本和总变动成本两个部分，前者指为组织一定范围内的生产经营活动所支付的固定数目的费用，如固定资产折旧、办公费用、管理人员的工资等，不随产量的变化而变化；后者指原材料、燃料动力等随产量增减而按比例增减的费用。用总成本除以产量就可以计算出单位产品的生产费用，即平均成本。通常情况下，只有产品价格高于平均成本时，企业才有可能形成盈利，反之则亏损。

（二）平均变动成本

顾名思义，平均变动成本是总变动成本除以产量所得商数，同平均固定成本一起构成产品的平均成本。当企业无法以大于或等于平均成本的价格出售商品时，可以选择继续降价，但幅度以平均变动成本为限。这是因为，企业在生产当期需要支付的通常只是原材料、工人工资等变动成本，固定成本则是在整个固定资产寿命周期内对早期投入的一种补偿，并不形成当期的实际支出。在平均变动成本与平均成本构成的区间内，选择一点作为产品价格，虽然会造成企业的实际亏损，但能够维持其生存。

（三）边际成本

企业定价过程中不但关心价格对成本的弥补程度，更加注重价格对销售水平的影响。这是因为，销量的提高可能通过规模效益降低单位产品的成本，这就涉及了边际成本的概念。边际成本指增加一个单位产量所支付的追加成本，是增加单位产品时总成本的增量。相应地，边际收入指企业多售出单位产品得到的追加收入，是销售总收入的增量。这样，只要价格能够保证边际收入大于边际成本，企业就是有利可图的。在理想的市场经济条件下，商品的价格同边际成本相等时，企业的利润将实现最大化。

（四）机会成本

简单地说，如果企业从事 A 项经营活动而放弃 B 项经营活动的机会，则 B 项经营活动所应取得的收益为 A 项经营活动的机会成本。机会成本不像其他成本那样体现在账面上，因而容易被忽视，如企业主使用自家房屋作为厂房时，房屋若出租可以得到的租金就是一种机会成本，在定价过程中要给予一定的考虑。

三、市场需求

根据商品经济的供求规律，价格最终是由需求和供给共同决定的，可以说市场需求状况为产品的定价确定了最高限度。企业在制定价格之前，必须分析在不同价格水平下市场对产品的接受程度,根据产品的需求弹性,采取适当的定价策略。需求弹性是指因价格和收入等因素而引起的需求量的相应变动率,一般分为需求的收入弹性、价格弹性和交叉弹性,其中,需求价格弹性对于理解市场价格的形成和企业定价具有重要意义。

所谓需求价格弹性是指因价格变动而引起需求相应的变动率,反映的是需求量对价格变动的敏感程度。

需求价格弹性＝需求量变动的比率/商品价格变动的比率,可表示为

$$E_d = |(\Delta Q/Q)/(\Delta P/P)|$$

其中:Q 为需求量;ΔQ 为需求变动量;P 为价格;ΔP 为价格变动量。

由于价格与需求量呈现反方向变动关系,计算出的弹性系数是负数。研究需求弹性时应取其绝对值。需求弹性系数的大小有以下三种基本情况:

(1) 当 $E_d<1$ 时　表示产品的价格弹性较小,意味着需求量变动幅度小于价格变动幅度,如生活必需品、农产品等。对这类商品定价时,较高的价格水平一般会增加盈利,低价对需求量刺激效果不大,薄利不能多销,反而会降低收入水平。需要注意的是,这类商品的供应者较多,产品的差异性不大,除非企业的产品质量有超群之处,高价位将难以维持。

(2) 当 $E_d=1$ 时　意味着需求量与价格等比例变化。对于这类商品,价格变动对销售收入影响不大。定价时,可选择实现预期盈利率的价格或选择通行的市场价格,并尽量保持价格的稳定。

(3) 当 $E_d>1$ 时　表示产品的价格弹性较大,意味着需求量变动幅度大于价格变动幅度,如非生活必需品、奢侈品等。可以通过降低价格、薄利多销达到增加盈利的目的。同时,提价时务求谨慎,以防需求量发生锐减,影响企业收入。

产品需求价格弹性的大小由多种因素共同决定,一般说来,替代品的数目越大、产品的用途越广泛,则该产品的弹性就越大。

四、竞争状况

消费者购买商品时"货比三家"的习惯,使得企业在制定价格时不得不考虑竞争对手的产品价格和质量,市场竞争越是激烈,对企业定价的制约就越强。企业面临的竞争环境一般分为四种情况。

1. 完全竞争市场

完全竞争市场的典型特点是:产品完全相同;进退市场自由;同类产品生产者很多;企业在市场中所占的份额都很小。在完全竞争的市场条件下,由于买主对市场信息完全了解,如果某个企业试图以高于现行市场价格出售产品,顾客就会转向其他的卖主。此时,企业只能是市场价格的接受者,而不是价格的制定者。

2. 垄断竞争市场

垄断竞争市场也称不完全竞争市场,其特点是:同行企业间的产品存在差别;进入行业市场比较容易;各产品生产企业实力相当。在这种市场上,产品的差异有些是实质上的,有些则是购买者受促销手段影响而在心理上感觉的差异,无论哪种差异都使得市场竞争异常激烈。这种情况下,企业可以有意识地创造"差异"优势,进而为产品制定较高价格。可见,在不完全竞争的市场条件下,企业已经不是消极的价格接受者,而是强有力的价格决定者。

3. 寡头垄断市场

寡头垄断市场的特点是:生产的产品相同;市场进入困难;少数企业共同占有大部分的市场份额;市场价格相对稳定。由于市场被少数几家企业控制,其定价行为往往是相互依存、相互影响的,企业单独的价格变动行为会导致其他企业的迅速而有力的反应,需谨慎为之。

4. 纯粹垄断市场

纯粹垄断市场的特点是:企业因技术壁垒、资源独占、政府特许等原因而具有垄断性;其他企业无法进入市场。由于垄断企业控制了进入这个市场的种种障碍,所以能够完全控制价格,但垄断价格也要受到政府、法律等方面的约束。

五、政府的政策法规

企业制定价格还需考虑政府有关政策、法令的规定。在我国,规范企业定价行为的法律和相关法规有:《价格法》、《反不正当竞争法》、《明码标价法》、《制止牟取暴利的暂行规定》、《价格违反行为行政处罚规定》、《关于制止低价倾销行为的规定》等。如1996年,北京百货大楼等8大商场和小天鹅洗衣机厂等9大厂家签订协议,联手同意北京洗衣机市场9种洗衣机的零售价,就曾作为一种价格违法现象而被制止。

小链接

发改委通报典型价格欺诈案件

国家发展和改革委员会28日公布了北京、上海等城市部分大型商贸企业价格欺诈、诱导消费者交易等损害消费者合法权益的典型案件。发改委已责成地方价格主管部门对相关企业处以最高50万元的罚款。其中,君太、百盛、新世纪百货等部分商贸流通企业存在价格欺诈行为。

发改委公布的部分价格欺诈典型案件如下:

折扣价、返券促销高于原价

　　上海市置地广场商厦有限公司在优惠促销卡迪娜品牌女鞋活动中,标示 7.5 折销售、优惠折扣价每双 576 元,经查,打折前原价实际为 468 元,优惠折扣价比原价还高出 108 元。

　　沈阳市新世界百货有限公司中华路店在优惠促销鲨鱼品牌休闲裤活动中,标示 7 折销售、优惠折扣价每条 833 元,经查,打折前原价实际为 590 元,优惠折扣价比原价还高出 243 元。

　　南京市中央商场(集团)股份有限公司在开展购物满一定数额送电子券的促销活动中,罗宾汉服饰专柜销售某款服装标价 359 元,经查原价实际为 215 元,返券促销价比原价还高出 144 元;爱迪丹顿服饰专柜销售某款服装标价 1 480 元,经查原价实际为 790 元,返券促销价比原价还高出 690 元;路易至尊服饰专柜销售某款服装标价 1 680 元,经查实际原价为 887 元,返券促销价比原价还高出 793 元。

　　降价促销时虚构原价

　　北京市百盛商业发展有限公司在降价促销裳缇女衬衫活动中,标示原价每件 1 199 元、8.5 折销售,经查降价前原价应为 1 019 元。

　　北京市君太太平洋百货有限公司销售百丽品牌女鞋,标示原价每双 768 元、现价每双 537 元,经查原价应为每双 614 元;Clarks 品牌男鞋标示原价每双 1 660 元、现价每双 996 元,经查原价应为每双 1 245 元。

　　天津市时尚新世界购物广场有限公司促销傲巴斯品牌女鞋,标示原价每双 698 元,现价 419 元,经查原价应为每双 384 元。

　　资料来源:多家商场涉价格欺诈.羊城晚报.2011-04-29.

　　除了上述主要因素,还有一系列因素会通过不同的传导机制,影响企业的定价行为。例如,市场上的货币流通量过多,会导致货币贬值,企业需要适当提高产品售价;当一国经济发展速度较快、人们收入水平增长较快时,对价格的敏感性就会减弱,企业可以在不影响销量的前提下提高售价。另外,消费者心理、产品生命周期阶段等因素都会影响企业的定价。

第二节　企业定价的一般方法

　　定价方法是指企业在特定的定价目标指导下,依据对产品成本、市场需求及竞争状况等因素的研究,运用价格决策理论,对产品价格进行计算的具体方法。主要包括成本导向定价法、需求导向定价法和竞争导向定价法三种。

一、成本导向定价法

前已述及,在影响企业定价的所有因素中,最基本的是产品的成本,它决定了价格的下限,在产品成本的基础上加上预期利润来确定价格,早已成为一种最常见、最基本的定价方法,也就是所谓的成本导向定价法。需要说明的是,选择市场平均成本作为定价基准要优于本企业生产成本,这样当本企业的经营能力强、成本低于行业平均水平时就可以获得高额利润;反之,当企业经营效率低下、成本较高时也不至于完全丧失市场竞争力。另外,根据定价时用到的成本含义以及预期利润的计算方法不同,成本导向定价法又衍生出成本加成定价法、变动成本定价法、目标收益定价法和盈亏平衡定价法等。

(一) 成本加成定价法

所谓成本加成定价法是指按照单位成本加上一定比率的目标利润加成来制定产品销售价格的方法,其中,单位成本是通过计算和分摊单位产品的变动成本及固定成本得到的,目标利润加成的获得则依靠对市场环境、行业特点等多种因素的综合考虑。公式为:

$$单位产品价格 = 单位成本 \times (1 + 目标利润加成)$$

【例 8-1】　某电子企业生产一部 VCD 的平均变动成本为 75 元,固定成本为 65 元,目标利润加成为 40%,则这一 VCD 的售价是多少?

解　销售价格 P = (75 + 65) × (1 + 40%) = 196(元)

在国外同类商品的加成率是比较固定的。例如,美国,烟草制品的加成率是 20%,书籍是 34%,服装是 41%。在国内很多商品的加成率也是固定的。

成本加成定价法的优点在于:简便、易行,商品成本资料可以从财务部门直接获取,大大简化了企业的定价程序;当多数同类产品生产企业都采取这种方法时,价格往往相差不多,从而弱化了价格竞争;价格形成机制合理,对买卖双方均比较公平。这种定价方法的缺点主要是缺乏灵活性。当商品供求关系随着季节、商品市场生命周期的变化而变化时,难以适应市场竞争和供求变化,不利于企业把握市场时机获得高额利润或维持市场份额。成本加成定价法主要适宜于正常生产、合理经营的企业以及供求大体平衡、成本相对稳定的产品。

(二) 变动成本定价法

变动成本定价法,又称为边际成本定价法,是指在单位变动成本的基础上,加上预期的边际贡献计算商品价格的方法。公式为:

$$单位产品价格 = 单位变动成本 + 预期边际贡献$$

边际贡献即产品价格超过变动成本的部分。达到盈亏平衡产量之前,企业所生产的每一单位产品的边际贡献累积起来均用于对固定成本费用的补偿,实际的盈利则是在达到盈亏平衡点后通过继续累积的边际贡献得以实现的。因此,产品销售收入中扣除其变动成本后的余额,无论反映为企业亏损的减少还是盈利的增加都具有经济效益,结合定价目标确定预期边际贡献水平就可以在变动成本的基础上制定产品价格。

【**例 8-2**】 某企业产销一种商品,年产量 2 万件,年固定成本为 80 万元,单位变动成本为 60 元/件,单位成本为 100 元/件,单价为 120 元/件。现市场价降为 90 元/件,该企业能否停产?

解 原来赢利=(120-100)×2=40(万元)。现在如果停产,一时又无法转产,没有销售收入,但仍需支付固定成本 80 万元。如继续产销,则

赢利=(90-100)×2=-20(万元),比停产少亏 60 万元。

简单地,市场价格为 90 元/件,单位变动成本为 60 元/件,

90 元/件>60 元/件,价格大于单位变动成本,企业不应该停产。

变动成本定价法的优点是改变了售价低于总平均成本便拒绝交易的传统做法,在竞争激烈的市场条件下具有极大的定价灵活性。主要适用于市场上产品供过于求或企业生产能力过剩导致产品滞销积压的情况,对于有效地应对竞争、开拓新市场、调节需求的季节差异可以发挥巨大的作用。不足是过低的价格有可能被指控为从事不正当竞争,并招致竞争者的报复。

(三)目标收益定价法

目标收益定价法是在产品成本基础上加上一定的目标收益确定产品价格,是根据估计的总销售收入(销售额)和估计的产量(销售量)来制定价格的一种方法。公式为:

单位产品价格=(总成本+目标收益)/预期销售量

= 单位变动成本+(固定成本+目标收益)/预期销售量

【**例 8-3**】 一企业生产某种类型自行车,单位变动成本为 70 元,全部固定成本为 4 万元,预计市场销量为 1 000 辆,如果企业目标收益(利润)为 2 万元,企业产品售价应为多少?

解 产品售价=70+(40 000+20 000)/1 000=130(元)

这种方法简单易行,出发点是保证企业的基本利益,使其迅速回收投资,但是没有考虑市场竞争和需求的实际情况,且颠倒了价格与销量之间的因果关系,一旦预期销售量估计不准,将造成巨大损失。因此这种定价方法通常只适用于需求比较稳定的大型制造业、供不应求且价格弹性小的商品。对于市场占有率高、具有垄断性的商品,以及大型公用事业、劳务工程和服务项目等,在科学预测价格、销量、成本和利润四要素的基础上,目标收益法也不失为一种有效的定价方法。

（四）盈亏平衡定价法

盈亏平衡定价法是指企业在保持既不盈利又不亏损的基础上确定产品的价格，属于保本经营的做法。科学地预测销量和已知固定成本、变动成本是盈亏平衡定价的前提。基本公式为：

$$盈亏平衡点价格＝固定总成本÷销量量＋单位变动成本$$

以盈亏平衡点确定价格只能使企业的生产耗费得以补偿，而不能得到收益。因此，在实际中均将盈亏平衡点价格作为价格的最低限度，通常在加上单位产品目标利润后才作为最终市场价格。

二、需求导向定价法

需求导向定价法，是以消费者对产品价格的接受能力和需求程度为依据制定价格的方法，目标是追求价格与消费者心理相吻合，从而使消费者获得公平交易的满足，同时刺激其产生再次购买的欲望。需求导向定价的方法主要有理解价值定价法、需求差异定价法和可销价格倒推法三种。

（一）理解价值定价法

所谓理解价值定价法，即消费者对某种产品价值产生的主观感受，以其为基本定价依据的做法。

消费者在购买商品之前，根据以往的购买经验或相关的市场行情通常会对同类商品的价格水平产生一个总体判断，然后在不同品牌中挑选出最能满足自身需求且价位合理的商品。也就是说，消费者购买的过程就是将理解价值与实际价格对比的过程，二者的一致是购买行为产生的原因，这即为理解价值定价法的主要依据。采用这种方法时，企业必须配合各种有效的营销措施以突出商品的特征，提高消费者对商品价值的认知，进而结合商品的成本、销量和盈利目标确定最终价格。

（二）需求差异定价法

需求差异定价法，是指根据消费者对同种产品的不同需求强度，制定不同价格的方法。

在实际生活中，不仅不同的消费者对同一商品的需求强度有所差异，对同一商品的不同款式各有所好，即使同一消费者在不同的时间、不同的地点对特定商品的需求强度往往也是不同的，甚至有很大的差异。因此，虽然商品的成本相同，企业制定的价格也可以因顾客而异、因款式而异、因时间而异，甚至因空间而异。如电影院对学生采取优惠价、电力公司对生活用电的定价低于工业用电、保龄球馆的晚间消费价格高于白天等。

以消费者的需求差异为依据制定价格时需要具备以下条件：市场能够根据需求强度的不同加以细分，而且需求差异较为明显；低价市场的消费者向高价市场的消费者倒卖产品的成本高于两个市场上的价格差；价格差异不会引起消费者的反感。

（三）可销价格倒推法

可销价格倒推法是根据最终消费者能够接受的价格水平为标准，先制定出商品的零售价格，然后再推算出批发价格和出厂价格的定价方法。这种定价方法不以实际成本为主要依据，而是以市场需求为定价的出发点。计算价格公式为：

$$批发价 = 零售价格 \times (1 - 零售商毛利率)$$
$$出厂价 = 批发价格 \times (1 - 批发商毛利率)$$

【例8-4】　消费者对某种牌号电视机的可接受价格为 5 000 元，电视机零售商的经营毛利为 20%，电视机批发商的批发毛利为 5%，电视机的批发价和出厂价计算方法则是：

$$批发价 = 消费者可接受价格 \times (1 - 20\%) = 5\,000 \times (1 - 20\%) = 4\,000(元)$$
$$出厂价 = 零售商可接受价格 \times (1 - 5\%) = 4\,000 \times (1 - 5\%) = 3\,800(元)$$

显然这一方法仍然是建立在最终消费者对商品认知价值的基础上的。其特点是价格能反映市场需求情况，并能够保证中间商的正常利润，从而有利于产品迅速向市场渗透。这种定价方法特别适用于需求价格弹性大、花色品种多、产品更新快和市场竞争激烈的商品。

可销价格倒推法实施的关键和难点是对零售价格进行准确合理的预测，过高或过低都将影响企业的利润水平。实践中，既可以由企业内外部有关人员依据产品的性能、效用，并参考市场上的同类产品加以估价，也可以通过试销和调查了解消费者认可的价格。

三、竞争导向定价法

成本导向定价法是企业以产品成本为基础，加上一个合理的利润额作为产品价格的定价思想，缺陷是产品价格难以适应激烈的市场竞争和多变的消费者需求。顾客导向定价法是从消费者的支付意愿出发，以顾客满意为目标的定价思想，不足是将众多消费者的支付意愿准确量化为一个合理价格，缺乏可操作性。这样就产生了一系列以竞争为导向的定价方法，即以市场上竞争对手的价格作为制定企业同类产品价格主要依据，通过研究竞争对手的生产条件、产品品质、价格策略，来提高价格的实用性的定价方法。这种方法适宜于市场竞争激烈、供求变化不大的产品。它具有在价格上排斥对手，扩大市场占有率，迫使企业在竞争中努力推广新技术的优点，已经成为当前应用最普遍的一种定价方法，一般可分为以下几种具体方法。

（一）随行就市定价法

随行就市定价法，又称流行水准定价法，它是指在市场竞争激烈的情况下，企业为保存实力采取按同行竞争者的产品价格定价的方法。在寡头垄断和完全竞争的市场结构条件下，任何一家企业都无法凭借自己的实力而在市场上取得绝对的优势，为了避免价格竞争带来的损失，大多数企业都采用随行就市定价法。

随行就市定价法这种"随大流"的定价方法，主要适用于需求弹性比较小或供求基本平衡的商品，如大米、面粉、食油以及某些日常用品。这种情况下，如果某企业把价格定高了，就会失去顾客；而把价格定低了，需求和利润也不会增加。所以，随行就市定价法是一种较为稳妥的定价方法。也是竞争导向定价法中广为流行的一种。这种方法除了有助于企业与竞争对手和平相处，也容易使产品被市场所接受。

企业在竞争中采用这种方法有以下几个原因。

（1）避免竞争激化。

（2）有些产品成本核算较难，随行就市定价是本行业众多企业在长时间内摸索出来的价格，与成本和市场供求情况大体符合，容易得到合理的利润。

（3）如果制定与其他竞争企业不同的价格是希望比其他竞争企业得到更多的利润，但能否如意却没有很大的把握，而贸然制定不同价格，可能会弄巧成拙。

（4）某些产品的特点只适用随行就市定价，如均质产品市场。均质产品指同类商品之间没有很大差异，购买者对产品的要求、对有关销售措施的反应都大体相似。行业价格是由购买者与销售者共同作用而形成的。对于产品差异比较大的市场，则不存在行业价格，企业定价与自己产品的特色相适应。

随行就市定价法定价的具体形式有两种，一种是随同行业中处领先地位的大企业价格的波动而同水平波动；另一种是随同行业产品平均价格水准的波动而同水平波动。在竞争激烈、市场供求复杂的情况下，单个企业难以了解消费者和竞争者对价格变化的反应，采用随行就市的定价方法能为企业节省调研费用，而且可以避免贸然变价所带来的风险；各行业价格保持一致也易于同行竞争者之间和平共处，避免价格战和竞争者之间的报复，也有利于在和谐的气氛中促进整个行业的稳定发展。

（二）主动竞争定价法

主动竞争定价法指的是企业根据本企业产品的实际情况及与竞争对手的产品差异状况，以高于、低于竞争者的产品价格或与其一致的价格出售商品的方法，一般为实力雄厚或产品独具特色的企业所采用。

在具体的竞争价位选择上，企业主要可以采取低价竞销和高价脱俗两种战略。对于质量和特色不分伯仲的竞争性产品，降价可以作为击败竞争对手的主要手段。当产品的品质可以技压群芳的时候,则可以通过高价位使客户意识到它卓尔不群的档次和价值,从而扩大市场份额。

(三)密闭投标定价法

招标是一种有组织、有计划的采购活动,招标商(买方)公开招标条件,由众多投标商(卖方)以密封标书的形式竞相递价,最终由招标商选择最符合招标条件的投标商签订协议。因此,密闭投标定价法,就是在投标交易中,投标方根据招标方的规定和要求进行报价的方法。主要适用于提供成套设备、承包建筑工程、设计工程项目、开发矿产资源或大宗商品订货等。

投标竞价过程中企业既要根据主客观条件,正确地估算完成指标任务所需要的成本,保证一定的收益水平,又要对竞争对手的可能报价水平进行分析预测,判断本企业的中标概率。其他条件与竞争对手相等的基础上,价格越低,中标的概率就越大,而收益就越少;反之亦然。但是,收益最大化,而不是中标本身,才是投标的根本目的。投标商必须在中标几率的最大化和利润率的最大化之间找到最佳的均衡点。

值得一提的是,在许多招投标活动中,并非价格最低的投标商就能够中标。非价格的竞争因素也十分重要,尤其是对于某些履约条件无法明确的项目来说。

第三节 定价的基本策略

企业在一定的定价目标指导下,综合考虑各种影响因素,选择合理的定价方法确定了产品的原始价格之后,还必须针对市场环境、产品生命周期等具体情况采取一定的定价策略,对初始价格进行修订,以适应竞争、赢得顾客。

一、折扣定价策略

折扣定价策略是指企业根据产品的销售对象、成交数量、付款条件以及买卖双方负担的经济责任等方面的不同,对基本价格作出一定的让步,以争取顾客、扩大销量的一种定价策略。折扣定价策略主要采取数量折扣、现金折扣、功能折扣和季节折扣四种形式。

(一)数量折扣

数量折扣是指企业按顾客购买数量或金额的多少而给予不同程度的价格折扣。顾客通常可以在以下两种情况下获得数量折扣:一是在一定时间内,累计购买商品达到一定的数量或金额,如大型超市对会员全年消费达到某些标准时给予的购物优惠,其目的是鼓励顾客向本企业集中购买,以赢得长期的顾客忠诚;二是一次性购买某种商品达到某一数量或购买多种产品达到某一金额,如商场店庆或季末清仓时推出的返现折扣,其目的是鼓励顾客大批量购买,以促进销售,节约订货成本。

数量折扣是薄利多销这一经营理念最好的体现,被各大企业所广泛使用,不仅是由于企业因折扣而损失的单位产品利润可以从增加的销量中得到补偿,而且,销售的加快会提高企业的资金周转率,降低其流通费用,从而有利于提高企业总盈利水平。

数量折扣的缺点是折扣标准及折扣比例难于确定。折扣标准定得过高,只有少量顾客能够得到折扣,削减促销效果;过低,则无法达到鼓励大量购买的目的。折扣比例定得过高,会损害企业自身的利益;过低,则不利于吸引顾客购买。因此,企业应结合产品特点、销售目标、成本水平、企业资金利润率、需求规模、购买频率、竞争者手段以及传统的商业惯例等因素来制定科学的折扣标准和比例。

(二)现金折扣

现金折扣是对现金交易或约定日期提前付款的顾客给予的一种价格折扣。现金折扣多用于赊销或分期付款交易中,目的是鼓励顾客尽早付款,加速资金周转,降低销售费用,减少经营风险。如美国许多企业规定提前 10 天付款者,给予 2%折扣;提前 20 天付款者,给予 3%折扣。

当付款条件为赊销或分期偿还的时候,通常意味着企业在买卖交易中处于相对的弱势地位,为了销售货物不得不给予购买方一定的资金融通,这不但影响了企业资金回笼的速度,而且加大了企业财务风险。采取现金折扣的定价策略,有利于降低上述不利影响,提高企业资金的利用效率。

现金折扣的效果受到银行同期利率、买方资信水平、产品需求弹性等多方面因素的影响。企业在保证折扣能够使买者产生提前付款愿望的同时,还要尽量获取足够利润。此外,由于我国的许多企业和消费者对现金折扣还不熟悉,运用这种手段的企业必须结合宣传手段,使买者更清楚自己将得到的好处。

(三)功能折扣

功能折扣是指企业根据交易对象在产品流通中的不同地位和功能,以及承担的职责给予不同的价格优惠。功能折扣的比例,主要考虑交易对象在分销渠道中的地位、对生产企业产品销售的重要性、购买批量、完成的促销功能、承担的风险、服务水平、履行的商业责任以及产品在分销中所经历的层次和在市场上的最终售价等等。如给批发商的折扣较大,给零售商的折扣较小,使批发商乐于大批进货,并有可能进行批转业务。

功能折扣的结果是形成购销差价和批零差价,有利于鼓励中间商大批量订货,扩大销售,争取顾客,并与生产企业建立长期、稳定、良好的合作关系。

（四）季节折扣

季节折扣是指企业对于购买非应季产品或劳务的用户的一种价格优惠。有很多产品的生产是全年连续进行的，而其消费却具有明显的季节性。生产企业通过季节折扣鼓励买者提前购买并储备商品，能够在一定程度上调节供需矛盾，保持生产相对稳定。例如，啤酒生产厂家对在冬季进货的商业单位给予大幅度让利，羽绒服生产企业则为夏季购买其产品的客户提供折扣。

季节折扣有利于减少企业仓储费用，加速商品流通，迅速回笼资金，促进企业均衡生产，避免因季节需求变化所带来的市场风险。确定折扣比例时，应考虑成本、储存费用、基价和资金利息等因素。

二、地区定价策略

通常一个企业的产品不仅在生产地销售，同时还要销往其他地区，而产品从产地运到销地要花费一定的运输、仓储甚至保险费用。这些费用在买卖双方之间的分摊情况，可以直接反映在价格当中，卖方负担的费用越少，产品的价格往往越低。所谓地区定价策略，就是根据买卖双方地理位置的差异，考虑双方分担运输、装卸、仓储、保险等费用而分别制定不同价格的策略。主要有以下四种形式。

（一）FOB 原产地定价

FOB 原产地定价指的是顾客（买方）按照厂价购买某种产品，企业（卖方）只负责将这种产品运到产地某种运输工具（如卡车、火车、船帕、飞机等）上。交货后，从产地到目的地的一切风险和费用概由顾客承担。FOB 原产地定价对卖方来说较为便利，费用最省，风险最小，适用于销路好、市场紧俏的商品，但不利于吸引路途较远的顾客，因此对扩大销售有一定的不利影响。

（二）目的地交货定价

目的地交货定价指的是由卖方负责将产品送到买方所在地才算完成交货任务时所采用的定价策略，从产地到目的地的手续费、运输费及保险费由卖方承担。目的地交货定价对卖方来说比较烦琐，费用高、风险大，但有利于扩大产品销售，提高市场占有率。

（三）统一交货定价

统一交货定价是指卖方将产品送到买方所在地，按出厂价加平均运费核算出的价格，运费由卖方承担，但无论目的地距离远近，统一制定相同的价格。这种方法简便易行，易于在全国范围内统一管理，适用于体积小、重量轻、运费低或运费占成本比例较小的产品。

但实际上,近处的顾客承担了部分远方顾客的运费,对近处的顾客不利,而比较受远方顾客的欢迎。

(四)分区运送定价

分区运送定价,也称区域定价,指卖方根据顾客所在地区距离的远近,将产品覆盖的整个市场分成若干个区域,在每个区域内实行统一价格,类似于邮政包裹、长途电话的收费。实行这种办法,可以较为简便地协调不同地理位置用户的运费负担问题,但对处于分界线两侧的顾客还会存在一定的矛盾。

(五)基点定价

基点定价即企业选定某些城市作为基点,然后按一定的厂价加从基点城市到顾客所在地的运费来定价。不少货物,如钢铁和木材,由于产地比较集中,厂商会先把它们集中到某个固定的地点,再从那里向全国各地运送。这样的固定发货地点称为"基点",而货物在基点的发货价叫"基点价"。接着,当货物从基点运送到各地后,要加上相应的运费,才成为当地的售价。一般地,离基点较近的地区,售价较低;离基点较远的地区,售价就较高。

三、心理定价策略

随着市场经济条件下人们生活需求的日益多样化、复杂化,以消费者在消费过程中的心理现象为依据采取各种促销策略的做法已经被广泛采用。心理定价策略是指企业在定价时,考虑消费者购买时的心理因素,有意将产品价格定得较高或较低,以诱导消费者的购买来扩大市场销售量的一种定价策略。由于顾客的购买动机是多种多样的,心理定价的具体策略也名目众多。

(一)尾数定价

尾数定价也称"非整数定价",是企业基于消费者对价格的感觉、知觉的不同,利用消费者求廉的心理制定非整数价格,而刺激其购买欲望的策略,是目前国际市场上广为流行的一种零售商品的定价策略。常见的做法是小数点后保留两位的尾数,尽可能在价格上不进位。比如,把牙膏的价格定为2.97元,而不定为3元。

采用尾数定价能够在消费者心中产生两种对产品有利的心理效应。一是认为商品便宜,99.80元的商品让购买者觉得还不到100元,而标价100.8元却让人觉得是100多元。二是认为价格精准,既然连几角几分都算得清清楚楚,说明企业在定价过程中非常认真、负责。

尾数定价策略主要适用于基本生活用品,实践中须注意尾数的设计应符合消费地的风俗习惯和价值观念。在我国,人们一般喜欢"8"和"6",认为"8"代表发财,"6"代表六六大顺,吉祥如意;美国人则讨厌"5"和"13",认为这些数字不吉利;日本人不喜欢"4"和"9",因为它们与"死"和"苦"发音相同。定价时能投其所好,避其忌讳,有利于产品销售。

(二)整数定价

与尾数定价正好相反,整数定价策略指企业利用消费者价高质优的心理,有意将产品价格定为整数,以显示产品具有一定质量和品位的价格策略。需要注意的是,在这种定价方法下,价格的高并不是绝对的高,而只是凭借整数价格来给消费者造成高价的印象。整数定价常常以偶数,特别是"0"作尾数。例如,精品店的服装可以定价为1 000元,而不必定为998元。

整数定价策略主要适用于需求价格弹性小、价格高低不会对需求产生较大影响的商品,如流行品、时尚品、奢侈品、礼品、星级宾馆、高级文化娱乐城等。一方面这类商品的顾客对质量较为重视,容易持有"一分价钱一分货"的观点;另一方面,消费者都属于高收入阶层,较高的价格不但容易被接受,有时甚至可以满足其炫耀富有、显示地位、崇尚名牌的虚荣心。

(三)声望定价

企业利用消费者求名好胜和炫耀消费心理,根据产品在消费者心中的声望、信任度和社会地位来确定价格的一种定价策略。消费者受相关群体、所属阶层、地位、身份等外部刺激影响而对某些特殊商品愿意花高价购买,以达到显示身份、实现自我价值的目的。

声望定价适用于知名度高、有较大的市场影响、深受市场欢迎的名牌产品,如豪华轿车、高档手表、名牌时装等。另外,名人字画、珠宝古董等稀缺物品,在消费者心目中也享有极高的声望价值。

采用声望定价须注意两方面的问题:一是高价的制定不能过于离谱,一旦消费者觉得物非所值,心目中存在的"价高质必优"的信念将会产生动摇;二是为了使声望价格得以维持,需要适当控制市场拥有量。英国名车劳斯莱斯的价格在所有汽车中雄踞榜首,除了其优越的性能、精细的做工外,严格控制产量也是一个很重要的因素。

(四)招徕定价

招徕定价是指企业利用消费者的求廉、好奇心理,将其中几种商品的价格定得非常之低,在引起消费者的观望行为之后,带动其他商品销售的定价方法。产品组合定价策略中,将主体产品的价格定得较低就是这个道理。

这一定价策略常为综合性百货商店、超级市场,甚至高档商品的专卖店所采用,吸引顾客在购买"便宜货"的同时,购买其他价格比较正常的商品。需要注意的是用于招徕的降价品,必须是品种新、质量优的适销产品,低劣、过时的处理品不仅达不到招徕顾客的目的,反而可能使企业声誉受到影响。另外,实行招徕定价的商品,经营的品种要多,以便使顾客有较多的选购机会。

招徕定价的奥秘在于以低价诱惑消费者来到商场,利用其在乘机逛商场时不自觉地产生的"购买冲动"销售更多的其他商品。事实上,有些时候出奇的高价也可以起到招徕顾客的目的,有时也将高得令人吃惊的价格称为招徕定价。

小链接

招 徕 定 价

招徕定价又称特价商品定价,是一种有意将少数商品降价以招徕顾客的定价方式。商品的价格定得低于市价,一般都能引起消费者的注意,这是迎合消费者"求廉"心理的定价。

新开的店铺采取招徕定价的情况特别常见。采取此法应注意:

1. 降价的商品应是消费者常用的,最好是适合每一个家庭使用的物品,否则没有吸引力。

2. 实行招徕定价的商品,品种要多,以便使顾客有较多的选购机会。

3. 商品的降价幅度要大,一般应接近成本或者低于成本。只有这样,才能引起消费者的注意和兴趣,才能激起消费者的购买欲望。

4. 降价品的数量要适当,太多则商店亏损太大,太少则容易引起消费者的反感。

5. 降价品应与因瑕疵而削价的商品明显区别开来。

资料来源:http://baike.baidu.com/view/2969069.htm

(五)习惯定价

生活中,消费者对有些产品已形成所适应的价格,企业对这类产品定价时以消费者的习惯倾向为主要依据的方法就是习惯定价策略。当企业定价低于消费者适应水平的时候易引起其对产品品质的怀疑,反之则可能受到消费者的抵制,转而购买其他商家的产品。因此,在不得不需要提价时,应采取改换包装或品牌等措施,减少抵触心理,并引导消费者逐步形成新的习惯价格。

四、差别定价策略

差别定价策略是实际应用中典型的定价策略之一,也称为歧视性定价,当企业对生产的同一种产品根据市场不同、顾客不同、质量不同而采用不同的价格时,就可以说企业采用了歧视性定价。按照设定价差的依据不同,差别定价策略可以分为地理差价策略、时间差价策略、用途差价策略和质量差价策略。

（一）地理差价策略

地理差价策略即企业以不同的价格策略在不同地区营销同一种产品，以形成同一产品在不同空间的横向价格策略组合。差价的原因不仅是因为运输和其他相关费用的差别，而且由于不同地区的市场具有不同的爱好和习惯，具有不相同的需求强度和需求能力。例如沿海与内地的房地产价格存在巨大差别，日用消费品的国内价格与国外价格也往往大相径庭。

（二）时间差价策略

对相同的产品，按需求的时间不同而制定不同价格的例子在生活中也比比皆是。例如，夜间实行廉价的长途电话费、过季商品的削价销售、航空机票的淡季折扣等。采用此种策略能鼓励中间商和消费者增加购货量，减少企业仓储费用和加速资金周转，但只有在时间需求的紧迫性差别很大时才能采用。

（三）用途差价策略

根据产品的不同用途制定有差别的价格，也是企业乐于选择的定价策略，不但能平衡不同目标市场的收益，而且有利于增加产品的新用途来开拓新市场。如在超市里为肥胖人群提供的脱脂奶粉售价远高于其他奶粉；而婴儿用卫生纸则比普通家用卷纸贵得多。另外标有某种纪念符号的产品，往往会产生比其他具有同样使用价值的产品更为强烈的需求，价格也要相应调高。如奥运会期间，标有会徽或吉祥物的产品的价格，比其他未做标记的同类产品价格要高出许多。

（四）质量差价策略

质量的差异意味着产品包含着不同的社会必要劳动时间，从而决定了产品成本的差异，采取质优价高的定价策略，符合企业生产经营的客观要求，也是企业树立品牌的基本途径。在现实的市场营销中，只有产品的质量为广大消费者所认可，才能使价格为其所接受，因此，质量差价策略必须依靠其他营销因素的配合才能实现。对于尚未建立起声誉的高质量产品，不要急于和竞争者拉开过大的差价，而应以促销等多方面努力，争取创立优秀品牌的产品形象；对于已经创名牌的优质产品，则可以较大的差价提高产品身价，吸引那部分喜爱名牌产品的消费者。

五、新产品定价策略

在激烈的市场竞争中，企业不得不将大量的科研投入花费到新产品的开发上，然而，技术的成功并不必然为企业带来预期的回报，这是因为即使外观、性能、质量都很好的产品,如果价格不能获得消费者的认可,也不会赢得市场。针对新产品开发成本高、缺乏定价参照等特点,采取适当的定价策略有助于企业降低开发风险,尽快收回投资。常见的新产品定价策略主要有以下三种。

(一)撇脂定价

撇脂定价策略是企业在追求最大利润目标指导下,在新产品上市初期,利用顾客求新、求奇的心理和竞争对手较少的条件,将产品的价格定得较高,力求在短期内收回投资,并迅速获取盈利。采用这一策略时,一旦产品被市场接受,企业不但能够获得高额利润,而且可以掌握降价的主动权,通过及时调整价格应对后进入者的挑战。值得注意的是,采用撇脂定价策略需格外谨慎,如果消费者认为价格过高,将导致产品积压,企业亏损。

采用撇脂定价需要满足以下条件,首先,产品新颖,具有质量、性能优势,短期内竞争者无法仿制或推出。其次,市场有相当数量的收入水平较高、求新动机较强的消费者。最后,产品价格需求缺乏弹性,即使价格定得较高,市场需求也不会出现大幅下降。如果不具备上述条件,撇脂定价将难以奏效或维持。

(二)渗透定价

与撇脂定价恰好相反,渗透定价策略即在新产品刚上市时,利用顾客求廉心理,采用低价政策,吸引大量消费者,从而提高市场占有率,然后随市场份额增加调整价格,降低成本,实现企业盈利目标。采取渗透定价策略不仅有利于迅速打开产品销路,树立企业良好形象,而且由于价低利薄,能有效排斥竞争对手的加入,保持企业一定的市场优势。但是,这种策略将会导致收回投资时间较长,在产品生命周期和需求弹性预测不准的条件下,具有一定的风险性。

通常渗透定价适合于产品需求价格弹性较大的市场,低价可以使销售量迅速增加;其次要求企业生产经营的规模经济效益明显,成本能随着产量和销量的扩大而明显降低,从而通过薄利多销获取利润。

小链接

公共产品的渗透价格策略

城市经营的绝大部分是公共物品,一般具有公益性质,价格要灵活。在定价策略上,不能把产品的价格定得很高,谋求短期内获取高额利润,以期尽快收回成本并取得较大收益,这是短视的定价行为。对于需求弹性较大的产品,存在着规模经济效益的产品,生产潜力很大或立足于长期经营的产品以及生产力水平较低即购买力较低的地区,应采取渗透价格策略,把新产品的价格定得较低,旨在长期获利。

例如,在公园、高速公路的收费问题上,公园可以实行改墙透绿,象征性收取门票甚至免费向市民开放,这样把公园绿化美景亮出来、透出来,美化了街景,方便丰富了市民生活,提升了城市总体形象。深圳市在路桥收费改革方面已经走在全国前面,为了减轻过往车辆负担,减少其运输成本,加速物流,促进经济发展,深圳市政府逐步降低高速公路和路桥的收费定价标准,并率先取消了几大主要高速公路和路桥的收费站点,采用政府财政补贴的方式保证其日常维护管理。

长期以来,我国城市住房实行的是福利分配制,市民对商品住宅购买欲望不强烈。由于收入低,房价高,住房货币化分配进展缓慢,居民对住房的有效需求不足。为此,应规范土地市场,严格界定行政划拨土地范围,逐步提高竞争性土地出让比例,使企业的土地需求受到地价的应有约束。对商品住宅实行在政府指导下定价,降低商品住宅价格,逐步提高公有住房租金,鼓励居民负债消费住房,创造居民对住房的有效需求。

资料来源:杨洁,王振平.经营城市中公共产品定价策略研究.价格理论与实践.2004(1).

(三)均匀定价

均匀定价策略又称为满意定价策略,是介于撇脂定价和渗透定价之间的折中做法,价格水平适中,同时兼顾生产者、中间商及消费者利益,力求使各方面都感到满意。这种策略既可避免撇脂定价因价格过高而带来的市场风险,又可消除渗透定价因价格过低而引起的企业生产经营困难,因而既能使企业获取适当的平均利润,又能兼顾消费者利益。均匀定价适用于需求价格弹性较小的日用生活必需品和主要的生产资料。

六、产品组合定价策略

这里的产品组合作为一个名词概念,是指在满足消费者需求上具有密切相关性的一系列产品的组合,生产目的是满足不同细分市场的需求。对于一个生产经营产品组合的企业来说,定价须着眼于整个组合的利润最大化,充分考虑不同产品之间的关系,以及个别产品定价高低对企业总利润的影响等多种因素,因此定价的难度较大。主要的产品组合定价策略包括产品线定价、互补品定价和产品群定价。

(一)产品线定价策略

所谓产品线,指的是满足同一类需求的一组产品,产品线定价策略的基本逻辑就是企业对产品线内的不同产品,依据其不同的规格、型号、档次及在竞争中充当的角色,制定不同的价格,以实现整体收益的最大化。例如宝洁公司的洗发水产品线中,飘柔的价格明显低于海飞丝、潘婷、伊卡璐等品牌。

产品线定价的基础是确定每种产品在竞争中的地位,其中,有些低端产品价格较低,主要用来充当招徕品,目的是吸引顾客购买产品线中的其他产品;有些高端产品则价格较高,用来充当获利产品,以及树立企业的品牌形象并快速收回投资。这样,如何合理确定产品线中不同产品的价格差距就成为产品线价格策略的关键。通常,产品线中不同产品的价差要适应顾客的心理要求,价差过大,会诱导顾客集中购买某一种低价产品;价差过小,则会导致顾客无法确定选购目标。

小链接

产品系列定价

松下公司设计出 5 种不同的彩色立体声摄像机,简单型的只有 4.6 磅,复杂型的有 12.3 磅,包括自动聚焦、明暗控制、双速移动目标镜头等。

产品大类上的摄像机依次增加新功能来获取高价。管理部门要确定各种摄像机之间的价格差距。制定价格差距时要考虑摄像机之间的成本差额、顾客对不同特征的评价以及竞争对手的价格。如果价格相差很大,顾客就会购买价格低的摄像机。

资料来源:吴健安.市场营销学.北京:高等教育出版社.2007.

(二) 互补品定价策略

互补品就是指具有互补关系,必须配合在一起才能发挥使用价值的多个产品,如手机与电池、饮水机与桶装水、计算机硬件与软件等。互补品中,价值大且使用寿命长的商品为主体产品,价值小、寿命短且需要频繁购买的商品为附带产品。

企业互补品的定价策略通常表现为将主体产品价格定得较低以吸引顾客购买,将附带产品的价格定得较高以获得利润。生活中,类似买胶卷赠相机、存话费赠手机的促销活动比比皆是。

(三) 选择品定价

许多企业在提供主要产品的同时,还会附带一些可供选择的产品或特征。如汽车用户可以订购电子开窗控制器、扫雾器和减光器等。

企业为选择品定价有两种策略可供选择:一种策略是为任选品定高价,依靠其盈利;另一种策略是定低价,把它作为招徕顾客的项目之一,以此招徕顾客。例如,有的饭店的饭菜定价较低,而烟酒、饮料等任选品定价很高;而有些饭店,烟酒、饮料等选择品定低价,而饭菜定高价。

（四）副产品定价

在生产加工肉类、石油产品和其他化工产品的过程中,经常有副产品。如果副产品价值很低,处理费用昂贵,就会影响到主产品的定价,制造商确定的价格必须能够弥补副产品的处理费用;如果副产品对某一顾客群有价值,就应该按其价值定价,副产品如果能带来收入,将有助于公司在迫于竞争压力时制定较低的价格,如生产豆腐产生的豆渣等。

（五）产品群定价策略

为了促进销售,企业往往将相关联的产品、服务配套、一并销售时作"一揽子"定价、"捆绑"定价,如房屋装修全包价、旅游景点联票价、图书经销商将整套书籍销售等,其价格比单独购买要低得多。但不可硬性搭配、"打闷包",强制消费。采用这种策略,必须使价格优惠到有足够的吸引力,否则就不会有人乐于购买。

小链接

捆绑定价产品之间的关联性

尽管在非相关性产品捆绑定价方式下捆绑定价的产品之间可以并无必然联系,但其实施要求基本产品和捆绑产品之间在消费对象、销售终端、品牌效应等方面相同或相近,一般要求具有以下条件:

1. 捆绑定价产品之间的互补性。捆绑定价的产品最好是互补性产品。这种互补性不仅仅是指产品之间的功能性互补,还包括捆绑定价的产品在消费者心目中被联系在一起或可以被联系在一起,并且产品之间对彼此的竞争地位有显著影响。这样,通过互补产品的关联,使得消费者将它们的形象联系在一起,综合地而不是单纯地衡量它们的功能,或者将它们作为一个整体来衡量购买使用。

2. 捆绑定价产品目标顾客的重叠性。在捆绑定价中,两种产品的目标市场应有较大交叉的部分。只有这样才能保证两种或几种同时捆绑定价销售的产品是目标消费者所需要的。如果捆绑定价的产品的目标消费者是不同的,将大大降低对捆绑定价产品的需求。

3. 捆绑定价产品之间市场定位的同一性。市场营销学依据人们的职业、收入、交易水平等变量将社会划分为不同的阶层,而不同社会阶层的人在消费习惯、消费心理等方面存在较大的差别。因此,在对产品实施捆绑定价策略时,要求捆绑产品市场定位至少是相同或者相近的,否则,捆绑定价策略就难以成功。奢侈品与劣等品也不能捆绑定价。

资料来源:曹洪,夏丽萍.捆绑定价策略探析.价格月刊.2004(03).

第四节　竞争中的价格调整

营销中的定价策略除了包含价格目标的确定、定价影响因素的分析、定价方法和策略的选择,还包括一个重要的组成部分,即价格的调整。为产品制定合理价格并不是定价策略的终止,企业需要密切关注当前价格水平下产品的市场表现,并根据市场环境和经营战略的不断变化适时对价格进行调整。同价格的制定一样,产品价格的调整也是一种科学、一门艺术。

一、主动调整价格的原因

企业从创立到成长、成熟,需要经历一系列的发展过程,在这期间,企业生存的内外部环境总是处于不断变化当中,而这些变化随时都会影响企业应对市场竞争的能力。为了生存和发展,企业通常需要主动调整价格来维持并扩大市场范围,然而,主动调整价格又可能引发一系列的价格竞争,如何把握时机进行降价或提价,是企业不得不考虑的问题。以下是企业进行主动调价的常见原因。

(一) 降价原因

企业在下面几种情况下必须考虑降价。

(1) 技术革新带来产品升级换代。技术革新带来产品升级换代导致现有产品相对落伍时,需要企业降价销售以清理库存。近年来,电子产品价格的不断下滑就属于此种情况。据说电脑每 18 个月价格变为原来的 1/2,速度变为原来的 2 倍。

(2) 企业面临激烈的竞争。市场份额被竞争对手所挤占时,为了提高竞争能力需要降价,典型的例子是家电行业频繁爆发的价格战。

(3) 企业知名度不高。通过促销或改进成本等手段都不能达到扩大销售的目的时,应当通过降价促销。

(4) 企业的库存过多。企业的库存过多导致资金周转困难、产品有效期将至或影响企业生产转型时,通过降价可促进库存清理,回笼资金。

(5) 当国家宏观经济不景气或行业需求不旺时,降低价格通常可以帮助企业渡过难关。

(二) 提价原因

虽然,相对于降价调整,提价更容易引起顾客的反感,在以下情况发生时,企业还是可以适当考虑提高价格。

(1) 产品的质量较先前有了较大的提高之时,可以通过提价保证质量与价格相匹配,这时的提价相对容易被消费者理解和接受。

（2）企业的产品供不应求、无法满足顾客需求时，适度提高价格不但能够缓解供需矛盾，而且能够为企业带来更大的收益。

（3）通货膨胀，由于通货膨胀导致产品的生产及销售成本提高，企业按原价格销售无法弥补开支的时候，通过提价消化新增成本。

（4）销售旺季的到来，因销售旺季的到来，为了获得更多利润而提价，如中秋的月饼比平时贵得多。

可以说，企业主动进行提价和降价的原因是多方面的，价格调整策略是企业价格策略的重要组成部分。除了要正确把握降价的时机，企业还需要选择适当的调价方法，给予消费者一定的心理调节过程，适应价格变化。

二、顾客对价格调整的反应

当企业出于上述种种原因，对产品的价格进行调整时，能否达到预期的效果，关键是取决于顾客对价格调整的反应。应该说，顾客对价格变动的反应是多种多样的，受到其思维习惯、生活经历、性格特点及所处环境等众多因素的影响。这里，我们仍然可以列举一些顾客对价格调整的常见反应。

（一）顾客对降价的反应

顾客对降价的有利反应是认为企业在让利顾客，或者是在同竞争者展开价格战。不利反应则相对较多，有以下几种：

（1）这类产品将要过时，新产品将会出现，企业降价是为尽快减少库存；

（2）产品存在质量问题，因为卖不出去，不得不降低价格；

（3）企业资金周转不灵，正常经营难以维持；

（4）产品价格还会继续下跌。

（二）顾客对提价的反应

小链接

调整水价促进节水

近年来，辽宁省城市供水价格调整比较频繁，平均提价幅度在30％以上。截至目前，全省综合供水价格平均为每立方米1.75元。其中：居民用水1.69元，工业用水2.09元，服务业用水2.72元，机关事业用水2.31元，特种行业用水12.65元，居全国中等水平。在调整水价的同时，辽宁省按照国家发展改革委和省政府的要求，制定了居民用水阶梯式计量水价和超定额累进加价政策。目前已有大连、鞍山、抚顺、锦州、辽阳、朝阳、葫芦岛、营口等 10 个城市执行了居民用水阶梯式计量水价,即超基数(每户每月一般 6～9 立方米)以外部分实行加价,第二级加价幅度一般在 50％以上。第三级加价幅度一般在 1～5 倍。此外,对工业、经营服务业、机关事业和特种行业用水实行超定额累进加价 1～10 倍的政策。同时各市强化基建施工用水管理,明确规定施工用水耗每立方米不得超过 0.6 立方米,超过部分实行 5 倍以下加价收费。缺水城市还实行了高额累进加价收费政策。据初步统计,由于实行阶梯式计量水价和超高额累进加价收费政策,收到了明显效果。如大连市 2003 年居民供水量 6 200 万立方米,比 2002 年减少了 1 100 万立方米,下降幅度为 15％。再如辽阳市 2003 年居民用水量 912 万立方米,比上年下降了 7.8％,平均每户每月用水量由原来 6.5 立方米下降到 4.5 立方米,下降幅度为 26％。全省一年可节约水量达 1 亿立方米。这对用户强化经济核算、改进节水技术、不断降低水耗,都起到了积极的促进作用。

资料来源:常清.深化水价改革全面促进节水.中国物价.2004(10).

顾客对企业提价的不利反应是认为企业通过提价牟取更多利益。有利反应包括以下几种:

1. 市场物价水平上涨,产品价格的上扬是正常的;

2. 产品很有价值,提价是因为物有所值;

3. 产品很畅销,将来一定更贵,或者将来就买不到了。

在产品价格变动过程中,顾客对价格变动的有利反应将起到促进其购买的作用,不利反应则抑制其购买行为,从而直接影响企业低价促进销售、高价彰显质量的目标的实现。因此,应当通过各种传播途径沟通资讯,向买方说明价格变动的原因,以消除种种猜测心理,从而使顾客对价格变动能正确理解并给予支持。

三、竞争者对价格调整的反应

在竞争市场上,企业的任何价格调整措施,会在第一时间被竞争对手所关注。由于企业面对的竞争对手往往不止一家,它们的看法会因竞争地位的不同而有所不同,也会选择各自的应对策略。这些问题都要在企业决定价格调整之前加以充分考虑,尤其是在对产品进行降价销售时,更容易招致对手的价格反击。

竞争者对于企业价格调低通常有如下看法:降价是为了市场渗透以占领更大的市场;企业掌握了降低成本的先进技术,降价仍能获得利润;企业想通过带动全行业集体降价以刺激需求;企业由于某种主观或客观原因,急于快速清理库存,退出市场。

本着以上种种猜测,结合自身的经营条件,竞争者所能采取的措施通常有以下几种。

（1）认为降价会损失大量利润或不同档次产品间发生利益冲突，从而放弃跟随降价，此时，企业的削价将会带来销售的增长。

（2）认为市场份额是最重要的，宁可牺牲当前利益，也要跟随降价，甚至有更大的降价幅度。

（3）由于目前没有掌握降低成本的技术，加大研发力度，经过一段时间、条件具备后再降价。

（4）逆市而行，价格不降反涨，向消费者传递其产品质量超群的信号，赚取更大利益。

另外，针对具体产品的特点及具体的经济环境，竞争者的反应往往是难以预料的，企业需根据经验、信息等进行全面细致的分析。

四、对竞争者价格调整的反应

企业在必要时会根据经营目标、竞争条件，主动采取价格调整策略，自然也面临着竞争对手调整价格的挑战，如何对价格竞争做出正确、及时的反应，是企业价格策略中的重要内容。

企业在对竞争者的调价作出应对之前，需要思考以下几个问题。

（1）竞争者调价的原因。降价是因为成本降低、质量缺陷、企图扩大销路，还是库存过多阻碍了经营转型？

（2）竞争者价格调整的战略。降价是短期行为，还是长期决策？是针对不同目标市场的，还是全国范围内的价格普遍调整？

（3）本企业不采取措施的后果。如果对竞争者的降价置之不理将会导致什么后果，是市场被掠夺，还是不受影响？如果同行业其他企业采取价格调整策略，是否带动市场格局的变化？

（4）竞争者对企业采取的应对措施又会有什么反应。竞争者看到本企业通过降价与之对抗，是否会采取更加激进的做法致使双方两败俱伤？

在明确了上述问题之后，企业就可以采取相应的应变对策。一般情况下，如果产品的质量大致相同，企业的价格应当同竞争者保持同步变动，否则很有可能导致市场份额被对手挤占。如果产品的品质存在差异，企业对竞争者价格调整的反应有更多的自由，可以根据本企业产品的质量、性能或服务优势维持相对高昂的价格甚至提价。

五、中国企业的价格战

价格战是企业的一种重要营销手段，是指一段时间内，某行业大量企业以集中的大幅度降低价格为主要竞争手段，并导致该行业一批企业利润下滑，生存困难甚至破产倒闭的竞争态势。价格战的根源在于产品供过于求、同类产品过剩，各个企业之间产品雷同，外观、造型、质量与性能没有大的区别，同质化现象严重，售后服务不到位等。

小链接

长虹手中双刃剑

　　价格战是长虹彩电多年来的营销战略主线,也是倪润峰称雄途中一把难以割舍的利剑。但是这把"双刃剑"既让长虹一度辉煌,也曾使长虹陷入进退两难境地。

　　1996年3月,长虹突然宣布降价,国内其他彩电企业如康佳、TCL、熊猫等竞相降价,降幅为50～200元。1998年4月,价格大战狼烟又起,不过此番领头的是康佳、TCL和创维,长虹却保持了沉默。直到7个月后,倪润峰突然宣布:长虹已垄断下半年国内彩管市场。但是由于各种原因,长虹整体囤积计划落空,不得不承受彩管大量积压的痛苦。

　　1999年4月,长虹又一次宣布全面降低彩电价格,涉及所有的产品规格。但是长虹并没有达到抢占市场份额的目的。2000年5月,倪润峰"下课",职位由赵勇接任,长虹开始强化研发力度。随后,长虹又宣布全面大幅降价,最大降幅达20%,但此次价格战的目的是清理库存。

　　2001年2月,倪润峰又以CEO身份重掌大权。同年,长虹再掀彩电降价狂潮。此后,TCL、厦华等开始跟进,然而这次降价没有引起购买热潮。随着彩电行业微利时代来临,全行业的平均利润已降至2%～3%。彩电业面临整体亏损。

　　2003年4月,倪润峰掀起"背投"普及计划,背投电视最高降幅达40%,但是国内对手却以"等离子"彩电抗衡,进行差异化竞争。一个月后,长虹在海外被以倾销罪名起诉,其低价策略在国际上受到了质疑。

　　2004年4月,美国宣布反倾销裁定,美国市场向几乎所有的中国彩电生产商关上大门。

　　资料来源:http://www.sina.net

　　在实践中,企业采用竞争性的降价而发起或参与价格战,多半是为了扩大市场占有率,提高价格竞争能力;有些企业优势是为了盘活资金以用于开发新产品而处理积压产品;有些则是为了提高行业的进入壁垒;还有一些是生产能力过剩需要扩大销售,而通过其他营销策略扩大销售的余地很小。另外一些企业则是由于同类产品发起了价格战,为了巩固已有市场而不得不动,被卷入到价格战中。

(一)价格战的形式

　　价格战作为一种营销策略,其战略目标相对单一,就是通过价格上的短兵相接,以达到企业战略部署的真正实现。价格战有以下形式。

1．进攻型价格战

是企业主动采取的一种市场攻击行为,其表现为快速占领市场,尽可能地抢占对手的市场份额,打击面大,一般较为主动。进攻型价格战从企业的角度来说,往往都是出于战略考虑,比如为迎合整个行业竞争需要,或企业自身为实现快速增长、达到规模效应,从而更好地参与市场竞争。比如 2000 年 8 月左右,掌上电脑市场风云骤变。名人宣布其主导产品 PDA328 降至 600 元大关,是商务通同类产品价格的 1/3;一指连环王降至 1 600 元,也比商务通的同类产品低 380 元。自此,名人的市场占有率迅速飙升,到 2001 年 4 月,名人将曾高出自己一倍的商务通的 40％市场据为己有,坐上了行业的第一把交椅。

2．狙击型价格战

企业在细分市场上瞄准目标,有效打击竞争者,瓜分对手的市场份额。通常针对性较强,打击面较窄,专注有力。狙击型价格战是企业采取的介于进攻型和防御型之间的一种行为,是企业为了更好地进行市场细分而采取的一种突击行动。比如 2002 年,统一策划了名叫逐鹿中原的营销专案,推出了零售价 0.5 元/包的低档冲泡而攻击华龙的河南市场;华龙利用甲一麦、六丁目等价格战产品,以零售价 0.4 元/包的竞争优势聚集统一,并对其进行了有效的终端拦截,最终取得了胜利。

3．防御型价格战

一般是企业迫不得已采取的一种市场行为。当领地有强敌入侵,为保全市场,往往采取这种防御型价格战。防御性价格战要注意以下三点:第一,参与价格战的产品要有侧重点,针对竞争品的主要规格,选取相应产品参与价格战,不可全线参与;第二,参战产品尽量采用新产品,因为价格战过后,这种炮灰产品往往不再具有保留价值;第三,防御与进攻完美结合,于防御中体现进攻,趁机扩大市场份额,一箭多雕。

（二）价格战的效果

不可否认,价格战的出现有它的积极意义。有关专家总结了价格战的七大作用。

（1）价格战市场经济的必然产物,是市场营销的重要组成部分。

（2）价格战可迅速促进市场扩容,提高社会购买力和扩大内需。

（3）价格战可淘汰一批劣质产品生产商及谋求短期利益者,直至重复投资,使社会资源得到合理的整合与利用。

（4）价格战可使消费者直接得益,用更少的代价尽享现代化的生活品质。

（5）价格战可以提升民族品牌搏击海外市场的竞争力。

（6）价格战加快产品创新与营销事件的升级。

（7）价格战促使中国企业优化管理水平和人力资源素质。

与此同时,我们也应看到,价格战会带来意想不到的代价付出。

（1）从消费者角度而言,尝到价格战的甜头后,那些对品质要求不太高或价格敏感性消费者,就会选择价格最低的产品,而不再考虑企业品牌。消费者还会采取观望态度,等待下一次厂家、商家的价格比拼。这意味着企业不降价就无法推动自己的销售。这一点以消费者在超市购买特价商品的行为表现得最为明显。

(2) 在价格战第一回合落败的竞争对手,极可能选择再压低自己价格,力争在第二回合中扳回一局。对于对手的这一轮降价行为,企业又不得不采取相应的回应策略。周而复始成了一种循环,成了一种经常性行为,陷入价格战的怪圈,价格一降再降,市场却不断萎缩,企业赢利日渐减少。

(3) 价格战过后,竞争者或许淘汰出局,原有资产却仍然留在市场。他们可能用极低的价格出售资产,创造出成本更低、行为更不可预测的新竞争者。

(4) 每经历一次价格战,幸存竞争者的力量又衰弱一分,因而他们能够拿来继续作战的筹码越来越少。20世纪90年代末彩电企业多年彼此恶斗的结果,是财务状况一家比一家糟,这就是最好的例证。

因此,认清价格战可能带来的风险,将有助于企业制定正确的价格战略:要不要参与价格战;参与程度多大;应如何制定防御性竞争策略,将自己与对手价格战的伤害降至最低等。价格决策绝不能只为达到短期销售目标,而应强化长期获利能力。

本章小结

影响定价的因素包括内部因素和外部因素,内部因素包括营销目标、成本和营销组合;外部因素包括市场需求、市场竞争、渠道成员、产品生命周期和政府限制等。企业定价目标主要有维持企业生存、当期利润最大化、市场占有率最大化、产品质量最优化等。

企业定价有三种导向,即成本导向(包括加成定价法、损益平衡定价法和变动成本定价法)、需求导向(包括理解价值定价法、反向定价法和需求差异定价法)和竞争导向(包括随行就市定价法、主动竞争定价法、密封投标定价法和拍卖定价法)。

企业定价策略包括折扣折让定价策略、地理定价策略、心理定价策略、差别定价策略、推销定价策略、新产品定价策略以及产品组合定价策略。

企业处在一个不断变化的环境之中,为了生存和发展,有时候需主动降价或提价,还要对顾客的反应作出估计,另外还需对竞争者的变价做出适当的反应。

思考与讨论

1. 影响企业定价决策的因素是什么?
2. 企业定价的目标有哪些?分别适用于何种情况?

3. 企业可以采用哪些方法对其生产的产品进行定价？

4. 差别定价有几种？各自适用于什么条件？

5. 折扣定价策略主要有哪几种类型？

6. 企业依据什么对其产品价格进行调整？如何调整？

7. 新产品应该如何定价？

8. 企业在采取降价策略时，经常遇到的问题与挑战有哪些？面对竞争对手的提价或降价，企业应如何应变？

案例分析训练

"格兰仕"的价格策略

格兰仕自进入微波炉行业以来，咬定青山不放松，努力使成本低于竞争对手，掀起格兰仕的价格烽火，特别是从 1997 年年初"买一赠二"，"买二赠三"的各种促销活动开始，到 1997 年 10 月 18 日宣布其全部产品价格平均下调 40％为止，其降价范围之广，幅度之大，震动了商界。

中国的微波炉行业起始于 20 世纪 90 年代初，在格兰仕进入微波炉行业的 1993 年，整个中国的市场容量仅为 20 多万台，此时的龙头老大蚬华内销规模为 1 万台，且大半市场集中在上海，许多城市的居民不知道微波炉为何物，更不习惯于用微波炉来烹饪。此时行业未充分发展，主要对手也很弱，格兰仕只要倾全力投入，就很容易在规模上把对手远远甩在后面，规模效应使单机成本亦会远远低于竞争品牌。这导致了格兰仕的迅速崛起，1993 年销量为 1 万台，1994 年为 10 万台，1995 年达到 25 万台，市场占有率为 25.1％，超过蚬华成为全国第一，1996 年销量为 60 万台，市场占有率达到 34.7％，1997 年为 125 万台，市场占有率达到 49.6％，1998 年总产量 315 万台，内销 213 万台，市场占有率为 61.43％，而原来的老大蚬华此时年内销售规模已不到 15 万台。在微波炉行业价格战中，格兰仕选定总成本领先战略并坚持始终。为了实现总成本绝对领先于竞争者，格兰仕壮士断腕，先后卖掉年赢利上千万元的金牛型产业——羽绒厂、毛纺厂，把资金全部集中到微波炉上，以扩大产销规模，提高装备档次和管理水平，降低费用和负债率，杜绝采购回扣，加强自我配套能力。格兰仕的价格战目标设计明确，据了解，格兰仕降价的目的是最大限度地扩大市场份额，格兰仕价格战打得比一般企业出色，规模每上一个台阶，就下调一个幅度的价格。格兰仕降价的特点之一是消灭散兵游勇的目标十分明确。当生产规模达到 125 万台时，就把出厂价定在规模为 80 万台的企业成本以下。此时，格兰仕还有利润，而规模低于 80 万台的企业若也以此价格来出售产品，那就会卖一台亏一台，除非对手能形成显著的品质技术差异。当规模达到 300 万台时，格兰仕又把出厂价调到规模为

200 万台的企业的成本线以下，结果规模低于 200 万台的且技术无明显差异的企业陷入亏本的泥潭，格兰仕这种策略使对手缺乏追赶上其规模的机会，从而在家电业创造了市场占有率达到 61.43％的优势。

消费者对格兰仕这样的企业心存感激，是格兰仕在 5 年时间内把原本 2 000～3 000 元一台的普及型微波炉降到 500 元，最便宜的仅为 340 元。国内市场微波炉的年销量从 1993 年的 20 多万台上升到 1998 年的 350 多万台，使微波炉进入千家万户。

资料来源：吴亚红. 市场营销学. 武汉：武汉理工大学出版社，2005.

结合以上案例，我们可以看到格兰仕的定价目标是什么？采用的定价策略是什么？你认为格兰仕价格战是否成功？为什么？企业在应对竞争者的价格变动时，应考虑哪些因素？

第 九 章

分销渠道策略

学习目标

1. 理解分销渠道的功能与模式；
2. 掌握分销渠道设计的内容和方法；
3. 掌握中间商的功能与类型；
4. 掌握分销渠道评估的必要性和调整措施。

引导案例

珠江啤酒集团出兵海外

在中国的市场上,哪个行业竞争最激烈? 当然是啤酒业。伴随着几大啤酒品牌的跑马圈地以及跨国啤酒巨头纷纷进军中国市场,中国啤酒市场可谓是烽火四起。此外,中国的啤酒市场,低价促销是一些地方品牌抢夺市场的常用策略,从而导致价格战的风起云涌,随之而来的是中国啤酒业已经进入微利时代。许多国内啤酒厂家要么苦苦支撑,要么被"列强"吞并,而珠江啤酒集团则借助跨国啤酒巨头的力量,不仅进一步巩固了自己在国内市场的话语权,还顺利地迈向欧美主流海外市场。

2004 年 5 月 20 日,珠江啤酒集团董事长杨荣明、英特布鲁集团董事局主席皮尔·让在广州签订国际市场合作谅解备忘录。

根据合作内容,珠江啤酒集团(以下简称"珠啤集团")可以利用英特布鲁集团在国际市场上庞大的销售网络,将珠江啤酒销往海外市场,借以实现"借船出海"的目的。英特布鲁旗下"贝克"啤酒则可以借助珠江啤酒销售渠道,进一步打开中国高端啤酒市场。

珠啤集团敞开销售渠道分销英特布鲁的产品,的确会给自己在高端市场上培育新的竞争对手,但是,珠啤也可以从中得到许多好处:一方面可以通过合作分享英特布鲁管理销售渠道的经验,提高自己的管理水平;另一方面可以将自己的渠道资源优势得到最大化的利用,实现分销网络的规模经济效应,从而降低其分销渠道成本,增强自己在国内市场的竞争力。

敞开自己的渠道资源,珠啤集团嫁接来的是巨大的资金和海外市场网络。作为世界上历史最悠久的啤酒公司之一,英特布鲁在 20 多个国家拥有啤酒厂,遍及西欧、美洲及发展中国家,其产品在世界 110 个国家销售,有强大的销售网络和资金优势。

在海外市场上,珠啤的重点是拓宽欧洲、南美、东南亚和中国港澳台等地市场。尽管其在东南亚和中国港澳台市场已占出口量的 50％ 以上,但是珠啤在欧洲和南美市场上的表现不尽如人意。而比利时出生的英特布鲁在欧洲和美洲市场上的强大销售网络恰好能弥补珠啤的不足。目前,珠啤在向欧洲和南美的出口上,已经取得了较大的进展。国内啤酒行业研究人士王乃振认为,珠啤借助英特布鲁进入欧美更多是以进入当地华人生活圈及一些驻外使馆的方式进行,这样在短时期内不会形成大规模的销售量,但对珠啤打造国际品牌形象,在未来扩大本土市场份额却是重要的一环。利用英特布鲁在国外市场庞大的销售网络,珠啤布局国外市场,"借船出海"不仅打开了国外市场,还为本土市场留下了更多的发展空间。

资料来源:林楠.经典营销.北京:地震出版社,2005.

在社会化大生产和市场经济社会中,产品的生产者和消费者或用户之间不仅存在着时间、空间和所有权分离的矛盾,而且存在产品供需、结构上的矛盾。要使产品顺利地由生产领域向消费领域转移,实现其价值和使用价值,取得一定的经济效益,必须通过一定的分销渠道。合理选择分销渠道是企业营销的又一重要决策。

第一节　分销渠道概述

一、分销渠道的概念及特征

(一) 分销渠道的概念

分销渠道(也叫销售渠道),就是我们通常所说的商品流通渠道。所谓分销渠道是指产品或服务从制造商向消费者转移过程中的通道或路径,制造商生产的产品或服务通过这个通道或路径,可以顺利到达最终消费者手中。分销渠道涉及若干个中间环节,通常包括制造商、批发商、零售商及其他辅助机构。他们为使产品或服务顺利到达最终消费者手中而履行各自的职能,通力合作,有效地满足市场需求,实现产品价值和企业效益。

(二) 分销渠道的特征

(1) 分销渠道反映某一特定产品价值实现的全过程所经由的通道。

(2) 分销渠道是一些相关经营组织或个人的组合,他们因共同的经济和社会利益结成共生伙伴关系,但这种关系也会发生矛盾和冲突。

（3）在分销渠道中，产品的运动以其所有权转移为前提。

（4）在分销渠道中，除商品所有权转移方式外，还隐含物流、信息流、货币流、促销流等。

二、分销渠道的功能与流程

（一）分销渠道的功能

分销渠道的基本职能就是指分销渠道的功效和能力。一般说来，分销渠道具有九大基本功能：调研、促销、寻求、编配、洽谈、物流、融资、财务、风险。

（1）调研。收集、整理现实中潜在消费者、竞争者以及营销环境的相关信息，并及时地传递给渠道中的其他参与者和合作者。

（2）促销。各个环节的成员通过各种促销手段，把商品和服务的有关信息传播给消费者，刺激消费者的需求和欲望，促进其采取购买行为。

（3）寻求。通过认真分析市场机会，寻求潜在市场和潜在顾客，针对不同细分市场目标消费者的特点，提供不同的分销渠道形式。

（4）编配。按照买方要求分类整理供应品。例如，按产品相关性分类整理和组合，调整改变产品包装大小、分级等，以满足不同消费者的需要。

（5）洽谈。各个渠道成员之间，按照互利互惠、彼此协商的原则，就有关交易商品的价格、付款和交货条件等问题达成协议，促成买卖双方功能的实现。

（6）物流。分销渠道最终要实现把商品送到消费者或用户的手中，满足其消费的需求，所以，当然不能缺少采购供应、商品实体的运输、储存和配送服务等功能。

（7）融资。为了顺利地实现商品的交换，分销渠道的成员之间可以用赊销、信用的形式互相协作，加速商品流通和资金周转。

（8）财务。分销渠道促进商品交易和实体分销的活动与资金的流通是伴随进行的，分销渠道当然离不开货款往来、交易费用支付、消费信贷实施等有关财务方面的管理，以有利于筹措和用活、用好有限资金等。

（9）风险。分销渠道成员除了在商品流通中通过分工分享利益以外，还应共同承担商品销售、市场变化带来的风险。

（二）分销渠道的流程

"流程"通常是对商品流动方向的描述。分销渠道的流程就是指所有渠道的成员依顺序执行的一系列职能。

（1）所有权流也称为商流，是指商品的所有权从渠道的一个成员转移到另一个成员手中的过程，表明了流通时所有权关系的变更。一般来说，商流会在不同的渠道成员之间发生转移,但也有一些渠道成员参与流通活动,商品的所有权并没有转移到他手中。例如代理商的活动能促进商品的流通,但他不是一级商品所有权的持有者。

(2)实体流也称物流,是指产品实体在渠道中的空间移动,即从制造商的手中到达最终用户手中的运输和储存活动。物流是分销渠道中十分重要的基础,为了保证渠道的运行效率和质量,渠道成员就是要强化物流管理,降低物流成本,提高分销渠道的效率和效益。

(3)促销流是指渠道成员促进销售的行为。各个渠道成员在商品流通的活动中都会尽可能地应用各种有效的促销手段,尽快地将商品推向最终消费者,加快商品的流通速度。这些促销手段包括广告、营业推广、公共关系、人员推销以及服务等。

(4)谈判流是指渠道成员之间就双方交易的商品价格、付款方式、交货地点和时间等问题进行洽谈,一经双方确认就成交。

(5)融资流是指渠道成员之间的资金互相融通的活动。这种融资流可分为前向融资和后向融资两种。前向融资,供货者向购买者赊销商品就属于前向融资;后向融资,购买者向供货方预付商品定金属于后向融资。

(6)风险流是指渠道成员在流通活动中,有可能遇到像产品积压、过时、报废、丢失、损耗、产品返修率高、合同违约、市场变化、自然灾害等不可预测的损失问题,这些风险都会在成员之间互相转移,每个成员都有可能要承担流通的风险。

(7)订货流是指渠道成员向供应商订购商品的活动。订货流一般是由专业购买者或消费者向零售商订货,零售商向批发商订货,批发商向制造商订货的后向流程。

(8)付款流是指渠道成员向其供应商购买商品支付货款,或者支付为实现购销活动发生的服务费用引起的资金流动。

(9)信息流是指渠道各个成员之间为了实现促进商品流通的目的,互相传递市场信息的活动。

在以上九大部分的流程中,实物流、所有权流、促销流属于前向流程,即在渠道中依次从制造商流向批发商、零售商、消费者;订货流、付款流属于后向流程,即分别由渠道中的后一成员流向前一成员;洽谈流、融资流、风险流和信息流则是双向流程,即在交易的成员之间进行。

三、分销渠道的模式和类型

(一)分销渠道的模式

(1)**消费者市场销售渠道模式**　一般有 5 种形式,如图 9-1 所示。

(2)**生产者市场销售渠道模式**　一般有 4 种形式,如图 9-2 所示。

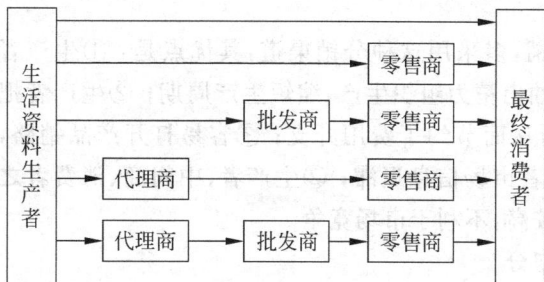

图 9-1 消费者市场销售渠道模式

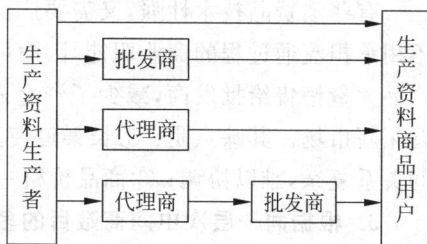

图 9-2 生产者市场销售渠道模式

（二）分销渠道的类型

1. 根据是否有中间商的介入划分

根据是否有中间商的介入，可以分为直接渠道和间接渠道。

（1）直接渠道。直接渠道又叫零级渠道，是指产品从企业流向最终消费者的过程中不经过任何中间商转手的分销渠道。直销渠道是最简单、最直接的渠道，是工业品分销采用的主要类型。

（2）间接渠道。间接渠道是指企业通过若干中间环节，把产品销售给最终消费者或用户的渠道类型。

2. 根据中间环节层次的多少划分

根据中间环节层次的多少，可分为长渠道和短渠道。

（1）短渠道。是指没有或只经过一个中间环节的分销渠道。主要有两类：①零级分销渠道。这种分销模式简称直销，指产品不经过任何中间环节，直接由企业供应给消费者。②一级分销渠道。这是最常见的一种销售渠道。这种模式是指企业和消费者之间只经过一个层次中间环节的分销渠道。

一般来说，技术性强的产品，需要较多相关服务的产品以及保鲜要求高的产品需要较短的渠道。短渠道的优点是：①由于流通环节减少，产品可以迅速到达消费者手中，生产者能够及时、全面地了解消费者的需求变化，调整企业生产经营决策；②由于环节少，费用开支省，产品价格低，便于开展售后服务，提高产品的竞争力。其缺点是：流通环节少，销售范围受到限制，不利于产品的大量销售。

（2）长渠道。是指经过两个或两个以上的中间环节把产品销售给消费者的分销渠道。主要有三种：①二级经销渠道。这是一种传统的也是常用的分销模式。这种模式是指在企业与消费者之间经过两个层次的中间环节的分销渠道。②二级代理分销渠道。这种分销模式也是在企业与消费者之间经过两个层次的中间环节的分销渠道。③三级分销渠道。这种模式是指在企业与消费者之间经过三个层次中间环节的分销渠道。

有些消费品技术性强,又需要广泛推销,多采用这种分销渠道,其优点是:①生产者不用承担流通过程的商业职能,因而可以抽出精力组织生产,缩短生产周期;②生产者把产品大量销售给批发商,减少了资金占用,从而节约了费用开支;③容易打开产品销路,开拓新市场。其缺点是:①长渠道使生产者市场信息迟滞;②生产者、中间商、消费者之间关系复杂,难以协调;③商品价格一般较高,不利于市场竞争。

3. 根据同一层次中间商数目的多少划分

根据同一层次中间商数目的多少,可以分为宽渠道和窄渠道。产品和劳务在从生产者向消费者转移的过程中,不仅要经过若干流通环节,而且也要通过流通环节中若干中间商的努力,从而完成转移。产品或劳务通过同一环节中间商数目的多少,形成了不同宽度的分销渠道。

(1) 宽渠道。这是指生产者在同一流通环节利用中间商的数目较多,形成渠道的宽度大,因此被称为宽渠道。其优点是:①通过多家中间商,分销广泛,可以迅速地把产品推入流通领域,使消费者随时随地可以购买到需要的产品。②促使中间商展开竞争,使生产者有一定的选择余地,提高产品的销售效率。不足之处在于:由于每个层次的同类中间商较多,各个中间商推销某一种产品不专一,不愿意花更多的时间、精力推销某一产品;同时,生产者与各中间商之间的关系比较松散,在遇到某些情况时关系容易僵化,不利于合作。

(2) 窄渠道。这是指生产者在同一流通环节中只选择一个中间商销售自己的产品。其优点是:①由于每一层次中同类中间商较少,生产者与中间商的关系非常密切,生产者可以指导和支持中间商开展销售业务,有利于相互协作;②销售、运货、结算手续大为简化,便于新产品的上市、试销,迅速取得信息反馈。不足之处在于:①生产者对某一中间商的依赖性太强,情况一旦发生变化(如中间商不想再与生产者合作),容易使生产者失掉所占领的市场;②只限于使用一个中间商,容易使中间商垄断产品营销,或因销售力量不足而失掉消费者;③产品销售渠道范围较窄,市场占有率低,不便于消费者购买。因此,窄渠道适用于专业性较强、生产批量小的产品销售。

4. 根据企业采用分销渠道的多少划分

根据企业采用分销渠道的多少,可分为单渠道系统和多渠道系统。

(1) 单渠道系统。是指企业只通过一条分销渠道销售产品。

(2) 多渠道系统。又称复式渠道或混合渠道,是指企业对同一或不同细分市场,同时采用多条渠道的分销体系,并对每条渠道或至少对其中一条渠道拥有较大控制权。其形式主要有:①企业通过两条以上的竞争性分销渠道销售同一商标的产品;②企业通过多条分销渠道销售不同商标的竞争性产品;③通过多条分销渠道销售服务内容与方式有差异的产品,以满足不同消费者的需求。

小链接

联营体渠道模式

联营体是指生产商与经销商合作,将双方的优势资源结合起来,共同成立一个相对独立的销售机构。联营体商业模式在外销转内销企业可行的原因是:外销企业对国内市场不熟悉,完全靠自己摸索时间长、成本高,完全依靠其他渠道商又会受制于人,失去主动性;联营体可以借助别人的力量、经验、资源快速占领国际市场,又不会完全受制于人;制造商与渠道商进行战略联盟、优势互补,一起拓展市场,比自己孤军奋战要容易。

另外,联营体模式还具有这样几个优势:第一,将外销企业与渠道商的责任、权力有机捆绑。第二,有效避免了生产商与经销商的双方风险。第三,有效地解决了渠道间的冲突问题。渠道间的冲突、终端的冲突、价格的冲突等是常见的问题,差价导致的货物流动会造成渠道混乱和不公平竞争。

文具产品远销 100 多个国家和地区的宁波贝发集团是外销转内销企业运用联营体原理将上下游资源进行整合而获得巨大成功的典范。贝发集团布局中国市场后,以"奥运会文具独家供应商"的品牌优势在上游整合文具制造商,在下游以特许的形式发展加盟分销商,迅速组织产品,搭建通路,构建以品牌为核心集成众多制造商和产品渠道的"集成供应链商业模式",实现了品牌经营和供应链管理的紧密结合。两年内,贝发集团在国内市场从零到有,如今拥有 500 多家连锁专卖店,终端系统销量节节攀升。

资料来源:何之源.外贸转内销的渠道策略.销售与管理.2009(05).

第二节　中间商的作用及类型

一、中间商的作用

(一)调节生产者和顾客之间在产品数量上的差异

中间商一般采用化整为零和组零为整的方式来进行数量上的调整。化整为零是指中间商将搜集来的货物经过加工、分装出售给顾客的过程;组零为整是指中间商从生产企业那里搜集货物,通过集中零散的货物,成批装运,降低成本。

(二)调整生产和消费之间在花色品种和等级方面的差异

中间商以分级和聚合的方式来调整其类别差异。分级是指将产品按照一定的规格与质量分成若干等级的过程;聚合是指将各种各样的产品按照其花色品种加以搭配,聚合起来,便于顾客购买。

小链接

水 到 渠 成

当飞利浦照明了解到中国经销商对服务和利益的各种需求后,迅速地将原有的5个办事处在两年中扩展到覆盖全中国的17个办事处,建立了300多个飞利浦特约经销商,并对经销商执行等级管理,确保获得各地随着"中国城市美化工程"的开展而产生的各种照明工程项目。飞利浦照明是第一个用手提电脑和投影仪为中国经销商讲解照明设备,帮助经销商实施工程现场的照明设计服务的专业照明企业。不仅如此,为使经销商的忠诚度不断提高,飞利浦加大了销售服务领域和对客户满意度的提升,为经销商开展专业的市场营销,财务管理,应收账款管理,仓储管理等培训,后来又启动了耗资巨大的经销商"最佳合作伙伴"项目,提高和扶持经销商对市场的进一步渗透水平。这种做法的关键之处在于飞利浦照明对中国渠道驱动力的认知:建立良好的分销渠道体系,服务经销商并确保他们获得利益,才是取得中国市场的关键。在以市场推广为主的品牌建设上,飞利浦照明始终保持低调。随着其市场份额的提高,越来越多的消费者不仅知道飞利浦品牌的剃须刀,电视和影音设备,还有飞利浦品牌的灯具,灯泡等。事实上,飞利浦照明设备已经在中国城市建设中形成了稳固的优势。而在彩电业务上,自2002年,飞利浦正式进入并采用TCL的渠道网络。

资料来源:林楠.经典营销.北京:地震出版社,2005.

二、批发商

著名营销学家菲利普·科特勒在《市场营销管理》一书中将批发定义为:"批发包含一切将货物或服务销售给为了转卖或者商业用途而进行购买的人或组织的活动。"

批发首先是一种购销行为。其一是购进,即直接向生产者或供应商批量购进产品,这种购进的目的是为了转卖而非自己消费;其二是销售,将产品批量转卖给工商企业、事业单位,供其转售(如零售商)、加工再售(如制造商)或转化再售(如事业单位)。

批发同时也具有中介功能。它是将生产者的产品(或服务)适时转移到合适的地点;再经其他成员过渡到消费者之间的桥梁。因此,批发又有"流通中介"之称。由于为终端消费者服务的企事业单位一次购买的批量较大,批发中介的购销规模也就较大。批量购销因此成为批发业务的另一个特点。

有一些消费者出于各种利益考虑(如批发价低廉,一次性多买省时间等),也在批发市场购买批量商品。对批发商来说,这种业务并不是真正意义上的批发业务,而是附带的零售行为。

从事批发业务的人或部门(公司、营业部、办事处等)统称为批发商,是在商品流转过程中,不直接服务于最终消费者,只是实现产品在空间上、时间上的转移,达到销售目的的中间商。批发商是批发这一行为的执行者,他们直接向生产者(或提供服务者)购进产品或服务,再转卖给零售商、批量产品消费者或其他批发商。批量产品消费者,主要是对产品进行再加工或业务使用的部门,如加工厂、宾馆酒店、公用事业单位、机关团体等。

从总体上讲,批发商主要有以下几种类型。

(一) 经销批发商

经销批发商又称商业批发商,是指进行批发营销业务的独立法人。他们具有对所经销商品的所有权,并完全由自己来独立组织销售。这类批发商约占批发商总数的50%,是批发商的主体。经销批发商又可分为完全服务批发商和有限服务批发商两大类。

1. 完全服务批发商

完全服务批发商一般持有存货,有固定的销售人员,能提供收货、送货及协助管理等服务。它又分为以下两类:

(1) 批发商人。批发商人是以零售商为服务对象的批发商。根据其经营范围又可分为以下三种:①综合商品批发商:可供应多条产品线的产品,如某些大型贸易(批发)公司;②综合产品线批发商:只经营一两条产品线的产品,但产品的花色品种较全,如服装、鞋类批发商;③专用品批发商:以很大程度专门经营某条产品线上的专门产品,如化妆品批发商、鲜活水产品批发商等。

(2) 产业分销商。产业分销商指专门向生产部门而不是向零售商供应商品(作为生产部门的原材料、半成品或零部件)的批发商。他们提供存货、交货及信贷服务。经营范围宽窄不一,有的可能只供应一种产品(如轴承);有的则可能把该厂所需的物资供应全包了;有的则集中在某些生产线上,如MRO项目(保养、维修与操作供应品)、OEM项目(原设备制造供应品,如紧固件、小型橡胶部件、轴承、电机等)、设备(例如,手工和动力工具、叉式起重车等)。

2. 有限服务批发商

顾名思义,有限服务批发商的服务项目较少。由于供销双方都有一个尽量降低成本的愿望,故有限服务对于供销双方,特别是小批量、小存货(甚至是零存货)的企业还是受欢迎的。由于"船小好掉头",故有限服务的方式还是较多的,有的批发商也兼营较大量的零售业务。该类批发商还可细分为:

(1) 现购自运批发商。这种批发商不提供送货服务,主要经销要求周转快的产品线。如水产品市场的批发商,大多数都是由客户登门购货,当面支付现金(熟的客户也可以付支票),并自行运回。

(2) 卡车批发商。在市场上有一批专门帮客户运货的车辆,车主自己有一批客户后,就可以增加一项业务——销售。有的企业也自备卡车进行送货上门的批发经营。特别像牛奶、面包、冷冻食品等半易腐商品，大多由生产厂商包给卡车批发商，由他们及时、迅速地将商品运到各零售点，当面收回或定期收回现金。

（3）承销批发商。这些批发商向零售商或其他客户征订商品，然后对供货市场进行优选，直接向生产商提货售给零售商（客户）。从收到订单起，承销批发商就拥有对货物的所有权并承担风险，直到将货物交给顾客为止。这种批发商通常经营大宗商品，如煤、木材、钢材和重型设备等。

（4）托售中间商。托售中间商即委托他人销售的批发商。他们在各零售店设立专柜，然后送货上门，自行定价，自行宣传，用合同规定被托售零售店的利益。他们拥有商品所有权，零售店则拥有商品保管与销售权，一般在顾客购买商品后定期向零售店收款。一些城市雪糕、冰棒的销售即采用该方法。其他产品线有玩具、书、小五金、保健美容品等。

（5）邮购批发商。邮购批发商利用邮局、航空或其他运输工具进行批发经营。他们将产品目录及订单寄给零售店、制造商甚至大型企事业单位（现大多采用上网办法），收到订单后一面备货，一面向订货方要求预付款及其他条件，然后通过邮购等方式供货。

（6）生产者合作社。这是为了协调生产者，特别是像农产品生产者这样的季节性生产者的利益，由这些生产者共同组建，所形成的批发机构。生产者合作社可以较大规模地将产品投放市场，协同改进产品质量，创出共同品牌，使各方获得较大利益。美国的新奇士橙汁、中国的吐鲁番葡萄干等可采用这种方式。

（二）经纪人与代理商

经纪人、代理商与经销批发商的区别，是前二者对商品没有所有权，只执行批发经营中的若干项职能。其主要职能是中介，为买卖双方提供信息与便利，并在成交后提取一定佣金（有的又称回扣，一般在 2%～10% 之间）。

1. 经纪人

经纪人的职能是为买卖双方牵线搭桥，协助他们谈判，由雇用方付费，不备有存货，也不参与融资或承担风险。在我国牲口市场历来有大量经纪人，故被称为"牙行"；在房地产市场的经纪人则被称为"中介"。此外还有食品经纪人、不动产经纪人、保险经纪人和证券经纪人等等。

2. 代理批发商

代理批发商是获得企业授权在某一地区进行代理产品购销业务的批发商。他可以代表卖方，也可以代表买方。

（1）制造商代理商。制造商代理商可以负责代理销售该制造商的全部产品，也可以只代理其中某一部分产品。双方一般要签订合同，明确双方权限、代理区域、定价政策、佣金比例、订单处理程序、送货服务及其他各种保证。制造商欲扩大市场而本身未建立分销点时,常以此来节省成本。

（2）销售代理商。是指在签订合同的基础上,为委托人销售某些特定商品或全部商品的代理商,对价格、条款及其他交易条件可全权处理。它与制造商代理商的不同之处:①每个制造商只能使用一个销售代理商,而且制造商将其全部销售工作委托给某一个销售代理商后,不得再委托其他代理商代销产品,也不得再雇用推销员去推销产品;而每一个制造商可以同时使用几个制造商代理商,还可以设置自己的推销机构。②销售代理商通常替委托人代销全部产品,而且不限定在一定地区代销,它在规定销售价格等销售条件方面有较大权力,即销售代理商实际上是委托人的独家全权销售代理商。

（3）采购代理商。采购代理商不是帮生产厂家销售产品,而是帮其采购所需物资(全部或部分)。他们不是代理批发某一类产品,而是专为一家或几家企业代理采购物品。采购代理商俗称"买手",通常熟悉市场,消息灵通,能向企业提供质量高、价格低的采购品。采购代理商通常要负责代理采购、收货、验货、储运并将货物运交买主等业务。

（4）佣金商。佣金商又称为代办行,他们是实际拥有产品,并处理商品销售的代理商。可以代理多家商品,代理时间长短也不定,甚至可以代生产商参加生意谈判。佣金商一般代生产商把货送到批发市场销售(一般价格均较低),扣除佣金和费用,将余款支给生产商。一般生产商对佣金商人也比较了解,放心将产品交给佣金商。他们常常从事于农产品的营销领域,受托于那些不愿自己出售产品和不属于生产合作社的农场主。

（5）拍卖行。拍卖行为买主和卖主提供交易场所和各种服务项目,以公开拍卖方式决定市场价格,组织买卖成交,并从中收取规定的手续费和佣金。

三、零售商

（一）零售与零售商

零售包括三个概念,即零售行为,零售商和零售业,它们的内涵是不相同的。

1. 零售行为

零售行为简称零售,是指将商品或服务直接销售给最终消费者,以供其个人(或家庭)作非商业性用途的活动。

在现实中的零售活动,既有以有形(物质)商品为对象的,也有许多对无形服务的零售,如理发、美容、按摩、家政服务,代购车票、机票,提供旅游服务等。有人认为医生、旅店业务也属零售范围,生产者、批发商和零售商都可以从事零售活动。判断其是否从事零售活动的标准,主要是看其售卖对象是否为产品或服务的最终消费者。认识这一点是非常重要的。

2. 零售商

零售商是指以零售活动为其主营业务的机构或个人。零售商是相对于生产者和批发商而言的。有零售行为的单位或个人并不都是零售商。零售商首先是经营者（中间商）的一种类型，该经营者的基本业务范围必须是零售。因此，对一些批零兼营的商业机构来说，只有销售量主要来自零售活动的商业单位，才能被称之为零售商。

3. 零售业

零售业是指从事零售活动的行业。根据零售定义，该行业范围较广，既包括商品零售业也包括几乎全部服务业、娱乐业、医院及其他社会服务业。在现实生活中，根据工商管理部门对行业的划分和人们的习惯认识，零售业主要是指从事商品零售业务的行业。

（二）零售的意义和功能

1. 零售的意义

零售是产品进入消费领域的最后一道环节，亦即分销渠道的终端环节。通过零售，产品退出流通领域，完成其形态变化的最后阶段，进入消费，最终实现了价值。其重要意义表现在以下几个方面。

（1）零售市场的状况可以反映人民的消费（生活）水平，反映社会经济发展的状况和水平。社会商品零售额是反映一个国家或地区经济发展与运行状况的重要指标。一般地说，社会商品零售额高，表明市场兴旺，商品、货币流通顺畅，工农业生产及第三产业发展良好，整个经济景气度高；反之，则反映经济增长缓慢甚至倒退。

（2）零售是检验生产者的产品（服务）是否适销对路的明镜。只有那些真正适合消费者需求的商品，才能在零售市场畅销。因此，对零售市场的调研和采取正确的分销策略，是生产企业强化营销管理的重要方面。

（3）零售可以引导消费。零售是与消费者接触最多的渠道环节，可以根据消费者的需要，利用各种宣传和引导方法去影响消费者，使消费者认识某商品并最终乐于购买。这对于一些新产品有着特别重要的意义。

（4）零售也是企业认识市场的重要方面。消费者的需求信息最终要通过市场才能得到准确的反馈。企业产品是否适销也要通过市场才能得到检验。一家企业，要使自己的产品避免积压滞销，必须经常了解零售市场的信息。

2. 零售的特点

相对于批发来讲，零售具有如下特点：

（1）终端服务。零售终端的顾客每次购买数量小，而且要求花色品种齐全、价廉物美，提供购买与消费的方便服务。零售经营者为此通常要控制批量进货、加快销售过程、提高资金的周转率。这就形成了零售商多品种小批量进货、低库存和重视现场促销的经营特点。

（2）业态多元。为缓解扩大销售与品种齐全、购买量小、避免压库之间的矛盾，适应不同消费者群体需要，零售业的经营方式（即零售业态）呈现多元化特点。如商店就有各种各样的类型：百货商店、超级市场、专业商店、连锁商店、折扣商店、便利店和杂货店等等。

（3）销售地域范围小。与批发销售不同,零售商店的顾客主要是附近的居民和流动人口。因此,零售经营地点的选择(零售选点)就成为决定经营成败的一个关键。这是零售的重要特点。

（4）竞争激烈。与其他行业相比,零售业者之间的竞争显得更为直接、剧烈,手法也更加多样。如为了适应顾客的随意性购买及零售市场竞争,零售店必须利用销售场所及外部周边环境进行有吸引力的整体商店设置,进行形象宣传;为了吸引并留住顾客,零售店必须考虑有关商店位置、交通设备、营业时间、花色品种、停车场所和广告宣传、促销手段等各种因素,进行策划。

3. 零售的功能

零售的基本功能表现为以下几个方面。

（1）直接为最终消费者服务。零售交易主要是通过营业员与消费者直接接触,在单独分散的状态下完成的。营业员的业务素质与服务水平,不仅对当次交易的成败,而且对全店吸引潜在顾客的能力,都有重大影响。

（2）最终实现产品价值。通过零售交易,产品退出流通进入消费,从而实现其价值。制造商的劳动消耗这时才在真正意义上得到补偿,社会再生产过程因此才能顺利进行。

（3）生产者和消费者沟通的重要纽带。由于直接接触消费者,零售环节对消费者的需求及消费倾向最了解,反应也最灵敏。企业通过零售,一方面可以不断地向消费者输出商品信息;另一方面也可以把消费者的信息及时反馈回来,更好地适应市场需要,组织生产经营活动。

（4）适应市场,保障供应。由于广大消费者的生活必需用品都是通过零售环节获得的,庞大的零售大军成为人类社会的重要组成部分。适应消费者不断变化的需求,零售业不断调整业态,改善经营,使消费者需要不断得到满足。

（5）提供综合服务。除服务员的礼貌接待外,零售现场还通过美丽的橱窗、温馨的环境、热闹的场面,给顾客以享受。零售也在努力提高服务项目和质量,以迎合消费者的需要,如主动导购、送货上门、用户访问、售后服务等,有的零售店还设有公用电话、中介、家政、娱乐等服务设施和项目。

（6）精神文明建设。零售业通过广告、品牌、招牌、橱窗、装饰、商品陈列、服务员的衣着与化妆等给人一种美的感受;通过文明礼貌经商,推介和参与各种社会文明活动、遵纪守法经营,促进着社会的精神文明建设。因此,零售业有"精神文明建设的窗口"之称。

4. 批发与零售的区别

作为产销中介环节,尽管批发商和零售商都是中间商,共同做生产与消费之间的中介工作,现实中有些批发部门也搞零售业务,有些零售店也兼营批发,但批发与零售还是有

明显区别的,其主要区别在于:

(1) 服务对象不同。批发是为中间性消费(转卖或商业用途者)进行的购销活动。而零售则是为最终消费者服务的。

(2) 选点差异。零售商选择其经营地点(店址)要以消费群体为依据,把是否靠近消费者(顾客)作为第一要素;批发商的选址则以生产群体、交通和批发群体为依据,把是否靠近产地、交通是否便利和是否在专业批发市场作为要素,他们往往并不考虑是否靠近消费群体。

(3) 销区差异。批发商业务覆盖的地区范围(市场面)比零售商大。批发"眼宽腿长",能跨地区购销;而零售(特别是零售店)是小区售货,范围很窄。

(4) 促销手段差异。批发商一般不设专人进行促销,不营造单个的营销气氛,他们宁愿在批发市场租赁场地,付费让管理单位(市场管理者)去做广告,组织各种促销活动,共同营造气氛。零售商则相反,往往极重视现场气氛、现场促销。

(5) 存货差异。批发商通常有大量存货,仓储容量最大;零售商往往只有少量周转性库存。此外,政府对批发商和零售商的政策、法律、税收和管理方法也不完全相同。

(三) 零售商的分类

零售商类型繁多。按其销售方式可以大致划分为商店式零售商和非商店式零售商两大类。

1. 商店式零售商

商店式零售亦称门市部零售,其共同点是设有摆放商品和顾客购物的店面,顾客的购买活动是在商店内完成的。根据其经营的产品线、规模、价格和服务方式的差异,又可以进一步将零售商店划分为不同类型。

(1) 专业商店。专业商店是专门经营某一类商品的零售店。专业商店又有两种类型:一种是按商品类别划分的,如书店、服装店、家具店、建筑材料店等;另一种是按服务对象划分的,如儿童商店、妇女用品商店、友谊商店、旅游用品商店等。专业商店经营的产品线可宽可窄,如五金交电商店产品线很宽;而筷子商店产品线则很窄。但它们的商品项目即花色品种都较齐全,能适应更多细分化的市场需要。

专业商店的规模可大可小。价格水平视目标顾客而定,档次较多。这类商店通常提供较多专业性服务,要求服务员业务较熟,除零售外,一般兼营批发。

(2) 百货商店。百货商店是经营多品种商品的零售店。一般根据市场规模和营业面积大小确定其产品线数目,大多数百货商店都包括服装、食品、日用品、家用电器等。商品种类较齐全,花色品种不如专卖店多。百货商店规模大小差别很大,大型百货店营业面积超过1万平方米,而小百货店可能只有十几平方米。大型百货店通常价格较高,服务也较周到。

（3）超级市场。超级市场中的全部商品开架销售，顾客自由挑选，一般服务员不导购，只负责摆货和计价收款。超级市场主要经营食品、家庭日用品、化妆品等。超级市场大多采用电脑管理，并以连锁店形式出现；以薄利多销、低毛利、周转快见长。其产品线可多可少，有单一的，也有多线的，商品全部包装好并有标价。

超级市场规模可从几十平方米到几万平方米不等，提供的服务较少，价格较低，适合家庭大量购买。

（4）方便商店。方便商店是指靠近居民区的小型商店。营业时间长，商品范围有限，主要便利消费者做"补充"式采购。周转率高，能满足消费者"方便"的需要，多以连锁店形式出现。

方便商店的产品线可多可少，多为日用易耗品；规模一般均较小，营业面积从几平方米到几十平方米不等；价格一般偏高，不还价，但有的可以赊销。其服务水平一般，与顾客关系较密切。

（5）超级商店。这类商店将超市和百货店结合起来，经营商品品种较多，规模较大，实行开架售货，除销售商品外还兼营服务，如洗衣、修鞋、快餐供应等，全电脑系统管理。一般产品线都在 3 种以上，不但有商品线，还有服务线。

超级商店规模较大，一般大于 3 000 平方米，有停车场；价格也高，明码标出；服务质量较高，有导购员导购。

（6）联合商店。联合商店是一种带专卖性质的超级商店，品种较集中，但花色较多，规模较大。产品线 1～3 种，也有服务线，特别是修理与咨询。允许客户独立经营，业主只进行物业与市场管理。

联合商店的营业面积通常大于 4 000 平方米，有停车场；产品、服务价格较高；服务质量较高，有导购、送货中心和维修点。

（7）特级市场。特级市场是一种规模最大的商场。它结合了超市、折扣和仓储零售的经营特色，利用场地大量陈列，尽量减少商店人员搬运；向愿意自运大型商品的顾客提供折扣；全部实行电脑管理；产品线 5 种以上，有服务线、修理与咨询等。

特级市场营业面积大于 7 000 平方米，有停车场；价格较低，并明码标出；服务质量有高有低，有导购、送货中心及维修点。

（8）折扣店。商品按正常价格折扣（6～9 折不等）出售，比较便宜。靠低租金、仓库式设施降低成本，广告范围大，采用电脑管理。折扣店的产品线可多可少，但其深度较低。

（9）工厂代销店。工厂代销店属降价商店，商品一般由一家或多家工厂提供，采用合约式经营，主要销售工厂停产的商品或次品，因此价格可降到一半以下。但其商品并非假冒伪劣商品，使用起来还是有保障的。

工厂代销店的产品线可多可少，规模可大可小。服务质量较好，有一套推销办法和专用语言，常向顾客演示商品。

(10) 独立减价零售店。独立减价零售店由个人拥有与经营(或为一大零售公司分支),产品线不定,有什么卖什么;货源也不稳定,不但从制造厂进货,也收购各商店压仓或结余的商品。然后以 9 元店、6 元店、2 元店名义出售,利润较低,有的为代销。

独立减价零售店的产品线不定,有多有少,有浅有深。还有一种专收购倒闭企业(如餐厅)的商品,小修后再卖出。这类商店规模一般都不大,从十几平方米到几十平方米,价格非常便宜。

(11) 仓储俱乐部。仓储俱乐部实行会员制,向会员折扣售货。主要向小企业、政府机关团体、非营利性组织和大公司提供服务。其成本低,员工少,电脑管理,一般不送货,也不接受信用卡。

仓储俱乐部的产品线较宽,一般在 5 条以上,有一批固定供货单位;规模较大,一般在 3 000 平方米以上;价格低,比超市或折扣店还要便宜 20%～40%。仓储俱乐部服务水平一般,由于员工少,效率较高,员工素质较好。

(12) 目录陈列室。目录陈列室用来陈列商品目录,配合送货上门、导购服务,以小店面扩大产品线的宽度和深度,同时有样品陈列、样张(模型)陈列,电脑显示和录像陈列等。用多产品线、低价和优质服务来创造大量销售,加成高、周转快。

目录陈列室的产品线不定,但深度较深,其功能超过专卖店。经营规模较大,价格便宜。服务水平较高,有导购、配送、维修服务。

(13) 购物中心。由零售商店及其相应设施组成的商店群体,作为一个整体进行开发和管理,通常包括一个或多个大的核心商店,并有许多小的商店环绕其中,有庞大的停车场设施,顾客购物来去方便。购物中心占地面积大,一般在十几万平方米。其主要特征是容纳了众多各种类型的商店、快餐店、餐饮店、美容、娱乐、健身、休闲等,功能齐全,是一种超巨型的商业零售模式。

2. 非商店零售

非商店零售是指不设店面的零售方式,又称无门市部零售。这类零售可分为直复零售、直接零售、自动售货和网络销售等几种类型。

(1) 直复零售。这是指利用现代通信工具、多种广告媒体传递销售信息,使之作用于消费者,通常需要消费者做出直接反应的一类零售方式。按利用的通信工具不同,直复零售又可分为:①邮购。消费者通过各种广告获取信息后,向邮购部汇款并说明需购买的商品,邮购部收到汇款后即按时向消费者汇出商品,称为邮购。广告通常刊登在报刊上或通过广播电视发出,也有由邮购部向潜在的消费者寄发信息的。②电话购物。如果消费者不是用信函而是用电话向供货部求购商品,而供货部除邮寄商品外,还可通知求购者所在地的分部送货上门,这就是电话购物了。电话购物的关键是付款方法,如果不能保证供货者收到货款或方便求购者,就会影响电话购物的质量和效率。③电视购物。如果邮购的信息是通过电视发布的,交易办法包括邮寄和送货上门,这就是电视购物了。电视购物同样要解决电话购物的难题。④网络营销。如果商品的信息媒体是互联网,就成了网络营销,这是很有发展前途的一种零售方式。

(2)直接零售。这是指制造商生产的商品,不经过任何媒介,只是依靠人与人之间的联系,或由这种联系形成的网络直接销售给消费者。这种销售方法目前比较普遍的有:①上门推销。又称单层推销,即由业务员登门拜访,介绍商品并成交。拜访者对产品十分熟悉,并能当场演示商品的功能,使消费者具体感受。美国雅芳化妆品公司就是一个成功的例子。被称为"雅芳小姐"的营销员可以是专职也可以是兼职。她们登门拜访,并为主人当场试用美容化妆品,很受消费者欢迎。现在"雅芳小姐"已遍布全世界,雅芳已成为世界上最大的化妆品公司之一。②家庭销售会。现代的家庭大多为独门独户,为了联络感情,朋友邻里之间会常常互相邀请举办家庭聚会。把产品带到这种聚会上去推销,往往能起到既推销了产品,又增加了聚会内容和热烈气氛的双重作用。美国图泼尔公司就是利用家庭销售会的方法取得推销成功的一家公司。这种家庭聚会也传到中国,成为现代家庭沟通的一种重要手段,因此具有诱人的前景。③多层次直销,亦称传销。这是指消费者又是分销商,并在分销中将自己的销售对象发展成下线分销商,并获取可观的利润,这样形成一个网络。在这个网络中,每一个分销商要接受各种培训,提高能力与素质。这种方式的强激励功能能提高了销售效率,使这种销售方式迅速发展。有人将之称为销售业的一场革命。传销的基础是需要有较高素质的分销商否则也会产生许多消极作用。目前中国尚不具备这一条件,因此,目前传销方式被政府明令禁止。

(3)自动售货。即采用自动销售设备进行的零售服务。这种方式又可分为:①自动售货机售货。它已经被用在相当多的商品上,如饮料、烟、糖果、食品以及报纸、杂志、地图、胶卷、化妆品等。自动售货机可以放在商店,也可以放在其他公共场所。②自动柜员机。它主要是供银行用于自动存取款、查询服务等。③自动服务机。它可以自动向顾客提供游戏、点歌、问询、博彩等服务。

(4)购买服务社。这是一种上门服务的无店面销售方式。如配送公司专为某些特定顾客,如学校、医院、工会和政府机关等大型组织的雇员提供购买服务。他们在服务中逐渐建立起网络,对顾客的需求有一定的了解,能在顾客正有所求时把商品送上门去;而且价格比一般零售价格要低。供需双方建立起一定信誉后,服务社的业务通常比较稳定。

(5)互联网销售。又称网络购物,即利用互联网络来开展零售活动。该方式一直被认为是互联网最有发展前途的一个领域。现在美国几乎所有的大公司都通过 WWW(World Wide Web,万维网)这种新型传播媒体提供了网络购物服务,同时还出现了一些更全面的在线交易的新型公司。作为一种全新的购物方式,网络购物已开始为美国大众所接受,并逐步走向成熟。通过互联网,人们可以购买到在一般商店中可能买到的所有商品。据有关数据显示,国内最大的网络购物平台——淘宝网 2008 年度交易额突破千亿元大关,比 2007 年度的 400 亿元增加了 100% 以上。淘宝网 2008 年的交易额 5 倍于"沃尔玛"2007 年在中国的销售额,而且,这一快速发展的势头还在延续,数据显示,2008 年 12 月 27 日至 2009 年 1 月 2 日一周内,淘宝网每天的交易额达到 4 亿元,比去年同期整整翻了一倍。

网购这种互联网衍生出来的全新业态,正成为越来越多人在实体购物之外的全新尝试。利用网络,顾客很容易通过线上查询系统找到需要的商品及相应的价格、功能、厂家、品种、生产日期和使用说明等有关信息,从而使顾客更深刻地了解和比较商品;利用网上的虚拟环境可以使顾客产生亲临其境、类似实际逛商店的感觉,还可配上优美的音乐让顾客在更轻松的环境中实现购物与娱乐的完美结合。

3. 零售组织

零售形式往往是由一定的组织机构来保证的,但不同形式的零售业也可能会有相同形式的组织。在高度现代化的时代,那种个体夫妻店的形式虽然还有,但要发展必须走组织之路。目前零售组织主要有:公司连锁、自愿连锁商店和零售合作社、特许经营、消费合作社、销售联合大企业五种类型。

(1) 公司连锁。又称"团体连锁店",这是由两个以上的独立零售店,按照一定的规则运作,联结起来,把现代化大生产的组织原则、管理原则、经营原则运用于商品流通领域,达到提高协调运作能力和规模经营的目的。它实行店名、品牌、店容、商品、服务的统一化和标准化;采购、送货、销售、决策、经营的专业化;信息汇集、广告宣传、员工培训、管理规范的一致化。从而可以雇用优秀管理人才,采用高科技现代化手段来处理定位、促销、销售、存货控制、销售量预测等,大大提高效率,降低成本。

(2) 自愿连锁商店和零售合作社。连锁店的优势与竞争使独立商店开始组成两种契约式联盟:一种是由批发商牵头组成的独立零售商店联盟,称为自愿连锁商店,盟员联合起来从事大量采购和共同销售业务;另一种则是独立零售商店组成的集中采购组织,称零售合作社,它也实行联合促销以降低成本,提高销售额。

(3) 特许经营。又叫特许专卖,这是由特许人(生产商、批发商或服务机构)将自己的商品、商誉、商标、品牌、专利等,包括其独特的经营管理方式,通过契约授予零售商被特许人身份的一种契约性联合经营方式。特许人一般可按契约获得以下利益:首期使用费(又称承包费)、利润分成和对被特许人提供的设备装置核收的租金,有的还收取定期特许执照费和管理咨询费。特许经营主要在快餐业、音像商店、保健中心、旅行社、理发美容、汽车租赁、汽车旅馆等。麦当劳公司就是一个非常成功的特许经营范例。

(4) 消费者合作社。这是社区居民自发组织的一种商店性合作社。居民出资联合开设商店,商店地址设在社区内,营销决策由投资者决定,价格与管理也采用民主决策,一般要做到价廉物美,年终根据每个人的购货多寡给予惠顾红利。

(5) 销售联合大企业。这是以民主形式集中不同的零售方式组合在一起的企业,是一种自由形式的公司。这种多样化的零售能产生优秀的管理系统,并使所有独立零售商均能得到经济节约的好处。销售联合大企业成败的关键是优秀的管理者及其管理系统。

第三节 分销渠道设计与管理

一、渠道设计的原则和目标

（一）渠道设计的原则

1. 尽量缩短渠道长度

从生产制造商这一点辐射出去，半径越长，辐射的面积越大，中间环节则越多，费用越高，效率就会越低。因此，必须尽可能缩短中间环节，找出最佳渠道。这要根据产品的不同，以及分销策略的不同而定。

2. 分销渠道范围一定要与营销区域的大小相适应

如果销售区域定在一个地区，分销渠道也应在此范围内。大家经常看到这样一种现象：在中央电视台做着广告，而产品却仅在少数几个地方市场买得到，在其他很多地方市场根本买不到，结果造成了很大的广告宣传浪费。因此，宣传到哪里，产品就要跟到哪里。另一种情况是盲目扩大分销渠道，认为只要产品覆盖面大，销量就会高，这种观点也是不正确的。任何产品不管质量多么好、功能多么先进，不进行宣传和商业推广，都很难形成好的分销，只会因此而造成大量库存积压，大量资金被占用，甚至导致产品因过期而报废。

3. 与渠道商分配好利益

渠道商一般包括：经销商、代理商、零售商、批发商等。渠道商的积极性主要来自于利益的驱动，这并不是说让给渠道商的利越大，他们的积极性就越高，而是必须使利益以驱动力的形式加给渠道商。比如按分销额的不同确定不同的让利比例、不同的折扣、不同的奖励政策等。让利多少，不同行业、不同产品都不同，但这些有大致的市场标准，通过渠道调查很容易得到数据。

4. 不要被渠道商所控制

要建立好厂商与渠道商的权、责、利关系，并与多个渠道商建立多种经销关系而不要只局限于某一个渠道商。代销量、周转量不要太大，结款一定要及时，因为渠道商经常是在压款、压货上做文章，从而掌握控制权，致使厂家不能按时收回货款，进而出现资金周转困难。

5. 信息要畅通

要把渠道变成厂家的神经网，零售店变成神经末梢，及时捕捉市场信息，为售后服务和完善产品提供条件，为新产品开发提供思路，为调整产品策略和竞争策略提供依据。没有这个神经网络，企业就成了无源之水、无本之木，就丧失了"刺激——反应——调节"机制,丧失了适应市场变化的能力。

6. 选择积极、主动愿意促销产品的新渠道商

这一点尤其适合新型企业和广告攻势不是很强大的产品。因为新型企业可能拥有质优价廉的产品,但无力做大规模宣传。渠道商愿意代销,一是可以借助其自身实力迅速打开销路;二是厂家也能建立起稳定巩固的分销渠道。对于那些有很强的实力并且宣传攻势迅猛的产品,当然是利用实力雄厚的老牌渠道商更合适。

7. 不同分销渠道之间的价格政策必须统一

给不同零售商、批发商的价格如果有较大差异,会严重挫伤他们的积极性,还会导致盲目冲货的现象。让利较大的零售商,本来只是面对消费者,结果也充当起批发商的角色,把产品批发给让利较小的零售商。这样就会造成渠道之间的矛盾和市面价格的混乱,甚至会出现联合拒售的现象。

(二)渠道设计的目标

设计分销渠道主要是解决如何发掘企业商品到达目标市场的最佳途径问题。所谓"最佳",是指以最低的成本与费用,通过适当的渠道,把商品适时地送到企业既定的目标市场上去。从生产商的角度来看,分销渠道设计的目标就是为了实现分销目标。概括来讲,分销渠道设计是为了达到以下三方面目标:市场覆盖和分销密集度、渠道控制和渠道灵活度。

具体来讲,在设计分销渠道时,必须要了解所选定的目标客户购买什么产品、在什么地方购买、为何买、何时买以及如何买,同时还要弄清楚客户在购买产品时想要和所期望的服务类型和水平。分销渠道设计的目标具体主要包括以下几个方面。

① 渠道的销量最大;

② 渠道的成本最低;

③ 渠道的信誉最佳;

④ 渠道的控制最强;

⑤ 渠道的覆盖率最高;

⑥ 渠道的冲突最少;

⑦ 渠道的合作程度最好。

分销渠道设计的根本目标就是确保设计的渠道结构能产生适合市场定位的市场覆盖率,并确保生产制造商对渠道的控制适度和具有一定的灵活性,便于调整和完善。

二、分销渠道设计的内容

1. 建立分销渠道经营目标

有效的分销渠道设计首先要决定达到什么目标,进入哪个市场。分销渠道经营目标因产品特性不同而不同。见表 9-1。

表 9-1　分销渠道经营目标

目　　标	操 作 说 明
1. 顺畅	最基本的功能，直销或短渠道较为适宜
2. 增大流量	追求铺货率，广泛布局，多路并进
3. 便利	最大限度地贴近消费者，广设网点，灵活经营
4. 开拓市场	一般较多的倚重中间商，待市场成熟，再组建自己的网络
5. 提高市场占有率	渠道保养至关重要
6. 扩大品牌知名度	争取和维护客户对品牌的信任度和忠诚度
7. 经济性	要考虑渠道的建设成本、维系成本、替代成本及收益
8. 市场覆盖面和密度	多家分销和密集分销
9. 控制渠道	厂家应切实培植自身实力，以管理、资金、经验、品牌或所有权来掌握渠道主动权

2. 确定分销渠道长度和宽度（即确定分销渠道层次及每一层次中间商的数目）

（1）确定分销渠道的长度。分销渠道长度指为完成企业的营销目标而需要的渠道层次的数目。确定分销渠道长度需要考虑的一个主要问题是资源运用与渠道控制的关系。长渠道与短渠道的比较见表 9-2。

分销渠道长度选择要受到市场因素、产品因素、生产企业因素和营销中介因素的影响：①市场因素。市场因素主要在潜在顾客规模、地理分散程度、顾客集中度、交易准备期长短、顾客地位和平均订购数量等方面对渠道长度产生影响。面向大量的潜在顾客的销售需要借助一定数量和层次的中介。面向广阔区域的销售常常借助长渠道，而面向有限的区域销售时，短渠道可能更有效率。广阔区域的产品销售需要很多的资源和能力，企业常常力所不及而必须借助一定层次数量的中间商。顾客集中度较高的销售，往往采用直接营销更能降低联系和服务每个顾客的费用；反之，在顾客较分散的地方，需要使用长渠道。交易准备期反映了从第一次联系到顾客购买的时间长度。较长的交易准备期（如购买复杂工业设备时）更适于直接销售。反之，顾客的习惯性购买则可以采用间接渠道。分销渠道也会受到购买者在组织中的地位层次的影响。一般说来，做出购买决策的层次越高，越适合于直接渠道；反之，组织购买决策由较低层次做出，则很适合借助于分销商。最后，顾客平均购买的规模越大，企业越倾向于采用直接渠道。而小规模的交易更适于采用较长的渠道。②产品因素。影响渠道长度的产品因素有产品体积、易腐性、单位价值、产品标准化程度、技术特性和毛利率等。因产品特性不同，企业可以选择的合适渠道及其长度宽度都会大不一样。③生产企业因素。渠道的长度要受到生产企业在规模、财务能力、控制愿望、管理专长和顾客知识等方面的影响。大型公司由于实力雄厚、财务健全并且拥有管理专长和丰富的顾客知识，因此有能力和意愿对渠道进行设置、管理和控制，倾向于采用直接渠道。而小公司由于实力有限，财务薄弱，缺乏商业管理专门知识和对顾客的深入了解,不得不借助中间商的力量,常常采用长渠道。

表 9-2　长渠道与短渠道比较

渠道类型	优　点	缺　点
长渠道	市场覆盖面广;厂家可以将中间商的优势转化为自己的优势;减轻厂商费用压力;适用于一般消费品销售	厂家对渠道的控制程度较低;增加了服务水平的差异性
短渠道	厂家对渠道的控制程度高;适用于专用品、时尚品及顾客密度大的市场区域	厂家要承担大部分或者全部渠道功能,资源充足;市场覆盖面较窄

(2) 确定分销渠道的宽度。渠道宽度是指在渠道的每一层次上所需分销商的数目,它反映了在任一渠道层次上的竞争程度以及在市场领域中的竞争密度。决定渠道宽度有三个因素:所需的渠道投资水平、目标消费者的购买行为和市场中的商家数目。与消费品市场宽度相关的一个重要特性是分销机构的市场覆盖,如果市场覆盖太窄,厂商就难以实现其销售目标。

渠道宽度又分为三个级别:独家分销、密集分销和选择性分销。三者之间的比较见表 9-3。

独家分销适用于生产商想对分销商实行大量的服务水平和服务售点控制的情况。独家分销的特点是竞争程度低和市场覆盖程度低。一般情况下,只有当厂家想要与渠道伙伴建立更紧密的关系时才会使用独家分销。它比任何其他形式的分销都需要厂家与分销商之间建立更多的联系与合作。

密集分销是尽可能多地使用商店销售商品或劳务。当消费者要求在当地大量、方便地购买时,实行密集分销就至关重要。密集分销意味着渠道成员之间的激烈竞争和很高的产品覆盖率,它适用于便利品的分销。

选择性分销是利用一家以上但又不是所有愿意经销的分销商都来经营某一种特定产品,它能够使厂商获得足够多的市场覆盖率,且成本较低。

表 9-3　独家分销、密集分销和选择性分销比较

分销类型	优　点	缺　点
独家分销	市场竞争程度低;厂家与经销商关系较为密切;适用于专用产品的分销	因缺乏竞争,顾客的满意度可能会受到影响;经销商对厂家的反控制力强
密集分销	市场覆盖率高;比较适合日用消费品分销	市场竞争激烈,渠道管理成本较高;厂商的营销意图不易实现
选择性分销	比密集分销能取得经销商更大的支持;同时比独家分销能够给消费者带来更大方便	难以确定经销商区域重叠的程度

3. 分配渠道任务

（1）明确渠道成员的职责。分销渠道成员的职责，主要包括：推销、渠道支持、物流、产品修正、售后服务以及风险承担。

（2）分配渠道任务。从生产制造商的角度出发，在渠道成员中分配任务的主要标准是：降低分销成本；增加市场份额、销售额和利润；分销投资的风险最低化和收益最优化；满足消费者对产品技术信息、产品差异、产品调整以及售后服务的要求；保持对市场信息的了解。

同时，在渠道成员之间分配渠道任务时，需要考虑以下因素：渠道成员是否愿意承担相关的分销渠道职能；不同的渠道成员所提供的相应职能服务的质量；生产制造商希望与顾客接触的程度；特定顾客的重要性；渠道设计的实用性。

4. 选择渠道成员

选择渠道成员可从以下几方面入手。

（1）初期剔除。用剔除法可以将那些不符合基本要求的经销商迅速剔除。这些基本要求包括规模、技术设备、现有经营产品、信用等级、服务水平和市场知名度等。

（2）访谈。对那些已经满足了基本要求的经销商做进一步考察，考察时可以把第一轮剔除工作当做这一步骤的基础。下面是应在经销商访谈中了解的一些问题：①经销商是否愿意让其销售人员参加由生产制造商/供应商安排的讲座；②经销商能否定期培训其销售人员；③经销商的销售人员及其主管的教育和职业背景；④经销商是否拥有技术力量；⑤经销商是否拥有产品检测和维修设备的能力；⑥经销商拥有的仓储能力；⑦经销商是否为一些互补型产品提供过高水平的相应服务；⑧经销商是否服务于其他客户和消费者；⑨经销商销售人员的推销能力；⑩经销商的现有设施是否足以应付新增加的业务。

（3）渠道清单。访谈之后，生产制造商需要用渠道清单来评价入选的经销商。渠道清单中含有一些特殊的标准和权重，根据经销商回答每一问题所得分数以及这一问题的权重，生产制造商将为他们一一打分。通过渠道清单，生产制造商还可以发现某些问题的评分经过修正之后是否就可以改变对经销商的总评。

（4）综合分析。对经销商的综合分析要从更系统化的角度集中于几个重要的决策来进行设计。主要从两个方面进行分析：一是在不同的销售层次下计算经销商的成本。生产制造商需要在不同的销售额的假设下评价不同渠道设计的成本，这种分析是将直接渠道和经销商之间的成本差异进行了比较。二是中间商影响销售的能力。中间商的销售能力一般从它在特定区域内的覆盖程度、互补型产品的销售以及在特定目标市场上的全部销售额三个方面进行分析。

（5）最终评价。即使我们不考虑不同销售层次下的成本或经销商的业务能力，仍有一些关键性的因素可以将经销商排除在考虑之外。通常这些因素有：经销商不良的财务记录、正在经营竞争对手的产品、拒绝遵守生产制造商的价格政策、销售灰色市场产品、声誉不佳和不能提供有效的服务等。

（6）渠道改进安排。生产制造商的任务不能仅限于设计一个良好的渠道系统，并推动其运转。渠道系统还要定期进行调整与改进，以适应市场新的动态。

三、渠道设计的方法

目前渠道设计的方法有两种：一种是"点、线、面"渠道布局法，另外一种是分销渠道的逆向重构法。在这里只介绍前一种方法。

分销渠道布局工作的实质，就是在设计分销渠道中"点、线、面"这三个要素的选择、投入与配合，这是市场分销渠道布局的关键。

"点"是指市场营销力量（包括人、财、物）在市场中所选择的关键点，通常是优势区位，企业通过对"点"的选择和抢占，来争取竞争的主动权或适度回避竞争对手，进入现有竞争格局中的薄弱地带，以形成局部优势。"点"的选择作为整个渠道的支撑，是整个分销渠道的基础。

"线"是指渠道实际流通的线路，正是在"线"中运行了营销过程中的实物流、信息流等各种流程，以实现渠道的动态功能，保障企业机制的健康运行。"线"也要以"点"作为出发点、终止点或中转站，通过在"点"上的基础设施实现运动中所需要的储存和调运等功能。"线"受环境变化的影响是经常的。环境的变化，比如新道路的开通、地方经济的发展和人口流动等，会使原来的运行路线变得不再经济或效率不高，因而需要重新评估和设置分销渠道。

"面"是"点"、"线"所构成框架的总体功能和综合作用。主要指区域的划分、渗透以及在区域中确立企业强有力的竞争地位，建立起阻止竞争对手进入的壁垒从而长期获利。

1. "点、线、面"方法的一般原则

运用"点、线、面"方法一般要遵循下列原则。

（1）阶段性。渠道布局是一个过程，需要许多步骤来完成，其中前一步骤的实现又为下一步骤的开展建立了前提条件。因此，渠道布局工作既要通盘周密计划，又要严格按照"点——线——面"的顺序进行。

（2）地域性。阶段性是从时间延续的角度来说的，地域性则是从空间布局的角度看待渠道布局。一般说来，企业所能投入的营销力量都是有限的，因此为了达到最佳效果，就要在合适的区域内有重点地投入营销力量。比如在20世纪60年代，美国大多数的快餐店都设在大城市的繁华地带，而麦当劳则将营业重点放在了城市近郊区域，这一策略取得了很大成功。20世纪70年代，麦当劳开始在都市和城镇中设置分店。

（3）层次性。主要指分销渠道组织上的层次性。通过设置合理而有效的层次结构，渠道管理组织能够更有效地推进渠道布局进程，实现既定的渠道布局战略，因此构成了渠

道布局的组织保障。

　　企业在进行"点、线、面"布局战略之前,要预先完成一些准备工作,主要包括市场调研和寻找竞争优势,并在此基础上形成企业总体布局战略。市场调研要务求准确、客观,这是渠道布局的基础。企业还必须把自己放在整个产业的竞争格局中寻找自己独特的竞争优势,作为分销渠道布局的支撑。在对市场和企业都有充分了解的基础上,企业要制定总体渠道布局战略,指出行动的方向、重点和阶段,并围绕这一战略开展宣传。

　　2. "点、线、面"分销渠道布局的设计步骤

　　(1) 布置网点。对于企业分销渠道布局来说,网点要有关键点(即优势区位)和切入点。关键点是指客观上形成的对企业经营产品销售起重要作用的市场区域和销售集中区域。比如高档家电在大中城市,御寒皮衣在东北、西北等市场区域;再如上海的南京路、淮海路,北京的王府井、西单,广州的北京路、上下九等商家必争之地,都构成了企业经营的关键点。这些关键点对企业营销具有重要意义,因此行业中各企业都会不遗余力地争夺,竞争十分激烈。这就要求企业具有很强的竞争实力,或者企业拥有一种重大创新的产品直接打入关键点。

　　此外如果企业实力不足,就要寻找现有市场竞争格局中的薄弱环节,即市场切入点,先打入市场保证生存,再寻找机会发展,即避免与实力强大的竞争对手硬碰硬,而是采取避实就虚的策略建立生存空间。这一策略常常为中小企业所采用。

　　(2) 疏通渠道。"线"是企业分销渠道中的一个关键因素,关系到整个渠道的运行成本与灵活性。由于分销渠道中实际存在实物流、所有权流、资金流、信息流以及促销流等多种流程,这些流程有的运行是相一致的,有的则要通过不同的线路和途径传递,因此企业的营销战略线路非常复杂。其中某些线路担负多种流程功能,需要从多种角度看待这一线路的效率,以及线路中渠道成员承担各种流程功能的能力。需要注意的是,营销环境的变化对渠道线路效率的影响极大,特别是交通运输发展、信息基础设施建设常常能提供更快、更好的渠道线路。

　　(3) 地域扩张。地域扩张主要是指销售范围的渗透和覆盖。地域渗透主要是指运用多种营销、宣传和公关手段,使消费者了解产品、产生印象并试用产品,这时要综合考虑消费者的购买心理和各种影响因素。地域覆盖主要是指建立消费者的偏好,对本企业产品消费的习惯和定势,建立牢固的销售根据地,并且对竞争对手进行认真分析,建立区域市场的进入壁垒,阻止竞争对手的进入。

四、渠道方案评估

　　企业在设计、组建了一个适合当时各方面情况的分销渠道后,由于营销环境的变化、竞争对手采取新策略、企业自身资源条件和竞争地位的变化,均可能导致企业调整或创造新的分销渠道,为此,应对分销渠道进行评估,以便精确了解分销渠道运行的各方面情况。

并在此基础上对中间商进行必要的调整和修改,提高分销渠道绩效,增进渠道成员活力。对分销渠道的运行评估是对渠道实际运行情况的考核,也是将来是否调整、改进的依据。

(一)渠道评估的原则

1. 经济性原则

企业追求的是利润而不仅仅是对企业销售渠道的控制。经济分析可以用许多企业经常遇到的一个决策问题来说明,即企业是使用自己的推销力量还是使用销售代理商。假设企业希望其产品在某一地区取得大批零售商的支持,现有两种方案可供选择:一是向该地区的营业处派出 10 名销售人员,除了付给他们基本工资外,还采取根据推销业绩付给佣金的鼓励措施;二是利用该地区的销售代理商,该代理商已和零售店建立了密切的联系,并可派出 40 名推销员,推销员的报酬按佣金制支付。这两种方案可导致不同的销售收入和销售成本。判别一个方案好坏的标准,不应是看其能否导致较高的销售额和较低的成本费用,而是应看其能否取得最大利润。

2. 控制性原则

使用代理商无疑会增加控制上的问题。一个不容忽视的事实是,代理商是一个独立的企业,他所关心的是自己如何取得最大利润,他可能不愿与相邻地区同一委托人的代理商合作,可能只注重访问那些与其推销产品有关的顾客,而忽略对委托人很重要的顾客。代理商的推销员可能无心去了解与委托人产品相关的技术细节,也很难认真对待委托人的促销资料。

3. 适应性原则

在评估各渠道网络的交替方案时,还有一项需要考虑的标准,那就是生产者是否具有适应环境变化的能力,即应变力如何。每个分销网络方案都会因履行某些固定期间的承诺而失去弹性,当某一生产制造商决定利用销售代理商推销产品时,可能要签订 5 年的合同。这段时间内,即使采用其他销售方式会更有效,生产制造商也不得任意取消销售代理商。所以,一个涉及长期承诺的分销网络方案,只有在经济性和控制性方面都很优越的条件下,才可以给予考虑。

(二)渠道评估的方法

1. 历史比较评估方法

将每一中间商的销售绩效与上期绩效进行比较,并以整个群体的升降百分比作为评估标准,对低于该群体平均水平以下的中间商,必须加强评估与激励措施。如果对销售水平较低的中间商的环境因素加以调查,可能会发现一些可以理解的因素,如当地经济衰退,某些顾客不可避免地流失,主力推销员的流失或退休等。其中某些因素可以在下一期予以补救,这样,生产制造商就不应因这些因素而对经销商采取任何惩罚措施了。

2. 区域内比较评估方法

将各中间商的绩效与该地区的销售潜量分析所设立的定额相比较。在销售期过后，根据中间商的实际销售额与潜在销售额的比率，将各中间商按先后名次进行排列。这样，企业的调查与激励措施就可以集中于那些没有达到既定比率的中间商。

具体而言，对分销商评估的标准主要有以下几点。

① 销售量；
② 开辟的新业务；
③ 承担责任的情况；
④ 销售额；
⑤ 为推动销售而投入的资源；
⑥ 市场信息的反馈；
⑦ 向公众介绍产品的情况；
⑧ 向顾客提供服务的情况。

其中销售量、开辟的新业务、承担责任的情况是三个最重要的指标，它们反映了该经销商发展业务的能力、履行合同的情况。

五、分销渠道的冲突及原因

（一）渠道冲突实质

渠道冲突的实质是利益冲突。利益原则是所有商业活动的最高原则。各种各样的渠道冲突最终归结为一点，那就是利益的分配和对利益的追求。销售管理的实质是利益管理，实际上就是利益分配。

以下因素都会引起渠道成员之间的利益冲突：

① 目标不一致；
② 角色、权利不明确；
③ 另选经销商；
④ 处理库存、冲销量而降价；
⑤ 产品质量或促销问题引起顾客投诉；
⑥ 压货或产品滞销使库存积压；
⑦ 货款拖欠问题；
⑧ 渠道政策不公；
⑨ 渠道支持力度不够；
⑩ 售后服务不周；
⑪ 沟通不畅造成误解；
⑫ 一方发展滞后。

（二）渠道冲突的根源

1. 角色差异

渠道成员对自己角色的定位和对另一成员的责任及期望的理解不一样。例如：二级代理商可能认为一级代理商给予自己赞助是义务、责任，但一级代理商却不这么认为。各自角色不同，利益追求不同，冲突在所难免。

2. 观点差异

不同的成员可能会对同样的刺激做出截然不同的反应，对同一市场的看法以及开发、经营市场的理念策略都会出现差异。

3. 期望差异

由于渠道成员对经济形势的预测，对市场发展、客户经营的预期不同，也会导致冲突。例如，生产制造商预测近期经济形势比较乐观，希望分销商经营高档商品，但分销商对经济形势的预期并不乐观，拒绝销售高档商品。又如，二级代理商认为一级代理商所定的销量目标过高，导致自己无法获得期望的返利额而产生不满；而一级代理商则认为二级代理商对目标的努力程度不够，从而对二级代理商采取惩罚措施等。

4. 目标差异

冲突的一个主要原因是渠道成员有不同的目标，经销商的目标是零售商有更多的存货、更多的促销支出、更低的毛利；而零售商的目标是更快的周转、更低的促销支出、更高的毛利，当两者的目标值超出对方可接受范围时，冲突就有可能产生。

5. 决策权分歧

渠道成员间可能因一方的价格或库存方面的决策而引起冲突，如二级经销商未能对零售商执行调价补差、零售商有低价倾销行为等。

6. 沟通困难

由于迟缓或不精确的信息传递以及信息的不对称等原因，造成理解的失误而导致损失的一方产生不满，从而可能产生冲突。

7. 资源稀缺

当一贯的分销支持突然因为资源的短缺而不能充足供应时，渠道成员的一方可能会产生不满，这时解决的方法是取得对方的谅解。

（三）渠道冲突表现

1. 价格问题

各级渠道价差常常是渠道冲突的诱因。生产制造商常抱怨分销商的销售价格高或过低，从而影响其产品形象与定位。而分销商则抱怨生产制造商给自己的价格无利可图。折扣是渠道政策中比较常用的一种，企业总是希望尽可能地实现自己的利润目标，只给分销商较低的折扣率；而分销商也要求利润最大化，因而要求企业给予其更优惠的条件和更高的折扣率。双方互相提出各自要求,冲突由此产生。

2. 存货水平

由于季节性原因,企业产品的销售往往存在淡旺季的问题,如北方市场的冷饮、空调等。在旺季时,分销商往往要求企业大量供货,提供供货保证,缩短供货周期,以防止产品的"脱销"。而在淡季时,企业往往要求分销商多囤货,因为这样既能占用分销商的资金,防止竞争性产品进入,又为旺季实现高铺货率、占领市场做好准备。但此时分销商则不愿意投入资金进行大量的存货,而希望将资金投入到其他热销产品的经营中,以获取更大利润,厂家与分销商之间的冲突也由此产生。

3. 大客户原因

生产制造商与分销商之间存在着的持续不断的冲突来源是生产制造商与终端用户建立直接购销关系。这些直接用户通常是大用户,交易量大,是企业的重要客户资源。分销商担心其大客户直接向生产制造商购买产品而威胁其自身的生存,从而产生了冲突。

4. 销售回款

在渠道管理中,生产制造商往往希望分销商尽快回款,以加快资金的周转,同时缓解企业的资金压力;而分销商则希望尽量延期付款,最好等到其下一级分销商回款之后再付款,以便使自己承担的风险最低。通常的情况是企业的分销商都是在支付定金或完全依靠信用的基础上,先行提货,待货物售出后,再付清全部货款。但总分销商通常又以同样的方式将货物转让给其下级分销商,以此类推,构成了一个很长的回款链,使货款很难及时付清。而且一旦回款链中的某一环节出现了问题,都会把风险转移给生产制造商,从而使企业蒙受损失。

5. 技术支持与服务

分销商不能提供良好的技术支持和服务,常被生产制造商作为采用直接销售方式的重要理由。对某些用户来说,一些技术标准比较固定的产品,仍需要通过技术咨询来选择最适合产品性能的渠道。

6. 经营竞争商品

一方面,生产制造商显然不希望其分销商同时经营竞争企业同样的产品线。尤其在当前的工业品市场上,用户对品牌的忠诚度并不高,经营第二条产品线会给生产制造商带来较大的竞争压力。另一方面,分销商却常常希望经营第二条甚至第三条产品线,以扩大其经营规模,并免受生产制造商的控制。

7. 渠道调整

由于市场环境的变化或者企业分销目标的调整,企业有时不得不对分销系统进行调整,如对分销系统成员进行增加、减少或者更换。增加渠道成员可能会引起现有成员的不满,而减少渠道成员则可能导致渠道忠诚度的降低,从而诱发渠道冲突。

8. 控制与反控制

分销渠道中,渠道控制权将最终取决于各渠道成员实力的大小,实力相对较大的一方将能够获得对整个渠道的控制权,而处于被控制的一方又会千方百计地增强自身的渠道权利来与之抗衡。由于厂商之间渠道权利分布的不均衡,渠道的控制与反控制便永远不会停息,从而导致冲突的不断出现。

六、渠道成员管理

分销渠道运行管理的现象形态是各种流程的管理,每一个流程的顺利完成都离不开各个渠道成员的合作与努力,而每一个流程之所以表现为不同的形式,除了受外在环境因素的影响之外,更主要的是受渠道成员之间利益关系的左右。因此,最终提高分销渠道与流程管理的效率,必须处理好渠道成员之间的关系,分销渠道的成员与关系管理自然成为流程管理的核心。

以往分销渠道的成员管理研究,大多仅限于外部成员的研究,而忽略了内部成员的管理。其实,渠道成员包括内部成员和外部成员,内部成员的管理同样重要。在研究外部成员管理时不研究内部成员管理,就不可能取得理想的效果,因为内部成员、外部成员共同构成了一个统一的分销渠道系统。

无论内部成员管理,还是外部成员管理,都包括三项内容:选择渠道成员、激励培训渠道成员、评价调整渠道成员。

(一) 选择渠道成员

选择渠道成员,实际上是在选择成本、选择利润,因为每一个成员的素质与行为直接影响着合作效率。当然,对于不少生产企业来说,没有多少选择渠道成员的余地,只要有人卖他们的产品就心满意足了。有实力的、高品牌知名度的企业则有充分的条件和理由对渠道成员进行选择。

分销渠道的内部成员是指生产者的销售部门、财务部门和储运部门等。选择渠道成员的过程包括两个方面:一是确定与外部成员打交道的组织系统;二是设定这个系统的相应岗位并招募相应的人员。生产者与内部成员是领导被领导的关系。

分销渠道的外部成员是指生产者与之合作的中间商,包括批发商和零售商。选择渠道成员的过程主要是选择机构而非人员。生产者与外部成员是合作关系。

这里着重讨论外部渠道成员的选择过程。这个过程包括设计选择标准、寻找备选渠道成员、评价备选渠道成员以及最终确定渠道成员四个步骤,而最为重要的应是前两个步骤。

1. 设计选择标准

大多数生产企业在选择渠道成员时,开始有了评价意识,但缺乏具体的标准,凭感觉、凭印象进行选择的情况十分普遍,这就造成渠道系统的不稳定,转换渠道成员成本加大。在渠道成员选择之前,确定相应的标准是必要的。但是,这个标准依企业差异、产品特征而有所不同。

通常财务实力、销售能力、管理效率、公司文化因素是互相制约的,一好皆好,一坏皆坏。因此,也有企业认为选择渠道成员有两个最重要标准:可匹配的产品线和适宜的市场覆盖区域。再加上双方合作的意愿与相融性,也能选择出合适的渠道成员。

任何一个标准体系都是解决一般问题,而不是解决特殊问题。因此,生产商在设计自己的标准体系时,应该结合自身的渠道成员状况,而不应盲目地模仿与套用。

2. 寻找备选的渠道成员

寻找备选渠道成员的过程也就是招商的过程,招商过程的核心是编制一个好的招商方案,并保证该方案的实施。

3. 评估备选渠道成员

一旦确定了渠道成员的评价标准,并有了足够的备选渠道成员,对其进行评估就变得相对容易了。具体评估时,可采用定性评价和定量评价两种方法,通常情况是给每一个标准组成因素设定一个权数,然后进行评价,得出各个备选渠道成员的总分数,选择最高者。

4. 最终确定渠道成员

无论是内部分销人员的招聘,还是外部分销合作伙伴的选择,都处在两难的境地——愿意合作者,常常不合乎你的要求;你认为最理想的渠道成员,他可能不热心与你合作。因此,最终确定渠道成员并非是一厢情愿的事,而是双方达成共识的结果。这就需要生产商与渠道成员进行沟通,了解他们的需要,处理好相互间的利益关系。最终确定的渠道成员是双方理念相似、互相认同的备选者。

(二)激励渠道成员

最终确定了渠道成员,就意味着组建了一个分销渠道网络。这个网络的有效运行需要渠道的每个成员做出贡献,保证每条渠道的低成本和顺畅。要做到这一点,需要对渠道成员进行激励。对渠道成员的激励是指:制造商为了实现其渠道战略和分销目标所采取的一系列行动,这些行动确保渠道成员之间的合作。

在现实的渠道成员激励决策过程中,出现了两种偏激的做法:一是以我为主,生产者完全视如何激励渠道成员为自己的事,忽视了渠道成员的需要;二是以人为主,渠道成员要什么就给什么。这两种决策过程都是非科学化的,难以实现理想的激励效果。

伯特·罗森布罗姆先生提出了激励渠道成员决策过程的三个阶段:了解渠道成员的需要,满足他们的需要和提供持续指导。其本质就是了解成员的需要并满足他们的需要。这意味着生产者所采取的激励措施必须恰好满足渠道成员的急需,越是如此,激励效果越明显,反之则低效或无效。

1. 分析渠道成员的需要

内部和外部渠道成员有着不同的需要,内部渠道成员之间或外部渠道成员之间也有着不同的需要。需要就像是一种病症,而激励就像是处方,对症下药才能取得最佳疗效。

从零售商选择生产商、销售人员选择企业所考虑的因素中,可以分析出渠道成员的一般需要,这些需要就是生产商确定激励措施的依据。

（1）零售商选择什么样的生产商。一个零售商并不经销所有生产商的产品，越是成功的零售商对生产商的选择越严格，但其本质还是利益与权利的分割。这些利益与权利表现在双方关系中的若干个具体方面，这些方面既是零售商选择生产商的标准，也是生产商激励零售商的最好手段。

（2）销售员选择什么样的企业。有人曾对施乐公司销售人员离开公司的现象进行分析，研究了他们要求离职的面谈记录，最终总结出五个最重要的原因：①报酬：对工资收入不满；②工作满意感：对所从事的工作不满；③人际关系：与领导或同事的人际关系不好；④发展前途：缺少晋升或发展的机会；⑤限制措施：无成效的过多行为限制。

一流的销售人员更关注工作中的自由发挥，所以能实现工作中的自我满足感和有一个好的事业前景；低水平的销售人员更关注报酬和事业前途。

一流的销售人员更关注工作中的自由发挥，所以能实现工作中的自我满足感和有一个好的事业前景；低水平的销售人员更关注报酬和事业前途。

（3）渠道成员需要的共同性与差异性。这些需要无论对组织来说，还是个人来说都是有层次分别的，找到了相应的满足的层次和类别，也就找到了相应的激励措施。将前面分析的内容进行一下归纳，就会发现各个成员的需要无非是生存需要、关系需要和成长需要三大类，但由于各环节渠道成员的具体功能不同，他们的需要又各自表现出不同的形式（见表 9-4）。

表 9-4　渠道成员需要的异同点

相同的需要	具体的表现		
	批　发　商	零　售　商	内部销售人员
生存需要	• 能有维持企业生存的收益 • 关注购销差价及让利	• 能有维持企业生存的收益 • 关注购销差价及让利	• 能有维持日常生活的收入 • 关注月收入及提成
关系需要	与合作伙伴、政府、团体、大众的关系，得到同行尊重	与合作伙伴、政府、团体、消费者的关系，受到尊重	与领导、同事之间的关系
成长需要	为未来成就奠定基础，增强企业实力及积累发展经验	为未来成就奠定基础，增强企业实力及积累发展经验	打下职业提升、事业有成的基础，并逐步成为现实

正因为具体表现形式的不同，才要求有不同的激励工具。

2. 满足渠道成员的需要

了解渠道成员的需要是为了满足他们的需要，进而产生激励的效果。这里需要解决的问题是：为什么激励（目标），如何激励（原则），采取什么样的激励工具（措施）。

（1）确定激励的目标。激励的目标是指鼓励渠道成员行动的方向，向哪方面努力。它决定着激励的原则和措施。一般的激励目标是提高市场覆盖率或提高市场占有率，也有一些更为具体的目标,如寻找新客户、介绍新产品、提高士气、组建网络等。激励措施应该针对与此相关的行为给予激励。

对每一个渠道成员应制定明确的行动目标,而这个目标是成员能够努力达到的。要事先通告达到目标后的奖励,这样就会使渠道成员更积极地为实现目标而努力。这一激励过程依据的是预期理论。

(2)制定激励的原则。并非任何激励都能达到正向效果或是明显的效果,因此在确定激励目标之后,一定要制定相应的激励原则:①公平原则。根据公平理论,人们追求报酬公平。公平的标准是:一个渠道成员所得与所投入的比率基本上与另一个成员的这个比率一致,否则就是不公平。不公平,就会使报酬少的一方认为努力没有得到合理回报,感到前途暗淡;报酬多的一方会认为无须努力就获得了比别人多的报酬。从而使双方都不再努力,激励失效。因此,公平原则非常重要。②内在原则。所谓内在原则,是指激励的对象是由于内在努力而获得的成功,而非靠运气或外在因素取得的成功。依据归因理论,渠道成员常常把成功归因于自己努力的结果,而把失败归因于所处区域不佳或运气差。应当倡导内在原则,促使渠道成员认识到,业绩与他们努力程度直接相关,奖励的是业绩,更是努力。否则,这个激励对于没有获奖的人无法产生激励作用。

(3)选择激励工具。选择激励工具必须依据渠道成员的实际需要,从前面的分析得出结论:这些工具必须分别满足渠道成员生存、关系和成长三方面的需要。尽管一些管理学家认为,现代管理已从"物本管理"发展至"能本管理"阶段,但对于大多数渠道成员,特别是外部渠道成员来说,"物本管理"还是最有效的激励工具,而对于内部渠道成员,"能本管理"变得越来越重要。可见,物质激励和精神激励相结合的原则并没有过时,只是在特定的情况下,其各自作用有所不同罢了。这里根据不同渠道成员的需要列出相应的激励工具(见表9-5)。

表 9-5 生产商对各种渠道成员的激励工具

成员需要	激 励 工 具		
	对 批 发 商	对 零 售 商	对内部销售人员
生存需要	• 提供畅销产品 • 保持一定的利润空间 • 给予广告和销售支持 • 特许一定区域 • 销售现金奖励	• 提供畅销产品 • 保持一定的利润空间 • 给予广告和促销支持 • 指导商品陈列 • 销售现金奖励	• 提供畅销产品 • 给予适当的工资及奖金 • 给予促销支持 • 股票期权 • 销售现金奖励
关系需要	发展感情:定期走访、联谊、答谢、生日祝福	发展感情:定期走访、联谊、答谢、生日祝福	发展感情:联谊、出游、聊天、沟通、互助
成长需要	• 培训 • 发展咨询与诊断 • 提供成长机会	• 培训 • 店铺咨询与诊断 • 合作开发新的机会	• 培训 • 提职 • 表扬

七、分销渠道的调整与完善

一个良好的分销渠道,也不能放任自流,一成不变地运行。因为一切都在变化,企业想要生存和发展,就必须适应营销环境的变化,而且即使外部环境变化不大,营销工作本身也需要不断地调整与完善。对分销渠道的调整与完善,一般是在对其评估的基础上来实施的。例如,某家具生产制造商以往只是通过特许经销商销售其产品,当市场占有率降低以后,该生产制造商才发现竞争者已经采取了许多创新措施,如主要品牌通过折扣商店销售;更多的主要家具通过大型邮购商店以私人品牌的方式出售;建筑企业直接向生产制造商大量采购;越来越多的经销商和竞争者采取挨家挨户访问的方式。无疑,上述竞争者的分销渠道的变化势必迫使生产制造商重新考虑自己的分销渠道,面对竞争者的挑战必须调整原有分销渠道。

(一)调整分销渠道的原因

(1)现有分销渠道未达到发展的总体要求。企业发展战略的实现必须借助分销的能力,如果现有分销渠道在设计上有误或是中间商选择不当、管理不足,均会促使企业进行调整。

(2)客观经济条件发生了变化。当初设计的分销渠道虽然在当时的经济条件下是很科学的,但现在各个因素发生了重大变化,从而产生了调整分销渠道的必要。因此,企业要定期地、经常地对影响分销渠道的各种因素进行检测、检查和分析。另外,企业若能准确预测和把握某些影响分销渠道变化的因素,则应提前对分销渠道实施调整。

(3)企业的发展战略发生变化。任何分销渠道的设计均围绕着企业的发展战略,企业的发展战略发生了变化,自然也会要求企业调整分销渠道。

(二)调整分销渠道的步骤与方法

1. 渠道调整的步骤

(1)分析分销渠道调整的原因。确定这些原因是否为分销渠道调整的必然要求。

(2)在对分销渠道选择的限制因素研究的基础上重新制定分销渠道目标。

(3)对现有分销渠道进行评估。如果通过加强管理能够达到新分销渠道目标,则无须建立新分销渠道;反之,则考虑建立新分销渠道的成本与收益。

(4)分销渠道的调整与改进。企业分销渠道的调整可以从三个层次来研究。从经营层次看,分销渠道调整可能涉及增加或剔除某些特定的分销渠道;从特定市场的规划层次看,其改变也可能涉及增加或剔除某些特定的分销渠道;从企业系统计划层次看,其改变可能涉及所有市场经营的新方法。

2. 渠道调整与完善的方法

分销渠道的建立,是基于一定的市场营销环境的,特别是基于一定的消费者需求基础上的。市场环境时刻都在变化,消费者需求也是不断变化的。因此企业必须创造性地去适应市场环境变化的要求,及时调整和完善分销渠道,实现企业既定的市场目标。企业应该注意,市场环境的变化一部分是周期性的,比如经济周期、流行趋势等,这就需要分销渠道具有一定的适应性和弹性,并进行适当的微调。而市场环境的变化也可能是由于政治、经济、文化的发展进步而表现出的不可逆性,即具有一定的发展趋势。当过去的分销渠道模式和这种趋势相抵触时,企业就必须顺应趋势,对渠道模式进行全局的、重大的调整。

(1) 对某些分销渠道成员加以调整。分销渠道调整的最低层次是对渠道成员的调整,内容包括三方面:①功能调整。即重新分配分销渠道成员所应执行的功能,使之能最大限度地发挥自身潜力,从而提高整个分销渠道的效率。②素质调整。即通过提高分销渠道成员的素质和能力来提高分销渠道的效率。素质调整可以用培训的方式提高分销渠道成员的素质水平,也可以采用辅助的方式改善分销渠道成员的素质水平。③数量调整。即增减分销渠道成员的数量以提高分销渠道的效率。

(2) 对某些分销渠道加以调整。市场环境各方面的变化常常使生产制造商认识到,只变动渠道网络成员是不够的,生产制造商必须要考虑所使用的所有分销渠道能否一直有效地适用于产品目标市场。这是因为,企业分销渠道静止不变时,某一重要地区的购买类型、市场形势往往处于迅速变化中,针对这种情况,可增加或减少某些分销渠道。这是分销渠道调整的较高层次,具体可采用两种方法:一是对某个分销渠道的目标市场重新定位。现有分销渠道不能将企业产品有效送至目标市场时,首先要考虑的不是将这个分销渠道剔除,而是考虑能否将之用于其他目标市场。二是对某个目标市场的分销渠道重新选定。倘若已有的分销渠道不能很好地联结目标市场时,应考虑重新选择新的分销渠道占领目标市场。

(3) 对整个分销渠道系统加以调整。由于企业自身条件、市场条件、商品条件的变化,原有分销渠道模式已经制约了企业的发展,就有必要对整个分销渠道系统作根本的、实质性的调整。这种调整涉及面广、影响大、执行困难,不仅要突破企业已有渠道本身的惯性,而且由于涉及利益调整,会遭到某些渠道成员的强烈抵制。这是分销渠道调整的最高层次,企业应谨慎行事,筹划周全。如果企业将直接式渠道模式改为间接式渠道模式,将单一的渠道模式改为复式渠道模式等,那么不仅涉及渠道成员数目增减的策略问题,还关系到企业市场营销组合策略的其他方面。企业一般在两种情况下才会做出对现有渠道模式进行根本调整的决策:一是由于企业整体战略和策略的调整而引起的渠道模式及结构的不适应;二是原有的渠道模式和结构发生重大的问题,无力纠正,并无法继续使用。

（三）分销渠道调整与完善的方向和措施

为了适应市场需要的变化，整个渠道系统或部分渠道必须随时在评估的基础上加以调整与完善。当然，这种调整与完善是相互的，一方面要尊重中间商的选择；另一方面企业可以和中间商按股份制原则结成更为紧密的关系。但一般情况下，这种调整与完善应不断地进行局部的调整。

在调整过程中，要注意处理好企业内部营销人员和中间商之间的感情和利益关系，防止出现较大的负面影响，尤其是要避免负激励将中间商推向竞争对手的情况。由于中间商在分销过程中不可忽视的作用决定了企业必须充分考虑中间商的利益，这样才能使合作长久地进行下去。

分销渠道的落后及其变革意味着许多机会的存在，企业在调整与完善自身分销渠道的过程中，可从以下方向采取措施。

（1）关注顾客满意度。面对不满意的顾客，企业应找出使顾客满意的关键驱动因素，投资于那些给顾客带来实际效益而成本较低的渠道。戴尔正是由于有了从电脑知识比其更少的经销商处购买电脑的不快经历后，创造了电脑直销法，开创了个人电脑业的神话。

（2）开发新渠道。新兴的分销渠道会带来全新的顾客期望值，并且会重新定义成本和服务标准。如在消费品行业，仓储式大型超市重新划定了规模和价格、价值关系，从而获得了传统零售商不可比拟的成本优势。所以企业应定期全面评估现有的和可替换的渠道，以开发利用新渠道，服务新细分市场。

（3）填补市场空白。各个分销渠道趋向于服务各个不同的细分市场，如果公司未使用其中一种分销渠道，便可能错过整个细分市场。曾有一家计算机设备公司由于忽略了系统集成商而丢失了巨大的潜在市场。故企业可在不伤及其主要的旧渠道的基础上引进新渠道，填补市场空白。

（4）重组渠道。成功的企业往往在管理内部问题之余，也积极维护整个分销系统的竞争力。由于渠道成本受规模成本影响，企业可通过鼓励分销商整合来加强其网络系统，取得成本优势。此外，那些向优秀分销商提供优惠政策的渠道优化重组法也可提升整个渠道的经济性。为了使分销商保持竞争优势，通用电气局部发展了外部支持系统，包括引进顾客化库存，加快了库存周期，降低了运输成本。

本章小结

分销渠道是指产品由生产者向最终消费者转移过程中所经过的各种环节的组合。也就是通常意义上的商品流通渠道。消费品的销售渠道有五种模式，工业品的销售渠道有四种模式。

中间商是指在生产者与消费者之间,参与商品交易业务,促使买卖行为发生和实现的具有法人资格的组织或个人。包括批发商、零售商、经销商、代理商等。

对生产企业而言,一般有三种分销渠道策略可供选择:广泛分销渠道策略、选择分销渠道策略、独家分销策略。营销分销渠道策略选择的因素有:产品因素、市场因素、企业内在因素、政策因素等。

目前渠道设计的方法有两种:一种是"点、线、面"渠道布局法;另外一种是分销渠道的逆向重构法。分销渠道管理包括:选择渠道成员、激励渠道成员、对渠道成员的绩效评估等工作。

企业在调整与完善自身分销渠道的过程中,可从四个方面采取措施。

思考与讨论

1. 如何设计企业的分销渠道?
2. 在市场经济条件下,分销渠道对企业管理有何重要意义?
3. 如何确定分销渠道的长度和宽度?
4. 中国企业渠道管理中存在哪些主要问题? 如何解决?
5. 如何解决成员之间的冲突?
6. 你认为有必要对分销渠道进行评估吗?
7. 针对不同渠道成员的需要应如何选择激励工具?

案例分析训练

沃尔玛折价百货连锁公司

1992 年 4 月,74 岁的山姆·沃顿因骨癌去世。去世前不久,他获得了美国总统亲自颁发的"总统自由奖章"——美国平民的最高荣誉。这是对他从无到有,在小镇上建起了当今美国最大,也是最成功的零售帝国的奖励。

山姆原本只是一个农家子弟。他 1918 年生于俄克拉何马州,美国经济大萧条时期在密苏里长大,从小崇尚努力工作和勤俭节约。他的学业和体育均相当出色,靠发送报纸、当救生员和在廉价商店打工读完了大学经济系。1940 年大学毕业后,他进入 J.C.潘尼公司成为一名销售人员,18 个月后参军。

1. 沃尔玛的创立和发展

第二次世界大战胜利后,山姆从军队复员。因战前他已有在零售店工作的经验,于是他决定经营零售店。他在阿肯色州的新港(Newport)小镇租下一个店面,加盟 Ben

Franklin 小杂货连锁成为一个特许分店,开始经营自己的第一家零售店。1950 年,由于房东要收回店面,山姆不得不将小店搬到班顿威尔,后来这里成为沃尔玛公司的总部所在地。在大约 10 年时间,山姆将自己名下的 Ben Franklin 连锁分店拓展到了 15 家,年销售收入达 140 万美元,是该公司中业绩最为突出的分店。

1962 年,山姆听到人们都在谈论折价百货商店(discount store),他亲自外出作了考察,然后到 Ben Franklin 公司的总部建议其投资折价百货店,但他的建议遭到了总部董事们的否决。回到阿肯色,山姆决定自己动手开创新的事业。

1962 年 7 月,第一家以沃尔玛公司命名的折价百货店在阿肯色州的罗杰开业。由于得不到任何投资者的支持,山姆不得不以自己的全部财产作抵押,在银行借下高额贷款,支付开业资金。

商店获得了巨大成功,第一年营业额达到 70 万美元,这在人口只有几千人的小镇上当时已称得上是奇迹。积累了两年的经验后,从 1964 年起,山姆开始在周围地区的小镇上开设沃尔玛分店。截至 20 世纪 60 年代末,沃尔玛已有 18 家分店,加上原有的 14 家 Ben Franklin 小杂货连锁店,总销售收入增至 3 000 万美元,其中折价百货店的销售收入占了 74%。

为了更迅速地发展,1972 年沃尔玛公司的股票在纽约证券市场成功地公开上市。由于有充足的资金支持,沃尔玛在 70 年代以更快的速度发展。到 70 年代末,其分店数达 276 家,总营业面积 1 250 万平方英尺,销售收入增至 12.48 亿美元,净利润 410 万美元,年增长速度均超过 40%。此时的沃尔玛已是全美最大的地区性折价连锁公司,并成为全美最年轻的(成立仅 10 余年)年销售收入超 10 亿美元的零售公司。

进入 80 年代,沃尔玛制定了进一步发展成全国性零售公司的目标。这对它来说,是具有极大挑战性的目标,因为必将遇到强劲的竞争——它要向全国发展,必然要打入别的企业占优势的地区;还因为它要成为全美第一,竞争对手从内心不服。

此前的折价百货业第一家是凯马特(K-Mart)。到 1981 年,凯马特分店数 1 772 个,销售收入 142 亿美元;而沃尔玛的分店数仅 330 个,销售收入 16.4 亿美元,相差 8 倍之多。沃尔玛与零售业第一的百年老店希尔斯相比,更是小巫见大巫,后者 1981 年的总营业收入 273 亿美元,而沃尔玛仅 24 亿美元,只有希尔斯的 9%。

80 年代,沃尔玛开始通过兼并向其他地区迅速扩展,每年新增 100~150 家分店,从 9 个州发展到 35 个州,特别是进入了西海岸和东北地区各州。此外,山姆开始尝试新的零售形式,进入大都会人口较为密集的郊区。

它主要尝试了三种新形式:

(1) 超级中心(supercenter)。经营范围相当于一个传统沃尔玛折价百货店加上一个城区超市,面积当然较大。山姆的意图是通过增加食品部分吸引顾客更频繁地光顾商店。这种形式的沃尔玛店在 90 年代获得较大发展,1996 年达到 239 个。

(2) 山姆会员俱乐部(Sam's Club)。1984年开办第一家,至1991年发展到148家,90年代获得更大发展,且在沃尔玛集团的总销额中所占比重上升到20%以上。其主要经营周转快的家庭用品的批发,品种数只有一般折价百货店的5%,营业面积却比普通折价百货店大得多。

(3) 特级市场(Hypermart USA)。1987年在得克萨斯州达拉斯市郊开设第一家特级市场,其规模更为巨大,营业面积超过20万平方英尺,不仅有百货、食品,还设有餐厅、美容院、修鞋店和干洗店等,类似一个购物中心。其构想是让消费者一次购齐所需的一切商品,但这种形式并不成功,后被放弃。

80年代的持续高速发展,使沃尔玛在1990年以326亿美元的销售收入超过凯马特和希尔斯而成为全美第一大折价百货连锁公司和第一大零售业公司。公司创始人和总裁山姆·沃顿被多份杂志评为全美最佳主管和第一富豪。

2. 沃尔玛成功的经验

专家们认为,沃尔玛的成功可归功于以下方面:

(1) 将顾客和员工视作上帝。这一点是山姆一直强调的。在沃尔玛,员工被称作"合伙人",而不是"雇员"。山姆重视公司内部由上而下的思想沟通,创造一种让员工感到自己是公司人的氛围。在公司内还设立了一项利润分享计划,使每位员工都能因公司盈利而获利。此外,公司员工还享有购买公司股票的优先权。

(2) 在小城镇发展战略。沃尔玛是从偏远地区小城镇发展起来的,在其发展过程中一直遵循避开大城市的战略。在其高速发展的70年代和80年代,几乎所有的沃尔玛分店都开在人口只有几千到2.5万以内的小镇。一般认为,这么少人口的小镇难以支持折价店低价竞争所需的销售规模。但山姆认为,只要价格确实低,品种确实多,就能吸引来周围几十英里范围内的居民。事实也确是如此。此外,在小城镇开店难得遇上竞争对手,因为大型连锁公司忽视这些小镇。

(3) 利用新技术。沃尔玛的成功在很大程度上得益于在技术上的连续投资,特别是在建立计算机通信和配送系统上投资,使之成为领先于竞争对手的最大优势。公司80年代初就与休斯公司合作发射了一颗人造通信卫星,先后投资近7亿美元建起世界上最大的民用电脑与卫星通信系统。

(4) 成本控制。沃尔玛实行严格的成本控制。

① 严格控制进货成本。其主要做法,一是靠大量订购不断要求供应商压低价格;二是越过中间商直接向制造商订货。

② 严格控制配销成本。沃尔玛在全美有20个配送中心,有自己的送货车队,所供应的分店都在一天车程范围内,分店提出订货要求后,两天内货即可送到。各店85%的商品由配送中心直接供应,比一般竞争对手高过25~30个百分点。凯马特和Target等著名连锁公司均委托运输公司承担,送货时间平均在5天左右。

③ 较低的广告促销费。一般折价百货公司将销售额的 2‰~3‰ 用于广告促销,而沃尔玛却低于销售额的 1‰。这一方面是由于多数沃尔玛分店开在小镇上。即使在大城市郊区,沃尔玛也不像多数连锁店那样每周做广告,而是每月一次。

④ 人员精简的组织结构和山姆本人崇尚节俭作风的影响。

(5)"购买美国货"和保护环境。1985 年,沃尔玛发起"购买美国货"的运动,尽可能采购美国制产品,扶植国内企业。这一运动得到许多制造企业和普通消费者的响应。沃尔玛还督促生产企业改进产品和包装以保护环境,受到社会欢迎。

资料来源:吕一林.市场营销教学案例精选.上海:复旦大学出版社,1998.

分析与思考:

1. 你认为是什么原因使特级市场未能如所期望的那样获得成功?

2. 你认为沃尔玛在今后的发展中会遇到什么问题?作为世界第一大零售公司,它今后应如何发展?

3. 一些人认为沃尔玛在小城镇的发展破坏了当地及周边地区原有小商业的生存环境,另一些人则争辩说沃尔玛使消费者得到了实惠。你赞成哪种意见?两者有可能统一吗?

第十章

促销策略

学习目标

1. 了解促销的含义与作用；
2. 掌握促销组合的基本概念、作用及其策略；
3. 掌握人员推销、广告、营业推广、公共关系四种促销方式的特点、形式及适应性；
4. 具有指导开展人员促销、灵活运用各种促销工具的能力。

引导案例

"双鹿"电冰箱的促销策略

"双鹿"电冰箱是20世纪80年代上海电冰箱厂生产的一种直冷式电冰箱。该厂是中国最早引进电冰箱生产线的企业之一。

进入80年代后期，直冷式电冰箱在技术上已经落后于无霜电冰箱。与此同时，电冰箱市场也开始从供不应求转向供过于求，市场竞争加剧。"双鹿"电冰箱由于没有形成一定的规模，技术落后，知名度也不高，面临着被挤出市场的危险。

针对这种情况，上海电冰箱厂决定采用广告策略，把企业经营重点转向品牌、知名度和售后服务。其具体内容包括：

一、确定广告主题

"双鹿"已经进入中期保牌阶段，与早期创牌阶段不同，需要变更广告主题，应集中突出消费者关心的焦点问题。"双鹿"电冰箱各种广告均要围绕"用电更省、噪音更低"、"最符合中国国情"这一主题大做文章。

二、广告媒体选择

上海电冰箱厂进行媒体策划时，首先做到媒体选择符合广告目标与广告主题的要求。在此前提下，以发挥媒体的整体效益为原则，认真分析各种媒体的优缺点，结合广告预算有效选择几种主要媒体。

电视：展示双鹿品牌和商标，突出企业形象。

电台：介绍双鹿电冰箱的优点。

路牌：展现双鹿电冰箱外观形象。

企业广告预算讲求量力而行,主要在地方性的媒体上进行宣传。媒体的对象选择电冰箱购买的决策人：家庭主妇。

三、广告策略

1. 广告定位策略

(1) 产品定位：中档产品多种功能(制冷、冷藏、保鲜),物美价廉。既适用又美观。

(2) 广告定位：舒适生活的伴侣,吉祥家庭的象征。

2. 广告实施策略

(1) 无差异性广告策略——针对全部目标市场宣传"双鹿"品牌,树立企业形象时采用统一的主题、内容与画面,不允许有更改和变化。

(2) 差异性广告策略——针对不同的细分市场,采用不同的媒体,运用不同的宣传内容向不同的消费者进行诉求,打动各个消费者。

(3) 集中广告策略——针对一两个细分市场,调动多种广告宣传方式、媒体、手段,集中宣传同一主题、内容,造成巨大声势。有助于迅速提高产品知名度,扩大市场占有率。

3. 广告促销策略

(1) 馈赠广告：开展"双鹿"用户有奖征询活动,获奖者可得电冰箱或电冰箱供应券。

(2) 公益广告：上海长宁区"交通安全月"宣传广告,首都"小天使节"赞助广告。

(3) 中奖广告：与银行联合举办"双鹿"电冰箱有奖储蓄活动。

(4) 服务广告：举办"家用冰箱"电视讲座,冰箱修理咨询服务广告。

(5) 公共关系广告："双鹿"文汇文学基金奖,重大事件、工程竣工祝贺广告。

成功的市场营销活动,不仅需要制定适当的价格、选择合适的分销渠道向市场提供令消费者满意的产品,而且需要采取适当的方式进行促销。正确制定并合理运用促销策略是企业在市场竞争中取得有利的产销条件和较大的经济效益的必要保证。

第一节　促销及促销组合

一、促销的含义

促销是促进产品销售的简称。是指通过人员或非人员的方法传播商品信息,帮助和促进消费者熟悉某种商品或劳务,并促使消费者对商品或劳务产生好感与信任,继而使其踊跃购买的活动。促销具有以下几层含义。

(1) 促销的主要任务。从核心和实质上来看,促销就是一种信息沟通,通过各种各样的手段和方式,实现企业与中间商、企业与最终用户之间的各种各样的信息沟通。另一方面,通过信息沟通又能够传递最终用户和中间商对生产者及有关产品的各种各样的评价。

(2) 促销的目的。促销的目的就是通过各种形式的信息沟通来引发、刺激消费者产生购买欲望直至发生购买行为,实现企业产品的销售。

(3) 促销的方式。促销的方式主要有人员促销和非人员促销两类。

人员促销就是企业派出推销人员,与消费者进行面对面的直接沟通,说服顾客购买。

非人员促销主要是指借助广告、公关和各种各样的销售促进方式进行信息沟通,达到引发、刺激消费者产生购买欲望直至发生购买行为、实现企业产品销售的目的。

一般来说,人员促销针对性较强,但影响面较窄,而非人员促销影响面较宽,针对性较差。企业促销时,只有将两者有机结合并加以运用,方能发挥其理想的促销作用。

二、促销的作用

1. 传递信息,强化认知

销售产品是市场营销活动的中心任务,信息传递是产品顺利销售的保证。一种商品进入市场以后,或将要进入市场的时候,为了使更多的消费者知道这种商品,就需要生产者或经营者及时提供商品信息,主动介绍商品的性能、特点、用途、价格、使用方法、保管知识及企业可能提供的服务等,引起社会各方面的关注,吸引顾客购买;否则,抱着"酒香不怕巷子深"、"皇帝女儿不愁嫁"的传统营销观念,必然自绝于市场,犹如作茧自缚。因此,沟通信息是争取顾客的重要环节,也是密切营销企业与生产者、经营者、顾客之间的关系,强化分销渠道中各个环节之间的协作,加速商品流通的重要途径。

2. 突出特点,诱导需求

在激烈的市场竞争中,企业的生存与发展越来越需要强化自身的经济特色。与众不同、独树一帜,是多数企业成功的秘诀,而市场经济的快速发展又使商品质量、花色品种向雷同化方向发展,许多同类商品仅有细微的差别,甚至假冒伪劣商品也达到了以假乱真的地步,消费者往往不易察觉和辨认。在这种情况下,企业通过各种促销形式的开展,突出宣传本企业经营的商品不同于竞争对手商品的特点,以及它给消费者带来的特殊利益,显然有助于加深消费者对本企业商品的了解,帮助消费者从犹豫不定的状态中解脱出来,进行正确的购买决策,采取相应的购买行为。

3. 指导消费,创造需求

通过各种形式的沟通,让消费者了解产品的一般功能特性,了解产品的最基本的操作和使用方法,对消费者起到一定的指导作用。需求是有弹性的,既可以扩大,也可以缩小;既可以诱发,也可以压抑。有效的促销活动不仅能够诱导和激发需求,而且能在一定条件下创造需求。当企业营销的某种商品处于低需求时,促销可以招徕更多的消费者,扩大需求;当需求处于潜伏状态时,促销可以起催化作用,实现需求;当需求波动时,促销可以起到导向作用平衡需求;当需求衰退时,销售量下降,促销可以使需求得到一定程度的恢复。

4. 滋生偏爱,稳定销售

在激烈的市场竞争中,企业产品的市场地位一般是不稳定的,致使有些企业的产品销售此起彼伏,波动较大。企业运用适当的促销方式,开展促销活动,可使较多的消费者对本企业的产品滋生偏爱,进而稳住已占领的市场,达到稳定销售的目的。即使该类商品需求下降,也可以通过一定形式的促销活动,促使对该品牌的需求得到一定程度的恢复和提高。

三、促销组合策略

(一) 促销组合

在实践中,促销方式有很多种,大体可分为两类:人员促销和非人员促销。具体说来又可以分为四种方式:人员推销、广告、公共关系和营业推广。

企业在实际促销活动中,是采用一种促销方式,还是采用两种或两种以上的促销方式?这就需要选择。如果选择两种或两种以上的方式,就要涉及以哪种方式为主、以哪几种方式为辅的问题。把各种促销方式有机搭配和统筹运用的过程就称为促销组合。

(二) 促销组合策略

经过促销组合所形成的某种企业可实施的对策叫作促销策略,也叫促销组合策略,也就是说,促销组合策略是促销组合的某种结果或具体表现形式。不同的促销组合形成不同的促销策略,诸如以人员推销为主的促销策略、以广告为主的促销策略。从促销活动运作的方向来分,有推式策略和拉式策略两种。

1. 推式策略(从上而下式策略)

推式策略以人员推销为主,辅之以中间商营业推广,兼顾消费者的营业推广。把商品推向市场的促销策略,其目的是说服中间商与消费者购买企业产品,并层层渗透,最后到达消费者手中。推式策略主要适合于生产资料的促销,即生产者市场的促销活动。

推式策略的主要方法有:举办产品技术应用讲座与实物展销;通过售前、售中、售后服务来促进销售;带样品或产品目录走访顾客。

2. 拉式策略(从下而上式策略)

拉式策略以广告促销为拳头产品,通过创意新、高投入、大规模的广告轰炸,直接诱发消费者的购买欲望,由消费者向零售商、零售商向批发商、批发商向制造商求购,由下至上,层层拉动购买。拉式策略主要是用广告拉动最终用户和激发消费者的购买欲望。

拉式策略的主要方法有:通过广告进行宣传,同时配合向目标市场的中间商发函联系,介绍产品的性能、特点、价格和征订办法,为产品打开销路;组织产品展销会、订货会,邀请目标市场客户前来订货；通过代销、试销促进销售；创名牌、树信誉、实行三包,增强用户对产品和企业的信任,从而促进销售。

　　一般情况下,单位价值高、分销环节少的产品,性能复杂、要对使用方法作示范的产品,根据用户特定的要求设计的产品,以及市场比较集中的产品等,以推式策略进行促销。而对于那些市场范围大、分销渠道长的产品,或需要及时将信息传递给广大顾客的产品,则应以拉式策略进行促销活动。

　　实践中通常是推拉结合,有推有拉。也就是说,一方面要用广告来拉动最终用户,刺激最终用户产生购买欲望;另一方面要用人员推销的方式向中间商推荐,以使中间商乐于经销或代理自己的商品,形成有效的分销链。当然,在进行促销组合的过程中,还要考虑产品的性质,并参照促销预算等有关因素进行组合。

四、制定促销策略需要考虑的因素

　　促销策略的制定和运用,必须综合考虑以下因素:

(一)产品性质

　　不同性质的产品,市场需求特点不同,因此所采用的促销策略亦应不同。一般而言,生活资料比生产资料更多地采用广告促销,而生产资料则比生活资料更多地采用人员推销的方式。生活资料消费面广量大,故对其促销以广告宣传为主,营业推广为辅,并结合人员推销与公共关系的组合策略为宜。而生产资料主要用于企业再生产,用户购买行为理智,对其促销则以人员推销为主,营业推广为辅,广告与公共关系相互配合的组合策略为佳。具体策略应用时需注意具体产品的分析,切不可一概而论。

(二)产品市场生命周期

　　产品在其市场周期的不同阶段,应采取不同的促销策略,如表 10-1。

表 10-1　产品生命周期与促销方式

产品生命周期	促销的主要目的	促销主要方法
导入期	使消费者认识商品,使中间商愿意经营	广告介绍,对中间商用人员推销
成长期 成熟期	使消费者感兴趣,扩大市场占有率,使消费者产生"偏爱"	扩大广告宣传,搞好营业推广和广告宣传
衰退期	保持市场占有率,保持老顾客和用户推陈出新	适当的营业推广,辅之广告,降价

(三)市场性质

　　不同的市场,其规模、类型、顾客数量不同,相应地,采取的促销策略应有差别。

从市场规模来看,在规模大、地域广阔的市场,应多采用广告宣传和公共关系促销策略;在规模小、地域狭窄的市场,应以人员推销为主。从而同顾客建立长期固定的产销关系,争取稳定的订单。

从市场类型看,消费者市场购买者众多且零星分散,人员推销效率较低,应主要采用广告宣传、商品陈列、展销、产品介绍等方法去吸引顾客;生产者市场购买者较少且相对集中,购买批量大,技术性较强,宜以人员推销为主,向用户详细介绍产品,建立关系,促成购买。

从市场上不同类型潜在顾客的数量看,若潜在顾客数量少,可采用人员推销;若潜在顾客数量多,则宜采用广告宣传。

(四)促销费用

企业能用于促销的费用预算,也是决定促销策略的重要依据。各种促销方法所需费用多少不同,为提高促销效益,应力求以促销费用尽可能少、促销效果尽可能好的方式去促销。这就要求企业在制定促销策略时,应根据促销目标,对企业的财力状况、各种促销方式的费用、可能提供的经济效益以及竞争者的促销预算等多方面因素进行全面权衡,选择出适宜的促销方案。

促销策略的选择和应用除了考虑上述因素外,还要考虑消费行为和消费习惯、经济状况、分销成本和分销效率、技术条件等因素。

第二节 人 员 推 销

一、人员推销的特点和任务

人员推销是一种传统的促销方式,在现代企业市场营销活动中仍起着十分重要的作用。国内外许多企业在人员推销方面的费用支出要远远大于在其他促销方面的费用支出。实践表明,人员销售与其他促销手段相比具有不可替代的作用。

(一)人员推销的概念

所谓人员推销,是指企业推销员直接与顾客接触、洽谈、宣传介绍商品和劳务以实现销售目的的活动过程。它是一种古老的、普遍的但又是最基本的销售方式。企业与顾客之间的联系主要通过推销员这个桥梁。推销员、产品、顾客三者结合起来,才能成为统一的人员推销这一运动过程。人员推销不仅存在于工商企业中,而且存在于各种非营利组织及各种活动中。西方营销专家认为,今天的世界是一个需要推销的世界,大家都在以不同形式进行推销,人人都是推销人员。科研单位推销技术,医生推销医术,教师推销知识。

可见推销无时不在,无处不在。

(二)人员推销的特点

人员推销作为一种不可取代、应用广泛、历史悠久的销售手段,具有自身的独特性。

1. 针对性强

与广告相比,人员推销具有针对性强的特点。虽然广告策略可以通过选择合适的媒体、合适的时段来提高信息的传播效率,但是目标受众与非目标受众不能在信息传播中进行分离,而且,目标受众是否接受信息是企业很难控制的。因此,广告投入风险较大。人员推销则不同,它是通过推销人员与消费者的直接接触,将目标顾客从消费者中分离出来,能可靠地发掘推销对象,把推销努力集中于目标顾客身上,避免了许多无效劳动。

2. 灵活性强

由于目标顾客明确,推销人员可在接近顾客前后,以及在推销过程中,根据特定对象的态度和特点,随时调整自己的推销策略与技巧,充分发挥推销者的主观能动性,保证推销效率。广告信息的设计和信息发布是单向的,获得受众反应的信息有一个时间跨度,这使得广告信息的内容和信息发布的调整具有滞后性。人员推销则可以避免这一点。

3. 双向沟通

销售人员在与顾客的直接接触中,一方面能将企业和产品的有关信息及时、准确地传递给顾客;另一方面又可以听取到顾客的意见和要求,并迅速反馈给企业,以指导企业经营,使产品更符合消费者的需要。因此,人员推销有利于企业了解市场,提高企业决策水平。

4. 消费指导

人员推销可以给消费者提供现场的消费指导,这是其他所有促销组合要素所没有的特点。人员推销中,销售人员直接面对面地向顾客提供咨询和技术服务,当面向顾客展示产品特点,演示产品使用方法,解答顾客疑问。有的产品需要提供安装或操作使用服务,推销人员可当即解决,这有利于顾客放心大胆地购买。在复杂的产品和复杂的购买行为中,人员推销最能发挥这一优势。

5. 亲和力强

作为人际沟通工具,人员推销通过面对面的人际交往,易于联络与顾客的感情,建立友谊,争取长期买主。推销人员与顾客的直接交往,有利于买卖双方的沟通、信任和理解,促使单纯的买卖关系发展成为友好的合作关系,为长期交易打下坚实的基础。

(三)人员推销的任务

人员推销是由销售人员进行的,但若把销售人员的任务仅仅看成是推销商品,则未免过于简单化。作为企业和消费者之间相互联系的纽带,企业销售人员肩负着多方面的责任,其主要任务有以下几方面。

1. 寻找客户

人员推销不仅要提供产品,满足消费者重复购买的要求,更重要的是在市场中寻找机会,挖掘和发现潜在需求,创造新需求,寻找新顾客,开拓新市场。

2. 传递信息

通过与现实顾客和潜在顾客的交往,将有关产品的特点、性能、价格等信息传递给顾客,为顾客提供资料,引起顾客的购买欲望,从而促进产品销售。同时,推销员还肩负着搜集和反馈市场信息的任务,应及时了解顾客需求、需求特点和变化趋势,了解竞争对手的经营情况,了解顾客的购后感觉、意见和看法等,为公司制定有关政策、策略提供依据。

3. 销售产品

推销人员通过与消费者的直接接触,运用销售技巧,可以有效地分析顾客的需求及其所期望的最大利益,根据不同情况向他们提供各种奖励、折扣、优惠和服务等,从物质上和精神上满足对方需求,引导其实现购买。

4. 提供服务

销售产品不是人员推销的终点。人员推销过程中,不仅要把产品销售给顾客,而且在销售产品的同时,为顾客提供咨询、技术、信息、维修等多种售前、售中、售后服务,帮助顾客解决困难,满足顾客需求。推销中的良好服务能够增强顾客对企业及其产品的好感和信赖。

二、人员推销的程序

虽然没有两个完全相似的推销情境,也没有两个推销员按完全相同的方法去完成自己的推销任务,但大多数推销员是按如下六步推销程序去执行任务的。

1. 确定目标

人员销售的第一个步骤就是先研究潜在的消费者,选择极大可能成为顾客的人,即潜在顾客。这些潜在顾客可从直接对消费者、产业会员调研,以及通过公共档案、电话号码簿、工商会员名单、公司档案获得。推销人员应把重点放在那些有资财、有意愿和有权购买产品的潜在顾客上。

2. 接近潜在顾客

接近潜在顾客时,首先要给对方一个良好的第一印象,因为第一印象往往会成为持续长久的印象。因此推销人员与潜在顾客的第一次接触往往是能否成功推销产品的关键。至于具体的途径,最好的方法就是立足于对潜在顾客的了解,对他们所需及产品如何才能适应他们所需的了解上。凡是能了解每个顾客特殊情况的推销人员,大都能留下良好的第一印象,并大都能做成交易。

3. 推销介绍

在很多情况下,这一阶段除了对产品进行实际推销外,还包括产品的展示。在这一过程中,推销人员应指出产品的特点和利益,以及它们如何优于竞争者的产品,有时甚至也可指出本产品的某些不足,或可能出现的问题及如何减免和防范。

4. 回答异议

潜在顾客任何时候都可能提出异议或问题,这就给推销人员提供一个机会去消除可能影响销售的那些反对意见,并进一步指出产品的其他特点,或提示公司可提供的特别服务。

5. 成交

一旦对潜在顾客所提问题作答后,推销人员就要准备达到最重要的目标——成交,就是要使顾客同意购买自己推销的产品。此时推销人员必须确保在成交前再没有遗留重要的问题,而且推销人员不应与消费者再发生争议。许多有经验的推销人员,还往往会以顾客已打算购买的假设为依据,向顾客提出"您希望什么时候送货""您要买标准型还是豪华型"等问题。这就可使犹豫不决的潜在顾客立即作出购买决定,而不会再说"我将要购买这个产品"。

6. 追踪

贵重商品售出后,推销人员必须予以跟踪,以确保产品按时、保质、在良好状况下送达消费者手中,并确保其能处于正常的使用状态。这种追踪可以给顾客留下一个好印象,并为未来更易推销铺平道路,因此它是推销过程的重要一环。总之,推销人员的职责并不随销售工作的结束而结束,它将随着销售者与顾客之间保持良好、有效的相互关系而延续下去。

三、人员推销的组织结构

按照适当的组织结构形式,正确分派推销人员,这是充分发挥推销人员的作用,保证推销工作效率的重要条件。

人员推销的组织结构有以下四种基本形式。

(一)区域结构式

区域结构式即将企业的目标市场分为若干个区域,每个推销人员负责一个特定区域内各种商品的推销业务。这是最简单的也是采用最普遍的一种组织结构形式。其优点是:推销人员的活动范围特定,责任明确,便于考查其工作绩效,激励其工作积极性;有利于与顾客建立良好的人际关系,发掘新顾客;减少了推销人员的流动性,节省费用。区域结构式人员推销组织一般只适宜于产品或目标市场类似的企业采用。如果所推销的产品或进入的市场差异较大,推销人员则不易深刻了解各类顾客的需求和各种产品的特点,从而影响推销的成交率。

（二）产品结构式

产品结构式即每个推销人员专门负责一种或一类产品的推销工作。其优点是：推销人员熟悉该种产品的供销情况，有利于预测该种产品的销售趋势，及时组织货源；推销人员能够运用其专业知识为顾客服务，有利于扩大顾客群；商品推销组织形式对推销人员的知识结构提出了更高的要求，有利于促进推销人员不断学习、更新知识、提高素质。这一结构形式适宜于产品种类多、产品间无关联、技术性强的情况下的产品推销。

（三）顾客结构式

顾客结构式即按照顾客的类型分派推销人员，每个推销人员负责一个或几个顾客群体的推销工作。顾客群体一般按消费者的产业特征、规模大小、职能状况等来进行分类。其优点是：推销人员与顾客直接打交道，有利于推销人员深入了解特定顾客需求，在推销中有的放矢，提高工作效率；推销人员与特定顾客在产品买卖中经常交往，有利于彼此间建立感情，增进友谊，从而建立稳固的购销关系。但是，这种组织形式易造成推销人员所负责的区域出现重叠，造成人力、财力的浪费。此外，当同一类型的顾客过于分散时，无疑会增加推销人员的工作负担和差旅费开支，影响推销绩效。因此，该结构形式适宜于顾客比较集中、用户规模较大、分销渠道比较稳定的企业。

（四）综合式结构

它是指企业在一个较大的区域内向许多不同类型的顾客推销多种产品时，将区域与产品、区域与顾客、产品与顾客三种组织形式混合适用，有机结合，按"区域—产品"或"区域—顾客"或"产品—顾客"，甚至按"区域—产品—顾客"来分配推销人员。这种推销组织形式的优点是：能够灵活调度推销人员，全方位地发挥和运用推销人员的才能，有利于调动推销的积极性；推销人员能从企业整体营销效益出发开展营销活动，有利于扩大销路；推销人员能进入一个地区或某一单位，解决诸多商品推销问题，有利于节省推销费用。

综合结构组织形式适宜于顾客类别复杂而分散的企业。但在采取综合结构组织形式的情况下，一个推销人员往往要对几个产品经理或几个部门经理负责，容易造成多头领导、职责不清。特别是不同部门人员的协调配合工作做得不好时，会直接影响推销效果。

四、推销人员的业务素质要求

现代企业对推销人员的素质要求较高，一般包括以下几个方面。

（一）成熟的心理素质

出色的推销人员应具有强烈的事业心、进取心、责任感和广泛的兴趣，以及积极、乐观、稳定的情绪，坚定的意志，不屈不挠的毅力，强烈的服务、竞争、信息、时间和创新意识，对职业、对产品、对企业、对自己均有充分信心，能自重、自省、自警、自律。对现实世界及他人的认识是客观的、如实的，很少受主观偏见的影响。对事实持现实的态度，能承受各种挫折，对人不过分苛刻。

一个看不起自己的工作的人是不会取得成功的。凡是取得成功的人，都是对自己的工作充满自豪感，并为之全力以赴地努力的人。

只会在平路上开车不算是会开车。只有在遭受拒绝、打击、挫折之后还保持对职业的自豪感并不断努力的人，才有可能获得成功。

（二）出色的推销能力

为实现促销目标，推销人员必须对各种变化反应灵敏，并有娴熟的推销技巧，能对变化万千的市场环境采用恰当的推销技巧。要能准确地了解顾客的有关情况，能为顾客着想，尽可能地解答顾客的疑难问题，并能恰当地选定推销对象；要善于说服顾客（对不同的顾客采取不同的技巧）；要善于选择适当的洽谈时机，掌握良好的成交机会，并善于把握易被他人忽视或不易发现的推销机会。

（三）丰富的推销知识

丰富的推销知识是推销人员做好推销工作的前提条件。高素质的推销员必须有较强的上进心和求知欲，乐于学习和掌握各种推销必备的知识。一般来说，推销人员应具备的知识有以下几个方面。

1. 企业知识

推销人员必须对所代表的公司有一个全面了解。熟悉公司发展史，对公司历年财务、人员状况、领导状况及技术设备都了如指掌，因为这些知识都有助于增强顾客对推销员的信任感。推销员还必须掌握公司经营目标和营销策略，并能够灵活运用和解释它们。同时，还应该学会巧妙运用统计资料来说明公司的地位，力争在顾客心目中树立起良好的公司形象。

2. 产品知识

推销人员应该是产品专家，应全面了解从产品设计到生产的全过程，熟悉产品性能、特点、使用、维修，熟知产品成本、费用、出厂价格。还应全面掌握产品种类、设备状况、服务项目、定价原则、交货方式、付款方式、库存、运输条件等。另外，还必须了解竞争产品情况。只有对产品的充分了解才能使推销人员产生自信。

3. 市场知识

推销人员了解市场的供求情况及竞争者的有关情况，以及目标市场潜在顾客数量、分布、购买动机、购买能力和有关法规等。

4. 法律知识

推销人员也应具备相应的法律素质，工作中要有强烈的法律意识和丰富的法律知识。推销工作是一种复杂的社会活动，受到一定的法律法规制约。推销过程中，推销人员应注意衡量自己的言行是否合法，以及会给社会带来什么后果。同时，拥有丰富的法律知识还可以有效地运用法律武器保护自己及公司的合法权益。

5. 社会知识

优秀的推销人员还应具备良好的社会文化素质。对推销员来说，同行竞争的焦点往往是社会文化素质的差异。在社会文化素质方面，要求推销员具有一定的专业知识，如经济学、市场学、心理学、社会学等，除此之外，还应在文学、艺术、地理、历史、哲学、自然科学、国际时事、外语等方面充实自己。博学多才是推销人员成功的重要因素。

（四）高度的热忱和服务心

顶尖的销售员都把客户当成自己长期的终身朋友。关心客户需求，表现为随时随地地关心他们，提供给客户最好的服务和产品，保持长久的联系。成功的销售人员能看到客户背后的客户，能看到明天的客户。

（五）文明的仪表风度

人员推销实际上是一种交际活动。推销人员是公司的"外交官"，这就要求他们讲究必要的推销礼仪。

1. 在仪表方面

仪表虽不能绝对反映一个人的内心世界，但作为一个推销员，则必须注意仪表，推销员留给顾客的第一印象往往取决于推销员的外表，顾客喜欢仪表优雅、风度翩翩的推销员，而不喜欢不修边幅、形象拖沓的推销员。推销员的衣着应以反映时代气息、朝气蓬勃、健康活泼、进取向上、稳重大方、整齐清爽、干净利落为基准。庄重大方的衣着可增强推销员的自尊心和自信心，从而使他勇气十足，信心百倍，达到最佳的推销效果。

2. 在言谈方面

推销员应做到语言表达准确，避免措辞含混不清；注意使用规范语言，除特殊场合外，一般应讲普通话和官方语言；使用礼貌语言，杜绝粗野语言；不要有口头语；还应注意讲话的语音语调，发音清晰，速度适中，避免病句和错别字；讲话不应声嘶力竭或有气无力。总之，讲话要准确规范，富于表现力。

3．在举止方面

应注意遵守一些基本的准则，如敲门要轻，并稍远离门；打招呼、问候应主动、热情、适当；登门拜访顾客时应后于顾客落座，切忌乱动顾客的东西；谈话时态度关切、温和、坐态端正并稍向前倾，倾听认真、用心，切忌东张西望、心不在焉，回答问题时不要直接顶撞，需要否定对方意见时可用委婉语气；谈话时应不慌不忙，动作适度，站立时切忌双手倒背，交换名片时应双手呈递和双手接受，以示对对方的尊重，切忌一边访谈一边摆弄顾客的名片；必须注意克服不停眨眼、挖鼻孔、皱眉、咬嘴唇、搔头、挖耳朵、吐舌头、耸肩膀、颤腿颤脚、踏地板、不停地看表、东张西望、慌慌张张、皮笑肉不笑等坏习惯。

4．其他相关礼节

推销员还要懂得打招呼、接打电话、宴请等方面的礼仪、礼节。例如，要注意顾客身份、年龄，选择适当的话题，不要千篇一律地用同一种形式打招呼。若除顾客外还有其他人如顾客的朋友在场，不能忽略他们，否则是不礼貌和不明智的。打电话时语气要温和、礼貌，接电话时最好先自报姓名和单位；若拨错号码，要向对方表示歉意。若要宴请顾客，在宴请地点和菜肴方面考虑顾客的心理和喜好，注意陪客人数不宜超过顾客人数，不能饮酒过量、醉酒，不能留下顾客，自己先离席，不要当着顾客的面付账等。

（六）良好的职业道德

推销人员还应具备良好的职业道德。能自觉守法、守纪、守信、守时，待人真诚、热情、谦恭，工作认真、勤勉、仔细，任劳任怨。

五、推销人员的管理

（一）推销人员的甄选与培训

由于推销人员素质高低直接关系到企业促销活动的成功与失败，所以，推销人员的甄选与培训十分重要。

1．推销人员的甄选

甄选推销人员，不仅要对未从事过推销工作的人员进行甄选，使其中品德端正、作风正派、工作责任心强的胜任推销工作的人员走入推销人员的行列，还要对在岗的推销人员进行甄选，淘汰那些不适合推销工作的人员。

推销人员的来源有二：一是来自企业内部。就是把本企业内德才兼备、热爱并适合推销工作的人选拔到推销部门工作。二是从企业外部招聘。即企业从大专院校的应届毕业生、其他企业或单位等群体中物色合格人选。无论哪种来源，都应经过严格的考核，择优录用。

甄选推销人员有多种方法，为准确地选出优秀的推销人才，应根据推销人员素质的要求,采用申报、笔试和面试相结合的方法。由报名者自己填写申请,借此掌握报名者的性别、年龄、受教育程度及工作经历等基本情况;通过笔试和面试可了解报名者的仪表风度、工作态度、知识广度和深度、语言表达能力、理解能力、分析能力、应变能力等。

2. 推销人员的培训

对当选的推销人员,还需经过培训才能上岗,使他们学习和掌握有关知识与技能。同时,还要对在岗推销人员,每隔一段时间进行培训,使其了解企业的新产品、新的经营计划和新的市场营销策略,进一步提高素质。培训内容通常包括企业知识、产品知识、市场知识、心理学知识和政策法规知识等内容。

培训推销人员的方法很多,常被采用的方法有三种:一是讲授培训。这是一种课堂教学培训方法。一般是通过举办短期培训班或进修等形式,由专家、教授和有丰富推销经验的优秀推销员来讲授基础理论和专业知识,介绍推销方法和技巧。二是模拟培训。这是受训人员亲自参与的有一定真实感的培训方法。具体做法是:由受训人员扮演推销人员,向由专家教授或有经验的优秀推销员扮演的顾客进行推销,或由受训人员分析推销实例等。三是实践培训。实际上,这是一种岗位练兵。当选的推销人员直接上岗,与有经验的推销人员建立师徒关系,通过传、帮、带,使受训人员逐渐熟悉业务,成为合格的推销人员。

(二) 推销人员的激励

企业通过各种激励手段,充分调动推销人员的积极性,发挥其最大的作用,这对于企业争取更多的顾客,扩大产品的销路具有重要意义。

用于激励推销人员的方法可分为物质激励和精神激励两类。当一个人的物质需要尚未得到满足之前,物质激励的作用可能会大于精神激励的作用,而在其物质需要得到基本满足之后,将日益追求精神的需求。企业对于推销人员的激励,应当将物质激励和精神激励有机结合,在重视物质激励的同时切不可忽视精神激励的作用。

1. 推销人员的类型及激励方式

对推销人员的激励首先要区分推销人员的受激励类型,然后选择合适的激励工具并保持适当的激励强度和频度。一般说来,按推销人员的受激励因素可以把他们分为竞争型、成就型、物质型、惯性型和有限目标型等。

(1) 竞争型的推销人员。是那些以表现出比同事更优秀的能力为工作目标的人。销售竞赛是激励他们的最好工具,按淡季规律激励往往更能激发他们的竞争性。

(2) 成就型的推销人员。是那些以表现出自己的优秀工作能力、赢得尊重并具有自我挑战精神的人。对他们给以足够的尊重,并让他们有机会去接受销售难题的挑战往往能有效地激起其工作热情。

(3) 物质型的推销人员。是那些以获得经济报酬为主要工作目标的人。对这类人来说,具有挑战性的销售目标和刺激性的奖金制度将产生良好的激励效果。

(4) 惯性型的推销人员。是那些缺乏明确工作目标,按部就班地度过职业时光的人。这类人比较难于激励,但是在管理实践中发现,对他们施以职业不稳定性的压力往往更能刺激他们的积极性,这样,缩短考核期和提高考核指标就不失为好的激励手段。

(5) 有限目标型的推销人员。是那些对努力工作和享受闲暇具有理性考虑的人,这是最难激励的一群人。必须先把他们引导成成就型或物质型的人,然后再加以相应的激励。如果引导失败,最好调离销售部门。

2. 推销人员的奖励

奖励推销人员有利于激励推销人员积极努力,保证企业销售目标的顺利实现,也有利于建设(吸收和维持)高素质的销售团队。

奖励推销人员的方式主要有以下几种。

(1) 单纯薪金制。单纯薪金制亦称固定薪金制,是指在一定时间内,无论推销人员的销售业绩是多少,推销人员获得固定数额报酬的形式。具体说来就是:职务工资+岗位工资+工龄工资。

单纯薪金制的优点主要有:①易于操作,计算简单,易于管理;②推销人员的收入有保障,有安全感;③在调整销售区域或客户时,遇到的阻力较小。

单纯薪金制的缺点也显而易见,主要表现在:①缺少刺激作用,不利于鼓励他们去做比平均销售水平更好的工作;②由于不按业绩获得报酬,故容易厚待业绩差的人而却薄待优秀者;③业务下降时,单纯薪金制因缺少灵活性,会使销售费用成为沉重负担,而业务好转时,薪金又不能起到激发销售人员的作用;④由于工资固定等因素,企业较难吸引和留住有进取心的推销员。

(2) 单纯佣金制。单纯佣金制是指按销售额或利润额的大小给予销售员的固定的或按情况可调整比率的报酬。单纯佣金制的具体形式又有单一佣金和多重佣金(累退制和累进制)、直接佣金和预提佣金之分。

单纯佣金制的优点主要表现在:①推销人员报酬是其销售行为的直接结果,富有激励作用;②业绩越大报酬越大,推销人员的努力可获得较高的报酬,推销人员清楚了解自己薪酬(佣金)的计算方式,容易使行为与收入挂钩;③佣金属变动成本,公司易于控制销售成本;④奖勤罚懒的效果非常直接,业绩差的推销员通常会自动离职。

单纯佣金制的缺点主要有:①推销人员收入不稳定,精神压力大,甚至容易焦虑;②对企业的忠诚度较差,可能为了分散风险多处兼职;③推销人员采用高压式推销,不关心客户的服务需求;④推销人员不愿意调整自己的销售领域,造成管理困难;⑤在企业业务低潮时,优秀销售人员离职率高。

(3) 混合奖励制。绝大部分企业采用薪金和佣金混合的制度,以期保留两者各自的优点而又避免其缺点。这种制度适用于销售额大小与销售员努力密切相关和管理部门希望适当控制销售员非销售职责的情况。采用混合制,在业务下降时,企业不会因销售成本固定不变的束缚而不能动弹,销售员也不会失去他们的全部收入。

销售人员是直接为企业创造效益的中坚力量,也是企业中人员流动较为频繁的群体。"底薪＋提成"是目前被绝大多数企业广泛采用的业务人员的薪资结构。在实际操作中,"底薪＋提成"模式应该在不同企业、不同阶段加以调整,在变幻莫测的商海中,为销售人员度身定制的周全而严密的薪资结构将有效地巩固企业的前方阵地。具体来说,有以下几种形式:①低底薪十高提成。"低底薪＋高提成"的薪酬策略目前被许多公司尤其是中小规模企业所采用,既给予销售人员一定的生活保障并对其进行制约管理,又给予业绩突出者丰厚回报。这种销售人员薪资结构比较适用于:第一,市场开拓期。企业需要大量的销售人员开拓市场,采用高底薪策略无疑会大大增加企业成本支出,低底薪、高提成的薪资结构既可控制人工成本,又可使良莠不齐的销售员队伍拉开收入差距,并自然完成优胜劣汰。第二,主力产品、新产品的销售阶段。薪资结构调整也是贯彻企业目标、意图的有效手段,比如,某公司同时销售 A、B 两种商品,且利润率相同,但 A 产品是该公司独家代理产品,则该公司可提高 A 产品的销售提成,明确企业的主攻方向。同样,如果两个部门分别负责推销不同商品,A 部门推销的 A 产品是企业的最新产品,而 B 部门推销的 B 产品是成熟的已经在市场上占据一定份额的产品,则 A 部门更适用低底薪、高提成的薪资结构。②低底薪＋提成＋业绩奖金。销售局面一时难以打开,原因不仅仅在销售人员身上,而四处奔波之后的所得还不足以支付膳食、交通、通信等费用,肯定会挫伤销售人员的工作热情,很多时候采用"低底薪＋高提成"薪资结构的企业会面临业务人员流动过于频繁的压力。这时,企业可根据自身情况增设奖金。比如,企业计算出当期业务部门的人平均销售额,达到或超过平均数的销售人员可得到一笔奖金。这样既给予销售人员适当的补贴,又体现了与业绩挂钩、奖勤罚懒的原则。③高底薪＋提成。高底薪容易滋长员工惰性,但是支付高薪有时是必要的:第一,在薪酬上采取领先策略,可以防止同行"挖墙脚";第二,对需要掌握专业技术的销售人员,必须支付较高的固定薪水;第三,当企业发展日渐成熟,产品市场份额趋于稳定时,企业对销售员个人能力的依赖大大减少,这时采用适当提高底薪而降低佣金的策略是明智的。

(三) 推销人员的考核与评价

为了加强对推销人员的管理,企业必须对推销人员的工作业绩进行科学而合理的考核与评估。推销人员业绩考评结果,既可以作为分配报酬的依据,又可以作为企业人事决策的重要参考指标。

1. 考评资料的收集

收集推销人员的资料是考评推销人员的基础性工作。全面、准确地收集考评所需资料是做好考评工作的客观要求。获得考评资料主要有四个来源。

（1）推销人员销售工作报告。销售工作报告一般包括销售活动计划和销售绩效报告两部分。销售活动计划报告作为指导推销人员合理安排推销活动日程的依据，它可展示推销人员的地区年度推销计划和日常工作计划的科学性、合理性。销售绩效报告反映了推销人员的工作实绩，据此可以了解销售情况、费用开支情况、业务流失情况、新业务拓展情况等许多推销绩效。

（2）企业销售记录。企业的销售记录，因其包括顾客记录、区域销售记录、销售费用支出的时间和数额等信息而使其成为考评推销业绩的宝贵的基础性资料。通过对这些资料进行加工、计算和分析，可以得出适宜的评价指标，如某一推销人员一定时期内所接订单的毛利。

（3）顾客及社会公众的评价。推销人员面向顾客和社会公众提供各种服务，这就决定了顾客和社会公众是鉴别推销人员服务质量最好的见证人。因此，评估推销人员理应听取顾客及社会公众的意见。通过对顾客投诉和定期顾客调查结果的分析，可以透视出不同的推销人员在完成推销商品这一工作任务的同时，其言行对企业整体形象的影响。

（4）企业内部员工的意见。企业内部员工的意见主要是指销售经理、营销经理或其他非销售部门有关人员的意见。此外，销售人员之间的意见也作为考评时的参考。依据这些资料可以了解有关推销人员的合作态度和领导才干等方面的信息。

2. 考评标准的建立

评估推销人员的绩效，科学而合理的标准是不可缺少的。绩效考评标准的确定，既要遵循基本标准的一致性，又要坚持推销人员在工作环境、区域市场拓展潜力等方面的差异性，不能一概而论。当然，绩效考核的总标准应与销售增长、利润增加和企业发展目标相一致。

制定公平而富有激励作用的绩效标准，客观上需要企业管理人员根据过去的经验，结合推销人员的个人行为来综合制定，并有待在实践中不断加以完善。常用的推销人员绩效考核指标主要有两类：

（1）基于成果的考核。基于成果的考核是定量考核，主要考核以下指标：

① 销售量。最常用的指标，用于衡量销售增长状况。

② 毛利。用于衡量利润的潜量。

③ 访问率（每天的访问次数）。衡量推销人员的努力程度。

④ 访问成功率。衡量推销人员工作效率。

⑤ 平均订单数目。多与每日平均订单数目一起用来衡量、说明订单的规模与推销的效率。

⑥ 销售费用及费用率。用于衡量每次访问的成本及直接销售费用占销售额的比重。

⑦ 新客户数目。是衡量推销人员的特别贡献的主要指标。

（2）基于行为的考核。基于行为的考核是定性考核，主要考核销售技巧（包括倾听技巧、获得参与、克服异议等)、销售计划的管理(有无记录、时间利用等)、收集信息、客户服务、团队精神、企业规章制度的执行情况、外表举止、自我管理等。

第三节 广 告

广告是一种最重要的非人际沟通工具之一。广告方案是根据企业确定的目标市场和产品的市场定位来制定的。在广告管理活动中,企业营销人员首先要根据营销目标和营销战略确定广告目标,然后确定实现这一目标需要的费用,接下来是进行广告信息的设计和信息传播媒体的选择,最后要对广告效果进行衡量。

一、广告的含义与作用

广告是由明确的发起者以付费的方式,通过各种媒体对观念、产品或服务进行的非人员形式的促销。

广告对经济社会具有广泛的影响和作用。从企业市场营销的角度看,广告具有下述重要作用。

(一)介绍产品

传递信息,刺激需求是广告最基本的职能。企业通过实事求是的广告宣传,能增进消费者对有关产品的存在、优点、用途及使用方法等多种信息的了解,协助消费者通过所接受的信息,去选择适合自己需要的产品并产生购买欲望,采取购买行为。同时,伴随着经济的发展、社会物质和文化需要水平的不断提高而不断涌现的商品新信息的传播,对培养新的消费需求和消费方式产生着一定的积极作用,在指导消费方面具有重要意义。

(二)扩大销售

广告是进行市场渗透的有力武器。企业要发展壮大,就需要努力扩大市场,拓展产品销路。由于广告能广泛、经常地接近消费者,因而能在扩大销售方面起到开路先锋的作用。广告是沟通产销联系的纽带。由广告促进需求的扩大,由需求带动生产的发展。

(三)树立形象

广告是树立企业与品牌形象的重要途径。企业品牌和产品品牌是消费者购买产品时进行选择的重要依据,企业和品牌形象的好坏,直接关系着企业产品的销售,对企业市场竞争地位产生着重要影响。通过精心设计的广告,宣传企业的产品、企业的价值观与企业文化,能使企业形象深入到消费者心中,有利于提高企业及企业产品的社会知名度,保持企业在市场竞争中的优势地位。

二、广告宣传的特点

同人员推销、公共关系和营业推广三种促销方式相比,广告宣传有自己的特点。

(一) 信息的群体传播

广告宣传通过大众传播媒介,可以将企业及其产品信息传递给广大的消费者,信息接受者是一个范围广泛的群体,它不仅包括现实的顾客,而且包括潜在的顾客,从而必然增强促销信息的传播效果。尽管一次支付的广告宣传费用可能是很高的,但接受促销信息的人均费用要比人员推销费用低得多,因此,适宜于广告宣传促销的产品利用这种方式促销,是最符合经济效益原则的。

(二) 促销效用滞后

广告传递信息的目的是刺激需求、促成购买,但广告宣传与购买行为往往存在着时间上的分离。晚间的电视广告促销与顾客白天的购买行为不是同时进行的,多数消费者都是在接受广告促销信息后加深印象,记住广告宣传的企业名称、产品品牌、生产厂家、价格等,为以后购买提供依据。因此,广告的促销效用具有一定的滞后性,即广告对消费者态度和购买行为的影响难以立即见效,而是延续一段时间。

(三) 帮助推销人员达成交易

各种促销形式往往是相互补充、相互促进的。广告宣传对于人员推销的补充和促进效果就很明显。广告介绍了产品基本知识,指导消费者选购、使用、保养和维修产品,这就激发了顾客对产品的兴趣。当推销人员与顾客面对面地洽谈时,由于有了广告宣传的促销基础,不仅能缩短介绍过程,而且能强化说服力,促使其迅速达成交易。

三、广告的种类

根据不同的划分方式,广告有不同的种类。

(一) 根据传播媒介分类

(1) 印刷类广告,主要包括印刷品广告和印刷绘制广告。印刷品广告有报纸广告、杂志广告、图书广告、招贴广告、传单广告、产品目录、组织介绍等。印刷绘制广告有墙壁广告、路牌广告、工具广告、包装广告、挂历广告等。

(2) 电子类广告,主要有广播广告、电视广告、电影广告、电脑网络广告、电子显示屏幕广告、霓虹灯广告等。

(3) 实体广告,主要包括实物广告、橱窗广告、赠品广告等。

(二) 根据广告进行的地点分类

(1) 销售现场广告,销售现场广告指设置在销售场所内外的广告。主要包括橱窗广告、货架陈列广告、室内外彩旗广告、卡通式广告、巨型商品广告。

(2) 非销售现场广告,指存在于销售现场之外的一切广告形式。

(三) 根据广告的内容分类

(1) 商业广告,商业广告是广告中最常见的形式,是广告学理论研究的重点对象。商业广告以推销商品为目的,是向消费者提供商品信息为主的广告。

(2) 文化广告,以传播科学、文化、教育、体育、新闻出版等为内容的广告。

(3) 社会广告,指提供社会服务的广告。例如:社会福利、医疗保健、社会保险以及征婚、寻人、挂失、招聘工作、住房调换等。

(4) 政府公告,指政府部门发布的公告,也具有广告的作用。例如:公安、交通、法院、财政、税务、工商、卫生等部门发布的公告性信息。

(四) 根据广告目的分类

(1) 产品广告,指向消费者介绍产品的特性,直接推销产品,目的是打开销路、提高市场占有率的广告。

(2) 公共关系广告,指以树立组织良好社会形象为目的,使社会公众对组织增加信心,以树立组织卓著的声誉的广告。

(五) 根据广告的表现形式分类

(1) 图片广告,主要包括摄影广告和信息广告。表现为写实和创作形式。

(2) 文字广告,指以文字创意而表现广告诉诸内容的形式。文字广告能够给人以形象和联想余地。

(3) 表演广告,指利用各种表演艺术形式,通过表演人的艺术化渲染来达到广告目的的广告形式。

(4) 说词广告,指利用语言艺术和技巧来影响社会公众的广告形式。大多数广告形式都不可能不采用游说性的语言,重点宣传企业或产品中某一个方面,甚至某一点的特性,在特定范围内利用夸张手法进行广告渲染。

(5) 综合性广告,就是把几种广告表现形式结合在一起,以弥补单一艺术形式不足的广告。

(六) 根据广告阶段性分类

(1) 倡导广告,这种广告又称始创式广告,目的在于向市场开辟某一类新产品的销路或某种新观念的导入。此种广告重点在于使人知晓。

（2）竞争广告，这种广告又称比较式广告，是通过将自己的商品与他人的商品作比较，从而显出自己的商品的优点，使公众选择性认购。此种广告重点在于突出自己的商品的与众不同。许多国家在广告立法上对于比较式广告有一定限制。

（3）提示广告，这种广告又称提醒广告、备忘式广告，是指在商品销售达到一定阶段之后，商品已经成为大众熟悉的商品，经常将商品的名称提示给大众，以促进商品销售。

除上述分类之外，广告还有许多其他分类方法。如按广告诉求的方法，可将广告分为理性诉求广告和感性诉求广告；按广告产生效果的快慢，可将广告分为时效性广告和迟效性广告；按广告对公众的影响，可将广告分为印象型广告、说明型广告和情感诉说型广告；按广告的目标对象，广告可分为：针对儿童、青年、妇女、高收入阶层、工薪阶层的广告；按广告在传播时间上的要求，广告可分为时机性广告、长期性广告和短期性广告等等。

四、广告媒体及其选择

广告媒体，也称广告媒介，是广告主与广告接受者之间的连接物质。它是广告宣传必不可少的物质条件。广告媒体并非一成不变，而是随着科学技术的发展而发展。科技的进步，必然使得广告媒体的种类越来越多。

（一）广告媒体的种类及其特性

广告媒体的种类很多，不同类型的媒体有不同的特性。目前比较常用的大众广告媒体有以下几种。

1. 报纸

报纸这种广告媒体，其优越性表现在：

（1）影响广泛。这是因为报纸是传播新闻的重要工具，与人民群众有密切联系，发行量大。

（2）传播迅速，可及时地传递有关经济信息。

（3）简便灵活，制作方便，费用较低。

（4）便于剪贴存查。

（5）信赖性强。借助报纸的威信，能提高广告的可信度。

报纸媒体的不足是：

（1）因报纸登载内容庞杂，易分散对广告的注意力。

（2）印刷不精美，吸引力低。

（3）广告时效短，重复性差，只能维持当期的效果。

2. 杂志

杂志以登载各种专门知识为主,是各类专门产品的良好的广告媒体。它作为广告媒体,优点有:

(1) 广告宣传对象明确,针对性强,有的放矢。

(2) 广告会同杂志有较长的保存期,读者可以反复查看。

(3) 因杂志发行面广,可以扩大广告的宣传区域。

(4) 由于杂志读者一般有较高的文化水平和生活水平,比较容易接受新事物,故利于刊登开拓性广告。

(5) 印刷精美,能较好地反映产品的外观形象,易引起读者注意。

缺点表现在:

(1) 发行周期长,灵活性较差,传播不及时。

(2) 读者较少,传播不广泛。

3. 广播

广播媒体的优越性有:

(1) 传播迅速、及时。

(2) 制作简单,费用较低。

(3) 具有较高的灵活性。

(4) 听众广泛,不论男女老幼、是否识字,均能受其影响。

使用广播做广告的局限性在于:

(1) 时间短促,转瞬即逝,不便记忆。

(2) 有声无形,印象不深。

(3) 不便存查。

4. 电视

电视作为广告媒体虽然在 20 世纪 40 年代才出现,但因其有图文并茂之优势,发展很快,并力胜群芳,成为最重要的广告媒体,具体来说,电视广告媒体的优点有:

(1) 电视有形、有色,听视结合,使广告形象、生动、逼真、感染力强。

(2) 由于电视已成为人们文化生活的重要组成部分,收视率较高,使电视广告的宣传范围广,影响面大。

(3) 宣传手法灵活多样,艺术性强。

电视广告媒体的缺点:

(1) 时间性强,不易存查。

(2) 制作复杂,费用较高。

(3) 因播放节目繁多,易分散对广告的注意力。

5.互联网

互联网在不久的将来,将会成为最重要的广告媒体。网络广告具有下列优势:

(1)空间无限。消费者在任何时间、任何地点都可以在网上寻找广告信息。

(2)即时互动。网络广告可以实现顾客与企业的即时对话。

(3)效果衡量。网络广告效果比较容易测定,通过互动和特定的软件,企业可以很容易地统计浏览网络广告的用户。

此外,还有一些广告媒体,称其他广告媒体,如户外广告(户外广告醒目、易引人注意,复现率高,能够对目标顾客反复宣传。但其宣传范围小;广告形式相对比较简单)、邮寄(邮寄广告的对象明确,有较大的选择性;提供信息全面,有较强的说服力;具有私人通信性质,容易联络感情。其缺点表现在:宣传面较小;不易引起注意;广告形象较差,有可能成为"三等邮件")、招贴、橱窗、车船体、霓虹灯、商品包装等。

各种广告媒体的特性可通过表 10-2 具体表现。

表 10-2　各种广告媒体的特性

媒体种类	覆盖面	反应程度	可信性	寿命	保存价值	信息量	制作费用	吸引力
报纸	广	好、快	好	较短	较好	大而全	较低	一般
杂志	较窄	差、慢	好	长	好	大而全	较低	好
广播	广	好、快	较好	很短	差	较小	低廉	较差
电视	广	好、快	好	很短	差	较小	很高	好
邮政	很窄	较慢	较差	较长	较好	大而全	高	一般
户外	较窄	较快	较差	较长	较好	较小	低	较好
互联网	广	较快	较好	短	差	一般	高	一般

(二)广告媒体的选择

不同的广告媒体有不同的特性,这决定了企业从事广告活动必须正确选择媒体,否则将影响广告效果。正确地选择广告媒体,一般要考虑以下影响因素:

1.产品的性质

不同性质的产品,有不同的使用价值、使用范围和宣传要求。广告媒体只有适应产品的性质,才能取得较好的广告效果。生产资料和生活资料、高技术产品和一般生活用品、价值较低的产品和高档产品、一次性使用的产品和耐用品等都应采用不同的广告媒体。通常,对高技术产品进行广告宣传,面向专业人员,多选用专业性杂志;而对一般生活用品,则适合选用能直接传播到大众的广告媒体,如广播、电视等。

2.目标顾客接触媒体的习惯

选择广告媒体,还要考虑目标市场上消费者接触广告媒体的习惯。人们在接受信息时,一般是根据自己的需要和喜好来选择媒体。比如,教育程度高的人,接受信息的来源往往偏重于互联网和印刷媒体；老年人则有更多的闲暇时间用于看电视和听广播；在校大学生偏爱上网和听广播。分析目标顾客的媒体习惯，能够更有针对性地选择广告媒体，提高广告效果。

3. 媒体的传播范围

媒体传播范围的大小直接影响广告信息传播区域的广窄。适合全国各地使用的产品，应以全国性发放的报纸、杂志、广播、电视等作广告媒体；属地方性销售的产品，可通过地方性报刊、电台、电视台、霓虹灯等传播信息。

4. 媒体的影响力

广告媒体的影响力是以报刊的发行量和电视、广播的视听率高低为标志的。选择广告媒体应把目标市场与媒体影响程度结合起来。能影响到目标市场的每一个角落的媒体是最佳选择。这样，既能使广告信息传递效果最佳，又不会造成不必要的浪费。

5. 媒体的费用

各广告媒体的收费标准不同，即使同一种媒体，也因传播范围和影响力的大小而有价格差别。考虑媒体费用，应该注意其相对费用，即考虑广告促销效果。例如，如果使用电视做广告需支付 2 万元，预计目标市场收视者 2 000 万人，则每千人支付广告费是 1 元；若选用报纸作媒体，费用 1 万元，预计目标市场收阅者 500 万人，则每千人广告费为 2 元。相比较结果，应选用电视作为广告媒体。

总之，要根据广告目标的要求，结合各广告媒体的优缺点，综合考虑上述各影响因素，尽可能选择使用效果好、费用低的广告媒体。

五、广告设计原则

信誉是企业的生命，广告作为一种宣传手段，直接关系到企业及其产品在顾客心目中的形象。广告的设计必须对消费者负责，为消费者提供商品信息，引导消费者产生购买动机，促使消费者购买。为此，广告设计应遵循下列原则。

1. 真实性

广告的生命在于真实。虚伪、欺骗性的广告，必然会丧失企业的信誉。广告的真实性体现在两方面。一方面，广告的内容要真实，包括：广告的语言文字要真实，不宜使用含混、模棱两可的言辞；画面也要真实，并且两者要统一起来；艺术手法修饰要得当，以免使广告内容与实际情况不相符合。另一方面，广告主与广告商品也必须是真实的，如果广告主根本不生产或经营广告中宣传的商品，甚至连广告主也是虚构的单位，那么，广告肯定是虚构的、不真实的。企业必须依据真实性原则设计广告，这也是一种商业道德和社会责任。

2. 社会性

广告是一种信息传递。在传播经济信息的同时，也传播了一定的思想意识，必然会潜移默化地影响社会文化、社会风气。从一定意义上说,广告不仅是一种促销形式,而且是一种具有鲜明思想性的社会意识形态。广告的社会性体现在广告必须符合社会文化、思想道德的客观要求。具体来说,广告要遵循党和国家的有关方针、政策,不违背国家的法律、法令和制度,有利于倡导社会主义精神文明,有利于培养人民的高尚情操,严禁出现带有中国国旗、国徽、国歌标志、国歌音响的广告内容和形式,杜绝损害我国民族尊严的、甚至有反动、淫秽、迷信、荒诞内容的广告等。

3. 针对性

广告的内容和形式要富有针对性,即对不同的商品、不同的目标市场要有不同的内容,采取不同的表现手法。由于各个消费者群体都有自己的喜好、厌恶和风俗习惯,为适应不同消费者群的不同特点和要求,广告要根据不同的广告对象来决定广告的内容,采用与之相适应的形式。

4. 感召性

广告是否具有感召力,最关键的因素是诉求主题。广告的重要原则之一,就是广告的诉求点必须与产品的优势点,与目标顾客购买产品的关注点一致。不难想象,产品有很多属性,有的是实体方面的(如性能、形状、成分、构造等),也有的是精神感受方面的(如豪华、朴素、时髦、典雅等),但目标顾客对产品各种属性的重视程度却是不尽一致的。这就要求企业在从事广告宣传时,应突出宣传目标顾客最重视的产品属性或购买该种产品的主要关注点,否则,就难以激发顾客的购买欲望。

5. 简明性

广告不是产品说明书,它受播放时间和刊登篇幅的限制,不允许有太长的解说。这就要求广告的文字、图画以及其他部分,都必须统一在特定的主题下,用最通俗和最鲜明的方式协调和谐地表达出来,力求文字简洁,语言精练,词语易记,图画清晰易懂,使消费者一听就懂、一目了然,并能在看后留下深刻的印象。如,宝洁公司的海飞丝宣传的是"头屑去无踪,秀发更出众",飘柔则是"头发更飘、更柔",潘婷"拥有健康,当然亮泽"。显然,注重了简明性的广告,使广告接受者能够在较短的时间理解广告主的传播意图,了解品牌个性,有利于提高广告传播效果。

还需说明的是,互联网广告(尤其是旗帜型网络广告)更应注意简明性。广告内容的句子要简短,尽可能采用目标受众熟悉的习语,直截了当,避免长句,也不宜过于文绉绉等。

6. 艺术性

广告是一门科学,也是一门艺术。广告把真实性、思想性、针对性寓于艺术性之中。利用科学技术,吸收文学、戏剧、音乐、美术等各学科的艺术特点,把真实的、富有思想性、针对性的广告内容通过完善的艺术形式表现出来。只有这样,才能使广告像优美的诗歌,像美丽的图画,成为精美的艺术作品,给人以很高的艺术享受,使人受到感染,增强广告的效果。这就要求广告设计要构思新颖,语言生动、有趣、诙谐;图案美观大方,色彩鲜艳和谐,广告形式要不断创新。

小链接

碧生源常润茶广告违法多次被查处

"快给你的肠子洗洗澡吧",碧生源常润茶的这句广告词可谓铺天盖地,广东省药监局日前发布公告称,这则广告因"夸大产品适应征,功能主治,或含有不科学地表示功效断言,保证",被判定为违法广告。自 2006 年以来,碧生源常润茶广告多次被多个部门判定为违法广告,功效没有广告中神奇。"我是看了广告后买的碧生源常润茶,喝了一段时间后,感觉功效并没有像它宣传的那样神奇。"市民杨小姐说。她只是通便顺畅了些,其他没有特殊感觉,像广告中说的"喝了常润茶,口气清新了,色斑淡了,皱纹少了,腰身也变小了,不上火,不长痘,皮肤越来越好了",根本没有在她身上体现。

曾有媒体披露,有关医学专家表示,造成青春痘的原因有多方面,并不像广告上所说的"因宿便而产生"那么简单,目前还没有哪一种药品能够根治青春痘。

被广东省药监局曝光的碧生源常润茶,是北京澳特舒尔保健品开发有限公司生产的。据了解,这家公司此前曾生产过藏秘排油茶,请知名相声演员代言广告,结果被央视在 2007 年"3·15"晚会上重点曝光,被证实所谓的"藏秘排油茶"只不过是"百草减肥茶"的变身。

早在 2006 年,北京澳特舒尔的碧生源常润茶广告就被广东省药监局列入《2006 年第一期违法保健食品广告公告》的名单中,违法的原因是"未经审批,擅自发布"。

2007 年二、三季度,碧生源常润茶又多次出现在北京、上海、辽宁、浙江等地药监部门发布的违规保健品广告名单中,原因有:未经审批擅自发布、夸大保健功能;擅自篡改审批内容;含有对保健食品功效的不科学断言等。

资料来源:碧生源常润茶广告违法多次被查处.济南时报.2010.

六、广告效果评价

广告效果评价是运用科学的方法来鉴定广告的效益。广告效果主要包括三个方面,即传播效果、促销效果和心理效果。传播效果是广告被认知和被接受的情况,如广告的覆盖面、接触率、注意度、记忆度和理解度等等,这是广告效果的第一层次。促销效果是广告所引起的产品销售情况,这既是广告最为明显的实际效果,也是广告效果的第二层次。心理效果是广告所引起的广告受众的心理反应,使消费者对企业好感的增强,建立起品牌忠实度,这是广告的第三层次效果,也是最高的效果层次。

（一）广告效果评价方法

广告效果评价方法分为事先评价和事后评价两个方面。

1. 事先评价方法

事先评价是在广告设计完成之后和投入传播之前，在小范围内进行的传播效果测试。事先评价主要是采用"德尔菲法"和"残像测试法"。

（1）德尔菲法。即组织消费者小组或广告专家小组观看各种广告，然后请他们对广告作出评定。表 10-3 是广告效果评分表，与会者对每一广告的吸引性、可读性、认知力、影响力和行为力予以评分（每项最高为 20 分）。总分 0～20 分为劣等广告，20～40 分为次等广告，40～60 分为中等广告，60～80 分为好广告，80～100 分为最佳广告。

表 10-3　广告效果评分表

指　　标	内　　　　容	打　　分
吸引力	此广告吸引读者的注意力如何？	
可读性	此广告促使读者进一步细读的可能性如何？	
认知力	此广告的中心内容是否交代清楚？	
影响力	此广告诉求点的有效性如何？	
行为力	此广告引起的行为可能性如何？	
总　　分		

（2）残像测试法。即将已设计好的广告向选定的受众进行短暂的展示，作品撤走后，立即询问受众对该广告的残留印象。如果受众的残留印象正是广告所突出的主题，说明广告是成功的，否则是失败的。

2. 事后评价法

事后评价法主要包括记录法、回忆法、即时监测法和比较法四种类型。

（1）记录法。即选择一些固定的调查对象，发给他们事先设计好的调查表，让其逐日将接触过的媒体类型、节目类型、接受时间填入调查表，定期收回统计分析，掌握受众对媒体的接收情况，了解广告的视听率。

（2）回忆法。用随机抽样的方法访问被调查者，让其凭自己的记忆讲述在指定时间内所接受的节目，并可让其回忆是否注意某一广告，以及他对广告的残留印象。

（3）即时监测法。在广告播发的同时，利用一些先进技术设备对广告接受情况进行监测。如用摄像机跟踪受众者视线移动、脸部表情、目光停留时间等用以分析。

（4）比较法。即在广告实施之前和之后，分别对同类指标在同样范围内进行调查，根据前后情况对比来了解广告实施的效果。

（二）广告效果的评价内容

根据广告效果的三个层次,评价也分为三个方面。

1. 广告传播效果评价

衡量广告传播效果主要是利用以下指标:

(1)接收率。接收率指接收某种媒体广告信息的人数占该媒体受众总人数的比率。

(2)认知率。认知率是指接收到广告信息的人数中,真正理解广告内容的人所占的比率,这一指标真正反映广告传播效果的深度。

2. 广告促销效果评价

广告的促销效果比传播效果更难测量。因为,除了广告因素外,销售还受到许多其他因素的影响,如产品特色、价格等。这些因素越少,或者越是能被控制,广告对于销售的影响也就越容易测量。所以采用邮寄广告方式时广告销售效果最容易测量,而品牌广告或企业形象广告的销售效果最难测量。人们一般利用以下办法来衡量广告的促销效果。

(1)广告增销率。广告增销率是一定时期内广告费的增长幅度与相应期间销售额的增长幅度之比较;

(2)广告费占销率。广告费占销率指一定时期内企业广告费的支出占该企业同期销售额的比例。

3. 广告形象效果评价

广告形象效果评价是对广告所引起的企业或产品知名度和美誉度的变化情况所进行的检测和评价。广告效果并不仅仅反映在对产品销售的促进方面,因为尽管有些消费者接触了广告后并不马上会产生对产品的购买欲望,但毕竟会给他们留下一定的印象,这种印象可能导致将来产生购买欲望。

企业形象一般用知名度和美誉度两项指标来衡量,通过广告前后的对固定对象的调查,了解企业形象的变化。

第四节 公 共 关 系

一、公共关系促销的含义及特点

（一）公共关系的含义

公共关系是指社会组织运用沟通手段使自己与公众相互了解和相互适应,以争取公众的理解、支持和协作的一系列管理活动。

（二）公共关系促销的特点

较之人员推销、广告宣传和营业推广,公共关系促销具有如下特点。

1. 传递信息的全面性

企业开展公共关系活动,通过一定媒介把有关企业的信息有计划地传递给公众,是为了塑造良好的企业形象,取得公众的信赖与支持,因此,它所传递的信息是大量而全面的,既传递企业技术、设备、财务等方面的信息,又传递企业职工福利、企业前途及社会责任等方面的信息,甚至还传递企业素质、人才培养、股票价值方面的信息。总之,公共关系能够把一个立体的企业形象完整地呈现在公众面前。

2. 对公众影响的多元性

一个企业周围的公众是多元的,主要有六种。即顾客(用户)、供应厂商、社区、媒介、政府和企业内部职工。在公众面前,企业必须做到两点:一是积极顺应公众的意见;二是努力影响公众的意见,从而树立企业在公众中的正面形象。

3. 成效的多面性

从心理学的角度看,人们的感情普遍存在一种由此及彼的扩展和迁移特性。由于人们对某人、某物的主要方面感情很深,因此对与此相关的其他方面也产生相应的情感。公共关系正是恰到好处地把握了人们的这种心理,通过集中力量塑造企业形象,使公众热爱企业。这样,不仅能促进产品销售,而且能起到鼓励和吸引投资、吸引优秀人才等多方面的作用。

二、公共关系的活动方式

(一)发现和创造新闻

企业公关人员要善于发现和创造对组织及其产品有利的新闻,以吸引新闻界和公众的注意,增加新闻报道的频率,扩大企业及其产品的影响和知名度,加深顾客印象,激发推销人员及其他职工的工作热情。

(二)介绍情况、回答问题和发表演讲

企业营销人员要利用各种场合和机会,介绍企业和产品,或发表演讲、回答问题,以提高企业知名度。

(三)参与社会活动

企业积极参与赞助活动,捐赠活动、救灾扶贫活动,树立企业关心社会公益事业、承担社会责任和义务的良好形象。

(四)策划专门性公共关系活动

通过新闻发布会、研讨会、展览会、庆典活动等,与公众沟通信息、增进了解、沟通感

情、扩大宣传、强化形象。

(五)导入 CIS

就是综合运用现代设计和企业管理的理论和方法,将企业的经营理念、行为方式及其个性特征等信息加以系统化、规范化和视觉化,以塑造具体的可感受的企业形象。

(六)散发宣传材料

制作各种宣传资料广为散发和传播,向公众传递有关企业及产品的信息。

三、公共关系促销的途径

(一)运用公共关系宣传促销

企业营销的成功,需要综合运用营业推广、广告宣传、人员推销、公共关系等促销手段,其中营业推广、广告宣传、人员推销是促销的重要手段和策略,但它们往往给人"王婆卖瓜,自卖自夸"之感,容易引起用户或顾客的逆反心理。与此相反,消费者越来越倾向于新闻界或第三者对企业及商品的赞赏和评价报道,并据此决定市场行为。他们认为新闻界超脱于企业利益之外,是与企业和消费者无关的第三者,因此能站在公众的立场上对企业产品和企业形象做出真实、准确的评价,从而既能提高企业产品的如名度,又能提高顾客对产品的信任程度。

(二)运用公共关系,通过塑造企业形象促销

企业市场营销的成功,仅仅靠自身是不够的,还需要社会各界的大力支持和协作。没有供应厂商的支持和协作,企业就没有好的货源;没有银行的支持和协作,企业就没有资金融通等等。为此,企业应借助公共关系,促使公众把自己看做是遵纪守法、为公众和社会做贡献、注重社会利益的"公民"。如果企业在制定市场营销策略中不顾公众的利益,无视企业对社会环境造成的污染,只求企业自身利润的最大化,对社会福利事业漠不关心、一毛不拔,哪怕它的产品再好,定价再公道,也会遭到公众舆论的谴责,招致政府的干预和消费者的抵制,这无疑是一种自损行为,所以,仅以盈亏作为衡量企业行为的准则是远远不够的,企业必须自觉地意识到国家的宗旨和社会经济目标,并使企业的行动尽可能顺应和引导公众的潮流。作为社会组成部分的企业,必须担负起义不容辞的社会责任,通过积极开展公共关系活动,实行开放式的经营,为社会公众和社会谋福利,为科学文化教育事业做出力所能及的贡献,扭转人们对企业只是赚钱机器的传统看法,从而扩大企业的声誉,获得公众对企业销售活动的支持,借以扩大销售。

（三）运用公共关系，保证企业市场营销真正以消费者为中心

随着社会政治、经济、文化的不断进步，消费者在市场行为中不仅关心产品本身的性能，而且更关心企业所能赋予的人与人之间的关系，因此，企业必须在市场营销中以消费者为中心。企业应设身处地地为消费者着想，站在消费者的角度去观察企业，从消费者意见中发现问题，找出不足之处。人们由于年龄、职业、社会地位乃至性别的差异，看问题的角度也各有不同；同样，人们由于立场不同，也会导致观点的不一致。站在企业的立场上，可以认为企业实施的方针、政策是完全正确的，但站在消费者的立场上，也许就会发现企业问题的症结。为了密切企业与公众之间的感情，公关部门必须与消费者建立联系，听取和收集各种不同的公众对企业市场营销政策和活动的意见及要求，对任何来访、来电、来信、来人均给以迅速、礼貌、准确和友好的答复。通过公共关系活动，增进企业与公众感情交流和融合，可以保证企业市场份额的不断扩大。

（四）运用公共关系，通过纠正企业营销的失误促销

企业经营的产品千千万万，接待的顾客千差万别，各种交易活动纷繁复杂，难免会出现市场营销失误，如产品的质价不符、广告言过其实等，因而可能会受到社会舆论的谴责。对这些情况稍一疏忽，就会给企业带来无可挽回的损失，使企业声名狼藉。企业在市场营销中如出现这样的事件，其明智之举是：企业本着实事求是的态度，坦率地检讨本企业营销策略的失误及其他过失，尽快向社会表明本企业正在虚心听取各方面的意见并予以改正，并采取"解铃还需系铃人"的策略，及时邀请新闻界和社会有关部门对企业进行实地考察，以求得它们将企业的改进措施和整顿情况及时地公布于众，消除公众的不满，求得公众的谅解，把事件的影响降到最低限度，借以重振声誉。对于由于公众不了解真实情况而对企业产生误解的情况，企业绝不能一声不吭，而应对公众的误解给予必要的解释和说明，以正视听。当一些企业采取不正当竞争手段诋毁本企业形象时，受诋毁的企业应公开发表声明，予以揭露，使真相大白于公众，求得社会舆论的支持，维护企业声誉，借以恢复和扩大企业产品销售。

第五节 营业推广

一、营业推广的含义及特点

（一）营业推广的含义

营业推广，又称销售促进，它是指企业运用各种短期诱因鼓励消费者和中间商购买、

经销或代理企业产品或服务的促销活动。营业推广是与人员推销、广告、公共关系相并列的四种促销方式之一,是构成促销组合的一个重要方面。广告提供了购买的理由,而营业推广却提供了购买的刺激。随着市场竞争的日益激烈,营业推广越来越受到企业的重视,其费用的增长率已经超过了广告。

(二)营业推广的特点

营业推广是人员推销、广告和公共关系以外的能刺激需求、扩大销售的各种促销活动。概括说来,营业推广有如下特点。

1. 直观的表现形式

许多营业推广工具具有吸引注意力的性质,可以打破顾客购买某一特殊产品的惰性。它们告诉顾客说这是永不再来的一次机会,这种吸引力,尤其是对于那些精打细算的人是一种很强的吸引力,但这类人对于任何一种品牌的产品都不会永远购买,是品牌转换者,而不是品牌忠实者。

2. 灵活多样,适应性强

可根据顾客心理和市场营销环境等因素,采取针对性很强的营业推广方法,向消费者提供特殊的购买机会,具有强烈的吸引力和诱惑力,能够唤起顾客的广泛关注,立即促成购买行为,在较大范围内收到立竿见影的功效。

3. 有一定的局限性和副作用

有些方式显现出卖者急于出售的意图,容易造成顾客的逆反心理。如果使用太多,或使用不当,顾客会怀疑此产品的品质,及产品的品牌,或产品价格是否合理,给人以“推销的是水货”的错误感觉。

二、营业推广的方式

(一)针对消费者的营业推广

针对消费者的营业推广(consumer promotion),可以鼓励老顾客继续使用,促进新顾客使用,动员顾客购买新产品或更新设备,引导顾客改变购买习惯,或培养顾客对本企业的偏爱行为等。针对消费者的营业推广可采取以下方式。

(1)免费样品。向消费者赠送样品或试用样品,样品可以挨户赠送,在商店或闹市区散发,在其他商品中附送,也可以公开广告赠送,赠送样品是介绍一种新商品最有效的方法,费用也最高。

(2)折价赠券。是指可抵充购买款项的赠券。为吸引顾客上门购买,企业可以分发“产品优惠券”、“产品折价券”,当顾客购买某一产品时给予优惠。

（3）包装兑现。即采用商品包装来兑换现金。

（4）廉价包装。是在商品包装或招贴上注明，比通常包装减价若干，它可以是一种商品单装，也可以把几件商品包装在一起。

（5）赠品印花。亦称交易印花。消费者购买商品时赠送消费者印花。当购买者的印花积累到一定数量时，可以兑换现金或商品。

（6）现场示范。企业派人将自己的产品在销售现场当场进行使用示范表演，把一些技术性较强的产品的使用方法介绍给消费者。

（7）组织展销。企业将一些能显示企业优势和特征的产品集中陈列，边展边销。

（8）有奖销售。在产品销售时设立若干奖励，对一次购买量达到一定数额的消费者按规定发给奖券，定期开奖或当场对奖。奖品比较丰厚，有一定的吸引力。这种方法利用人们的侥幸心理，刺激作用较大，但得奖的毕竟是少数，因此促销作用难以持久。

（9）俱乐部制和"金卡制"。俱乐部制是指顾客交纳一定数额的会费给组织者，即可享受到多种价格优惠的促销方式。"金卡制"是指购买达到一定数额的顾客可取得有期限的"金卡"或"银卡"，从而享受价格折扣的促销方式。这两种方式都要求顾客先付出代价，然后才能得到优惠。

（10）附送赠品。在顾客购买某种产品时，附带赠送一些物品。所赠的物品可以与购买品一致，也可以是其他物品，多半很廉价。

（二）针对中间商的营业推广

针对中间商开展营业推广（intertrade promotion），其目的是鼓励批发商大量购买，吸引零售商扩大经营，动员有关中间商积极购存或推销某些产品。针对中间商的营业推广有以上几种方式。

（1）批发回扣。企业为争取批发商或零售商多购进自己的产品，在某一时期内可给予购买一定数量本企业产品的批发商以一定的回扣。

（2）推广津贴。企业为促使中间商购进企业产品并帮助企业推销产品，还可以支付给中间商一定的推广津贴。

（3）销售竞赛。根据各个中间商销售本企业产品的实绩，分别给优胜者以不同的奖励，如现金奖、实物奖、免费旅游、度假奖等。

（4）展览展示。企业在推出新产品时，针对中间商进行展览和展示。例如，展览会、博览会、演示会等，这些可以促进中间商对新产品的了解，从而促进购买。

（5）服务促销。企业可以为中间商提供各种服务支持来调动中间商的积极性。包括：业务会议、发行企业刊物、培训销售人员、采购支持、退货保证等措施。

小链接

服装行业常用的销售促进方式

服装销售促进涉及的活动是为了增加服装产品的价值，吸引顾客和中间商购买，激励或提高整个销售渠道的运作效率。服装销售促进针对的对象有两类：服装消费群体和服装中间商。

(1) 针对服装消费群体的服装销售促进方式。

① 打折，是服装用的最多的促销方法。②赠品，如买一送一。③优惠券，如折扣券刊登在报纸杂志上，或随购物赠送给消费者。④特别活动或事件，如时装表演、会员俱乐部、评选品牌形象代表、店庆活动等。⑤有奖竞赛与抽奖。一般题目不难，以增加趣味性、吸引消费者为主。⑥现场展示，如用电视展示服装面料洗涤后的效果。⑦多件包装，如3件包装的袜子比3个单件包装的便宜。

(2) 针对服装中间商的服装销售促进方式。

①贸易展览会和服装行业集会。提供给服装公司和服装中间商面对面接触的机会，如每年上海国际服装文化节上的国际服装博览会。展览会上对参观者有影响的因素是：摊位位置、展架大小和形状、展品内容和展览人员素质等。②时装表演。这种方式对服装中间商和消费群体都有用，包括多种形式，如设计师发布会、零售店铺促销表演和慈善表演等。③购买折扣和补贴。它是指在某段特定时期内，购买特定商品或达到一定数量，服装公司给服装中间商一定的折扣或其他优惠条件。④服装公司提供给服装中间商促销材料，如形象招贴画、产品目录、小礼品等。⑤服装公司提供一定的奖金或奖品，开展销售人员销售竞赛。⑥联合促销，指服装公司与一家或多家中间商联合起来促销。⑦服装公司组织的对零售人员的培训。如内衣公司培训营业员如何给顾客试衣。

(3) 服装人员销售。通过服装人员销售可了解消费者或服装中间商的需求，展示服装公司的产品、服务和理念，促使购买。服装人员销售由公司内部的销售人员或零售人员来实现。

资料来源：李颖生，林三卓.中国市场促销报告.北京：企业管理出版社，2004.

（三）针对推销员的营业推广

针对推销员开展营业推广（sales force promotion），鼓励他们热情推销产品或处理某些老产品，以及促使他们积极开拓新市场。

(1) 企业培训。企业利用培训为推销员提供各种培训、提高的机会。

(2) 推销手册。为指导推销员有效地进行推销，企业可以请有关专家精心编制推销手册,其中的内容包括:销售激励项目、企业资料、产品资料、价目表、订单等,既丰富又实用,为推销员提供了有力的促销工具。

(3)销售竞赛。在一定的时间内,企业在推销员中开展形式多样的销售竞赛活动,对成绩优良者给予一定奖励,这是企业常用的营业推广方法。

三、营业推广的实践要点

(一)制定促销目标

每一项特定的营业推广方案都应有明确的目标,同时,还应制定一定时期内营业推广活动的目标。营业推广的目标应该具体,尽可能数量化。应注意的问题是:营业推广的目标必须与一定时期促销组合的目标相适应;同时,某项营业推广方案的具体目标应该在深入了解当前市场状况,尤其是潜在购买者状况的基础上制定。

(二)选择营业推广工具

营销人员在选择推广工具时应综合考虑以下诸因素:市场的类型、营业推广目标、竞争状况和每种推广工具的成本效应。市场环境状况和促销目标的不同,营业推广工具的选择也应有所差别。

(三)制定详细的实施方案

一个营业推广实施方案至少应包括下述基本内容。

(1)额外利益的大小。若要取得促销效果,提供一定水平的额外利益是必不可少的。额外利益太小,不足以刺激顾客购买;额外利益太高,企业又难以承受。

(2)促销对象的范围。通常企业需要对参加促销活动者的资格作出某些规定。

(3)告示顾客。如何使更多的顾客知道及参加促销活动是设计营业推广方案的一个重要环节。它包括两类情况:有些营业推广活动需在特定销售现场进行,主要的问题是如何利用广告吸引顾客到现场;另一些营业推广活动则需由主办者把营业推广用品,如样品、礼品、优惠券等直接送给消费者,因此主办者需研究分发营业推广用品的方式。

(4)持续时间。营业推广的时间如果太短,许多顾客可能来不及参加;如果太长,营业推广也就失去了吸引力,而且企业可能要花费过高成本。

(5)制定预算。计算一项营业推广活动所需的费用,可使用下例中所示的方法:假设某种品牌的洗发香波正常零售价为每瓶10.90元,其中生产厂家毛利为4.00元;该企业准备在某一段时期实行优惠券促销,凭券购买可获0.90元的优惠;企业希望在此期间售出 10 万瓶洗发香波。那么,此项营业推广活动所需费用的计算方法是:总费用＝预期销量×单位费用。本例为:10 万×0.9＝9 万元,即费用为 9 万元。但通常还要加上无法摊到单位产品上的各种杂项费用。

(四)预试营业推广方案

推广方案要经过测试,才能确定推广工具选择是否恰当、额外利益大小是否恰当、顾客是否能产生预期反应等,以便作出改进。对于那些将在大范围内实行的推广方案,尤其有必要预试。

四、在营业推广中应注意的问题

营业推广在实施过程中必须和其他营销沟通工具结合在一起才能创造强有力的协同作用。例如广告提供消费者消费某种产品的理由,营业推广工具则配合广告刺激消费者购买。

营业推广与其他营销沟通工具相比有明显特征。通常信息比较直接,容易引起消费者注意,把他们引向产品,采取让利、诱导或免费赠送的办法给顾客某些好处;产生更强烈、更快速的反应,迅速扭转销售量下降趋势。但是,这种影响常常是短期的,对建立长期的品牌偏好影响不是很大,因此,营业推广要与其他营销沟通工具配合起来共同实现营销沟通目标。

五、营业推广的技巧

(一)先予后取

即先让顾客真正获益,让商品站稳脚跟,扩大知名度,吸引更多的顾客慕名而至,然后适当收网,从而带来滚滚财源。

(二)亏此盈彼

做生意,既要勇于赚钱,还要善于亏本。"堤内损失堤外补",亏是为了赚,赚是因为亏得恰到好处。

(三)放水养鱼

做"一锤子买卖"无异于竭泽而渔,做生意一定要舍得长线投资,着眼于将来。

（四）迂回侧进

直取不胜，不妨绕道而行。明修栈道，暗度陈仓。

（五）借风洒雨

借别人之口宣传自己，更容易让人相信。

本章小结

　　促销，是指企业将其产品及相关的信息告知目标顾客，使之购买的市场营销活动。促销的主要形式有人员推销、广告、公共关系和营业推广。促销组合是企业把人员推销、广告、公共关系和营业推广等促销形式有机结合起来，形成整体的促销策略。促销策略有推式策略和拉式策略。

　　人员推销是企业的从业人员通过与顾客的接触来推动销售的促销方法。具有方式灵活、针对性强、及时成交、建立关系、反馈信息、费用高等特点。

　　广告是广告主有偿地使用特定的媒体向大众传播商品或劳务信息，以促销商品或服务为目的的信息传播手段。

　　公共关系是指企业为了适应环境，以提高企业及企业产品的形象，讲求关系效益为目标而实施一系列的决策和行动。

　　营业推广是运用各种短期诱因，正面刺激顾客的强烈需求，促成消费者立即采取购买行动的特殊促销方式。

思考与讨论

1. 什么是促销组合？企业在制定促销组合策略时应考虑哪些因素？
2. 人员推销有什么特点？什么情况适宜采用人员推销？
3. 推销人员应具备哪些素质？
4. 企业在选择广告媒体时应注意哪些问题？
5. 广告设计应遵循哪些原则？
6. 公共关系促销有哪些特点？有哪几种活动方式？
7. 在营业推广中，针对消费者、中间商和推销员的策略分别有哪些？

案例分析训练

蒙牛乳业的营销沟通策略

蒙牛乳业的"蒙"字代表"内蒙古",而"牛"字除了代表"牛奶"之外,也代表蒙牛的创办者之一牛根生。回首 2003 年,虽说并不算顺畅,但特别令董事长兼总裁牛根生满意的是:蒙牛 2003 年销售额突破 40 亿元。对于 1999 年才创业,销售收入只有 4 300 万元的蒙牛乳业,时隔 5 年从全国乳品企业排名第 1 116 位,上升到 2003 年的前三甲,几乎是"平均每天超越一个队友"(牛根生语)。业界对牛根生领导的蒙牛公司-这头"猛牛"的评价就是"一路狂奔"。

2002 年 10 月 19 日,"第五届中国成长企业 CEO 峰会"在人民大会堂召开,在大会表彰的 1999—2001 年度中国超速成长百强企业中,蒙牛乳业以 1 947.31% 的成长速度名列榜首。目前,从利乐枕牛奶市场占有率来看,蒙牛居世界第一;从液态奶市场占有率来看,蒙牛居全国第一;从冰淇淋市场占有率来看,蒙牛居全国第二。根据 AC 尼尔森的调查,2004 年第一个季度,蒙牛在全国 24 个省市中,占据了液态奶 20.6% 的市场份额。

1. 创业期的营销沟通

1999 年,伊利在《中国证券报》上刊载了一则公告:伊利股份有限公司鉴于公司生产经营副总裁牛根生同志不再适于担任该职,公司董事会决定对其予以免职。1999 年 8 月已 43 岁,一辈子都在和牛奶打交道的牛根生开始了他的创业之路。

(1)"蒙牛向伊利学习,做内蒙古第二品牌"。这是 1999 年蒙牛创业后树立的第一块广告牌上的口号。虽说是初入道,但蒙牛的创业者们几乎清一色来自伊利,而且多为牛根生的"铁哥们儿"。他们并非外行,如牛根生在伊利前后干了 21 年。但创业伊始,消费者只知道在内蒙古草原有"百分百好牛,百分百好奶"的伊利,而不知"蒙牛"是谁。蒙牛的这一广告口号,借力打力,免费搭上了伊利品牌这趟便车。一时间,呼和浩特市打出蒙牛 300 块路牌广告,让市民知道在内蒙古草原还有一头谦虚上进的蒙牛。为进一步提高知名度,显示自己是师出名门,在蒙牛的产品包装上还写着为民族工业争先,像伊利学习!

(2)创业之初就在央视投放广告。奥格威有句名言:"企业不做广告,无异于在黑暗中向情人抛媚眼!"在牛根生看来"广告的投入与销售的上升绝对成正比"。刚成立不久的蒙牛乳业,就从筹集到的 900 万元资本金中拿出了 300 万元投放广告,其中 35 万元购买了央视 6 套两个月的广告时间段。头一年算下来,蒙牛销售额达到了 4 300 万元。尝到甜头的蒙牛更加大了广告投放,2002 年蒙牛的广告费为 6 000 万元左右,销售额突破 21 亿元。

（3）2001年北京申奥，蒙牛第一个站出来说"我们捐赠1 000万元"。蒙牛新广告的口号是"一厘钱精神，千万元奉献"，即在每根雪糕、每袋牛奶的销售收入中各提取一厘钱，7年延期付清。

（4）"来自大草原，香浓好感受"。这一广告以蓝色和绿色为背景，让蒙牛牛奶缓缓流淌，奶滴化作可爱的白色小羊状，蒙牛广告中这一USP，向消费者传达了：来自无污染的天然草原的蒙牛牛奶，味道香浓、口感好，是其他城市型奶源厂商无法比拟的。

2. 央视助力蒙牛成就全国品牌

蒙牛在向全国性品牌进军时，瞄准了在中国最有影响力的媒体——央视投放广告。这一策略使蒙牛大大缩短了追赶主要竞争对手的时间。短短几年，蒙牛不仅销售量飞速增长，而且品牌影响力也大幅度提升。

（1）2003年春，"非典"肆虐中华大地。截止到5月6日，蒙牛累计捐款、捐物合计1 150万元，其中有现金850万元和价值300万元的蒙牛纯牛奶。"非典"期间，许多企业撤下了在央视投放的广告，而蒙牛在这一"默声期"不但没有停下来，反而加大了广告投放力度，并增加公益广告的投放。"非典"过后，马上得到了市场的回报。

（2）2003年3月，全世界的目光全都集中到了伊拉克战事上。蒙牛抓住央视大规模的战事报道形成的收视高峰，率先进行事件营销，获得了极大成功。此后，他们与央视协商建立了一个应对突发新闻事件的快速反应机制，以确保蒙牛广告能在第一时间投放。

（3）作为2002年中国企业成长冠军的蒙牛，拥有世界领先的奶牛养殖技术和全球牛奶加工智能化样板工厂。2003年，蒙牛成为中国第一家参加APEC峰会的民营企业。

（4）在对食品要求一向十分严格的香港市场上，蒙牛牛奶荣获"2003年香港超市表现最优秀新产品奖"，是该年度唯一获此殊荣的内地品牌。

（5）蒙牛从2003年起就开展了工业旅游。任何人只要凭身份证，就可到工业园区参观。透过玻璃窗，整个生产线尽收眼底。这种"透明化管理"拉近了与消费者的距离。

（6）在2004年央视黄金广告段位招标会上，蒙牛以3.1亿元的巨资成为新标王。伊利紧随其后，投入2.14亿元，三鹿、完达山、维维等乳品企业也参加竞标。此时，新一年的乳业大战已能嗅到些许硝烟味了。但令蒙牛始料不及的是，媒体并未盲目欢呼"新标王"的诞生。相反，一些关心人士不免对此表示担忧，更有一些舆论将蒙牛与前标王"秦池"相提并论，将"酒疯子"秦池与"牛疯子"蒙牛联系在一起，暗示蒙牛不要步秦池后尘，成为"流星"企业。

蒙牛乳业集团副总裁孙先生解释说，此次竞标是整合了集团的液态奶、冰品、酸奶、奶制食品四个事业部的资源。2004年蒙牛预计完成销售额100亿元，3.1亿元的广告费仅占销售额的3%，实际上是很低的。蒙牛将广告费向强势媒体集中是出于增强品牌传播力度的考虑,而非其他。也有人提出,一般快速消费品的广告支出大约占营业额的 10％～20％。乳业的广告投入至少会占到销售额的 5％以上。如果是发展中的企业,广告费投入至少要占销售额的 15％以上。

3. 蒙牛牛奶,"中国航天员专用牛奶"

(1)"举起你的右手,为中国喝彩!"2004 年 10 月 16 日,中国"神舟 5 号"载人飞船成功返回,神州大地到处皆欢庆。蒙牛的这一公益广告几乎在一夜之间占领了北京市的路牌。行人纷纷驻足,在分享欣喜与自豪的同时,也感慨蒙牛公司反应敏捷,出击迅速。

(2)"中国航天员专用牛奶"。蒙牛乳业集团副总裁孙先生说,蒙牛对中国载人航天的关注由来已久,只是受协议条款约束不能宣传而已。通过对蒙牛产品质量进行全面考察后,蒙牛被指定为唯一的"中国航天员专用牛奶"。全新的、带有"中国航天员专用牛奶"标志的蒙牛牛奶,引起了消费者的浓厚兴趣。2004 年,蒙牛产品又成为国家体育总局训练局指定的运动员特选产品。

牛根生在谈到蒙牛纯牛奶入选中国航天员食品的原因时说:"从根本上说,奶源是决定牛奶质量的关键因素。内蒙古草原是世界五大草原之一,位于北纬 40 度左右,是世界公认的高品质的牛奶产地。这一纬度的草原,日照时间长,昼夜温差大,牧草品种丰富,天然环境非常适合奶牛生长。再加上良种奶牛,决定了奶牛的先天品质。"

蒙牛还采用了多种国际最先进的生产工艺,保证牛奶的品质。如"闪蒸技术",既蒸发了部分水分(乳清),又提高了牛奶中固化物的含量,最大限度地保留了牛奶的原汁原味,而且还保证了牛奶口感的统一稳定。使蒙牛牛奶的固形物(蛋白质、钙、乳糖等营养成分)的含量超过 12％,远高出国家标准,喝起来更纯、更浓、更香,营养更丰富。

对于蒙牛公司也有一些出于善意的质疑的声音。有专业人士质疑蒙牛 2004 年要在高起点上实现超高的增幅能够实现吗?因为,途径只有两个:一是把整个市场做大,但乳业的增速已有稳定之势;二是争夺竞争对手的份额,蒙牛能够打败留存下来的相对强手吗?还有人指出,蒙牛位于呼和浩特,能否吸引和保留更多的企业发展所需的人才呢?在一个核心问题就是奶源——中国乳业发展的瓶颈。我国原奶年增长量为 12 万吨,而鲜奶市场增长量为 36 万吨,原奶缺口必然导致高价争夺奶源,增加成本。另外,就是品牌定位问题。蒙牛宣传"来自大草原",但目前有一部分并非来自内蒙古大草原。类似地,伊利已对定位进行调整,诉求"心灵的天然牧场",也兼顾了"来自草原"的概念;而光明强调的是"选好牛,用好奶"。更有企业战略专家指出蒙牛所赖以高速成长的原因:一是资源优势,它背靠大草原,接近优质奶源;二是市场优势,中国乳品消费的需求拉动,给予它成长空间。但蒙牛面临的最严峻的挑战在于战略缺失和核心能力不足。所以"蒙牛应该静下来思考,欲做到 100 亿元,成为行业老大,该培育何种核心能力?"

资料来源:吴涛.市场营销管理.北京:中国发展出版社,2005.

分析与思考：

1. 在蒙牛高速成长的过程中，广告发挥了哪些重要作用？

2. 蒙牛乳业公司采用了哪些营销沟通方式？

3. 分析蒙牛牛奶"来自大草原，自然好感觉"的创意战略，能够为消费者带来何种利益？

4. 为什么说蒙牛"来自大草原"的定位不再合适？你认为蒙牛应该如何调整定位？

第十一章

市场营销计划、组织与控制

学习目标

1. 了解市场营销计划的含义和作用；掌握市场营销计划的内容；
2. 了解市场营销组织的演变；掌握市场营销组织形式；
3. 掌握市场营销控制的含义；熟悉市场营销控制的类型。

引导案例

营销计划是对付变化的有力武器

一年之计在于春，企业在做好上一年度总结的同时，也要做好这一年度的营销计划，很多企业年初制订计划轰轰烈烈，到头来草草收场，落得个虎头蛇尾的结局，而更多的企业信奉"走到哪里黑，就在哪里歇"，干脆就不制订计划，这样的企业"你方唱罢我登场，各领风骚三五年"就不足为奇了。企业在营销计划上的失败折射出企业在计划力上的缺失。

现在执行力在企业里提得比较响，但执行的标准是什么，什么才算好的执行，环境变化了该如何执行，并没有真正地研究过，很多企业还简单地停留在理念的灌输和政策的宣导上，培养员工以业绩为中心的执行文化，却少有执行的标杆和尺度。这不能不说是企业执行力的一大缺憾。要解决这个问题，就得从计划开始，强调企业的计划力。

企业营销计划是企业在上个计划执行的基础上全面分析营销影响因素和各个环节之后提出的解决办法，是对营销工作的全面反省和提高，是对自身营销理论与实践最深刻的认识。很多朋友常常发出计划赶不上变化的感叹，尤其是做营销的，做得好的那一个不是在与时间赛跑。推出的一个新品刚刚上架，竞争对手相似的新品也上市了。当自己的销售情况稍有好转，竞争对手开始发动价格战。心急火燎地解决了这边的窜货问题，那边又出现了压价冲货，整个营销队伍成了救火队伍。营销人员面对千变万化的市场，真的束手无策吗？事实上，营销计划就是对付变化的有力武器，如果把握了变化的规律，我们甚至可以引领变化。

资料来源：张帆，齐斐.市场营销学.西安：西北工业大学出版社，2008.

第一节　市场营销计划

营销计划是企业开展营销活动的行动纲领,没有合理的营销计划,企业就无法对未来的变化作出合理的预测。尤其是在现代的市场营销管理中,对各部门、各业务单位、各条产品项目和重点目标市场都必须制订进一步计划,营销计划制订、实施、管理和控制是企业良好经济效益实现的前提条件,也是指导和协调市场营销活动的主要工具。所以说,制订和执行市场营销计划,是市场营销组织的基本任务,也是营销经理必须具备的基本技能。

一、市场营销计划的含义与分类

(一)市场营销计划的含义

市场营销计划也叫品牌计划,是企业营销活动方案的具体描述,它规定了企业各种经营活动的任务策略、具体目标、实施措施及实施营销计划所需的资源、各职能部门和有关人员的职责,指明了企业经营活动预期的经济效果。具体地说,市场营销计划就是明确企业的营销目标,怎样实现营销目标,何时、何地由谁来实现营销目标的一系列决策过程。

(二)市场营销计划的分类

市场营销计划是企业市场战略的具体化和有关营销组合的行动指南,但是受到各种因素的影响(如:企业的规模不同、提供产品组合的宽窄不同),导致市场营销计划表现各种各样的形式,具体情况如下。

1. 按时间跨度的长短不同

(1)长期营销计划。期限一般 3~5 年,主要是确定未来发展方向和奋斗目标的纲领性计划。

(2)中期营销计划。期限 1~3 年。

(3)短期营销计划。大多数营销计划都是短期的,期限通常为 1 年,也称为年度营销计划。

2. 按营销计划涉及的范围

(1)总体营销计划。其侧重点放在企业营销活动的全面、综合性计划上。

(2)专项营销计划。主要是针对某一产品或特殊问题而制订的计划,如品牌计划、渠道计划、促销计划、定价计划等。

3. 按营销计划的程度

(1)战略性计划。主要是针对企业未来市场占有的地位及采取的措施所做的营销计划。

（2）策略计划。主要是对营销活动某一方面、某一点而做的具体的策划。

（3）作业计划。主要是针对各项营销活动的具体执行情况而做的计划，如一项渠道设计活动，需要对渠道选择、管理、控制、费用预算等作出具体的策划。

二、市场营销计划的作用

1. 市场营销计划详细说明了企业预期的经济效果

通过营销计划的分析，企业可预测在规定的计划期内本企业的发展状况和预期经济效果，既可减少经营的盲目性，又可使企业有一个明确的发展目标，以便在整个计划执行过程中根据预期的目标，不断调整行动方案，采取相应措施，力争达到预期目标。

2. 便于管理者分配、协调、优化、企业资源

市场营销计划明确规定了企业实现营销目标所需的资源，企业的管理者可事先掌握所需资源的数量、质量，并结合企业实际情况，对资源进行分配、整合、优化，从而达到资源共享，合理利用的效果。

3. 帮助管理者定位员工职责

市场营销计划对即将执行的任务和行动进行了详细的描述，同时也规定每位员工在计划实施过程中所处的地位和承担的相应职责，从而促进他们共同努力、相互合作，有目标、有步骤地去争取完成或超额完成自己所被委派的任务。

总之，市场营销计划是企业开展营销活动的行动纲领。正确制订营销计划，对企业营销战略目标的实现，企业营销活动的合理安排，以及市场需求的满足，企业经济效益的提高有着十分重要的意义。

三、市场营销计划的内容

作为对企业营销活动的方案的具体描述，营销计划包括许多内容，但是大多说的营销计划主要是由计划概要、背景及现状、进行 SWOT 分析、营销目标、营销战略、行动方案、编制预算方案、控制八个方面组成，如图 11-1 所示。

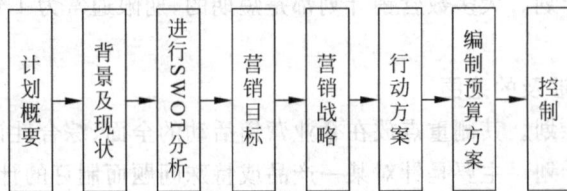

计划概要 → 背景及现状 → 进行SWOT分析 → 营销目标 → 营销战略 → 行动方案 → 编制预算方案 → 控制

图 11-1　营销计划内容

（一）计划概要

计划概要是市场营销计划的开端部分，是整个市场营销计划的精神所在。一般来讲，营销计划要形成正式的文本，即各种具体的营销计划书。在计划书的开头，便应对本计划的主要目标及执行方法和措施作一扼要的概述，以便让高层主管很快掌握计划的核心内容。为了便于审核者对营销计划所需材料进行评估，通常在计划概要部分之后列出计划内容目录。

（二）背景及现状

这一部分包括宏观环境、市场状况、产品状况、竞争形势和分销情况等背景资料，是正式计划的第一个主要部分。

（1）宏观环境。主要介绍影响企业及产品的各种宏观环境及发展趋势，包括政治法律、经济、科学技术、社会文化、自然环境等方面的内容。

（2）市场状况。描述市场的基本情况，主要包括市场规模、需求总量、地区分布、消费者购买情况、市场细分的标准、市场发展历史及发展趋势等。

（3）产品状况。在这一部分中，通常介绍过去几年内本企业产品的销售情况，如销售量、价格、利润、市场占有率等方面的数据。

（4）竞争形势。指出本企业主要竞争者，并列举出竞争者的规模、目标、市场份额、产品价格与质量、市场营销战略、战术、策略、行为等，并预测竞争者的变化趋势。

（5）分销情况。主要介绍企业的分销系统及其发展状况，包括渠道的规模、渠道策略、各条渠道的销售情况以及渠道成员之间的关系。

（三）进行 SWOT 分析

通过企业的背景及现状分析，围绕营销计划所涉及的产品进行 SWOT 分析，查找企业所面临的机遇和威胁，分析企业自身的优势和劣势。依据 SWOT 分析的结果，来确定营销计划中必须强调和重点解决的问题，并在这些方面进行决策从而帮助企业确定市场营销目标、战略和策略。SWOT 分析表如表 11-1 所示。

表 11-1　SWOT 分析表

优势和劣势 机会和威胁	内部优势（S）	内部劣势（W）
外部机会（O）	SO 战略、利用内部优势、利用外部机会	WO 战略、利用外部机会、控制内部劣势
外部威胁（T）	ST 战略、依靠内部优势、克服外部劣势	WT 战略、减少内部劣势、规避外部威胁

（四）营销目标

在明确了企业所面临的优势、劣势、机会、威胁之后，接下来的任务设定营销目标。营销目标的确定,是企业营销计划的核心内容,必须经过严格的论证才能实现。一般包括财务目标和营销目标,这些目标要用具体的量化指标来表示,同时要注意目标的合理性、实用性、创新性。财务目标侧重投资回报、利润、资金流和股东权益;营销目标主要由销售收入、销售增长率、市场份额、品牌美誉度和知名度、分销范围等构成。

(五)营销战略

营销战略是企业用以达到营销目标的基本方法,是研究企业为谁提供何种价值的问题,包括目标市场战略、市场营销组合策略、市场营销预算等。

(1)目标市场战略。阐明企业如何进行市场细分、选定目标市场、确定市场定位,进而完成 STP 战略的制定。

(2)市场营销组合。对选定的细分市场,分别制定产品、价格、流通渠道、和促销等因素在内的一体化战略。

(3)市场营销预算。计划书中应明确执行营销战略所需的费用、用途和理由。通常情况下,销售额越大,企业所要承当的营销费用越大;反之,越小,两者成正比。

小链接

创新制胜糖尿病 OTC 市场——益寿消渴茶突围之路

近年来,在中国的糖尿病 OTC 市场,有一个叫益寿消渴茶(后更名为参花消渴茶)的产品风生水起,成为该市场中成药类的领头羊。

中国的降糖药市场一直是西药天下,占了 70% 的份额,中药的份额同时也在逐年增长,且主要在药店零售,益寿消渴茶作为一种以茶为载体的中药新产品,在这样的背景下杀入市场,实现了销售的不断突破。

一流好产品,还需概念做刺刀。做医药保健食品市场的人都知道,一种产品要想迅速撼动市场,必须要有一个十分响亮的概念,概念是对产品差异化卖点的包装。根据对产品的深入分析,结合益寿消渴茶独特的茶剂型特点,企业提出了"冲刷排毒"、"激活平衡"两大理论。

首创体验营销,好产品自己会说话。在医药零售市场首创体验营销,这在 OTC 市场可谓是一个大胆的创新。通过体验营销,糖尿病患者从先接受产品开始,这样,一方面节省了大量的宣传费用,同时也更促进了产品的销售。

发明人做讲座,专家成明星。益寿消渴茶的发明人亲自到现场讲座,作为产品的发明人,对产品有着深刻的把握,在讲解时往往能够深入浅出,得到患者的认同。在青岛市场上,发明人的一次讲座就卖了 30 万元的产品!

> 　　定期循环促销,活动营销成常态。益寿消渴茶的可贵之处,把现场活动做成常态,每周末都在城市人气会聚的地方,进行循环促销。
> 　　新闻式广告,患者当天上电视。在产品后期,在现场被采访的患者,经过影视编辑部门的编辑,当天晚上就可以在当地的电视台播放出来,做到新闻的速度,因此也增加了内容的可信度。
> 　　资料来源:侯胜田.医药市场营销学.北京:中国医药科技出版社,2009.

(六) 行动方案

　　行动方案要确定"要完成什么任务?什么时候完成?谁来做?成本是多少?",即如何执行营销计划。营销计划所涉及每个具体的行动环节,具体的战术要用图表形式描述出来,标明日期、活动的费用和责任人,从而使整个战术行动方案在执行过程中一目了然,便于执行和控制。

(七) 编制预算方案

　　尽管企业在营销战略及战术的描述中对所需的资源已经进行了说明,但是还应制定该方案实施的预算,这样才能保证计划实施的完整性。预算包括成本预算,如销售的成本、广告费用、市场调研费等,还包括产品预期经济效益的预测。这种预算实际上就是一份预计损益表。收入方将列入预计销售量和平均价格。支出方则列出生产成本、储运费用及其他市场营销费用,收入与支出的差额便是预期利润。

(八) 控制

　　营销计划最后一部分为控制,是对整个计划的进度起到监督检查的作用,控制的实质就是将计划执行的结果和预期进行比较,一般把目标和预算按月或季制订,企业的高层主管要定期对计划进行检查和监督,如果发现偏离就要找出其中的原因,必要时还可以进行调整。

四、市场营销计划的实施

　　实施市场营销计划,是指将营销计划转变为具体的营销活动的过程。即把企业的经济资源有效地投入到企业营销活动中,完成计划规定的任务,实现既定目标的过程。再好的营销计划,如果不能实施,也仅仅只是"纸上谈兵",无任何实用价值。营销计划的实施,涉及相互联系的四项内容。

（一）制定行动方案

为了有效实施营销计划，企业必须制定详细的行动方案。方案应包括市场营销计划中关键性环节、措施和任务，明确任务的分配原则及负责人，同时标注方案实施的具体的时间表。

（二）建立组织机构

组织机构的建立，在整个营销计划的实施过程中起到非常重要的作用。一方面，组织机构明确了任务的分配点；另一方面也规定机构成员的责权利。一般来讲企业的营销任务不同，组织机构也是不同的。组织机构的建立，既要符合企业自身实际情况，还要与外部的营销环境相适应，机构设置要结构清晰、简单明了，方便可行。

（三）形成规章制度

为了保证企业营销计划能够落实到实处，加强对企业机构成员的约束性，企业还要制定相应的规章制度。在这些制度当中，明确计划实施过程中岗位，人员的责权利，要建立各种奖惩措施、条件。

（四）加强企业文化的建设与培育

企业文化是一个企业内部全体人员共同持有和遵循的价值标准、基本信念和行为准则。企业文化一旦形成，就具有稳定性和连续性特点，不易改变，不仅对员工有深入的影响，也是培养目标顾客忠诚度的重要保障。因此，塑造企业文化至关重要，是执行企业战略不可忽视的一环。

第二节　市场营销组织

一、市场营销组织的含义

营销组织是企业营销决策的执行机构。市场营销组织是指企业内部涉及市场营销活动的各个职能部门及其结构。它是以市场营销观念为指导，以消费者的需求为中心而建立的组织。具体来讲，企业的市场营销组织，就是企业为了适应营销环境的不断变化，有效地实现市场营销的战略目标，通过开展市场营销活动，对完成企业市场营销目标有关的业务进行合理分工、配备人员、协调管理、明确权责，形成企业整体营销功能的有机体系。

二、市场营销组织的发展过程

营销组织的发展不是一成不变的。它的形成经历一个由简单到复杂的演变过程，它不仅随着企业的经营哲学的发展而变化,而且也与企业的经营活动规模的大小有着直接的联系,大体上经历了四个阶段。

(一)简单的销售部门

简单的销售部门是指销售部门仅仅负责产品的销售工作,通常由销售主管本人或雇用的一两个推销人员从事单纯的产品推销工作,而形成的一种组织机构,这种销售组织,反映了企业以生产观念为经营指导思想。简单的销售部门的组织机构如图 11-2 所示。

20 世纪 30 年代以前,生产观念占主导地位,西方企业并不重视市场营销,销售部门的职能仅仅是推销生产部门生产出来的产品,生产什么、销售什么;产品生产、库存管理等完全由生产部门决定,销售部门以对产品的种类、规格、数量等问题,几乎没有任何发言权。

(二)兼有附属功能的销售部门

20 世纪 30 年代以后,大多数企业以推销观念为指导思想,随着企业业务范围的扩大,企业需要经常性的进行市场调研、产品开发、广告宣传以及其他促销工作,因此,企业开始聘用一些专业人员负责执行营销工作中除推销外的工作,但这些人员仍然隶属于销售部门。如图 11-3 所示。

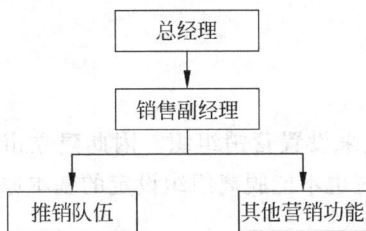

图 11-2　简单销售部门的组织机构　　　　图 11-3　兼有附属功能的销售部门的组织机构

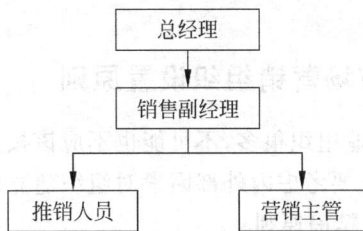

(三)独立的市场营销部门

市场营销和销售部门并立。随着企业规模和业务范围的扩大,许多企业先后将市场营销发展成一个独立的部门,配备主管营销活动的经理,市场调研、新产品开发、广告宣传和顾客服务等工作均由市场经理分工负责。这种营销组织的优点是加强企业对市场营销活动的控制与管理,但由于两个并立的部门经常处理同一业务,导致冲突不断,销售与其他营销活动脱节。公司的营销组织机构如图 11-4 所示。

（四）现代的营销部门

现代的市场营销部门是指市场营销部门全面负责产品推销和其他市场营销职能。虽然企业的整体战略目标是一致的，但在实际的工作中，销售部门和营销部门经常存在互相竞争和不信任的问题，双方都希望自己在企业中的占有重要位置。销售部门副经理着重追求销售最大化；营销部门经理则着重于企业长远利益，擅长把握市场的总体变化。为解决两者之间的矛盾最终导致推销、营销合并为一个职能部门，由营销副总经理直接领导，兼顾两个部门的所有事务，最终形成了现代营销部门。如图 11-5 所示。

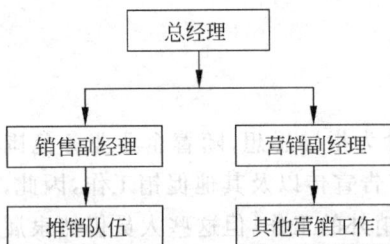

图 11-4　独立的市场营销部门的组织机构

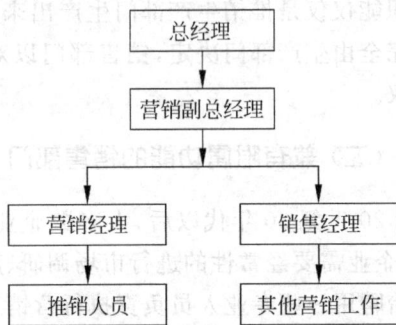

图 11-5　现代营销部门的组织机构

三、市场营销组织设置原则

企业组织很多，不可能也不应该按照一种形式来设置营销组织。因此建立市场营销组织，既要考虑内外部因素对组织建立的影响，同时也不能脱离组织设定的基本原则。

1. 精简原则

即在满足企业基本营销任务的前提下，优化、整合企业营销队伍，把企业的人员减少到最低限度，使企业的规模与企业营销的任务大小相适应。实践证明，在机构设置过程中，能否把握市场营销的工作性质和职能范围，是企业真正做到精简的重要前提。

2. 整体协调原则

协调是企业管理的基本职能之一。市场营销组织的设置要与企业内外部的营销环境相适应，尤其是处理好企业与顾客、企业与市场、企业内部职能机构之间的协调合作关系，只有这样，才能更好的发挥营销机构自身的整体效应。

3. 有效性原则

效率越高、效益要好，这是对营销组织的最根本要求，效率也是衡量一个组织水平高低的重要标准。直观地讲，"效率"是指一个组织在一定时间内可以完成的工作量。一个组织在条件允许的范围内效率越高，说明这个组织结构越完善、合理，否则，就无法适应外部环境的变化,作出合理的预测和应急的策略。

4. 管理幅度与管理层次相适应的原则

管理幅度是指一个上级领导者能够直接、有效地领导下级的人数。管理幅度的大小受到各级管理者的知识、能力、经验和人格魅力等因素的影响,管理活动呈现相似性和复杂性。管理层次是指企业在职权等级链上所设置的管理职位的级数。如果企业管理人员可以直接管理下边的每位业务人员,那么这只是一个管理层次。一般管理幅度大的,管理层次可以减少,但是当组织规模一定时,管理层次和管理幅度之间存在着一种反比例的关系。管理幅度越大,管理层次就越少;反之,管理幅度越小,则管理层次就越多。因此,企业在设置营销组织时应从实际出发正确处理管理幅度和管理层次之间的关系,使两者相适应。

四、市场营销组织形式

随着市场经济体制的深化和改革,市场营销组织形式也在不断演化。但不管如何演化,它始终是为企业营销活动服务的,无论采用何种形式都必然要受到宏观和微观环境因素的影响,因此制定何种类型的组织都必须与企业的营销活动、地理区域、产品和顾客市场相适应,才能从根本上体现"以消费者为中心"的现代营销观念。现代市场营销部门的组织形式主要有以下几种。

(一)职能型组织

职能型组织结构是最常见的市场营销组织形式,是指在企业营销部门内部设立不同的职能部门,如市场部、广告部、销售部等,不同的职能部门担负不同的工作,企业营销副总经理负责协调各专门机构的工作。这种组织结构的主要优点是简单易行,分工明确;缺点是营销效益太低,协调困难。一般来说,职能型组织比较适用于产品品种少或所有产品营销方式大体相同的企业。随着企业产品品种的增多和市场规模的扩大,这种组织形式会越来越暴露其效益太低的特点,从而失去其适应性、有效性,其组织形式见图 11-6 所示。

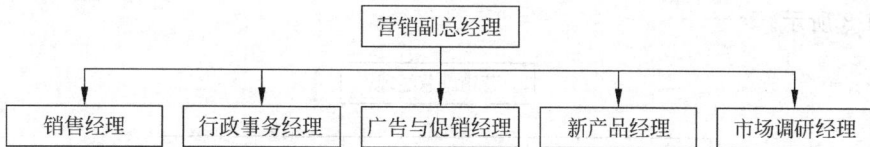

图 11-6 职能型组织结构

(二)地区型组织

地区型组织结构是在市场营销部门内部按不同地理区域分设不同的地区经理,大区经理不仅负责产品的推销,而且负责地区的市场调研、促销策略的选择和营销计划的制定,市场营销副总经理负责协调各地区经理工作。比如在推销部门设置东北市场经理,下有吉林省、辽宁省、黑龙江省等大区市场经理。每个大区市场经理的下面,按照省份管辖范围设置区域市场经理。设置这种组织结构的优点是可以考虑不同地区主客观环境的差异性,有针对性地开展营销活动;这种组织结构的缺点是可能会引起机构的设置重复,地区与地区之间产生利益冲突等。一般来说,地区型组织比较适于市场地区比较分散和市场范围比较广泛的企业。其组织形式如图 11-7 所示。

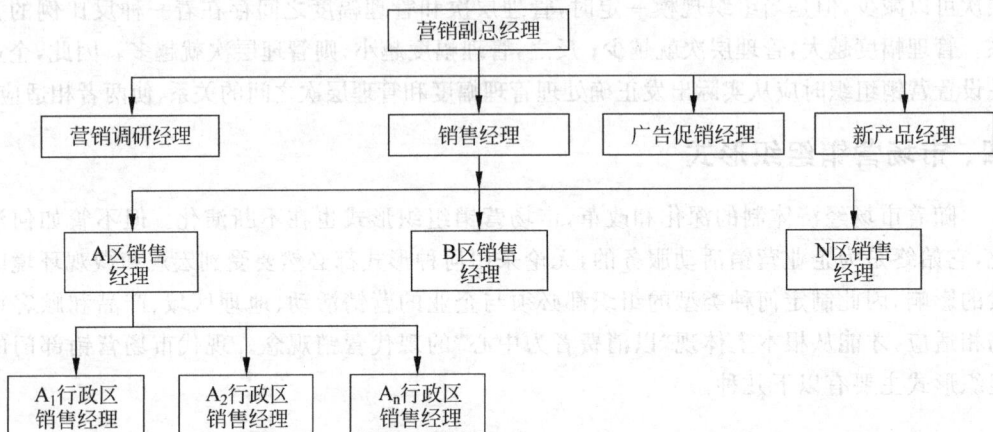

图 11-7　地区型组织结构

(三) 产品型组织

产品型组织结构则是在营销部门内部,根据产品(或品牌)的类别不同,来分设不同产品经理,产品经理分工负责产品(或品牌)的营销工作。设立这种组织结构的优点是加强对市场的控制,提高对市场变化的应变能力,同时也会调动产品销售人员的积极性;缺点是领导多,相互独立,意见不统一,缺乏整体观念。适用于产品组合深且宽的大型企业。如图 11-8 所示。

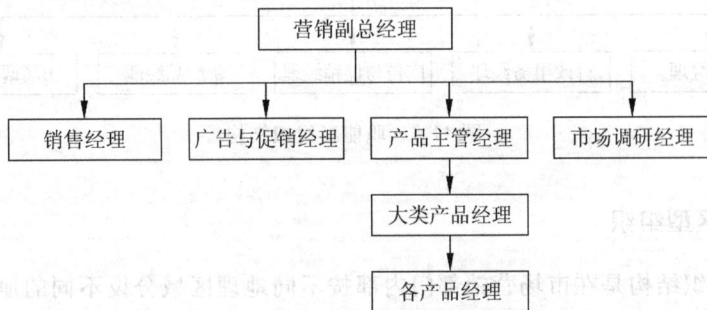

图 11-8　产品型组织结构

（四）市场型组织

市场型组织结构企业以消费者需求的差异性而建立的营销组织。市场型组织和产品型组织相似，由企业营销副总经理管辖若干个细分市场经理，统一领导、协调各部门的活动。市场经理负责制定本区域内年度销售计划和长期销售计划，分析市场趋势及其所需产品。这种组织结构的优点是真正体现了以消费者需求为中心，能够让营销人员了解不同顾客的需求及变化。由于更能贴近消费者，所有的活动也是围绕消费者而开展一系列营销活动，所以产品更能充分满足不同消费者的需求；缺点是对产品和地区关心不够，导致产品结构单一，销量不稳定，还会引起不同市场销售人员的恶性竞争，滋生本位主义，不利于企业的整体协调，增加营销成本；这种组织机构主要适用于产品线单一，分销渠道多的企业。如图 11-9 所示。

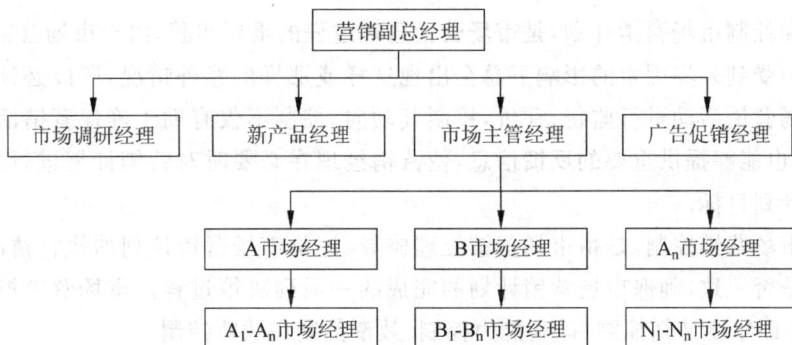

图 11-9　市场型组织结构

（五）产品与市场管理型组织

随着企业生产经营能力的壮大和市场规模的转变，企业在确定市场营销组织时，常常会遇到两难问题：是采用市场型，还是产品管理型？如果采用产品型组织结构，这就需要产品经理对各种类型的市场都非常熟悉；如果采用市场型组织，那就需要市场经理对各种类型的商品要非常了解；所以一些企业同时设置产品经理和市场经理，充分发挥两种组织形式优势，形成一种矩阵式机构。

但是这种矩阵式组织同样也存在问题，一是这种类型的组织雇用的营销人员增多导致营销成本的增加；二是在实际工作中，组织内部成员之间责权不清晰，容易产生矛盾和冲突。三是权利与责任如何落实也是企业迫切解决的问题。所以说，矩阵式组织结构还有些待解决的问题。如图 11-10 所示。

图 11-10　产品与市场管理组织结构

第三节　市场营销控制

执行和控制市场营销计划,是市场营销管理过程的重要步骤,由于市场营销计划在执行的过程中受到外界因素的影响下总会出现这样或那样的意外情况,所以必须要连续不断的对市场营销活动进行监督、评价,控制其动向,控制不仅有助于确保营销活动按预期进行,而且也能够提供重要的反馈信息,使营销经理在必要时对营销计划进行及时修订,努力实现计划目标。

所谓市场营销控制,是指市场营销经理监督、评价市场营销计划的执行情况,检查计划与实绩是否一致,确保市场营销计划的完成的一系列决策过程。市场营销控制有四种主要类型:即年度计划控制、盈利能力控制、效率控制和战略控制。

表 11-2　市场营销控制的种类

控制的类型	主要负责人	控制的目的	方　　法
年度计划控制	高级管理层 中级管理层	检查计划目标是否属实	销售分析、财务分析 顾客态度分析、市场占有率分析
盈利能力控制	营销审计人员	检查企业盈利点	盈利情况、产品、地区、顾客
效率控制	直线和职能管理营销营销审计人员	评价和提高经费开支效率以及营销开支的效果	效率、销售队伍、广告、促销和分销
战略控制	高层管理部门的营销审计人员	检查企业是否在产品、价格、流通渠道方面寻求最佳机会	营销效益评价等级、营销伦理、营销审计、营销表现

一、年度计划控制

任何企业都要制订年度计划,可是,年度市场营销计划的执行能否取得预想效果、能否按时完成,还需要看控制工作效率如何。年度计划控制是一种短期的即时控制,是营销管理人员根据年度计划,监控营销效果,并采取改进措施的控制。年度计划控制的目的在于,确保年度计划中所规定的销售、利润及其他目标的实现,及企业潜在的问题的妥善解决。

年度计划控制的中心是目标管理,包括四个步骤:(1)制定标准,即确定本年度各个季度(或月)的目标,如销售目标、利润目标等;(2)绩效衡量,即将实际成果与预期成果相比较,随时跟踪、监督、营销计划的实施情况;(3)因果分析,即研究发生偏差的原因;(4)改进措施,改进实施方式及采取最佳的改进策略,以缩小计划与实际的差距,努力使成果与计划相一致。年度计划控制可以通过以下几个方面检查执行情况。

(一)销售分析

销售分析由根据销售目标衡量和评价实际销售情况构成,主要用于衡量和评价经理人员所指定的计划销售目标与实际销售目标之间的关系。具体方法有两种。

1. 销售差异分析

这种方法主要是用来衡量造成销售差异的不同因素的影响程度,在分析某一综合经济指标时,一般假定其他因素不变来测定某一因素变动的影响。例如,某企业年度计划要求第一季度销售 5 000 件产品,每件 1.00 元,即销售为 5 000 元。在该季结束时,只销售了 4 000 件,每件 0.50 元,即实际销售额为 2 000 元。那么这个销售绩效差异为 -3 000 元。显然,绩效的降低既有价格的原因,又有销售数量的原因。但是,两者各自对销售总额的影响程度到底如何呢? 我们可以用如下计算来回答:

$$因价格下降造成的差异 = (1-0.5) \times 4\,000 = 2\,000\ 元$$
$$价格下降的影响 = 2\,000/3\,000 = 66.7\%$$
$$因销量下降造成的差异 = 1 \times (5\,000-4\,000) = 1\,000\ 元$$
$$销量下降的影响 = 1\,000/3\,000 = 33.3\%$$

由此可见,约有 2/3 的销售差异归因于未能实现的预期销售数量。因此需进一步分析销售量减少的原因。

2. 微观销售分析

微观销售分析可以决定未能达到预期销售额的特定产品、销售地区等。假设企业在三个地区销售,其预期销售额分别为 1500 英镑、500 英镑、2 000 英镑,总额为 4 000 英镑,实际销售额分别为 1400 英镑、525 英镑、1075 英镑。就预期销售额而言,第一个地区有 7% 的未完成额;第二个地区有 5% 的超额;第三个地区有 46% 的未完成额。主要问题显然在第三个地区。造成第三个地区不良绩效的原因有如下可能:一是该地区消费者购买能力下降;二是该地区潜在竞争对手增多;三是销售人员业务素质不高。

(二)市场占有率分析

市场占有率分析,也称市场额分析,主要是揭示企业同竞争者之间的相对关系,检查企业在市场中的地位变化,从而找出原因,采取相应措施,继续保持企业在市场竞争中的有利地位或扭转企业竞争地位下降的不利局面。如果市场占有率升高,表明它比其他竞争者更好;反之,相对于竞争者其绩效较差。衡量市场占有率的方法一般有以下几种。

1. 整体市场占有率

以企业销售额占全行业销售额的百分比来计算。一般有两项决策方法:一是销售量,二是销售额。销售量表示市场份额的任何变化都反映了竞争企业之间产品销售量方面的变化,而以销售额表示的市场份额的变动则反映销售量和价格的综合变动。采取这一方法应注意行业的范围的确定。

2. 可占领市场份额

用企业的销售额占企业所服务市场的百分比表示。所谓可占领市场,一是企业产品最适合的市场;二是企业营销努力所及的市场。企业可能有近100%的可占领市场份额,却只有相对较小百分比的整体市场占有率。

3. 相对市场占有率(相对于三个最大竞争者)

以企业销售额对最大的三个竞争者的销售总额的百分比来表示。如某企业有40%的市场占有率,其最大的三个竞争者的市场占有率分别为30%,10%,10%则该企业的相对市场占有率是40%/50%=80%。一般情况相对市场占有率高于33%企业被认为实力较强的企业。

4. 相对市场占有率(相对于市场领导者)

以企业销售额相对市场领导者的销售额的百分比来表示。相对市场占有率超过100%,则表明该企业是市场领导者;相对市场占有率等于100%则表明该企业与市场竞争者都是市场领导者;相对市场占有率增加则表明该企业正接近市场领导者。

(三)市场营销费用率分析

营销费用和销售额之比应放在一个整体财务框架中进行分析,不发生超支现象。因此,需要对各项营销费用率和各时期的波动用控制图进行跟踪,并加以分析,找出偏差的原因,使之控制在一定限度之内。简言之,如果费用变化幅度很大,则必须采取有效措施;如变化不大,在安全范围之内,可以不采取任何措施。

(四)顾客态度分析

顾客的态度对企业的营销计划的控制有着极其重要的影响。因此,企业需要建立一套系统来追踪其顾客、经销商及其他市场参与者的态度。及时掌握了解顾客对本企业和产品的态度变化情况,争取在营销活动中占有主动。企业一般利用以下系统来追踪顾客的态度。

1. 投诉和建议系统

企业从顾客的投诉中,察觉企业产品的不足,加以改进。如果处理及时恰当,还可以增加顾客对企业的好感,使顾客认识到该企业与其目标一致、利益相同。

2. 固定顾客样本

建立有一定代表性顾客组成的固定顾客样本,由企业通过电话访问或问卷形式对其进行了解。使企业了解顾客的态度变化及分布范围。

3. 顾客调查

企业定期让一组顾客随机回答一组标准化的调查问卷,其中问题包括:服务态度、服务质量等。通常按照五个等级进行打分,分别为:很满意、满意、一般、不满意、很不满意。

二、盈利能力控制

除了年度计划控制以外,企业还要从产品、地域、消费者群体、细分市场、分销渠道和订货量的盈利能力进行分析控制。盈利能力的大小,对企业营销组合决策有着重要和直接的影响。这方面信息可帮助管理层决定哪些产品或者营销活动是否应该扩大、收缩或者取消。营销盈利能力分析步骤一般是:第一步,将各项费用按照一定的比例分摊到各项营销职能,如人员推销、促销等方面;第二步,依据一定的标准将营销职能性费用按不同的产品、不同的地区、不同的渠道或不同的市场进行分配;第三步,编制出产品损益表、地区损益表、渠道损益表和市场损益表等,并对各表进行分析,结果可作为企业进行分销渠道决策的重要依据。

企业盈利能力控制在市场营销管理中占有十分重要的地位,一般主要通过以下指标进行分析控制。

(一)销售利润率

销售利润率是指利润与销售额之间的比率。表示每销售 100 元使企业获得的利润,企业所获得的利润,是评估企业获利能力的主要指标之一。其计算公式为:

$$销售利润率 = 本期利润/销售额 \times 100\%$$

(二)资产收益率

资产收益率是指企业所创造的总利润与资产平均总额的比率。其计算公式为:

$$资产收益率 = 本期利润/资产平均总额 \times 100\%$$
$$资产收益率 = 税后息前利润/资产平均总额 \times 100\%$$

(三)净资产收益率

净资产收益率是指税后利润与净资产平均余额的比率。净资产是指总资产减去负债总额后的净值。这是衡量企业偿债后剩余资产的收益率,其计算公式为:

$$净资产收益率 = 税后利润/净资产平均余额 \times 100\%$$

（四）资产管理效率

资产管理效率可通过资产周转率和存货周转率来分析。

1. 资产周转率

资产周转率是指一个企业以资产平均总额去除产品销售收入净额而得出的结果，其计算公式为：

$$资产周转率＝产品销售收入净额/资产平均总额×100\%$$

该指标可以衡量全部投资的利用效率，资产周转率高说明投资利用效率高。

2. 存货周转率

存货周转率是指产品销售成本与存货平均余额之比。其计算公式为：

$$存货周转率＝产品销售成本/存货平均余额×100\%$$

这项指标说明某一时期内存货周转次数，从而考核存货的流动性。存货周转次数越高，说明存货水平较低，周转快，资金使用效率好。

资产管理效率与获利能力密切相关。资产管理效率高，获利能力相应也较高。这可以从资产收益率与资产周转率及销售利润率的关系中表现出来。资产收益率实际上是资产周转率和销售利润率的乘积。

$$资产收益率＝资产周转率×销售利润率$$

三、效率控制

效率控制就是指运用一系列指标对营销的各项工作进行日常管理的方法，这些指标包括：

1. 销售人员的效率控制

销售人员的效率控制指标包括：每个销售人员每天平均的销售访问次数；每次销售访问的平均时间；每次销售访问的平均收益；每次销售访问的平均成本；每次访问的招待成本；每百次销售访问并订购的百分比；每期间的新顾客数；每期间丧失的顾客数；销售成本对总销售额的百分比等。

2. 广告效率控制

广告效率的控制对企业盈利能力的影响十分显著，企业进行广告效率的控制可做好如下统计：媒体的类型及特点；媒体触及每千人的广告成本；广告前后对媒体的衡量；顾客对广告内容和形式的看法；顾客在广告播放前后对产品的反应；受广告刺激所引起的顾客询问次数；每次调查的成本等。

3. 促销效率控制

为了改善销售促进效率，企业的管理层应该对每一项销售促进的成本和对销售影响做记录，需要做好如下统计：按促销价格出售的产品占总销量的百分比；促销印发的回收率；每次促销活动的成本；促销引起的顾客咨询增加次数及销售量增加的百分比；促销对整个市场营销活动的影响等。

4. 分销渠道效率控制

分销渠道效率评价指标主要包括：分销网点的市场覆盖率；商品库存总量；入库和出库量；库存周转率；每条渠道的单位产品分销成本；分销系统的布局、结构及改进方案等。

小链接

面包商的分销效率控制

美国面包批发商遭到了来自连锁面包店的激烈竞争，他们在面包的物流方面处境尤其不妙，面包批发商送货时必须多次停留，而每停留一次只送少量面包。不仅如此，开车司机一般还要将面包送到每家商店的货架上，而连锁面包商则将面包放在连锁店的卸货平台上，然后由商店工作人员将面包陈列到货架上。

这种物流方式促使美国面包商协会提出：是否可以利用更有效的面包处理程序为题进行调查。该协会进行了一次系统工程研究，研究人员以一分钟为单位具体计算面包包装上卡车到陈列在货架上所需的时间。通过跟随司机送货和观察送货过程，管理人员提出了若干变革措施，使经济效益的获得来自更科学的作业程序。不久，面包批发商在卡车上设置特定面包陈列架，只需司机按动电钮，面包陈列架就会在车子后部自动开卸，这种改进措施提高了工作效率，受到进货商店的欢迎。

资料来源：王中亮.市场营销学.北京：立信会计出版社，1999.

四、战略控制

战略控制是总体目标的控制，是市场营销中高层次的控制。战略控制是企业营销管理者采取一系列活动定期对企业营销环境、经营战略、目标、计划、组织和整体效果进行全面、系统审查和评价过程。其目的在于确保企业的目标、政策、战略和措施与市场营销环境相适应。但是市场营销环境总是瞬息万变的，企业的战略和计划往往不能赶上形势的变化，所以企业在进行战略控制时，可以运用市场营销审计这一工具，定期评估营销战略及其实施情况。

市场营销审计，是对一个企业市场营销环境、目标、战略、组织、方法、程序和业务等作综合的、系统的、独立的和定期性的核查，以便确定困难所在和各项机会，并提出行动的建议，改进市场营销管理效果。实际上，就是在一定时期对企业的全部市场营销业务进行总的效果评价，其主要特点，不是局限于评价某一具体问题，而是全部活动系统的评价。主要包括市场营销环境设计、市场营销战略审计、市场营销组织审计、市场营销系统审计、市场营销盈利能力审计和市场营销职能审计等几方面内容。

（一）营销审计的特点

营销审计这种方法起源于 20 世纪 50 年代初的美国，20 世纪 70 年代以后得到了西方国家的广泛的应用。菲利普·科特勒定义为："营销审计是对一个公司或一个业务单位的营销环境、目标、战略和活动所做的全面的、系统的、独立的和定期的检查，其目的在于确定问题的范围和机会，提出行动计划，以提高公司的营销业绩"，由此可以看出营销审计具备四个主要特点。

1. 系统性

营销审计由一系列的步骤组成，如企业营销环境审计、企业营销战略审计、企业组织审计和其他具体营销活动审计。所以说营销审计不是片面的看待营销活动问题，而是进行系统的检查，从多方面查找问题。

2. 全面性

市场营销审计覆盖各项业务的主要营销活动，而不仅仅是出现问题的地方。企业内所有执行营销功能的部门都应包含在营销审计内，甚至一些非营销机构，因为其行为会影响到顾客满意的部门，例如财务部门、物流部门等，也应该包括营销审计内。因此营销审计具有全面性的功能。

3. 独立性和客观性

一般来讲，营销审计聘请企业以外的专家与学者参加或由他们主持，从而更具有客观性和独立性。

4. 定期性

营销审计应当在企业中定期举行，要把它作为一种常规性管理工作，而不能等到企业出现问题或危机时才开始开展本方面的工作，这样的话会导致问题处理不及时，影响企业营销计划的执行和营销目标的实现。

（二）市场营销审计的步骤

① 了解企业目标，确定审计范围；

② 检查各项企业目标实现情况；

③ 确定计划的执行是否尽自己所能；

④ 检查企业组织内部信息的沟通，权责的分配是否合理；

⑤ 提出改进措施。

（三）市场营销审计内容

1. 市场营销环境审计

包括宏观营销环境和微观营销环境的审计、总体营销环境和个体营销环境的审计。

并在分析人口、经济、政治、科学技术等环境因素的基础上,制定企业的营销战略。这种分析是否正确,需要经过市场营销审计检验。目前,我国许多的企业虽然在投资、建设等方面力度都比较大,但还是没有形成规模经济效益,原因就在于缺乏对于市场营销环境方面的调查和分析。

2. 市场营销战略审计

主要考察企业营销目标、市场、竞争者、资源等指标。评价企业是否能够按照市场导向确定自己的任务、目标并设计企业形象;是否能够合理配置市场资源并确定合适的市场营销组合;企业的市场定位、企业形象、公共关系是否和环境相适应;并在全面认识的基础上,使市场营销目标、市场营销环境和企业资源有机结合,同时密切关注他们之间的适应性和紧密程度。

3. 市场营销组织审计

主要是检查企业营销组织对环境变化的适应能力和实施企业组织战略的能力。包括:企业法人的执行力;销售队伍的素质;各职能部门的合作情况与功能等。

4. 市场营销系统审计

企业的营销系统由企业营销信息系统、市场营销预测系统、市场营销计划系统、市场营销控制系统组成。因此,对营销制度的设计实质上就是对以上四大系统的有效性审计。

5. 市场营销盈利能力审计

是在企业盈利能力分析和成本效益分析的基础上,审核企业不同产品、不同地区、不同市场及不同分销渠道的能力;其中包括盈利率分析、成本效益分析审计等。要求检查企业各类系统所具有的获利能力和开展各项营销活动的成本收益。

6. 市场营销职能审计

它是对企业的市场营销组合各因素(即产品、价格、地点、促销)的检查评价。主要审计企业的产品品质、数量、包装、品牌及受顾客欢迎程度;企业渠道成员的效率情况;广告促销的效果;人员推广的队伍素质及规模等。

本章小结

市场营销计划是企业营销活动的具体描述,它规定企业各种经营活动的任务策略、具体目标、实施措施及实施营销计划所需要的资源、各职能部门和有关人员的职责,指明了企业经营活动的预期的经济效果。

市场营销计划按照不同的标准可分为各种不同的计划,但作为整体来看,企业营销计划的内容大致相同,主要包括:计划概要、背景及现状、机会和问题分析、目标、营销战略、行动方案、市场反应、控制等。

市场营销组织机构的一般模式有五种,分别为地区型组织机构、职能型组织机构、产品型组织机构、市场型组织机构、产品与市场型组织机构,不同的营销组织各有所长,企业应重视环境与自身情况相结合，设置不同的营销组织机构。

营销控制是一个评价市场营销绩效，并且不断加以改进的过程，进行营销控制的前提是营销计划与营销组织。市场营销控制一般包括四种类型，即年度计划管理、盈利能力管理、效率管理、营销战略管理。

思考与讨论

1. 市场营销组织有哪几种形式？
2. 市场营销计划包括的主要内容。
3. 简述营销审计的特征？
4. 市场营销控制有哪几种？

案例分析训练

PPG 倒闭警示营销成本控制的重要性

PPG 成立于 2005 年，通过 B2C 网站和呼叫中心销售男式衬衫，早期销售额快速增加。早期 PPG 选择男士衬衫作为切入点，进行网上销售。男士衬衫标准化程度高，加上男士对衬衫的要求低、需求量大，且男士易于接受网络购物的形式，使得 PPG 公司早期能迅速打开市场。2008 年年初，PPG 曝光经营状况欠佳，与广告商、供应商的债务频见报端。

PPG 最终走向下坡路，与其整个团队的管理运营密切相关。其中，广告成本控制不严是 PPG 运营中的最大失误。营销成本控制不利，导致企业资金流紧张；产品质量危机的爆发，更加剧了企业资金压力；之后打折网站的推出，没能有效回笼资金，更加剧了企业舆论危机；信息沟通渠道的缺失，促成了危机的现实性。

PPG 主要选择电视、报纸、户外平面媒体进行广告投放，互联网广告投放较少，导致公司广告费用支出过高；加之企业品牌建设落后，企业销售高度依赖高额的广告投放。据悉，2007 年 11 月，PPG 的广告费支出已达到 4 亿元。营销费用作为企业运营中的必要支出之一，过少，起不到促进销售、树立品牌的效果；过多，则直接导致资金链条的紧张，增加企业短期内的运营风险。PPG 广告费用把控不严，最终导致资金链条的紧张，是倒闭的直接原因。

作为中国服装 B2C 行业的先行者，PPG 的发展历程，对市场后来者的运营及中国服装、B2C 行业的发展具有启示意义。

资料来源：http://article.pchome.net/content-1033674.html.

请你分析一下 PPG 倒闭的主要问题是什么？试评价营销控制在企业发展过程中的重要性？

第十二章

国际市场营销

学习目标

1. 了解国际市场营销与国内市场营销的区别；
2. 学会分析国际市场营销环境；
3. 掌握国际市场选择和进入方式以及国际市场营销策略的运用。

引导案例

丰田汽车进军美国之路

20 世纪 50 年代在世界市场上尚无立足之地的日本在 80 年代初，超过美国成为世界上第一个年产 700 万辆小轿车的国家，1981 年，日本出口小轿车是德、法、美三国轿车出口之和。以丰田公司为例，1965 年丰田共向美国出口轿车 288 辆；十年后，超过它的主要竞争对手德国大众公司，居美国小轿车进口商的首位；80 年代初，年产超过 300 万辆，一跃战为世界第二位的汽车制造商；1985 年，它在美国市场销量，占美国轿车市场的 20％。丰田在美国赢得了消费者的口碑与爱好。

在传统的"生产什么，就销售什么"观念的影响下，丰田公司向美国出口的第一辆轿车简直就是一场灾难，这辆取名"丰田宝贝儿"的汽车方盒子式的陈旧外形，发动机开起来像载重汽车一样响，内部装饰既粗糙又不舒服，灯光暗得难以通过加利福尼亚州的行车标准，缺陷严重自然无人问津。"丰田宝贝儿"的流产迫使公司的决策者冷静下来重新考虑进入美国市场的策略。

首先，丰田公司利用政府、商业企业和美国市场研究公司搜集信息，了解美国经销商和消费者的需要，发现未满足或满足不充分的需求。他们发现美国人把汽车作为地位或性别象征的传统观念正在削弱，汽车作为一种交通工具更重视其实用性、舒适性、经济性和便利性，如长途驾驶要求座位舒适和较大的腿部活动空间，易于操控，行车平稳；较低的购置费用、耗油少、耐用和维修方便；交通日趋拥挤，要求停靠方便，转弯灵活的小车型，设计出满足美国顾客需求的美式日制小汽车。花冠（corona）以其外形小巧、购买经济、舒适平稳、维修方便的优势敲开了美国市场大门。强大的日本国内汽车制造基地，不仅为丰田提供了经验,而且为其海外扩张奠定了物质基础。1965年,日本在"进攻型战略"的指导下,发挥一整套策略体系的合力作用,将丰田汽车打入美国市场。

产品策略。面对美国和西欧这些强劲对手,丰田汽车的产品策略是避实就虚,生产高质量、小型化、具有便利性可靠性和适用性的小轿车,其目的在于使日本轿车作为一种交通工具为美国广大消费者所接受。丰田汽车造型优美,内部装修精致典雅,舒适的座椅,柔色的玻璃,发动机的功率和性能比大众公司汽车提高了一倍,甚至连汽车扶手长度和腿部活动空间都是按美国人的身材设计的。由于适合美国大众消费者的口味,花冠车一进入美国市场,很快就建立起较高的质量信誉,每销售100辆中顾客的不满意率从1969年的4.6%下降到1973年的1.3%。

定价策略。从价格上让消费者在心理上接受丰田。日本汽车打入美国市场其目标不在于获取单位产品的高额利润,而在于最迅速攻入市场,为了争取潜在的顾客群,制定大大低于竞争对手的价格,花冠车在进入美国市场时售价不到2000美元,而后推出的花冠车售价不到1800美元。在小轿车技术差距已经消除的70年代,同类车型和功能的轿车,丰田车比美国车低400~1000美元。低廉的售价,加上质量稳定,性能好和维修费用低,为丰田车树立起物美价廉的良好形象,美国生产商无还手之力,大片的市场份额逐渐被丰田蚕食。

分销渠道策略。在对竞争详尽分析的基础上,丰田公司选择了一整套有效的分销策略。首先,提供良好的售中和售后服务,在发动每次销售攻势前,建立广泛的服务网点提供充足的零配件,为销售成功筑起牢固的支撑点。如1965年丰田投放花冠车于美国市场前,丰田公司已有384家代理商和价值200万美元的零配件贮备。其次,选择重点销售市场,集中全部力量对目标市场进攻,在对重点市场基本渗透之后,再进攻下个目标市场。丰田汽车打入美国市场后首要选择西海岸的四个城市:洛杉矶、旧金山、波特兰和西雅图,当建立起滩头阵地后,便开始对美国市场全线进攻。再次,严格筛选代理商。坚持一流商品必须由一流商号经销。选择资金雄厚、声誉高、具有丰富的营销经验的当地中间商和零售商。1969年丰田公司尽管只有一种车型,而汽车代理商中的44%为丰田服务。最后,用丰厚的利润扶植激励经销商。丰田公司进入美国市场时以每辆181美元的利润让利于经销商,与经销一辆大轿车利润相等。

促销策略。从品牌形象上让消费者接受"丰田"。丰田公司促销策略的核心是集中全力直接针对目标市场大量做广告。为了树立丰田汽车的形象,在电视中大做广告使丰田家喻户晓。丰田公司抓住其它厂商没在电视媒体作广告的机会,垄断了小轿车电视广告的播映权。这一时期丰田广告支出大大超过竞争者的水平。丰田汽车广告的内容由专家精心设计为避免刺激美国的竞争者和引起日美贸易矛盾,尽量迎合美国人的喜好,在大力宣传交通工具在美国的重要性的同时,提到丰田汽车种种良好的功能和给消费者带来的利益。这种"具有美国精神的先进汽车"广告战,终于使丰田轿车在没有硝烟的商战中大获全胜。

资料来源:百度文库.丰田汽车进军美国之路.

我国加入世界贸易组织后,经济全球化的浪潮深刻影响着国内众多企业,"国内市场国际化、国际竞争国内化"的严峻现实摆在广大企业面前,研究国际市场营销特点,积极开展国际营销活动成为广大企业的重要任务。国际市场营销不同于国内营销,在营销环境分析、市场进入策略、市场营销组合策略上有很大区别,学习国际市场营销理论,有助于国内企业积极开展国际营销活动、开拓国际市场、提高企业的国际影响力。

第一节 国际市场营销概述

一、国际市场的概念

国际市场(international markets)细分具有两个层次的含义,即宏观细分与微观细分。

宏观细分是要决定在世界市场上应选择哪个国家或地区作为你进入的市场。这就需要根据一定的标准将整个世界市场划分为若干子市场,每一个子市场具有基本相同的营销环境,企业可以选择某一个或某几个国家作为目标市场。国际市场宏观细分的标准有地理标准、经济标准、文化标准。

微观细分类似于国内市场细分,即当企业决定进入某一海外市场后,它会发现当地市场顾客需求仍有差异,需进一步细分成若干市场,以期选择其中之一或几个子市场为目标市场。消费品市场有地理环境、人口状况、消费者心理和购买情况四大标准,工业品市场有地理环境、用户状况、需求特点和购买行为四大标准。

如同对市场的理解一样,国际市场也可以有不同的解释,它可以被理解为国际产品交换的场所,也可以被理解为国际商品购买者或购买集团的总和,还可以被理解为国际商品交换所反映的经济关系和经济活动现象的总和。这些理解均有其合理性和适用性。但是,当我们把国际市场作为国际营销的环境考虑时,应该把它看作为一个系统,即国际市场是一个与商品经济相联系,由国际市场主体、客体、载体、媒体等各种要素组成的有结构、有功能的有机统一整体。国际市场比国内市场更加复杂,国外消费者的需求比国内消费者更加多样化,因此国际市场消费者对产品的要求也就更优质化、高档化和自动化。

二、国际市场营销的含义和特点

(一)国际市场营销

国际市场营销(international marketing)是指商品和劳务流入一个以上国家的消费者或用户手中的过程。换而言,国际市场营销是一种跨国界的社会和管理过程,是企业通过计划,定价促销和引导,创造产品和价值并在国际市场上进行交换,以满足多国消费者的需要和获取利润的活动。

具体来说,国际市场营销概念主要包括以下几个方面。

1. 国际市场营销的主体

国际市场营销是企业的跨国销售活动管理过程,跨国公司、出口企业等是国际市场营销的主体。包括跨国公司、国际性服务公司、进出口商等,其中跨国公司在现代国际营销中发挥着最积极、最重要的作用。

2. 国际市场营销的客体

国际市场营销的客体是产品和服务。随着科技进步以及市场经济的发展,产品和服务的范围越来越广泛,一切实体产品、资本、技术以及其他服务都属于国际市场营销的范畴。

3. 国际市场营销的对象

国际市场营销是跨国营销活动,只有将产品和劳务销往国外或境外市场才是国际市场营销。国际市场营销的对象是国际区域乃至全球的消费者,国际市场营销的核心就是满足国际消费者的需求。由于各国的社会文化、经济发展水平的环境存在较大差别,国际消费者比之国内消费者的需求也更为复杂多样。

4. 国际市场营销的目的

国际市场营销的根本目的是利润。如同其他企业一样,国际市场营销企业的根本目的是获得最大化的利润。当然,在具体的操作中,围绕利润最大化的目的,国际市场营销企业在于不同的情况下会选择市场占有率最大化、产品质量最优化等具体目标。

国际市场营销的基本思想是企业的全部活动必须以国外消费者为中心,以满足国外消费者的需求和欲望为出发点。通过满足国外消费者的需求,吸引更多的顾客和拥有更大的市场占有率,以达到企业的营销目标,并同时兼顾社会公众利益,保护环境,提高社会福利,促进人类的共同发展。

(二)国际市场营销的特点

国际市场营销专家认为:研究国际市场营销经营的实质,不在于采用什么营销技巧,关键在分析和掌握国际市场多种多样的市场营销环境,并在此基础上采取有针对性的各种经营战略。国际市场营销学在一定意义上讲,就是国际市场营销环境适应学。

国际市场营销与国内营销之间,既有联系,又有区别。联系体现在两者的基本理论、营销观念、营销过程和营销原则等方面具有相通性。区别体现在企业的国际市场营销活动是在本国以外的其他国家进行的。

国际市场营销和国内营销相比有以下特点。

1. 国际营销环境的差异性

由于世界各国的地理位置、资源状况、政治经济制度、法律法规、生产力发展水平以及文化背景等方面存在着较大的差别,所以影响国际市场营销的环境与国内市场营销相比也就有了较大的差异,甚至有时大相径庭。这种差异至少带来了双重困难:一方面,由于母国与目标市场国家的环境不同,在国内市场营销中的一些可控因素到了国际市场营销中就可能成为不可控因素。另一方面,由于不同目标国家的环境有差异,所以,适应某国环境的市场营销不一定能适应其他国家的环境。

2. 国际市场营销系统的复杂性

营销系统是指融入有组织交换活动的各种相互作用、相互影响的参加者、市场、流程或力量的总和。与国内营销系统相比,国际营销系统更加复杂。

3. 国际市场营销过程的风险性

由于国际市场营销比国内市场营销更复杂、更多变,因此,国际市场营销的风险要比国内市场营销大得多,这些风险主要包括政治风险、交易风险、运输风险、价格风险、汇率风险等。

4. 国际市场容量大,竞争激烈

在国际营销中,企业面对更多的国外消费者和来自全球的竞争者,由于各国的地理距离和文化差异等因素,企业又难以及时了解和掌握竞争对手的情况,因此企业面对的竞争更为激烈。

总之,国际市场营销的上述特点,要求国际市场营销人员甚至是国内市场营销人员要了解世界经济发展变化规律和发展方向,了解各国的文化,具有全球意识。

三、国际市场营销与国际贸易的关系

国际市场营销,是指企业将自己的产品或服务,送往不同国家或地区的消费者的市场经营活动过程。国际贸易是指各国之间的产品和劳务交换,主要着眼于国家的权益,而国际市场营销则是以企业为主体从事的国际市场的商品和劳务的交换活动,主要是以企业利益为基础的生产经营活动,因而在市场主体、理论基础、生产经营特征、商品交换范围、利益机制等方面,都有不同特点。美国经济学家费恩·特普斯特拉(Vem Terpstra)对此进行了详细比较(见表 12-1)。

表 12-1　国际市场营销与国际贸易特点比较

内　　　容	国 际 贸 易	国 际 营 销
1. 行为主体	国家	公司或企业
2. 产品是否跨越国界	是	不一定
3. 动机	比较利益	利润动机
4. 信息来源	国际收支表	公司账户
5. 市场活动		
① 购销	是	是
② 仓储、运输	是	是
③ 定价	是	是
④ 市场研究	一般没有	有
⑤ 产品开发	一般没有	有
⑥ 促销	一般没有	有
⑦ 渠道管理	没有	有

由表 12-1 可以看出,国际营销与国际贸易虽然都是跨越国界的经营活动,但两者行为主体不同,信息来源不同。国际营销比国际贸易包含的作业流程更宽,它包含引导产品从生产者到消费者手中的全过程,而国际贸易一般只包括其中的国际交换过程;国际营销不仅重视国际交换,而且也重视国际生产与国际消费;国际营销涉及跨越国境的所有方式,而国际贸易只涉及进出口方式;国际营销活动比国际贸易更富有主动性及创造性,是集生产、交换和消费于一身的综合性企业活动,而不仅仅是单纯的贸易活动。

四、国际市场营销的产生与发展

(一)国际市场营销学的形成

国际市场营销学作为一门独立的学科,形成于 20 世纪初。一般认为,第一本以"Marketing"命名的教科书是美国哈佛大学商学院的赫杰特齐(J. E. Hageng)教授于 1912 年著述出版的。该书的出版被认为是市场营销学作为一门独立学科出现的标志。20 世纪初到 20 世纪 30 年代是市场营销学的形成时期,这个时期的市场营销学本身没有明确的理论和原则,其内容仅限于研究推销方法;理论研究也仅限于在大学课堂里进行,没有参与企业争夺市场的活动,因此并没有引起社会足够的重视。

从 20 世纪 30 年代到"二战"结束,市场营销学进入应用时期。这一时期资本主义世界性经济危机爆发,产品销售成了大难题,应用市场营销学中的销售理论进行产品销售成为当务之急。但是这一时期的市场营销学研究对象仍然局限于商品销售术和广告术,以及推销商品的组织机构和推销策略等,没有超越商品流通的范围。

第二次世界大战以后,随着战争创伤的恢复,世界经济得以迅速发展,国际分工更加精细,国际贸易也发生了巨大变化,传统的以自然资源为基础的分工逐步发展为以现代工艺和技术为基础的分工。发达的资本主义国家以生产技术密集型产品为主,发展中国家则以生产劳动密集型产品为主,国际贸易总额大幅度上升,国际市场更加多样化。市场竞争更加激烈复杂,科学技术的作用越来越突出,国际专业化分工得到进一步深化,生产国际化和资本国际化在深度和广度上继续扩大,新型国际化经济组织如东南亚联盟、欧洲联盟、欧洲经济共同体、石油输出国组织等地区性国际经济集团相继形成,并在国际经济贸易中发挥着重要作用。

在国际经济交流日益频繁和不断扩展的情况下,工商企业纷纷把在国内市场上行之有效的现代市场营销学的基本理论和方法直接引申到国际经济贸易活动中,经过市场营销学专家的整理、总结和发展,便形成了国际市场营销学。

(二)国际市场营销学的发展

世界经济正以势不可当的势头朝着全球市场一体化、企业生存数字化、商业竞争国际化的方向发展。现代国际市场营销学正是在这样一个高度竞争、瞬息万变的环境之中应用和发展的。企业国际营销的发展同世界经济一体化及本国市场经济的发展也是紧密相连的,其发展演变经历了一个过程,即国内营销—出口营销—国际营销—多国营销—全球营销。从目前现实看,众多国家仍处于国际营销阶段,少数经济发达国家的跨国公司已进入全球营销阶段。

1. 国内营销

在第二次世界大战以前,即使是产品具有出口潜力的企业,也会在其成长过程中经历一段"纯国内营销"时期。国内营销是指国内市场为企业唯一的经营范围,企业经营的目光、焦点、导向及经营活动集中于国内消费者、国内供应商、国内竞争者。其公司在国内从事营销活动可能是有意识的、自觉的战略选择,或者是无意识的、不自觉的想躲避国外竞争者的挑战,有时甚至由于对外界环境的无知而造成"出口恐惧症",对出口销售持消极态度。

2. 出口营销

出口营销时期一般指 20 世纪第二次世界大战后至 60 年代。但是,此阶段仍以出口产品为主组织国际市场营销活动,对国际市场调研、产品开发的自觉性还不够。这是企业进入国际市场的第一阶段。其目标市场是国外市场,企业在国内生产产品到国外销售,满足国外市场需求。在这一阶段产品与经验成为发展出口营销的关键。同时,国际营销者还要研究国际目标市场,使产品适应每个国家的特殊要求。

3. 国际市场营销

这是企业进入国际市场的第二阶段,国际市场营销把国内营销策略和计划扩大到世界范围。在国际营销阶段,企业往往将重点集中于国内市场,实行种族中心主义或本国导向,即公司不自觉的把本国的方法、途径、人员、实践和价值采用于国际市场;此时,国内营销始终是第一位的,产品出口只是国内剩余产品向国外的延伸,大多数的营销计划制定权集中于国内总公司。国外经营所采取的政策与国内相同。随着企业从事国际营销的经验日益丰富,国际营销者日益重视研究国际市场,实行产品从国内发展到国外的战略。

4. 多国营销

这是企业进入国际市场的第三阶段。在这一阶段,企业的导向是多中心主义。多中心主义是假设世界市场是如此的不同和独特,企业要获得营销的成功,必须对差异化和独特化市场实行适应的战略。这一阶段产品的战略是适应各国市场的战略。

5. 全球营销

全球营销一般指 20 世纪 80 年代以后。这一时期,科技革命使产业结构发生深刻变化。这是企业跨国经营的最高阶段。它以全球为目标市场,将公司的资产、经验及产品集中于全球市场。全球营销是以全球文化的共同性及差异性为前提的,主要侧重于文化的共同性,实行统一的营销战略,同时也注意各国需求的差异性而实行地方化营销策略。全球营销实行以地理为中心导向,其产品战略是扩展、适应及创新的混合体。

必须注意,全球营销并不意味着进入世界上的每个国家,进入世界上多少国家主要取决于公司资源、面临的机会及外部威胁的性质。

五、国际市场营销动因

伴随着经济全球化及国内市场经济的发展,使各国经济、技术及文化日益交融在一起。当今,各国大部分企业经营活动已纳入全球经济范围,每个企业必须准备在全球市场中参加竞争,无论企业是否走出国门,都受到国际市场的影响。同时,近年来,各国通信事业的发展,交通运输设施的发达,进口关税的降低,导致了世界贸易与投资的迅猛发展。在这种情况下,本国市场不再是本国企业的专有市场,而是充斥着大量国外企业的资金、技术和产品的市场。由于企业不同的自身条件和具体目标决定了跨国营销的原因也会有所不同。

(一)国际营销的市场动因

企业开展国际市场营销活动的首要动机是获得更大的市场,具体来说,表现在以下四个方面。

1. 顺利进入国外市场

各国政府为了保护本国市场、扶持本国企业的生产和经营,往往采取一系列贸易保护措施,因此,企业需要通过技术转让和对外直接投资等方式,将产品生产转移至市场国或不受贸易壁垒限制的第三国,以避开关税和非关税壁垒,使产品顺利进入该国市场。

2. 市场拓展化

由于一个国家的市场容量总是有限的,为了扩大市场,获得更大的生存和发展空间,企业需要通过国际市场营销活动来开拓市场。

3. 市场多元化

如果通过国际营销,将国内市场已经饱和的产品销往尚未饱和的国外市场,就可以维持经营稳定,减少销售波动带来的经营风险。当企业在各地设有分支机构从事生产经营活动时,经营活动的灵活性就会加大,对整个市场的适应性也会增大。通过市场多元化,可降低企业的经营风险。

4. 市场内部化

通过国际市场营销活动,特别是国际企业分散在世界各国市场的子公司之间的交易活动,可以将原来外部化的市场交易尽可能地内部化,纳入到企业的管理体系中,实现对市场的支配和控制。所以,将国际市场内部化并发挥其优势,是国际市场营销的深层次动因。

（二）国际营销的竞争动因

企业开拓国际市场的另一个重要原因是出于市场竞争的需要,这里又有四个层次动因,其竞争目的不断深化,反映了企业的竞争动机更为理性和成熟。

1. 避开竞争锋芒

目前,许多产品的国内市场需求日趋饱和,竞争十分激烈,为了避开竞争锋芒,企业开始走出国门,寻找更大的市场空间。

2. 追逐竞争对手

由于企业的竞争对手已经进军国际市场,因而企业若不追随竞争对手进入国际市场,就会产生一种市场失落感或竞争失败感。这实际上是一种"寡占反应",它是指在寡占市场结构中,只有少数大厂商,它们互相警惕地关注着对方的行为,如果有一家率先投资海外,其他竞争对手就会相继仿效,追逐带头的企业去海外投资,这里固然有海外投资利润诱人的原因,但更重要的是为了保持竞争关系的平衡。

3. 锻炼竞争能力

除了以上原因之外,许多企业跨出国门,开拓国际市场也是为了锻炼国际市场营销人员,提高其在国际市场的竞争能力。因为国际市场的竞争水平一般超过国内市场,企业进入国际市场,就有机会参与较高水平的市场竞争,从而可以借助竞争的动力和压力来推动企业技术创新和提高管理效率。

4. 延长产品生命周期,发挥竞争优势

由于各国的经济发展阶段和技术进步水平不同,同一产品在不同国家处于生命周期的不同阶段,在一个国家市场上已不具备优势的产品,可能在另一个国家的市场上仍具有显著的竞争优势。某些在国内市场上供大于求、市场竞争力逐渐衰退的产品,可能在另一个国家的市场上正处于成长期,产品供不应求。因此,企业可将国内市场上已不具备优势的产品转移到国外市场,延长产品的生命周期,发挥其竞争优势。

（三）国际营销的资源动因

各国都有各自的资源优势,国际企业可以通过国际营销充分利用这些资源优势,取得全球利益最大化。

1. 开发自然资源

由于各国的自然资源条件不同,企业通过国际直接投资,开发国外的自然资源,可以弥补本国资源的不足,因此,对于资源贫乏的国家来说,利用国外资源成为重要的投资目的。此外,开发国外资源,可能比开发国内资源成本更低、收效更大。

2. 利用劳动力资源

不少发达国家的企业纷纷来华投资,直接从事生产经营活动,除了看中中国巨大的市场外,更看中了中国所拥有的较低廉的劳动力资源。

3. 获取技术资源

国际营销活动还可以使企业获得通过其他途径无法获得的先进技术。这对于发展中国家企业尽快缩小与发达国家企业的技术差距有着十分积极的意义。

4. 赢取信息资源

一方面,企业直接面对国际市场,有利于更及时地了解国际市场的有关信息,为企业把握机会、科学决策提供条件;另一方面,企业走出国门,走向世界,也可以更直接地向海外市场传递信息,加强与国外消费者和用户的沟通。

(四)国际营销的利润动因

企业开展国际营销活动的根本目的是实现全球利益最大化。国际企业可以通过开拓市场、利用国外的资源优势等取得更大的收益。

1. 通过规模效应,获得更大利润

当企业的产品销量增加时,可以使单个产品分摊的成本降低,从而实现规模经济效益。通过国际营销活动,企业可以将产品销往国外市场,从而实现大销量、取得规模经济效益的目的。目前,我国大部分产品的国内市场已基本饱和,要扩大市场就应该积极开拓国际市场。

2. 利用资源优势,获得更大利润

国际企业通过利用东道国的资源优势,包括上述自然资源、劳动力资源及信息资源等可以降低成本,从而取得更大的收益。

3. 利用优惠政策,获得更大利润

各国政府为了鼓励本国企业走向海外,实施鼓励与支持企业出口的政策是驱动企业走向国际市场的巨大推动力。一般来说,政府主要通过税收政策如减税、退税,金融货币政策如低息贷款、担保贷款、出口价格补贴,为企业提供诸多服务,如提供外贸咨询、国际市场信息等,所有这些支持均有利于加强企业的国际市场竞争实力。

同时,一些国家为了吸引外商投资,在税收等方面采取一系列优惠政策。国际企业也可以通过东道国政府的优惠政策获得更大的收益。

第二节　国际市场营销环境

一、国际市场营销的人口环境

从企业营销的角度看,构成市场的三要素是购买者、购买欲望和购买力,其中,购买力同经济因素有关,而购买者则同人口因素有关。人口环境包括不同城市、地区和国家的人口规模、人口增长率、人口结构、种族组合、教育水平、家庭状况、地区特征等。企业开展市场营销,一方面可以直接收集一手资料,通过用户数量、结构等内容的分析发现营销机会;另一方面,也可以收集二手资料了解人口环境,从而制定行之有效的营销策略。

(一) 人口规模及增长速度

人口规模即总人口的多少,从某种意义上讲,市场规模是由人口总量所制约的,一个国家的市场规模与人口数量是成正比的。在收入及其他因素不变的情况下,一个国家的人口总数越多,则这个国家的市场规模就越大,国际营销企业就越容易在这些国家发现市场机会,企业进入各国市场经营就越有利。统计一个国家、一个地区的人口总数及人均的国民收入,就可以大致了解该国家、该地区的市场容量。

人口数量并不是一个静态不变的指标,而是每时每刻都处于变化之中的。总体上看发展中国家的人口增长速度快于发达国家。一个国家、一个地区的人口增长速度对企业的营销会产生以下两个方面的影响:一是人口增长,社会总需求便增长,从而为企业营销带来新的市场机会;二是人口增长速度过快也会限制经济发展,限制人均国民收入的提高,导致某些市场需求量的下降。

(二) 人口结构

人口结构往往会影响一个国家或地区的消费水平、需求结构和需求心理,从而对企业的国际营销活动产生制约和影响。

人口结构主要包括:

(1) 性别结构。人们的性别不同,不仅在需求上存在较大差别,而且在购买力与购买行为上也存在很大的差别。

(2) 年龄结构。不同年龄结构的国家,其消费水平、需求结构等差异较大。年龄结构不同的国家有着不同的市场结构,同一国家的市场需求结构也会随着社会的发展而不断变化。

(3) 家庭结构。家庭是商品采购的基本单位,一个国家、一个地区拥有的家庭数及每个家庭成员的多少,都对企业的营销活动产生很大影响。

(4) 民族风俗。一个社会、一个民族传统的风俗习惯对消费嗜好、消费方式起着决定性的作用。因此,国际营销企业在不同国家销售产品、设计品牌、广告促销时,都要充分考虑该国特殊的风俗习惯。

(5) 接受教育的水平。在接受教育水平方面,任何一个社会都可以分为 5 个教育组:文盲、高中以下、高中毕业、大学和专家程度。国民受教育水平的不同在购买能力和消费需求方面会存在差异。

（三）人口的密度和地理迁移

人口地理分布和人口密度的状况对策划销售渠道至关重要。首先要了解城乡人口比例，目前世界上城市人口约占总人口的一半，但各国城乡人口比例不尽相同，一般发达国家城市人口占全部人口的 60% 以上。随着经济的发展，城市人口比例还在提高。许多地区、城市人口密度极高，企业开展营销时只需在几个重点城市或地段设置消费网点即可。另外，人口流动性的高低和流向对人口分布和人口密度也有直接影响，如"民工潮"、"动迁潮"、"移民潮"都会迅速改变人口分布状况。

二、国际市场营销的经济环境

经济环境包括本国、目标市场国和国际的经济形势，经济发展规模、速度、水平，经济制度、体制，参加国际经济组织、国际经济活动的状况，国际经济地位、经济发展阶段、经济结构类型、国家或地区的产业布局和城市（城镇）化程度，以及水利、能源、交通、通信等基础设施状况，消费者收入水平、消费水平、消费方式和消费结构，消费倾向和储蓄倾向，消费者储蓄和信贷状况，货币供应量、币值、外汇储备量、汇率、物价水平、通货膨胀率，外贸和国际收支状况等。一个国家或地区的经济发展规模和水平通常以 GDP（或 GNP）和人均 GDP（或 GNP）的统计指标来反映，经济发展速度则通常由这些指标的年增长率来反映。

（一）经济发展阶段

划分经济发展阶段最盛行的方法是美国著名经济学家罗斯托的"经济成长阶段论"。罗斯托认为经济发展应分为六个阶段。

1. 传统社会

处于这一发展阶段的国家往往生产力水平低下，尤其未能采用现代科学技术从事生产。以农业经济为主，农村人口占绝大多数，识字率低，人口素质差。因此这是一个十分有限的国际营销市场。

2. 起飞前夕

起飞前夕阶段是向经济起飞的过渡时期。在此阶段内，现代的科学知识开始应用于农业及工业生产方面，各种交通运输、通信及电子设施逐渐建立，人民的教育及保健亦受到重视，但是规模还小，不能普遍施行。

3. 起飞

在这个时期，国家经济稳定增长，各种社会设施及人力资源的运用已达到一定的水平，农业及各种产业的现代化水平不断提高，规模逐渐扩大。这类国家工业发展具有一定规模，工业占国民生产总值的比重越来越大，往往需要进口先进的机器设备等，以完善自己的工业体系，因此对工业制成品的进口逐渐限制、减少。

4. 趋向成熟

在此期间,国家经济持续增长,工农业基本实现现代化,国家和企业更多地参与国际经济活动。这些国家进出口都很大,是国际营销规模较大的市场。

5. 高度消费

在这一阶段,公共设施完善,生活质量全面提高。注重服务行业,个人收入激增,可支配收入高,整个经济进入大量生产、大量消费的阶段。

6. 追求生活质量

罗斯托认为,从高度消费阶段向追求生活质量过渡是人类社会发展中的一个重大"突变",其意义在于这是人类历史上第一次不再以有形产品的数量的多少来衡量社会的成就,而以劳务形式反映的"生活质量"的程度作为衡量成就的新标准。

大致说来,凡属于前三阶段的国家是发展中国家,而达到后三种阶段的国家,则是发达国家。国际企业应该根据国家所处的经济发展阶段,采取相应的营销对策。

(二) 市场规模

企业在考察进入的国家、地区时,首先要分析其市场的规模和容量。消费者收入水平不但影响市场结构、消费行为,而且更影响一个国家的市场规模和市场潜力。

消费者收入可分为名义收入和实际收入;现期收入和预期收入;个人收入、个人可支配收入和个人可任意支配收入。其中,实际收入和现期收入直接影响现实购买力;个人可支配收入可用于消费和储蓄,是影响消费品支出的决定性因素,而个人可任意支配收入是影响高档消费品、奢侈品支出变化的最活跃的因素。

消费者收入的变化会引起消费支出模式即消费结构的变化。德国统计学家恩格尔在19世纪中叶发现,随着消费者收入水平的逐步提高,生活必需的食物支出在消费总支出中所占的比例(称为"恩格尔系数")会逐步下降,这就是著名的"恩格尔定律"。

消费方式包括个人消费和公共(集体)消费,家庭消费和社会消费等。随着消费者收入的提高,公共消费和社会化消费的比重都会增加。

消费倾向是消费与收入之比(储蓄倾向＝1－消费倾向)。边际消费倾向则是消费增量与收入增量之比,它同社会心理有密切关系,因而各国不甚相同;它在短期内往往会随着收入的增加而递减,对消费有很大影响。

消费者信贷状况也是影响消费者购买力和消费支出的重要因素,适度的负债消费和超前消费的规模既取决于一国金融业的发展程度和个人信用制度的完善程度,也取决于社会的消费观念。

(三) 国家或地区经济特征

1. 自然条件

一个国家的自然条件是指自然界的实际状况和潜在的财富,如矿藏和水利资源,以及土地面积、地形和气候。各种自然状况对市场营销活动有着直接或间接的影响。

2. 基础设施

基础设施是分析国际经济环境的重要因素。一般来说,经济发展水平越高的国家,基础设施越完善。

3. 城市化

城市化是当前各国经济发展的趋势。必须注意研究有关国家城市化与本企业产品营销的关系。由于城市居民与乡村居民生活方式和消费需求的差异,往往在消费行为上也有所不同。国际营销人员必须注意到这种城乡差别,以便制定正确的营销策略。

4. 通货膨胀率

由于各国的经济体制、货币体系和货币政策不同,金融环境与通货膨胀也不一样。一般来说,通货膨胀会使实际工资下降,购买力下降,需求也会下降;但有时,消费者往往担心物价继续上涨,纷纷抢购商品,反而刺激了需求,所以进行营销决策时必须具体问题具体分析。

5. 外国投资状况

在分析外国经济环境时,国际营销人员还应了解其他国际投资者在该国的投资状况,了解国际性企业在该市场的数量、投资规模、经营业务的性质和范围等。

三、影响国际营销的社会文化环境因素

(一)语言

语言是人们沟通思想的主要工具,也是一种文化区别于其他文化的最明显标志。企业同国外市场打交道时,常会因为语言障碍而影响到与当地人的思想交流。故了解掌握世界上使用较广的几种主要语言,对于国际市场营销非常重要。

(二)物质文化

一个国家或地区的技术和经济状况构成物质文化,在进入目标市场之前,国际市场营销人员必须首先评估该国的物质文化标准。

(三)价值观念与态度

不同的文化对于时间、变革、财富、风险等都有不同的价值观念和态度,从而影响人们的消费行为和方式。

(四)社会组织

所谓社会组织是指社会中人与人之间的联系方式。

（五）教育

受教育水平的高低既反映人们的文化素养,也影响他们的消费结构、购买行为和审美观念,从而对企业开展国际市场营销的四个方面——产品策略、定价策略、分销策略和促销策略都有影响。

（六）宗教

宗教信仰直接影响着人们的生活态度、价值观念、风俗习惯和消费行为。企业要进入某一个目标市场国,就必须了解当地的教规,尊重当地人民的宗教信仰,并适当加以利用。

（七）风俗习惯

世界上不同国家的风俗习惯千差万别,甚至在同一国家里,不同地区也有极不相同的习俗,从而对国际市场营销产生不同的影响。

（八）社会阶层

市场营销管理者应该识别不同社会阶层的消费者,以便更好的满足他们的需要。

四、国际市场营销的自然环境

从企业市场营销的角度来看,自然环境主要是指影响目标市场顾客群需求特征与购买行为的气候、地貌、资源、生态等因素。这些因素分为两部分:一部分是自然因素对国际营销的影响;一部分是生态环境及其恶化对国际营销的影响。

1. 气候因素

处在不同气候条件下的人们,对某些产品的需求存在较大甚至是根本不同的需求,气候的超常变化也改变着人们的消费需求。

2. 地貌因素

地貌的差异,使得人们对生产工具、交通工具的需求存在很大不同。此外,一个地方的地貌因素在很大程度上影响着该地区经济的发展,影响该地区的经济实力,从而也间接影响到人们的总体需求状况。

3. 资源禀赋

自然资源分为两大类:可再生资源与不可再生资源。企业到某国开展营销活动,必须了解该国的自然资源条件,因为,一个国家、一个地区的资源状况直接影响到该国家、该地区企业的生产和社会的发展。

4. 生态环境因素

现代工业的发展,使人们一方面享受着现代社会提供的丰富产品;另一方面,也面临着前所未有的越来越严重的生态环境问题。要求企业在国际营销活动中要以环境保护为己任,实施可持续发展战略,全面树立绿色营销意识。

五、国际市场营销的政治环境

(一)政府类型

1. 政府在经济中所起的作用

(1)参与者。其一,政府的所有权可能阻碍企业在特定的市场的经营,在某些市场,一些特定行业被政府垄断,完全由政府经营;其二,政府的所有权常常意味着政府是唯一的顾客,当公司面临政府独买时,其营销能力便会降低。

(2)规范者。营销人员应确切了解政府在经济活动中扮演的规范角色,政府制定的货币或金融政策,往往通过法令法规来限制影响营销者的活动。

2. 政府的廉洁与行政效率

对于国际营销企业来说,认真分析政府部门官员的廉洁与效率状况,是评估政治环境中的一项重要内容。

(二)政党制度

除了解目标市场现政府的构成外,还要了解它对国际贸易的政策。为此,必须考察该国的政党制度,要分析其政党体制以及各党派的政纲,特别是执政党的主张。政党体制一般有三种基本形式:两党制、多党制和一党制。

(三)政局稳定性

对所谓政治不稳定性的衡量并不存在世界公认的标准,以下特定指标可供分析时参考。

(1)政权更迭率。一国的更迭,往往带来政府政策的变化,造成企业营销的政治环境改变。

(2)暴力事件出现率。一般认为,暴力事件出现是政治不稳定的一个直接信号。

(3)文化分裂。文化分裂是一种由文化因素转化为政治因素的例子。

(4)宗教冲突。宗教信仰的差别是潜在的政治不稳定性指标之一。

(四)政治干预

常用的干预措施有:

(1)税收政策。即通过征收不同的关税来限制或鼓励外国产品进口的政策。它分为限制性税收政策和鼓励性税收政策两大类。

（2）进口管制。即通过限制进口产品的类型和数量来直接或间接干预全球营销。

（3）外汇管制。即一个国家对于买卖外汇及一切经营业务而进行的管制。

（五）民族主义

民族主义的宗旨是保护民族经济。当前，与政党和政府更替引起的政治环境不稳定相比，强烈的民族主义对全球市场营销的影响更为持久。因此，从事国际营销的人员必须尊重各国的民族利益和民族感情。

（六）国家间关系

企业所属国与目标市场国之间关系的好坏，往往直接影响到企业国际市场营销的成败。一个政治上成熟的国家应该与其他国家保持友好关系，并遵守国际法和国际公约。一般而言，从是否参加地方性或国际性组织及是否遵守双边和多边条约可以大概看出一个国家与其他国家关系的状况。

国际性组织的会员国间也有相互的关系存在，每一个国际性组织都会影响其会员国的行为。一般而言，一个国家加入国际性组织越多，则其受法律规章的束缚也越大，与其他国家关系也越密切。

（七）产品政治敏感度

在国际市场营销中，有些产品往往容易引起目标市场国政府的特别注意，这就是政治敏感性。

六、国际市场营销的法律环境

国际间的经济行为以国际惯例、国际公约或条约等来规范和约束。从事国际市场营销必须了解所面临的法律环境。

（一）法律体系

世界各国的法律制度可归结为两大体系：大陆体系和普通体系。

（二）母国法律

各国都制定有与国际市场营销关系较密切的国内法主要有产品质量法、标准法、商标法、包装法、直销法、反不正当竞争法、广告法、工业产权保护法以及关于绿色营销的规定等。

（三）东道国外贸管制手段的影响

1. 关税

所谓关税是由一国海关根据法律规定对通过本国关境的商品征收的一种税收。征收关税是各国对进出口商品进行管制的一种重要措施,其目的在于增加国家的财政收入,保护本国的工业、农业和市场。前者称为财政关税,后者称为保护关税。

2. 非关税壁垒

具体的非关税壁垒主要有以下几种。

(1) 进口配额制。这是各国实行数量限制的主要手段。

(2) "自愿"出口配额,又称"自动"限制出口。

(3) 进口许可证。各国为管制进口贸易,一般规定商品进口必须领取许可证,没有许可证,一律不准进口。为限制进口,各国对进口许可证的发放一般比较严格。

(4) 外汇管制。

(5) 商品检验制度。

(6) 利用海关限制进口。

(四) 国际条约和惯例的影响

国际市场营销必须符合当事人所在国缔结或参加的有关国际经济贸易方面的条约所做的规定,以及普遍性国际组织所作出的有关国际经济问题的决议。

(五) 国际经济贸易争端的解决方式

1. 协商

其特点是省去司法程序,气氛友好,有利于双方合作关系的发展。所以一般情况下,双方都愿意采用协商方式解决争端。

2. 调解

其特点是灵活简便,省去诉讼费用及程序。因为经调解达成的和解协议完全出自双方当事人的自愿,所以一般都能够自觉履行。

3. 诉讼

其最大特点是强制性。法院作出的并经有关国家承认的判决具有强制约束力,败诉方必须无条件履行。

4. 仲裁

它是解决国际经济贸易争端的一种较为普遍的方式。

第三节　国际目标市场选择和进入

现代企业面对着复杂多变的国际市场,购买者为数众多,分布广泛,需求多样,任何一个企业都无法充分有效地满足市场的所有需求。国际企业要确定其目标市场,就必须对所有希望进入的国别市场进行细分,这样才能做出正确的选择。

实行目标市场营销,企业要采取以下几个步骤。

(1)目标市场细分。即把众多顾客的需求加以分析归纳,分成若干个不同需求的购买者群体,研究各群体所需的不同产品和需求及对其采用的不同营销手段,并衡量每个细分市场对企业的吸引力。这是选择目标市场的前提。

(2)选择目标市场。即根据企业自身资源和能力,筛选出一个或几个细分的小市场,作为企业营销目标。

(3)市场定位。即分析竞争优势,为本企业新产品确定一个有利的竞争位置,为企业树立正确有效的形象,并制定详细的市场营销策略。

一、国际市场细分

国际市场细分,就是市场细分概念在国际营销中的运用。但由于国际营销的特殊性和复杂性,国际市场细分必须分成两步进行:第一步,宏观细分。根据一定的标准将世界市场细分为若干个子市场,每个子市场均在基本相同的营销环境,企业可以选择一个或几个国家作为自己的宏观目标市场。第二步是微观细分。企业进入某一个国家或地区的市场以后,针对该国顾客千差万别的需求,再按一定的标准对该国的市场继续进行细分,然后根据自己的条件满足一个或几个市场的需求。

1. 宏观细分

世界上有众多的国家,企业究竟进入哪个(或哪些)市场最有利,这就需要根据某种标准(如经济、文化、地理等)把整个市场分为若干子市场,每一个子市场具有基本相同的营销环境。企业可以选择某一个或某几个国家作为目标市场。这种含义的国际市场细分称为宏观细分。宏观细分是微观细分的基础,因为企业首先确定进入哪个或哪些国家,然后才能进一步在某国进行一国之内的细分。国际市场宏观细分的标准有地理标准、经济标准、文化标准。对同一国际市场进行宏观细分可以用不同的标准。例如,公司可以在诸如人均国民生产总值或地理位置一类单一变量的基础上细分世界市场(国家)。同样,宗教或政治制度也可充当宏观细分的标准。另外,也可在几个变量合成的基础上划分国家。

2. 微观细分

企业进入某一国外市场后,由于该国的顾客需求也是千差万别的,企业不可能满足该国所有顾客的需求,而只能将其细分为若干个子市场,满足一个或几个子市场的需求,这种含义上的国际市场细分叫做微观细分。微观细分类似于国内市场细分,即当企业决定进入某一海外市场后,它会发现当地市场顾客需求仍有差异,需进一步细分成若干市场,以期选择其中之一个或几个子市场为目标市场。这种一国之内的细分标准即是国内市场细分标准,例如消费品市场有地理环境、人口状况、消费者心理、购买情况四大标准,工业品市场有地理环境、用户状况、需求特点和购买行为四大标准。

二、国际目标市场的选择

国际目标市场(international target market),就是企业要进入并占有的那部分国际市场(或子市场),即企业要为之服务的顾客群。国际市场细分的目的是为了选择目标市场,也就是在市场细分的基础上,企业根据自己的任务、目标和资源条件,选择一个或几个细分部分作为服务对象,然后采取相应的市场营销策略,这种营销活动称为目标营销或市场目标化。

选择国际目标市场策略应考虑以下几方面因素。

1. 企业实力

企业实力,也就是企业资源能力,包括企业的财力、物力和技术能力。如果企业资源雄厚,则适宜采用无差异性营销策略或差异性营销策略。

2. 产品的特点

无差异性营销策略适用于同类性产品,如生活必需品等,这些产品对大多数消费者来说并无多大差异性,不同消费者的需求大致相同,产品的竞争主要表现在价格上。对另外一些花色品种比较复杂的耐用品或高档消费品,应根据消费者的购买能力、爱好等具体要求而采用差异性营销策略或集中性营销策略。

3. 产品所处生命周期的不同阶段

产品处于投放期,企业可采用无差异营销策略。当产品进入成长期或成熟期时,企业可考虑采用差异性营销策略。当产品进入衰退期时,企业可考虑采用集中性营销策略。

4. 市场的特点

如果市场的类似程度高,企业应采取无差异性营销策略。反之,如果目标市场的差异性很大,则宜采用差异性营销策略或采用集中性营销策略。

5. 竞争者的市场营销策略

如果竞争对手采用差异性营销策略,企业应采用差异性或集中性营销策略与之抗衡;若竞争者采用无差异策略,则企业可采用无差异或差异性策略与之抗衡。

6. 竞争者的数目

当市场上同类产品的竞争者较少,竞争不激烈时,企业可采用无差异营销策略。当竞争者多,竞争激烈,可采用差异性营销策略或集中性营销策略。

在对细分市场进行评价、选择目标市场时,还要注意考虑以下三个因素。

(1)选择目标市场的道德标准。

(2)细分市场的关联性。

(3)细分市场顺序进入计划。

三、进入国际目标市场的模式

所谓进入国际市场模式是指国际营销企业进入并参与国外市场进行产品销售可供选择的方式。归纳起来,具体包括三大类:一是出口,即国内生产,国外销售,这是一种传统,简单,风险最低的进入方式;二是合同进入,又称非股权进入,它有多种具体的形式,而且富有较大的灵活性和实用性;三是对外直接投资,又称股权进入,即企业直接在目标市场国投资,就地生产,就近销售。

从历史经验来看,各种进入方式各有利弊,也各有其不同的风险,所要求的资本投入和管理能力等也各不相同。各种进入方式的长短优劣,只有在给定的具体条件下才能比较。因此企业要开拓国际市场时,到底选择何种进入方式,必须结合本企业的全球发展战略以及企业拥有的资源条件,针对不同的目标市场国环境综合考虑,科学决策。下面详细介绍下各种方式的特点。

(一) 出口模式

出口模式包括间接出口和直接出口两种方式。间接出口是指企业通过本国的中间商(即专业性的外贸公司)来从事产品的出口。此种方式下,企业可以利用中间商现有的销售渠道,不必自己处理出口的单证、保险和运输等业务。同时,企业在保持进退国际市场和改变国际营销渠道的灵活性的情况下,还不用承担各种市场风险,初次出口的小企业比较适合运用间接出口的方式。直接出口是指企业拥有自己的外贸部门,或者使用目标国家的中间商来从事产品的出口。直接出口有利于企业摆脱对中间商的依赖,培养自己的国际商务人才,积累国际市场营销的经验,提高产品在国际市场上的知名度。但同时也要承担更多的风险,由于其业务量可能比较小,企业自己处理单证、保险和船务不能达到规模经济,而且企业进退国际市场和改变营销渠道的灵活性不足。

(二) 契约模式

契约模式主要包括:许可证模式、特许经营模式、合同制造模式、管理合同模式和工程承包模式、双向贸易模式六种。

1. 许可证模式

许可证模式指企业在一定时期内向国外法人单位转让其工业产权(如专利、商标、配方等无形资产)的使用权,以获得提成或其他补偿。许可证最明显的好处是能绕过进口壁垒的困扰,而且政治风险很小,但是这种方式不利于对目标国市场的营销规划和方案的控制,还可能将被许可方培养成强劲的竞争对手。

2. 特许经营模式

这种模式和许可证进入模式很相似,所不同的是,特许方要给予被特许方以生产和管理方面的帮助。在这种模式下,特许方不需投入太多的资源就能快速地进入国外市场,而且还对被特许方的经营拥有一定的控制权。但是很难保证被特许方按照特许合同的规定来提供产品和服务,不利于特许方在不同市场上保持一致的品质形象。

3. 合同制造模式

合同制造模式是指企业向国外企业提供零部件由其组装,或向外国企业提供详细的规格标准由其仿制,由企业自身负责营销的一种方式。采取这种模式不仅可以输出技术或商标等无形资产,而且还可以输出劳务和管理等生产要素,以及部分资本。但是由于合同制造往往涉及零部件及生产设备的进出口,有可能受到贸易壁垒的影响。

4. 管理合同模式

这种模式是指管理公司以合同形式承担另一公司的一部分或全部管理任务,以提取管理费、一部分利润或以某一特定的价格购买该公司的股票作为报酬。利用这种模式,企业可以利用管理技巧,不发生现金流出而获取收入,还可以通过管理活动与目标市场国的企业和政府接触,为以后的营销活动提供机会。但这种模式具有阶段性,即一旦合同约定完成,企业就必须离开东道国,除非又有新的管理合同签订。

5. 工程承包模式

工程承包模式指的是企业通过与国外企业签订合同并完成某一工程项目,然后将该项目交付给对方的方式进入外国市场。它是劳动力、技术、管理甚至是资金等生产要素的全面进入和配套进入,这样有利于发挥工程承包者的整体优势。工程承包进入模式最具吸引力之处在于,它所签订的合同往往是大型的长期项目,利润颇丰。但也正是由于其长期性,这类项目的不确定性因素也因此而增加。

6. 双向贸易模式

双向贸易模式指在进入一国市场的同时,同意从该国输入其他产品作为补偿。双向贸易通常是贸易、许可协定、直接投资、跨国融资等多种国际经营方式的结合。根据补偿贸易合同内容的不同,双向贸易可以分为易货贸易、反向购买和补偿贸易三种形式。

(三) 投资模式

投资模式属于进入国际市场的高级阶段。我国的"走出去"战略所指的主要就是投资模式。投资模式包括合资进入和独资进入两种形式。

1. 合资进入

合资指的是与目标国家的企业联合投资,共同经营、共同分享股权及管理权,共担风险。合资企业可以利用合作伙伴的成熟营销网络,而且由于当地企业的参与,企业容易被东道国所接受。但是也应看到由于股权和管理权的分散,公司经营的协调有时候比较困难,而且公司的技术秘密和商业秘密有可能流失到对方手里,将其培养成将来的竞争对手。

2. 独资进入

独资指企业直接到目标国家投资建厂或并购目标国家的企业。独资经营的方式可以是单纯的装配,也可以是复杂的制造活动。企业可以完全控制整个管理和销售,独立支配所得利润,技术秘密和商业秘密也不易丢失。但是独资要求的资金投入很大,而且市场规模的扩大容易受到限制,还可能面临比较大的政治和经济风险,如货币贬值、外汇管制、政府没收等。

四、影响企业进入国际目标市场模式选择的因素

1. 目标国家的市场因素

市场规模和竞争结构。如果目标国家的市场规模较大,或者市场潜力较大,则企业可以考虑以投资模式进入,尽可能地扩大销售额;反之则可以考虑以出口模式和契约模式进入,以保证企业资源的有效使用。如果目标市场的竞争结构是垄断或寡头垄断型,企业应考虑以契约模式或投资模式进入,以使企业有足够的能力在当地与实力雄厚的企业竞争,如果目标国家的市场结构是分散型的,则以出口模式为宜。

2. 目标国家的环境因素

政治和经济环境。如果目标国家的政局稳定、法制健全、投资政策较为宽松、人均国民收入比较高、汇率稳定,则可以考虑采取投资模式进入,反之则以出口模式或契约模式进入为宜。地理和社会文化环境。如果目标国家距离本国较远,为了省去长途运输的费用,则可以考虑契约模式或投资模式。如果目标国家的社会文化和本国文化差异较大,则最好先采取出口模式或契约模式进入,以避免由于文化的冲突造成的摩擦成本。如果目标国家的生产要素的价格比较低、基础设施比较完善,则比较适合采取投资进入模式,否则应采取出口模式。

3. 国内因素

国内因素主要包括本国市场的竞争结构、生产要素和环境因素三个方面。如果本国市场是垄断竞争或寡头垄断型,企业可以考虑以契约或投资模式进入国外市场。如果本国市场的竞争程度比较高,则企业可以采取出口模式。从生产要素来看,如果本国生产要素比较便宜且容易获得,则企业可以采取出口模式进入国际市场。所谓的本国的环境要素是指本国政府对出口和对外投资的态度。

4. 企业产品因素

企业产品要素的密集度、价值高低和技术含量。劳动密集型和资源密集型产品主要以具有丰富自然资源的国家为生产基地,如果目标国家具备这些条件,那么可以采取投资模式,就地设厂,以节省出口的中间费用。如果企业生产的产品价值高、技术复杂,考虑到目标国市场的需求量,以及当地技术基础的配套能力,则以出口模式为宜。产品的服务性和适应性。如果客户对产品的售后服务要求比较高,以及那些需要做出大量适应性变化

以销售国外市场的产品,企业最好采取契约模式或投资模式进入。另外,企业的主线产品、核心技术在进入目标国市场时,大多采取投资方式,且以独资为主。

5. 企业的核心竞争力

就核心竞争力而言,企业可以分为两类:一类企业的核心竞争力是技术诀窍,另一类企业的核心竞争力是管理诀窍。当企业的竞争优势建立在技术诀窍上时,应尽量避免许可协定和合资企业的经营方式,以降低技术失控的可能性。当企业的竞争优势建立在管理诀窍上时,以管理技巧为基础的大多是服务性企业(如麦当劳、希尔顿国际饭店等),这些企业宝贵的是他们的品牌,而品牌是受国际标准化法律保护的,因此可以采取特许经营和建立子公司相结合的方法。

6. 企业资源与投入因素

企业在管理、资金、技术、工艺和销售方面的资源越充裕,企业在进入方式上的选择余地就越大。如果企业的资金较为充足,技术较先进,且积累了丰富的国际市场营销经验,则可以采取直接投资模式进入国外市场。反之,则以出口模式和契约模式为宜,待企业实力增强,积累了一定的国际市场营销经验后再采取直接投资模式。

第四节　国际市场营销组合策略

一、国际市场营销产品策略

国际市场营销的产品必须适应国际目标市场的需求。因此,产品的设计、包装及商标、新产品开发等,都必须符合特定国家和地区的社会文化以及消费者购买偏好。与此相适应,国际营销产品策略有以下几个方面。

(一)产品延伸策略

产品延伸策略是一种对现有产品不加任何变动,直接延伸到国际市场的策略。这一策略的核心是在原有生产基础上的跨国界规模扩张,即在产品功能和外形的设计上、在包装广告上都保持原有产品的面貌,不做任何改动,不增加任何产品研制和开发费用,只是将现有产品原封不动地打入国际市场。

对企业生产要求规模经济、市场需求具有同质性的产品,在国际市场营销中往往采用产品延伸策略。

产品延伸的优点是:①可以获得规模效益,把生产成本和营销费用保持在最低水平;②可以壮大企业声势,在国际市场上以同样产品、同样包装、同样广告形成巨大的宣传综合效应。产品延伸的缺点是对国际市场的适应性差,很多产品在不同国家的需求或多或少总会有所区别。

（二）产品适应策略

产品适应策略是对一种现有产品进行适当变动，以适应国际市场不同需求的策略。这一策略的核心是对原有产品进行适应性更改，即一方面保留原产品合理的部分，另一方面对某些部分做适当更改，以适应不同国家客户的具体需要。产品更改通常包括功能更改、外观更改、包装更改、品牌更改。

在消费者需求不同、购买力不同、生产技术不同的情况下，或者说在异质性的国际市场上，企业的国际市场营销往往采用产品适应策略。

产品适应策略的优点是增加产品对国际市场的适应性，有利于扩大销售，增加企业的收益；缺点是增加更改费用，提高产品成本。

（三）产品创新策略

产品创新策略是一种全面开发设计新产品，以适应特定国际目标市场的策略。产品创新策略的核心是产品的全面创新，即在产品功能、外观、包装、品牌上都针对目标市场进行新产品的开发。

在市场具有独特的巨大需求、企业技术规模较大、市场竞争激烈的情况下，往往特别强调采用产品的创新策略。

产品创新策略的优点是产品对国际市场的适应性强，能够大大提高对消费者的吸引力，减少销售风险，迅速有效地进入国际市场；其缺点是研制开发投资大、费用高、困难多。

二、国际市场营销渠道策略

国际营销企业的产品从本国转移到国外市场的最终消费者，形成国际市场营销渠道。由于各国市场环境不同、渠道安排错综复杂，因而存在着许许多多国际市场营销的渠道形式。企业可根据不同国度的市场状况，采用不同的渠道策略。

（一）窄渠道策略

这一策略是指国际营销企业在国际市场上给予中间商一定时期内独家销售特定商品的权利。其中，包括独家包销和独家代理两种形式。独家包销是国际营销企业将产品的专卖权转移给国外的中间商。独家代理则是国际营销企业将产品委托国外中间商独家代理销售，产品所有权未发生变化，代理商只收取佣金但不承担经营风险。

窄渠道策略的优点是有利于鼓励中间商开拓国际市场，并依据市场需求订货和控制销售价格。窄渠道策略的缺点是独家经营容易造成中间商垄断市场。

（二）宽渠道策略

这一策略是指国际营销企业在国际市场上的各个经营环节中选择较多的中间商来销售企业的产品。与窄渠道策略相反，宽渠道策略强调选择中间商的广泛性，要求在特定目标市场上形成众多中间商销售特定产品的格局。

宽渠道策略的优点是：①促进企业产品进入广阔的国际市场；②有利于中间商之间展开销售竞争，扩大商品销售。宽渠道策略的缺点是：①中间商不愿意为产品支付广告宣传费用；②可能造成中间商互相削价竞销，损害产品在国际市场的形象。

（三）短渠道策略

短渠道策略是指国际营销企业直接与国外零售商或产品用户交易。短渠道策略尽可能越过中间环节，使商品在跨国界销售中的中间环节减少到最少的层次。短渠道策略可采取两种具体方式：①国际营销企业直接与大百货公司、超级市场、连锁商店进行交易；②国际营销企业直接在国外建立直销机构进行销售。

短渠道策略的优点是：越过大量中间环节，可以节约经营成本，让利于消费者，有利于增强竞争能力，扩大产品的销售。短渠道策略的缺点是：有的商品难以缩短中间环节，不利于产品进入广阔的国际市场。

（四）长渠道策略

长渠道策略是指国际营销企业选择两个以上环节的中间商来销售企业的产品。对于那些与广大消费者贴近的商品，国际营销企业往往采用多个环节的中间商将产品分散出去。

长渠道策略的优点是：产品易于进入国外更广阔的地理空间和不同层次的消费者群。这一策略的缺点是容易形成产品在各个层次上的较大存量，增加销售成本。

三、国际市场营销定价策略

（一）影响国际市场营销定价的因素

国际市场环境比之国内市场更为复杂，其定价受以下诸多因素影响。

1. 成本

除生产成本外，产品的国际市场营销成本还包括关税和其他税收、国际中间商成本、运费及保险费以及营销业务费等。

2. 国外法规

关税和非关税壁垒、反倾销法、反托拉斯法、价格控制法、产品安全法等国外法规，对产品定价有诸多影响。

3. 国际市场供求及竞争

国际市场基本属于买方市场，竞争激烈，企业在制定国际营销产品价格时，必须考虑市场供求及竞争状况。

4. 经济周期与通货膨胀

国外市场经济的周期变动会导致不同产品的价格升降；通货膨胀会增加产品成本，引起产品价格上升。

5. 汇率变动

国际市场营销活动中使用的计价货币是可以选择的，在实行浮动汇率的情况下，汇率变动使产品价格相对发生变动，从而极大地影响营销的收益。

（二）国际市场营销的定价策略

1. 统一定价策略

企业的同一产品在国际市场上采用同一价格。这一方式简便易行，但难以适应国际市场的需求差异和竞争变化。

2. 多元定价策略

这一策略是指国际营销企业对同一产品采取不同价格的策略。采用这一策略时，企业对国外子公司的定价不加干预，各子公司完全根据当地市场情况做出价格决策。这一策略使各个国外分支机构有最大的定价自主权，有利于根据市场情况灵活机动地参与市场竞争，但易于引起内部同一产品盲目的价格竞争，影响公司的整体形象。

3. 控制定价策略

企业对同一产品采取适当控制价格，采用这种策略是为了利用统一定价与多元定价的优点，克服其缺点。对同一产品的定价实行适当控制，既不采用同一价格，也不完全放手由各子公司自主定价，而是对内部竞争进行控制，同时又准许公司根据市场状况进行灵活定价。这一策略既使定价适应了市场变化，又避免了公司内部的盲目竞争，但采用这一策略也会增大管理的难度和成本。

4. 转移价格策略

是指国际营销企业通过母公司与子公司、子公司与子公司之间转移产品时确定某种内部转移价格，以实现全球利益最大化的策略。采用这一策略，母公司与子公司、子公司与子公司之间转移产品时，人为提高内部结算价格，造成总公司内部此一企业利润或亏损转移到彼一企业的状况，但从整体上使总公司的利益达到最大化。

转移价格策略常用的方法为：①当产品由 A 国转到 B 国时，如 B 国采用从价税且关税高，则采取较低的转移价格，以减少应纳的关税；②当某国所得税较高时，进入该国的产品价格定高，转出该国的产品价格定低，以少纳所得税；③当某国出现高通胀时，也采用高进低出的转移价格,避免资金在该国大量沉淀;④在外汇管制国家,高进低出的转移价格既可避免利润汇出的麻烦,又可少纳所得税。

转移价格策略有利于实现公司整体利益的最大化,但可能会损害某些国家的利益。

四、国际市场营销的促销策略

国际市场促销的主要任务是实现国际营销企业与外国客户之间的沟通。国内市场促销策略中有关人员推销、公共关系、营业推广、广告宣传的策略,很多同样适用于国际市场促销。但是,由于国际市场营销环境的复杂性,国际市场促销策略的运用比之国内市场要复杂得多。

(一)人员推销

在国际市场上,人员促销因其选择性强、灵活性高、能传递复杂信息、有效激发购买欲望、及时反馈信息等优点而成为国际营销中不可或缺的促销手段。然而,国际营销中使用人员促销往往面临费用高、培训难等问题,因此在使用这一促销手段时需尽力招聘有潜力的优秀人才,严格培训并施以有效的激励措施。

1. 营销人员来源

营销人员主要有三个来源:一是企业的外销人员,其优势是易与公司沟通,忠诚度高;二是母公司所在国移居国外的人员,其优势是懂得两国的语言和文字;三是国外当地人员,其优势是在当地有一定社会关系,且熟悉目标市场的政治经济和社会文化。

2. 营销人员培训

对营销人员的培训集中在适应性和技能性两个方面:一是要使营销人员熟悉当地的社会、政治、经济、法律,特别是要适应当地的文化,包括价值观、审美观、生活方式、宗教信仰、商业习惯等;二是要使营销人员熟悉营销的技能和技巧,提高他们市场营销的能力。

3. 营销人员激励

除对营销人员进行精神激励外,在物质上可采用以下激励方式:一是固定薪金加激励;二是佣金制;三是固定薪金与佣金混合制。

(二)公共关系

在国际市场营销中,公共关系的作用日益加强,特别是进入一些封闭性较强的市场,公共关系好坏直接关系到能否进入市场以及进入后能否取得较好的经济效益。

在国际市场营销中,公共关系应特别重视以下工作。

(1)与当地政府保持良好关系,争取当地政府的支持和帮助。

(2)利用有关传媒正面宣传企业经营活动和社会活动,树立良好的企业形象。

(3)建立多条意见沟通渠道,收集各阶层公众对企业的意见,及时消除相互间的误解和矛盾。

（三）营业推广

营业推广的手段非常丰富，但在运用时要考虑有关法律和文化习俗因素。此外，国际市场营销中博览会、交易会、巡回展览等营业推广形式都对产品促销具有十分重要的作用。

（四）广告

国际营销企业的产品进入国际市场初期，广告通常是促销的先导，它可以帮助产品实现预期定位，也有助于树立国际营销企业的形象。

国际广告促销要注意以下几个问题。

1. 广告限制因素

在国际市场上进行广告活动，有诸多限制因素需要国际营销企业认真分析，以便择善而行：一是法律限制，不同国家对广告有不同法规，须遵守这些国家的广告法及有关法规；二是媒体限制，不同国家广告媒体的可利用性、质量、覆盖面及成本不同，须根据媒体情况做出适当选择；三是观众限制，不同国家的居民有自己的价值准则和审美观、宗教信仰，须认真进行分析，使广告真正切合当地消费者的需求动机及文化背景。

2. 广告标准化及差异化

广告标准化是指在不同的目标市场对同一产品进行同一广告，这种选择突出了国际市场基本需求的一致性，并能节约广告费用，但缺点是针对性不强。广告差异化则充分关注国际市场需求的差异性，对同一产品在不同目标市场进行不同的广告，针对性强但广告成本较高。

3. 广告管理

国际广告管理方式有集中管理、分散管理、集中管理与分散管理相结合。在这三种方式中，集中管理有利于总公司控制成本；分散管理使广告决策权分散到国外各子公司，有利于开展差异化广告促销；集中管理与分散管理相结合，则试图按目标市场的具体情况，分情况采取集中或分散的管理方式，使国际广告形成有效的管理方式。

本章小结

国际市场营销是指企业跨越国界，以国际市场为目标市场的营销行为和过程。国际市场营销与国内营销、国际贸易既有联系又有区别。依据国际营销开展的程度，国际营销可划分为不同的发展阶段，全球营销是国际营销的发达形式。国际营销产生的动因有企业扩张、规避风险、利用资源、政府政策几个方面。国际市场营销环境可以分为国际经济技术环境、国际社会文化环境、国际政治法律环境。企业在选择国际目标市场时,要以国际市场细分为基础,充分考虑目标国市场规模、市场增长、交易成本、竞争及风险程度等因素。企业一般可以采取贸易、合约、股权等方式进入国际市场。企业在国际市场营销中,除了运用成本领先、差异化以及聚焦战略外,还应当考虑运用大市场营销、标准化与本土化、多元化与归核化几个方面的战略。国际战略联盟是国际企业有效应对激烈国际竞争的组织创新,其本质是协同竞争。在确定基本战略以及进行战略联盟的基础上,企业国际营销还应当制定适当的营销组合,有效开展国际营销活动。

思考与讨论

1. 什么是国际市场营销? 国际市场营销与国际贸易、国内市场营销的区别有哪些?
2. 开展国际市场营销的动因何在?
3. 国际市场营销环境包括哪些方面的内容?
4. 选择国际目标市场的主要依据有哪些?
5. 企业以何种方式进入国际市场? 各有什么优缺点?
6. 国际市场营销的产品策略有哪些?
7. 国际市场营销有哪些渠道策略?
8. 影响国际市场营销价格的因素有哪些? 定价策略有哪些?
9. 制定国际市场营销策略应把握哪些要点?

案例分析训练

迪士尼在法国的麻烦

迪士尼(Disney)公司在 1955 年在美国南加州建立全球第一个主题乐园就获得了极大的成功。之后又分别于 1970 年和 1983 年在佛罗里达州和日本的东京建立第二个和第三个迪士尼乐园,同样造成轰动。1986 年,迪士尼的高层又把注意力转向了法国巴黎,一是因为巴黎的地理位置优越,交通方便,在人口方面优势更明显:欧洲有 3.1 亿人居住在离去欧洲迪士尼只有两个小时飞机路程的范围内,其中 1 700 万人驱车两小时可抵达。且有法国政府的补贴(政府期待迪士尼将为法国人民提供 30 000 个就业机会,故提供了十亿美金作为诱因)。

当初在规划时,公司就想把在美国的那一套原封不动地搬到巴黎。他们想在日本东京既然能那么成功:开园第一天,东京乐园就很成功,几百万日本人游览了乐园,从开张之日至今,游客人数一直未见减少,而且大多数都是回头客。在东京,一家人到迪士尼乐园玩一次,在饭店住上一夜,轻轻松松就花掉600美元。通过游玩都想获得他们眼中的美国式娱乐体验。迪士尼将美国主题公园整个移植到日本获得了成功,正是因为日本人对迪士尼的人物非常喜爱。学校组织的社会实践就是去见米老鼠和它那帮朋友。迪士尼已经深深扎根于日本人的生活。所以,有了这样的成功在先,迪士尼进入法国时,认为自己已经有了合适的模式,还会有什么不一样吗?

1992年4月,欧洲迪士尼乐园向欧洲游客敞开了大门。而现实让迪士尼管理者大吃一惊,欧洲人不像日本人那样,为"米老鼠"神魂颠倒。而且迪士尼及其顾问们也没能预见到即将来临的经济衰退,贷款利率极高及一些货币相对于法郎的贬值,还有1991年的海湾战争给度假旅游来了个急刹车;以及在竞争方面遇到的难题:世博会和巴塞罗那奥林匹克运动会;再加上自身存在的问题。开业两年后,乐园已经亏损了9亿多美元。游园人数、购物消费都远远低于预期。

与东京相反,欧洲家庭一般都不愿意在乐园一天花上280美元,去享受公园的经典和包括汉堡包和奶昔在内的美食。很多人对乐园过夜想都不会去想,因为那儿的房价实在太贵。欧洲迪士尼乐园的一些做法也招致法国民众充满敌意:在早期广告并没有强调众多诱人的娱乐项目,而是炫耀其规模,这反而激发了法国人的爱国情结,他们把迪士尼看成美帝国主义的象征。甚至法国农民走上街头,抗议法国政府以优惠价格出售当地的土地。法国人对"迪士尼构想"以及美国童话人物充满嘲讽,因为他们有自己的惹人喜爱的漫画人物。例如:戴头盔的高卢勇士Asterix。乐园和公司的管理员态度似乎是横冲直撞、旁若无人的。一位前迪士尼经理人员认为:"我们的确很傲慢——就像'我们正在建造泰姬陵,游客会接踵而至——按照我们的条件'"。迪士尼管理者确信自己无所不知,从而导致对当地文化麻木不仁:在园内禁酒;禁止带宠物进入;认为欧洲人不吃早餐,导致早餐供应紧张且对食品种类不满意;350个座位的餐厅,却要接待2500人,没有顾客想要吃的肉和鸡蛋;对欧洲人的度假习惯没有考虑到:期望游客会在学期中带孩子来园放松,但事实是除非法定节假日恰巧在周末,否则,那样的事从来没发生过,还指望美国式的、短期的频繁的度假方式会改变欧洲人的旅行传统,但法国公司的作息时间并没改变。对乐园工作人员衣着外表及要求都沿用美、日运作模式,被法国人认为是一种不人道的"洗脑训练"。

法国人菲利普·邦圭根成为欧洲迪士尼乐园的首席执行官后,他改变了营销手段,采取了"本地化"营销策略考虑了不同欧洲游客的不同习惯。同时,迪士尼变得宽容了很多。新的经营方案主题是人们为了享受"真正的"迪士尼的一天而来,体验一点美国的感觉。公司的标志把"欧洲"二字变小了,加上了"乐园"二字,随后又彻底去掉"欧洲"改名为"巴黎迪士尼乐园"。乐园的首席执行官说"我们认识到必须根据游客的文化和旅行习惯来欢迎他们"。21世纪,迪士尼公司又实施了扩张计划:对巴黎迪士尼乐园增加了沃尔特·迪士尼电影制片厂主题公园,在加利福尼亚冒险公司建成,开放了迪士尼东京海洋公园、香港迪士尼乐园,主题公园也在上海已经落户。

如今,巴黎迪士尼乐园是欧洲最大的景点,甚至比罗浮宫和埃菲尔铁塔还受欢迎。

资料来源:百度文库.迪士尼在法国的麻烦.

思考题:

1. 在欧洲迪士尼开业的第一年里,哪些因素导致乐园经营业绩不佳?

2. 你认为这些因素中哪些是可以预见且可以控制的?

3. 迪士尼在初期忽略了哪些文化差异?

4. 以上讨论对上海主题公园的建设及运营有何启迪?

第十三章

市场营销新进展

学习目标

1. 熟悉服务、服务营销的含义及特征；掌握服务市场营销组合的内容；

2. 认识绿色营销的内涵及特点，掌握绿色营销策略的制定；

3. 了解互联网给营销带来的新变化，掌握网络营销的内容；

4. 了解整合营销的内涵，熟悉整合营销实施的具体措施。

引导案例

深圳发展银行的服务营销战略

深圳发展银行杭州分行成立伊始，就将服务营销纳入银行营销的整体战略框架之下。

早在1998年年末，该行就在杭州首家推出"营业窗口酒店式服务"，在营业大厅设立了专门的开放式客户休息区，内设沙发、茶几、鲜花盆景，有咖啡热茶、报纸杂志，还有电视机、医药箱、雨伞架、擦鞋机等设施。客户在办理业务过程中可以坐在舒适的沙发上看看电视、读读杂志，或是与自己的客户经理交谈业务；银行大堂副经理会为客户斟上一杯香醇浓郁的咖啡或是泡上一杯热气腾腾的西湖龙井。

此项业务一经推出，即在杭州引起强烈反响。一时间，杭州同业纷纷效仿，深圳发展银行杭州分行的知名度和共轴形象得到了大大提升。

资料来源：徐若金，赖丹声.银行营销实战案例.北京：清华大学出版社，2006.

第一节 服 务 营 销

当今世界经济发展的一大趋势是服务业的迅速崛起，它的发展速度比传统行业如农业、工业的发展速度快得多。目前，在以美国为首的发达国家，服务业产值在GDP中的比重普遍超过了70%，成为名副其实的"服务经济"。服务业已经成为国家经济发展的主体,就业的主体,企业新的利润增长点和市场竞争优势的来源,有着广阔的市场前景。服务营销是服务营销理论在实践中的运用和发展,研究服务营销对于提高服务效率,改善服务质量,不断完善服务水平,更好的满足消费者的需求,有着极其重要的意义。

一、服务营销的相关概念

(一)服务的概念与特征

1. 服务的概念

服务无处不在,服务行业涉及范围广阔,政府组织,连同医院、邮局、立法机构和学校都被列为服务行业之中;非营利性组织如慈善团体、教堂、基金会、也属于服务型行业;众多的商业性组织。如银行、旅馆、保险公司、娱乐公司等也属于服务业。除了这些传统的服务行业外,各种新型服务行业也在不断涌现。因此,"服务"一词包含了非常广泛的内容,西方的许多学者也从不同的角度对服务做出了明确规定。

菲利普·科特勒把服务定义为服务是一方能够向另一方提供任何活动和行为,它本质上是无形的并且不会导致所有权的问题。它的产生与实体商品或相关,或无关。例如送货上门,消费者既得到了送货上门这种服务,同时又得到了产品本身的价值,产品的所有权并没有由于你获得上门服务而发生改变。

美国市场营销协会定义:服务是通过交换,为顾客提供有价值的利益或满足的一切行为。

西方的服务学者斯坦通指出:服务是一种特殊的无形活动。它向顾客或工业用户提供所需的满足感;它与其他产品销售和其他服务并无必然联系。

格鲁诺斯指出:服务是以无形方式,在顾客与服务职员、有形资源产品或服务系统之间发生的,可以解决顾客问题的一种或一系列行为。

在综合各种不同服务定义和分析"服务"的真正本质的基础上,我们认为,服务是一种具有无形性特征的活动、过程和结果,它包括与顾客或他们拥有的财产间的互动过程和结果,并且不会造成所有权的转移。服务行为的主体是使另一行为主体对象获得利益。简单地说,服务是有效用但不涉及所有权的经济行为;服务所提供的可以是无形的纯粹服务也可以和产品联系一起活动。

2. 服务的特征

(1)无形性。服务和产品本质是不同的,服务不是实物产品,服务的很多元素看不见,摸不着,虽然有些服务项目包括一些物质产品(如售后维修零部件供应),但服务的中心还是向顾客提供有价值的活动,并非转移某种产品的所有权。

(2)差异性。差异性是指服务的构成成分及其质量水平经常变化,很难统一界定。由于人类个性的存在,使得对于服务的质量检验很难采用统一的标准。一是由于服务人员自身的因素(性别、年龄、职称、学历、受教育程度等)不同的影响,即使是提供同一种服务质量也是不同的。二是受众群体受到内因和外因的共同作用的,在接受服务时,对服务质量的评价效果也是不同的。比如:同样去游玩,有的高兴而归,有的扫兴而回。

(3) 不可分离性。有形产品的生产过程和消费过程是可以分开的,而服务的生产和消费是分不开的,也就是说服务人员向顾客提供服务时,也正是顾客消费服务的时刻,二者在时间上不可分离。服务的这一特性表明,顾客只有而且必须加入到服务的生产过程才能最终消费到服务。例如,只有在顾客在场时,理发师才能完成理发的服务过程。

(4) 不可贮存性。服务是一种在特定时间的需要,服务的生产和消费是同步进行的。企业可以把生产的商品贮存起来,过后再卖,但是服务是不可以贮存的。理发、外科手术、酒店住宿、旅游、现场文艺晚会以及其他任何服务,都无法在某一年生产并贮存,然后在下一年进行销售或消费。

(5) 缺乏所有权。缺乏所有权是指服务在生产和消费过程中不涉及任何物品所有权的转移。既然服务是无形的有不可贮存的,所以服务并没有实质性地拥有服务。例如,消费者从银行取钱,消费者并没有失去对钱的所有权,因为钱本身就是消费者的,银行只是起到代管的功能。但是,缺乏所有权却使消费者缺乏安全感和储蓄的风险,因此,怎样克服消费者这种心理,也是市场营销管理人员在服务的过程中亟须解决的问题。

(二)服务营销

服务营销是指企业通过创造,同服务对象交换有价值的服务产品(有形和无形物品),以满足顾客的需求和欲望及企业的目标和需要的一种社会管理过程。服务营销的实质就是满足顾客的需要和欲望,因此服务营销还是体现了市场营销中以顾客需要为出发点的理念。

二、服务的分类

服务按照细分标准不同,其形式也是多种多样,每种形式的服务都是以商品为载体进行展开的,具体如下。

(一)以买方相关为基础分类

(1) 按照市场类型可分为消费者市场服务和组织者市场服务;

(2) 按照购买途径可分为便利性服务、购买服务、专卖服务以及非寻找服务;

(3) 按照购买动机可分为表现性服务和功能性服务。

(二)以卖方相关为基础分类

(1) 企业性质角度划分民营赢利、非民营赢利、公营赢利、非公营赢利;

（2）从表现功能来划分可分为通信、金融、教育、保健、保险；

（3）从收入角度划分征税、捐赠等。

（三）根据服务提供者是否获得回报

（1）有偿服务主要是以盈利为目的的。

（2）无偿服务主要是为受众对象提供无偿的、非营利性服务。

（四）更具服务在整体提供物中所占的比重进行分类

（1）纯粹的有形产品。如香皂、铅笔、牙刷等，这种情况不伴有任何服务。

（2）有形产品及服务。如手机、电视、冰箱，随着科学技术的复杂化，这类产品其销售更加依赖于服务质量。如果没有伴随相应的服务措施，产品销售将十分困难。

（3）有形产品与服务相混合。如饭店，既提供产品又提供服务。

（4）主体服务加辅助产品或服务。如坐火车旅客购买的是运输服务，但是火车上又提供广播、食品、饮料等其他服务。

（5）纯粹的服务。如医疗保健、康复、咨询，几乎没有任何有形的产品。

三、服务市场营销组合

　　所谓的服务市场营销组合是指服务企业对可控制的各种市场营销组合手段的综合运用，就是服务企业运用系统的方法，根据企业的外部环境，把服务市场营销的各种可控因素进行最佳的组合，协调利用，以实现服务企业的营销目标。传统的市场营销组合并不适用于服务营销体系，其对应的服务营销组合也应有所调整。在服务营销组合中，除了产品、价格、流通渠道、促销外，还需包括人员、有形展示及过程三大要素。如表 13-1 所示。

表 13-1　服务行业市场营销组合要素指标

指　标	营销组合内容
产品	产品特征、质量、品牌、售后服务
价格	价格定价方法、定价策略、价格构成要素
分销	地点、渠道类型、渠道策略、可及性、传播性
促销	广告、人员推广、公共关系、销售促进、费用
人员	基本素质、培训、招聘、管理、奖励、顾客
有形展示	有形无形展示、装潢画面、标志、员工着装
过程	流程、操作规范、参与程度、管理、控制

1．产品

　　服务产品是一种特殊产品，是企业提供给服务对象用于满足其需求和欲望的各种事物。服务产品包括核心服务、便利服务和辅助服务三个层次。核心服务是企业提供给顾客的最基本效用,如银行的储蓄业务。便利服务是配合核心服务而提供的便利,如到医院就诊而产生的预约、挂号、收费、办理出院手续等服务。辅助服务用以增加服务的价值或区别于竞争者的服务。三者之间相辅相成,是服务产品的重要组成部分。

2. 价格

价格是影响服务产品销售的重要因素之一,同时也是服务市场营销组中敏感而又难以控制的因素。企业在对服务产品定价时,要充分考虑企业本身的因素和外部环境因素对服务产品定价的影响程度,从而确定一个合理的价格。服务产品定价主要考虑:定价的依据、定价的方法、价格水平、折让与佣金、付款方式和信用等因素。在区别一项服务和另一项服务时,价格是一种识别方式,顾客可以从价格的高低感受服务质量的高低。

3. 分销

由于服务产品的生产和消费过程是不可分离的,因此分销涉及服务提供的地点和渠道的选择,解决在什么地点及如何将服务提供给顾客。对于服务来说,地点的重要性取决于服务双方相互作用的类型和程度。即是顾客来找服务提供者还是提供者来找顾客。同时直销作为服务分销的主要形式也是非常重要的。特别是一些特殊商品如药品,直销更是其首选之一,这种分销渠道的模式更能直接让受众者感受到更好的服务。

4. 促销

促销是企业采用直接或间接的方式向目标市场传递企业和产品信息,从而引起消费者产生购买行为的一个过程。促销的方式包括广告、销售促进、公共关系、人员推销等市场营销沟通方式。促销的目的是传递服务信息,突出服务或技术优势,激发目标顾客接受企业提供的服务及企业的品牌形象和社会形象。

小链接

中国移动湖北公司的便捷服务措施

每年的"3·15"消费者权益日前后,各路商家纷纷推出主题服务月活动。其中,中国移动湖北公司于 2009 年"3·15"消费者权益日推出的"便捷服务,满意 100"六大便捷服务,受到用户的肯定和一致好评。它包括"消费套餐量身优选"、"异地交费随时随地"、"电子渠道以指代步"、"积分兑换足不出户"、"3G 业务无障碍办理"、"垃圾信息自主屏蔽"等几大内容,贯穿了移动服务的各项办理流程。

资料来源:韩冀东等著.市场营销:服务营销.北京:中国人民大学出版社,2012.

---

5. 人员

在服务企业担任生产或操作性角色的人,对于消费者来讲,人员所产生的价值也是服务体系的一部分,其作用和企业的销售人员相同。实际上,在现实的工作中服务人员往往扮演双重角色,既有服务的功能又有销售的任务,可见企业的服务人员尤其重要,因为他们本身就代表了服务。因此,研究服务营销组合必须要研究人的因素,在人员方面,既要重视人员的选拔、培训、管理、激励,又要注重培养服务人员的职业道德、沟通、服务等方面。

6. 有形展示

所谓"有形展示"是指在服务市场营销管理的范畴内,一切可传达服务特色及优点的有形组成部分。在产品营销中,有形展示基本上就是产品本身,而在服务营销中,有形展示的范围就较广泛。有形展示包含的要素有:实体环境、服务提供是所使用的装备事物以及其他实体性线索。这些有形展示,利用得当,则可帮助顾客感觉服务产品的特点以及提高享用服务时所获得的利益,有助于建立服务产品和服务企业的形象,支持有关营销策略的推行;反之,它们可能会传达错误的信息给顾客,影响顾客对产品的期望和判断,破坏服务产品及企业的形象,导致消费者转移购买对象。

7. 过程

过程是服务的提供和运作系统,包括服务产生与发展的一切流程。如果说人的行为对服务企业很重要,而过程同样重要。服务的工作人员大方、得体、愉悦可以增强顾客购买的好感,反之会使其产生厌烦。服务的过程管理的好与坏,直接影响到服务的质量和顾客的满意度,从而影响顾客对企业和产品的忠诚度。

第二节　绿色营销

在全球经济高速发展的浪潮下,人类社会步入了空前文明、进步的时代,与此同时,人类的生存环境却在不断恶化,经济增长与生态环境之间的矛盾日益尖锐,人们开始青睐绿色商品、绿色消费,绿色营销作为一种新型的经营战略也越发受到企业的重视,在这样的背景下,绿色营销应运而生。这种绿色观念的传播既给企业发展带来了机遇,又带来了挑战,因此,如何适应这种营销环境、接受绿色营销观念已经成为企业满足人们的绿色需求,实现可持续发展战略的必然要求。

一、绿色营销的含义及其特点

(一)绿色营销的含义

广义的绿色营销,也称伦理营销,指企业营销活动中体现的社会价值观、伦理道德观,充分考虑社会效益,既自觉维护生态平衡,更自觉抵制各种有害营销。

狭义的绿色营销,也称生态营销或环境营销,是指企业在营销活动中,谋求消费者利益、企业利益与环境利益的协调,既要充分满足消费者的需求,实现企业利润目标,也要充分注意自然生态平衡。

绿色营销的重点是谋求消费者利益、企业利益、社会利益和生态利益的统一，既要满足消费者的绿色需求，又要促进企业利润目标的实现，还要考虑自然生态平衡。这就要求企业在经营活动中要体现以"绿色"为中心，树立绿色营销观念，满足人们的绿色需求。

小链接

内蒙古草原兴发公司的"绿色之旅的诞生"

在现代食品越来越多样化的同时，人们却受到食品有毒残留物越来越多的困扰。因此，绿色食品成为当今农业和食品业发展的一个亮点，自然、健康营养、环保的绿色观念也应运而生。目前全社会经济观念和经济行为正在转变，那种不可持续的生产方式和掠夺式的消费方式，那种对自然资源采取竭泽而渔、杀鸡取卵的方法已严重威胁到人类的生存和发展。伴随着各国消费者环保意识的不断增强，世界范围内掀起了一股绿色浪潮，绿色食品、绿色工程、绿色工厂、绿色包装、绿色消费等新概念应运而生。绿色营销也在这股浪潮的冲击下相应产生。

内蒙古草原兴发公司的"绿色之旅"正是在这一大潮流下顺时而生的，为了让消费者相信自己的产品是绿色的、天然的、无污染的，该公司正是利用绿色营销手法，让消费者到草原上考察，让他们亲眼目睹了天然草场上养育的肉羔羊、绿鸟鸡是如何吃着青草、蚂蚱，喝着泉水长大的，使绿色天然的理念更加深入消费者心中。业内人士指出，"绿色营销"并非是完全取悦顾客，而是如何让他们置身其中。草原兴发正是在一定程度上把握住了"绿色营销"的精髓，在他们的市场战略上，通过全方位的展示和体验活动，让顾客亲身感受到草原兴发产品的健康环保之处，并产生直观的印象和购买的冲动，使绿色食品的观点更深入人心。

资料来源：http://www.tom.com。

（二）绿色营销的特点

绿色营销是传统营销的新发展，就营销过程而言，二者并无差异，但如果对两者进一步比较分析，将会发现二者研究的焦点、输入的营销信息、目标顾客的需求，以及市场营销策略等方面，都有较大差异，绿色营销显现出以下几个方面不同的特征。

1. 研究重点不同

传统营销的研究重点是由企业、顾客与竞争者构成。这类营销主要通过协调三者间的关系来获取利润，所以，作为企业外在的自然环境，如果不影响到企业获利，那么关注度就不大。绿色营销的研究焦点是考虑企业营销活动同自然环境的关系，即研究自然环境对企业营销活动发生何种影响，而企业营销活动又对自然环境发生何种冲击。可见，绿色营销和传统营销是有一定必然联系的,绿色营销是传统营销研究内容的进一步扩展。

2. 绿色产品具有不同于传统产品的特点

所谓绿色产品,是指对社会或环境的改善有所贡献的产品,或指较少损害社会和环境的产品,或指对环境及社会生活品质的改善优于传统产品的产品。其主要特点是以市场调节方式来实现环境保护。绿色产品必须体现以下四种绿色理念:一是企业在选择生产产品及应用技术时,必须考虑尽量减少对环境的不利影响;二是既要考虑产品生产的安全性,又要考虑降低产品消费对环境的负面影响;三是企业设计产品及包装时,还要考虑绿色标志;四是产品的设计及售后服务都要注重节约及保护环境。

3. 综合性与统一性

绿色营销综合了市场营销、社会营销和大市场营销观念等内容,是多种营销观念的综合,要求企业在开展营销活动时,要将社会效益与企业经济效益统一在一起共同研究,所以,企业在围绕消费者需求为中心制定产品营销战略时,既要考虑产品的特点,还要考虑外部环境变化,实现经济、自然和生活质量之间的统一。

二、实施绿色营销的意义

绿色营销虽然起步较晚,但是发展非常迅速,已经被许多企业付诸实践,绿色营销之所以具有如此旺盛的生命力,是因为其无论对经济、政治、文化等宏观层面,还是对企业和消费者等微观层面都有重要的意义。

(一) 能够实现社会经济的可持续发展

众所周知,社会可持续发展的前提是社会与自然的和谐互动,推行可持续发展战略,已经成为各国制定经济发展战略的重要因素。国际许多组织已经在环境保护,实施绿色营销方面提出了新的要求。如:国际商会和联合国环境规划署联合在巴黎召开的可持续发展商务宪章委员会提出的第一条基本原则就明确指出,要把可持续发展和保护环境作为企业发展的首要目标。企业开展绿色营销,不仅符合国际形势的要求,也是企业自身发展的需要。绿色营销观要求企业要有全局和长远的发展意识,将可持续性目标作为企业的基本目标,通过绿色营销活动,协调了企业利益、保护环境与社会发展的关系,使自身的营销活动有利于环境的良性发展。

(二) 有助于企业树立良好的形象

随着生活水平的提高,人们对于绿色产品的绿色需求,为企业在产品生产、加工、贮存、运输以及市场营销组合策略的运用等方面提出了新的要求。特别是在市场竞争日益激烈的今天,环境保护越来越重要,企业要想在众多的竞争对手当中立于不败之地,企业只有不断地树立新的绿色营销理念,通过绿色营销把企业自身利益目标融入消费者和社会的利益中,满足其绿色需求,从而提升企业的整体形象,在市场竞争中掌握主导权。事实上,通过绿色营销,加强环境保护,对于企业与政府和目标顾客的搞好关系也是非常有必要的,一个经常开展绿色营销,用实际行动来践行环境保护,更能唤起顾客的好感,赢得顾客的支持。例如,世界上最大的化学工业公司——杜邦公司1990年就已成为全球化工行业中首家回收氟利昂的公司,并计划在未来30年内成为真正无污染的公司,即"绿色公司"。随着国家环保总局起草的《制药企业污染物排放标准》的完成,华北制药、石药集团为解决环保问题已投资几亿元,广州白云山等企业符合国家法律法规的基础上又开展了过期药品回收的活动,既解决了环境污染、资源可持续利用问题,又树立了企业形象。

(三)有助于企业提高效益

绿色营销充分考虑产品的经济效益与社会公众的长远利益,要求企业将整体的战略目标与社会发展、环境保护、资源利用相适应。随着消费者绿色意识的增强,购买绿色产品已经成为一种主流趋势,人们逐渐认识到购买产品不仅要使用,还要享受产品所带来的快乐,过度的消耗和浪费资源必然会给整个社会带来危害。因此,绿色产品市场发展潜力是巨大的,对于企业来讲,如果及时地开展、实施绿色营销活动,有利于企业占领市场、扩大市场占有率,同时也给企业带来了可观的收益。此外,绿色企业还能获得各种优惠政策,得到政府的扶持,许多消费者改变原有的消费观念,自愿拒绝非绿色产品,购买价位相对较高的绿色产品,这对于企业来说,通过开展绿色营销导致经济效益的增加是必然的。

(四)可塑造绿色文明,促进企业塑造绿色文化

传统的营销观念以获利为目标,不断地索取和利用资源。绿色营销观念主张从消费者、企业、自然环境的长远利益出发,兼顾三者利益。这种营销观念必然可以推动新型的绿色文明的发展,这种营销策略既保证了现代人的需求,又为后代提供充足的环境需求。企业通过实施绿色营销可以使员工树立绿色营销观念,在产品的整个生产、销售、消费一体化过程中实施绿色化行为,既保证了员工的身心健康,更有利于培育企业的绿色文化。

三、绿色营销的实施

在绿色理论和绿色意识的指引下,消费者逐渐认识到其生活的质量和生活方式正在受环境恶化的严重影响。因此,人们日益强烈的绿色消费欲望不仅对现代企业生产,同样也对现代企业营销提出了挑战,实施绿色营销既符合国际形势发展的要求,又是企业自身可持续发展的需要。具体实施过程如下:

(一)树立绿色营销观念,制定绿色营销战略

以保护环境为特征的绿色消费正影响着人们的消费观念和消费行为,在这种绿色浪

潮兴起的时代,企业基于环境和社会长远利益考虑,提高自身的竞争地位和市场份额,就必须要拥有绿色营销观念,只有在这种营销观念的指导下,企业才可能真正实现绿色营销,从而制定体现绿色营销内涵的战略计划。绿色营销战略的制定,既解决了企业目前存在的问题,又起到引导消费者绿色消费,为企业本身创造绿色效益的目的。树立绿色营销观念,制定绿色营销战略,既要考虑满足现实需求,更要放眼于满足潜在需求,从企业长远发展上来看也是必然的。

小链接

上海华联的绿色营销观念

据统计,全国每年生产衬衫约 12 亿件,其中 8 亿件要用包装盒,相当于每年要耗用 168 万棵碗口粗的大树。上海华联为此打出"少用一个包装,多留一片森林"的公益广告,鼓励大家购买无包装的"环保衬衫"。华联商厦还规定,每购买一件无盒衬衫,即送一瓶"衣领净"。上海华联商厦的这一举措,受到了社会各界的广泛好评,起到了倡导绿色消费观念的积极作用,其公益行为为华联的品牌形象增加了光彩。

资料来源:李先国.营销管理.大连:东北财经大学出版社,2002.

(二)制定绿色营销组合策略

1. 产品策略

成功的产品具有品牌效应,并能够给企业带来巨大的收益,产品策略是市场营销组合的首要策略。企业实施绿色营销必须以绿色产品为载体,绿色产品的开发是绿色营销的支撑点。所谓绿色产品是指产品本身及其在生产过程中,具备节能、节水、低污染、低毒、可再生、可回收等特性的一类产品,是绿色科技应用的最终体现。绿色产品的设计、研发、生产是一个相互协调配合的过程,产品设计时,要综合考虑以下各种因素:其一是产品本身具有环保性,应有利于消费者的健康,符合有关环保和安全卫生的标准;其二是该产品的制造与使用过程不会污染环境;其三是产品包装应绿色化,要有绿色环境保护标志;其四是产品具有回收再使用的功能;其五是产品的品质要高于同类其他产品。因此企业在设计、开发绿色产品时要将绿色营销理念融入产品的设计当中,从技术创新、产品设计、产品生产、包装、储存、运输等环节进行全过程管理。

2. 价格策略

绿色产品具有较高附加值,拥有优良的品质,在健康、安全、环保等诸多方面都具有普通产品无法比拟的优势。尤其产品在设计的过程中,增加了环境保护成本,因此绿色产品从价格上来看,属于高档产品,这就使得绿色产品在定价上要比普通产品高 20% 以上。从绿色产品的价格定位上应该着眼于较高的目标市场中消费群体这样才能满足消费者的求新、求异、崇尚自然的心理。在工业发达国家,绿色产品价格上扬幅度较大,消费者也乐于接受。在我国,由于消费者的绿色意识较弱,绿色产品价格上扬幅度不宜过大,在大中城市市场价格可略高些。随着科学技术的发展和各种环保措施的完善,绿色产品的制造成本会逐步下降,并趋于稳定。企业制定绿色产品价格,一方面要考虑价格的构成要素(如:生产成本、期间费用、税金等);另一方面考虑消费者的购买能力,随着人们环保意识的增强和消费者经济收入的增加,消费者对商品可接受的价格观念会逐步与消费观念相协调。

3. 渠道策略

绿色渠道是绿色产品从生产者向消费者转移过程中,所有取得其所有权的组织或个人,主要包括绿色产品的生产商、经销商、代理商等。由于它涉及绿色产品有效的铺货,这种流通过程的稳定性将树立企业的绿色营销形象,所以企业要做好绿色营销必须建立良好、稳定的绿色营销渠道。具体体现在:其一准确定位绿色产品的营销渠道。企业在进行绿色营销过程中,由于不同产品所面对的市场状况是不同的,消费者对产品需求不可能完全排斥非绿色产品,企业要根据竞争对手现有产品渠道情况以及其他产品的市场供需状态,从绿色交通工具的选择,到绿色仓库的建立,再到绿色装卸、运输、贮存、管理办法的制定与实施,尽可能建立短渠道、宽渠道,减少渠道资源消耗,降低渠道费用,使绿色产品顺利到达消费者手中。其二是选择中间商。应启发和引导中间商的绿色意识,建立与中间商恰当的利益关系,不断发现和选择热心的营销伙伴,逐步建立稳定绿色营销网络。其三建设专用的绿色营销渠道。企业可以开设一些绿色专营店,从栽培、生产、储存、运输的制定与实施,实行统一绿色渠道模式。

小链接

中国制药企业克服"绿色贸易壁垒"

近几年,世界上许多国家对传统中药的进口设立了较高的"绿色贸易壁垒",对中草药的重金属含量、农药残留以及环保标准要求的越来越严格。针对这种宏观营销环境的变化,中药企业也开始越来越认识到"绿色营销"的重要性。比如百年老字号"同仁堂"已计划建立10个品种的绿色药材种植基地,在环境、土壤、施肥等一系列环节实施深度控制,从原料药入手解决中药材农药残留、重金属含量、有效成分含量等问题,确保产品的"绿色属性"最大限度地保证药材内在质量的可行性和稳定性。另外,"同仁堂"还主动申请参加了国家《药用植物及制剂进出口绿色行业标准》认证,主要品种都通过了审核,取得了国际认可的绿色药品标志,为"同仁堂"品牌的中药进入国际市场奠定了坚实的基础。

资料来源:http://www.21food.cn/html/.

---

4. 促销策略

促销就是围绕绿色产品而开展的各项促销活动的总称。其核心是通过企业相关活动,刺激消费者,引起消费者需求,最终导致购买的产生。绿色促销的目的在于通过商品相关信息的传递,谋求消费者绿色需求与绿色产品的协调并借以在消费者心目中建立零售企业及其商品的绿色形象,丰富企业绿色营销内涵、促进绿色产品推广和消费、巩固企业绿色产品市场地位,以期实现企业盈利的目的。绿色促销的主要手段有以下几种。

(1) 绿色广告。绿色广告指企业通过大众传播媒体(广播、电视、报纸、杂志),向消费者传递绿色信息,营造市场营销的绿色氛围,激发消费者的购买欲望。同时在广告活动的各个步骤面对不同的消费者制定不同的广告策略,同时要注意绿色理念的贯彻和实施。由于绿色产品是一种高科技产品,所以在宣传时,一定要注意广告宣传的产品品质的合格性、媒体选择的合法性,广告策略的选择的实用性。

(2) 绿色推广。通过营销人员的绿色推销和营业推广,从销售现场到推销实地,直接向消费者宣传、推广产品的绿色信息,讲解、示范产品的绿色功能,回答消费者的绿色咨询,宣讲绿色营销的各种环境现状和发展趋势,激励消费者的消费欲望。同时,通过针对促销对象的不同,选择不同的人员推广策略,如针对消费者可以采取免费试用、馈赠、发放优惠券等方式;针对中间商可以采取交易折扣、销售竞赛等方式,引起消费者的购买兴趣,促成购买行为的发生。

(3) 绿色公关。绿色公关是企业建立绿色形象的重要途径。企业的公关人员参与一系列公关活动,诸如发表文章、演讲、影视资料播放、社交联谊、环保公益活动的参与赞助等,广泛与社会公众进行接触,增强公众的绿色意识,树立企业的绿色形象,为绿色营销建立广泛的社会基础,促进绿色营销业的发展。

总之,随着社会的不断发展与进步,企业要灵活运用绿色营销组合策略,使绿色产品与绿色包装、绿色价格、绿色渠道、绿色促销融合在一起,融为一体。只有这样,才能确保为企业带来广阔的市场前景,给消费者的日常生活注入新的生活标准。

第三节　网络营销

20 世纪 90 年代以来 Internet 在全球范围内快速兴起,网络的发展和应用既改变人们现有的生活方式,又为企业制定营销策略,开展营销活动提出了新的标准和要求。通过互联网,人们可以很容易的获得企业、产品的信息,顺利的完成商品的咨询、采购流程等服务,随着上网人数的增加,互联网在给企业和消费者带来无限商机的同时,也必将成为一种新型备受人们喜爱的营销模式。

一、网络营销的概念

网络营销是指借助联机网络、计算机通信和数字交换媒体等技术手段来实现企业营销目的的活动。网络营销作为适应网络发展与信息网络时代社会变革的新兴营销策略越来越受到企业和全社会的关注。它和传统营销一样,都是围绕消费者需求为中心开展营销活动的。

二、网络营销的特点

网络营销与传统营销在商业本质上是相同的,都需要企业通过系列经营活动,达到产品销售、满足顾客需求的目的。但网络营销这种全新的营销方式在经营环境、范围、手段、运作形式以及供求双方的沟通等方面,有着传统营销方式所不可比拟的特点,具体表现在以下几个方面。

(一)经济性

网络营销有助于降低营销成本。在网络传播过程中,每个企业都可以有自己的网址,按照国家法律法规的要求,低成本高效率地传递有关企业产品的信息。通过互联网进行信息交换,代替过去的实物交换,从而使网络营销更加快捷,极大地降低营销成本,提高企业的利润。其成本主要来自于网站的注册与建设、软硬件成本、网络使用及维护费用,这些费用同企业从实体营销所产生的费用:如广告费用、人员推销费用等低廉许多。所以说,网络营销具有一定的经济实用性,是个人或企业首选的营销策略之一。

(二)技术性

网络营销是高科技技术的产物,是基于高科技技术支撑下互联网使用的一种营销模式,企业在实施网络营销时必须要有一定技术条件作为支撑,如软件的开发、网络的管理与维护,这些都需要专门懂得营销与计算机网络技术人才作此项工作,只有这样,企业才能在激烈的市场竞争中具备优势。

(三)广泛性

和其他营销模式相比,网络营销的传播不受时间和空间的限制,企业可以通过互联网络 24 小时不间断地向目标顾客发布企业及产品的信息,引起消费者的兴趣,刺激消费者产生购买行为。任何人可以随时查看和阅读企业的发布的有关信息,影响是广泛的,网络营销面对的不仅仅是个人,而是广泛的大众群体。

(四)时空性

营销的最终目的是占领市场份额。在传统社会环境下,人们的时空观念主要表现为:

在时间上的程序性,并且一去不复返;在空间上有地域和范围的概念,企业只是在一定时间一定范围内需找目标顾客。而在网络化社会环境中,互联网将全世界联系在一起,打破了时间和空间的限制,在全球范围内去寻找目标客户,使企业跨时空的交易成为可能。

(五)互动和针对性

互联网络不仅展示商品目录,链接商品信息,更重要的可以实现和顾客双向沟通,收集顾客反馈的意见、建议,从而提高了消费者的参与性和积极性,实现企业和顾客之间的信息交流和沟通。同时网站通过提供众多的免费服务可以建立完整的用户数据库,包括用户的信息、分布、性别、收入、职业等。这些信息资料可帮助企业分析市场,根据用户的需求和特点,有针对性地发布信息并跟踪分析,对网络效果做出客观准确的评价。网络营销不再是传统的"一对多"的信息沟通,而是"一对一"的沟通,有助于实现企业的全程营销目标。

(六)高效性

网络具有大量储存数据的能力,快速准确的数据处理和传输能力,信息的可测量性和交互能力使得网络效率大大提高。企业可以通过互联网瞬间向世界各地的用户快速提供自己的产品和服务信息,而且网络的制作周期短,制作和发布率远远要高于其他的传统媒体。

三、网络营销的工具

1. 企业网站

企业网站是企业最基本的网络传播工具,具有基础性、全面性、灵活性、主动性等优势。企业可以通过网站开展企业及产品的宣传、信息的沟通与交流、网上订货、在线客户服务、企业经营理念的传播等活动。

2. 电子邮件

电子邮件是互联网提供的最常用的服务,企业通过向目标顾客发布电子邮件的形式,向企业介绍产品的信息,包括产品的征订、会员制的建立、电子邮件广告等。

3. 搜索引擎

目前,搜索引擎是信息检索的最常用工具,用户可以将自己想要获得的信息通过引擎优化、付费登录、分类目录等模式找到自己所需要的资料。企业也可以通过这种方式,查看顾客对本企业的关注程度。

4. 在线交流工具

在线交流工具是企业利用互联网和用户开展交互的基本工具。如:QQ 等,企业通过这种工具的使用,开展在线顾客服务、在线信息咨询。

5. 博客

博客也称为网络日志,企业或个人可以通过这种工具将发布个人的基本情况和信息。

博客既是企业文化交流的工具,同时也是企业内部与外部、企业员工之间交流思想、阐述观点的重要途径。

四、网络营销的内容

网络营销作为新的营销方式和营销手段实现企业营销目标,它的内容非常丰富。一方面,网络营销要针对新兴的网上虚拟市场,及时了解和把握网上虚拟市场的消费者特征和消费者行为模式的变化,为企业在网上虚拟市场进行营销活动提供可靠的数据分析和营销依据。另一方面,网络营销在网上开展营销活动来实现企业目标,而网络具有传统渠道和媒体所不具备的独特的特点,信息交流自由、开放和平等,而且信息交流费用非常低廉,信息交流渠道既直接又高效,因此在网上开展营销活动,必须改变传统的一些营销手段和方式。网络营销作为在互联网上进行营销活动,它的基本营销目的和营销工具是一致的,只不过在实施和操作过程中与传统方式有着很大区别。下面是网络营销中一些主要内容:

(一)网上市场调查

网上市场调查是指在互联网上针对特定的营销环境进行简单调查涵盖、收集资料和初步的分析活动。它包括直接在网上通过问卷进行调查等方式收集第一手材料;还可以通过互联网的媒体功能,从互联网上收集市场调查中需要的二手资料。由于互联网涉及的领域广、内容丰富,所以利用网上调查工具,可以提高调查效率和调查效果。在互联网开展市场调查时,重点是如何利用有效工具和手段实施调查和收集整理资料,获取信息不再是难事,关键是如何在信息海洋中获取所需要资料信息和分析出有用的信息。

(二)网上消费者行为分析

互联网上的目标顾客是一种特殊的群体,它与传统市场群体中截然不同的特性。因此开展有效的网络营销活动必须深入了解网上用户群体的性别、年龄、职称、学历以及需求特征、购买动机和购买行为模式。互联网作为企业市场调研的全新渠道,可随时了解全球范围内消费者需求及对产品的看法,有利于企业把握需求的动态,了解消费者的购买行为特点,为消费者开发适合于需要的个性化产品。

(三)网络营销策略制定

网络营销策略的制定在基本模式上同传统的营销计划无本质区别,而在两者之间的侧重点、用户关注度、传播途径上有所区别。在采取网络营销实现企业目标时,必须采取与企业相适应的营销策略,因为任何一种营销工具即使多么优越,在实践的工作中都是有一定的风险性存在的。同时企业在制定策略时,还应该考虑目标市场的规模及特点、消费者的特征、产品的性质、网上促销的策略和技巧等内容。

（四）产品策略

网络作为信息有效的沟通渠道，它可以成为一些无形产品如软件和远程服务的载体，改变了传统产品的营销策略特别是渠道的选择。企业在开展网上销售和策略选择时，要充分考虑网络的快速性、虚拟性的特点，并融合传统的营销策略（产品、价格、流通渠道等策略），为消费者塑造一种合适的产品和服务营销模式。

（五）价格策略

网络作为信息交流和传播工具，从产生至今一直履行自由、平等和信息免费的策略，相对于其他营销模式的价格策略，网上市场的价格策略也是在考虑产品定价因素的基础上而定的，不同的地方企业在网上采取价格策略大多是免费或者低价策略，以此来吸引消费者的注意力。因此，制定网上价格营销策略时，必须考虑到互联网对企业定价影响和互联网本身独特的免费思想，这样才能使网络营销凸显持久力和活力。

（六）渠道策略

作为网络本身来讲，实质上就是一个商品交易的场所。这种交易方式涵盖了企业及产品本身的所有信息内容，在一定程度上改变了传统产品销售渠道的模式，使产品的销售更加多渠道化。网上销售渠道的建设不仅局限于网站本身，还包括建立在专业电子商务平台上的网上商店以及与其他不同商务网站不同形式的合作。如果说互联网对企业营销影响最大是什么，那应该是对企业营销渠道影响最大。

（七）促销策略

互联网作为一种双向沟通渠道，最大优势是可以实现沟通双方突破时空限制直接进行交流，而且简单、高效和费用低廉。因此，在网上开展促销活动是最有效的沟通渠道之一，但网上促销活动开展必须遵循网上一些信息交流与沟通规则，特别是遵守一些虚拟社区的礼仪。网络广告作为最重要的促销工具，具有传统的报纸杂志、无线广播和电视等传统媒体发布广告无法比拟的优势，即网络广告具有交互性和直接性。

（八）网络营销管理与控制

网络营销是企业整体营销战略的一个组成部分，是以现代营销理论为基础，为实现企业总体营销目标所进行的以互联网为基本手段营造网上经营环境，它不能脱离传统的市场营销而孤立存在，是传统市场营销在网络时代的延伸和发展。网络营销作为在互联网上开展的营销活动，它必将面临许多传统营销活动无法碰到的新问题，如网络信息内容的管理、网络产品质量的保证问题和售后服务、消费者隐私保护问题,以及信息的安全问题等等。这些问题对顺利达到网络营销的效果,顺利实现企业的经营目标,提高企业的品牌效应、网站的知名度等都会产生很大的影响,因此,必须重视和进行有效控制,否则企业开展网络营销的效果就会适得其反。

第四节　整 合 营 销

随着科技的高速发展与广泛应用,企业的技术水平与制造能力普遍提高,在这种形势下,企业在市场竞争中,要想处于不败之地,企业必须要实行差异化的营销策略以赢得更多的顾客,整合营销正是适应技术、产品、营销手段同质化的前提下而产生的。

一、整合营销的概念

整合的英文对应词汇是 integrated,具有综合、一体化的解释。菲利普·科特勒认为,企业所有部门为服务于顾客利益而工作时,其结果就是整合营销。整合营销发生了两个层次:一是不同营销功能——销售力量、广告、产品管理、市场研究等必须工作;二是营销部门不许和企业的其他部门相协调。

整合营销又称为"整合营销传播",是美国西北大学教授唐·舒尔兹于 20 世纪 80 年代首次提出的,一般认为,整合营销是以消费者为核心重组企业行为和市场行为,综合协调地使用各种传播方式,以统一的目标和统一的传播形象,传播一致的产品,实现与消费者的双向沟通,树立产品品牌在消费者心目中的地位,建立产品与消费者长期的密切关系,更有效地达到产品行销的目的。

小链接

唐·舒尔兹与整合营销传播

唐·舒尔兹是美国西北大学梅迪尔新闻学院整合营销传播退职荣誉教授。1997年加入西北大学之前,他是位于达拉斯的 TRACY-LOCKE 广告及公共关系的资深副总裁。唐·舒尔兹是整合营销传播领域的创始人,整合营销传播理论与技术研究的先驱,被誉为"整合营销传播之父";全球第一本整合营销专著的作者,该书于 1997 年在中国出版发行,是该领域最具权威性的经典著作。整合营销传播理论产生和流行于20 世纪 90 年代,与传播营销模式相比,它是从"以传者为中心到手肘为中心"的传播模式的战略转移。整合营销倡导更加明确的消费者导向理念。

资料来源:吴建安.市场营销学.北京:高等教育出版社,2007.

整合营销的内涵可以从三个方面的理解:一是传播资讯的统一性。企业以统一的传

播资讯向消费者传达有关产品的信息,消费者无论从哪获得信息都是一致的。二是互动性。消费者可以同公司之间开展双向交流,把自己的意见及时反馈给企业,营销策略也可以使消费者由被动消费到主动消费。三是目标营销。企业的一切营销活动都是围绕消费者而展开的。

二、整合营销的特征

当代整合营销传播的特征表现在以下几个方面。

（1）在整合营销的传播过程中,还是体现以消费者为中心的现代营销观念,消费者是营销活动的主体,企业的一切活动都是围绕消费者展开的。

（2）整合营销的核心工作培养真正的消费价值观,企业往往与最忠诚的顾客保持着非常紧密的联系,尽可能让本期产品符合这部分消费群体的不同需求。

（3）从信息传播的内容上来看,具有一致性的特点,企业不管利用什么媒体传播,其产品和服务的信息都是清晰明了的,消费者容易接受、熟悉。

（4）整合营销实质是各种传播手段的综合利用。凡是有利于企业传达产品信息给消费者的一切工具,均可以作为整合营销传播的途径。包括企业内部构成的因素（如:企业文化、品牌、产品类别、渠道等等）都可以作为整合营销传播内容的一部分。

（5）对消费者深刻全面地了解,是建立在资料库为基础。企业可以根据自身的实际情况,对消费者的基本情况进行收集,如性别、年龄、职称、学历、受教育程度、家庭背景、地址、联系方式等建立数据库,为企业了解消费者信息提供参考。

三、整合营销的理论核心

整合营销思想,起源于 20 世纪 90 年代美国。1990 年,北卡罗来纳大学教授罗伯特·劳特朗在《广告时代》杂志上发表文章,提出了用 4Cs 取代 4Ps 理论的观点。4C 是指:customer(顾客),cost(费用),convenience(便利),communication(沟通)。4Cs 理论运用整合营销的原则,目的是为了更好控制消费者的心理转变过程,目标是使消费者对企业和产品产生信赖而购买产品。

4Cs 具体含义包括四个方面。

（1）顾客需求和欲望,即企业不是以企业或产品为中心,而是以消费者为中心,销售消费者喜欢或需要的产品或服务,满足消费者的需求和欲望。

（2）顾客愿意支付的成本,即暂不考虑定价的策略,而去了解顾客要满足自身需求和欲望所需付出的成本,也就是研究顾客的购买能力和支付能力,因此,企业要开展整合营销活动要了解目标消费者购买成本的构成都包括哪些内容。

（3）顾客购买的便利性,即从营销渠道的角度出发,暂不考虑营销渠道的策略、渠道的模式、渠道的设计成本等因素,而是考虑如何让顾客便利性的购买商品,为消费者提供便捷式的服务。

（4）顾客与企业的沟通，即暂不考虑怎样促销，而应考虑怎样沟通，使企业和消费者之间建立稳定和信任的合作关系，让消费者信赖和喜欢本企业的产品。整合营销强调与顾客进行平等的双向沟通，清楚顾客需要什么，把自己给消费者带来的利益传达给顾客，并且根据消费者的信息反馈不断地调整自身的营销战略，实现循环双赢。

四、整合营销的优势

整合营销强调企业每个市场行为必须围绕一个核心来展开，认为企业只有在统一的目标指引下，才能使各个零散的环节结合成一体，达成企业的良性循环。其优势如下。

（一）有利于合理配置企业资源，优化企业组合，提高经济效益

首先，整合营销有利于企业加强内部资源的优化配置，优化企业的内部组合。要求每个员工必须要调整好自己的心态，加强合作和协调，团结一致加强企业核心力的凝造。其次从企业开展活动的流程上来看，整合营销要求企业的经营活动要以消费者为中心，优化营销渠道做到资源共享。最后，整合营销的实施要与外部环境相适应。通过一体化的流程，合理的利用外部资源，优化企业的外部环境，从而提高企业的经济效益。

（二）有利于企业满足消费者需求，保持企业可持续发展

企业如果要强大、要发展离不开企业自身的努力，更离不开消费者对其信任和支持。如何赢得消费者，获得消费者的信赖，是任何企业都必须面对和迫切解决的问题，也是企业关心的重点。整合营销所倡导的系统化、组合化、优化的管理理念，就是要为消费者提供更加完善的服务，以满足消费者需求多样性的特点。企业提高服务水平、经营产品的类别，即是为消费者服务，同时也是自身不断加强内涵培养、可持续发展的过程。

（三）有利于树立企业形象，提升品牌价值

品牌是企业商业的名称，包括品牌名称、品牌标志和商标。成功的产品具有品牌效应，并能够给企业带来巨大的经济效益。整合营销的关键是通过系统化的管理，塑造品牌形象，加强品牌管理，提高品牌的影响力和价值。按照整合营销的理论，企业、产品与消费者每次的接触都是传播品牌的过程，品牌也是一种无声的推销员，它走到哪里就在哪里宣传自己的企业和产品。可以说整合营销的传播就是品牌的传播，它着眼于综合效益的传播。

五、整合营销的措施

（一）整合营销的操作思路

1. 以整合为中心

着重以消费者为中心并把企业所有资源综合利用，实现企业的高度一体化营销。整

合既包括企业营销过程、营销方式以及营销管理等方面的整合,也包括对企业内外的商流、物流及信息流的整合。

2. 讲求系统化管理

整体配置企业所有资源,企业中各层次、各部门和各岗位,以及总公司、子公司,产品供应商,与经销商及相关合作伙伴协调行动,形成竞争优势。

3. 强调协调与统一

企业营销活动的协调性,不仅仅是企业内部各环节、各部门的协调一致,而且也强调企业与外部环境协调一致,共同努力以实现整合营销。

4. 注重规模化与现代化

整合营销十分注重企业的规模化与现代化经营。规模化不仅能使企业获得规模经济效益,为企业有效地实施整合营销提供了客观基础。整合营销同样也依赖于现代科学技术、现代化的管理手段,现代化可为企业实施整合营销提供效益保障。

(二) 整合营销的对策与措施

1. 革新企业的营销观念

要树立大市场营销的观念,协调企业与相关群体之间的关系,在国际、国内市场开展整合营销,走规模化发展之路;要树立科学化、现代化营销观念,将新的技术手段应用到营销管理当中,为企业目标实现做好决策;要树立系统化、整合化营销的观念,加强企业员工观念的更新,树立整合营销理念至上的意识,优化和配置企业资源。

2. 加强企业自身的现代化建设

企业要建立现代经营体制,包括企业的利益机制、决策机制、动力机制、约束机制等;经营管理设施现代化;要具有现代化的经营管理人才;加强组织建设,改善管理体系,注意企业的规模化和规范化,以及企业其他方面的合理化、标准化。

3. 整合企业的营销

对企业内外部实行一体化的系统整合;整合企业的营销管理;整合企业的营销过程、营销方式及营销行为,实现一体化;整合企业的商流、物流与信息流、信息流、现金流,实现"五流"的一体化。建立消费者资料数据库,进行多方面的信息传播活动,并对消费者的反馈信息进行收集和整理,建立一个持久的战略营销关系。

4. 借鉴国外的先进经验

我国企业要积极学习国外企业的先进的经营管理经验,特别是跨国公司的经营管理,跨国公司的整合营销,如:CIMS系统、MRPⅡ系统等、先进的跨国管理、先进技术手段管理等,为我国企业开展整合营销服务。

本章小结

　　由于科技的进步和全球经济联系更加紧密,消费者需求日益个性化,市场竞争变得更加激烈,传统的营销模式已难以完全适应目前的企业界的市场营销实践。因此,营销研究者与实践者越来越关注新时期的市场营销新发展,对新经济形势下市场营销的新领域与新概念努力探索和研究。本章选择了服务营销、绿色营销、网络营销、整合营销,对其内容作了简要的介绍。

　　服务营销是指企业通过创造,同服务对象交换有价值的服务产品(有形和无形物品),以满足顾客的需求和欲望及企业的目标和需要的一种社会管理过程。在运用服务营销策略时,必须要结合企业行业的特点,服务营销的市场营销要素包括产品、价格、分销、促销、人员、有形展示及过程七大要素。"绿色营销"也称为"生态营销"或"环境营销",绿色营销对于社会的进步、环境的保护,经济的可持续发展起到极其重要的作用。网路营销是企业通过互联网进行企业信息、商品信息的宣传及用户资料、需求信息的收集,利用电子商务平台开展商品在线销售和售后服务的营销活动。网络营销和传统营销相比,具有众多特点和优势。

　　整合营销思想,20世纪90年代起源于美国。整合营销是以消费者为核心重组企业行为和市场行为,综合协调地使用各种传播方式,以统一的目标和统一的传播形象,传播一致的产品,实现与消费者的双向沟通。

思考与讨论

　　1. 服务营销有哪些特征,这些特征对服务营销策略有何影响?

　　2. 你认为网络营销和传统营销相比有何优势?

　　3. 你认为政府在绿色营销中有何作用?

　　4. 企业开展整合营销的意义何在?

案例分析训练

裤钩大王:用互联网缔造品牌

　　李棠华,一个59岁"高龄"的老网商,没有豪华的办公室,没有庞大的销售队伍,不投放广告,却将一个西裤上小得不能再小的配件——裤钩,做成了年销售额超过千万元的大生意。而他靠的就是运用娴熟的电子商务将业务做到了全中国。

"我是阿里巴巴第四年的'诚信通'会员,公司销售额从2003年的300万元上升至2007年的1 250万元,整整增长了300％。"说起深圳市大石久恒实业公司超常规的发展速度,李棠华毫不掩饰自己的骄傲。

一个偶然的机会李棠华接触到阿里巴巴,就加入到诚信通。"那时的年费只有2 300元,反正也不贵,当然就想不妨做一年看看"然而就是这次的偶然"邂逅",却让李棠华再也没有离开阿里巴巴和诚信通,到2008年他们公司已经连续四年成为诚信通会员,成为一个资深的网商。"阿里巴巴确实是个很好的平台,但并不是上了这个平台上就能做到生意,关键还是要看自己对电子商务的理解能力和运用技巧"李棠华非常重视对网站的建设,每一个小小的裤钩产品他都请专业摄影师拍摄,图片和文字说明都非常清晰,这样客商一旦进入到他的网页,就可以很容易看清楚他的产品。

2006年,一篇介绍李棠华和他的裤钩生意的文章被放在阿里巴巴的首页,没有想到北京有家为澳大利亚公司做服装加工的企业找到他们,由于关于裤钩的检测报告、生态产品认证证书都在网上,李棠华又给对方提供了详细的资料和样品,没有想到,仅仅过了7天,对方就有了回复,称澳大利亚那边很满意,没有来人具体考察就打款订购了30万套裤钩。这单生意从接洽到打款只用了12天时间。而李棠华通过电子商务,使他的裤钩很快在服装业界获得极好的口碑。他做过最大的单笔生意是72万元人民币的订单,总共售出100万套裤钩和20万套调节扣。用电子商务构建自己的品牌。

在李棠华的概念中,并非大手笔的投放广告才是建立品牌,有了互联网,凭借电子商务,他觉得即使不投入成本,或者投入很低的成本也可以建立自己的品牌。李棠华没有购买百度的关键词,但是在百度搜索"裤钩",第一个页面上却至少有三条信息是和K.O裤钩相关的。"购买关键词成本比较高,而且一些虚假点击更额外增加成本。但是通过娴熟的网络技术手段,无论是输入'裤钩'还是'李棠华',都可以迅速的搜索到有关我们裤钩产品的信息"李棠华显得很得意。但是李棠华对阿里巴巴的竞价关键词却是情有独钟,从2005年起就开始参加竞价,每月必争关键词"裤钩"、"调节扣",连续至今已达60余次标王称号。"我要争就必须争第一,标王是实力的象征。当客户输入查询的关键词时,抢先一步进入眼帘的肯定是排位第一的标王,常年处于标王地位,同行都会了解你的实力,不做正面争夺。我现在的夺标已经成为建立网上品牌的重要方法。"三年来虽然为了关键词的标王花了6万元,但是企业每年的销售额飞速增长,投入产出比很合理。

资料来源:赵正.裤钩大王:用互联网缔造品牌.中国经营报,2008.

案例讨论

与其他营销模式相比,李棠华采用的网络营销有哪些优点,对于李棠华来讲,实施网络营销有哪些风险?有何对策?

参考文献

[1]　菲利普·科特勒.营销管理.第11版.上海：上海人民出版社,2003.

[2]　菲利普·科特勒.市场营销管理.亚洲版.北京：中国人民大学出版社,1997.

[3]　甘华鸣.市场营销.北京：中国国际广播出版社,2002.

[4]　柳思维.市场营销学.北京：中南大学出版社,2003.

[5]　徐若金,赖丹声.银行营销实战案例.北京：清华大学出版社,2006.

[6]　韩冀东等著.市场营销：服务营销.北京：中国人民大学出版社,2012.

[7]　李先国.营销管理.大连：东北财经大学出版社,2002.

[8]　张帆,齐斐.市场营销学.西安：西北工业大学出版社,2008.

[9]　王中亮.市场营销学.上海：立信会计出版社,2011.

[10]　王国庆,孙宁健.创新制胜糖尿病OTC市场——益寿消渴茶突围之路.中国营销传播网.

[11]　张帆,齐斐.市场营销学.西安：西北工业大学出版社,2008.

[12]　吴建安.市场营销学.北京：高等教育出版社,2007.

[13]　汤少秋.医药市场营销学.北京：科学出版社,2007.

[14]　王枝茂.市场营销原理与实务.北京：中国人民大学出版社,2011.

[15]　黎友隆著.网络营销.北京：中国言实出版社,2012.

[16]　徐彤宝,王光娟.市场营销学.长春：吉林大学出版社,2009.

[17]　常志有.市场营销学.北京：科学出版社,2004.

[18]　王信东.市场营销学.北京：社会科学文献出版社,2006.

[19]　杨坚红等.绿色营销.北京：中国物资出版社,2003.

[20]　胡小伟.整合营销传播操作要点探讨.北京：企业管理出版社,2006.

[21]　翟彭志.网络营销.北京：高等教育出版社,2001.

[22]　郭国庆.国际营销学.北京：中国人民大学出版社,2011.

[23]　韦福祥.服务营销学.北京：对外经济贸易大学出版社,2009.

[24]　卓永斌.服务营销学.北京：中国人民大学出版社,2011.

[25]　朱立.市场营销经典案例.北京：高等教育出版社,2004.

[26]　何利良,李荣德.市场营销.第2版.北京：中国农业出版社,2008.

[27]　万后芬,汤定娜,杨智.市场营销教程.北京：高等教育出版社.2003.

[28]　迈克尔·R.辛科塔等.营销学：最佳实践.北京：中信出版社,2003.

[29]　小威廉·D.佩罗特,金尼·E.麦卡锡.基础营销学.上海：上海人民出版社,2001.

[30]　罗杰·A.凯瑟琳,罗伯特·A.彼得森.战略营销教程与案例.大连：东北财经大学出版社,2000.

[31]　里斯,特劳特.定位.北京：中国财政经济出版社,2002.

[32]　小查尔斯·W.兰姆.营销学精要.北京：电子工业出版社,2003.

[33]　汤姆·邓肯.整合营销传播.北京：中国财政经济出版社,2004.

[34]　特伦斯·A.辛普.整合营销沟通.第5版.北京：中信出版社,2003.

[35]　韩德昌.市场营销基础.第2版.北京：中国财政经济出版社,2006.

[36]　刘玉玲.市场调研与预测.北京：科学出版社,2005.

[37] 钟明炼.药品市场营销案例.北京：人民卫生出版社,2009.

[38] 曹芳华编著.网络整合传播营销.北京：人民邮电出版社,2010.

[39] 何利良.市场营销.北京：中国农业出版社,2002.

[40] 侯胜田.医药市场营销学.北京：中国医药科技出版社,2009.

[41] 沈志平.医药市场市场营销.北京：科技出版社,2010.

[42] 孙健.海尔的营销策略.北京：企业管理出版社,2002.

[43] http://www.tom.com.

[44] http://www.21food.cn/html/.

教师服务

　　感谢您选用清华大学出版社的教材！为了更好地服务教学，我们为授课教师提供本书的教学辅助资源，以及本学科重点教材信息。请您扫码获取。

▶▶ 教辅获取

本书教辅资源，授课教师扫码获取

▶▶ 样书赠送

市场营销类重点教材，教师扫码获取样书

清华大学出版社

E-mail: tupfuwu@163.com
电话：010-83470332 / 83470142
地址：北京市海淀区双清路学研大厦 B 座 509

网址：http://www.tup.com.cn/
传真：8610-83470107
邮编：100084